高等院校经济管理“十二五”规划教材·人力资源管理系列

Performance Management

绩效管理

付维宁◎编著

中国发展出版社
CHINA DEVELOPMENT PRESS

图书在版编目（CIP）数据

绩效管理/付维宁编著 .—北京：中国发展出版社，2012.4
ISBN 978－7－80234－726－7

Ⅰ.绩…　Ⅱ.付…　Ⅲ.企业绩效—企业管理　Ⅳ.F272.5

中国版本图书馆 CIP 数据核字（2011）第 192733 号

书　　名：绩效管理
著作责任者：付维宁
出 版 发 行：中国发展出版社
（北京市西城区百万庄大街 16 号 8 层　100037）
标 准 书 号：ISBN 978－7－80234－726－7
经　销　者：各地新华书店
印　刷　者：北京广益印刷有限公司
开　　本：787×980mm　1/16
印　　张：24.75
字　　数：550 千字
版　　次：2012 年 4 月第 1 版
印　　次：2012 年 4 月第 1 次印刷
定　　价：38.00 元

咨 询 电 话：（010）68990642　68990692
购 书 热 线：（010）68990682　68990686
网　　址：http：//www.develpress.com.cn
电 子 邮 件：fazhanreader@163.com
fazhan02@drc.gov.cn

序

我院教师付维宁博士编著的教材《绩效管理》就要付梓出版了，这份工作不管是对兰州大学管理学院而言，还是对他自己而言，都是一件非常有意义的事情。

编写一本好的教材是一件很不容易的事，尤其对一位青年教师来讲更是如此。因为编写一部好的教材，作者不仅要有本专业深厚的理论基础和专业素养，还需要有丰富的教学经验，要把这门课程的最重要的知识和方法编入教材。同时，教材需要展现作者的教学思想和最新的学术研究，通过教学思路把各个部分整合为一体，并为读者展示最新的研究成果。好的教材还需要优秀的语言和编写艺术，以便于读者理解和喜欢阅读。这些条件对一个青年教师来说是有些难度的。然而欣慰的是，付维宁编著的这本教材基本达到了这些要求。

读完这本教材后，我认为它有如下四个突出的特点：

一是从组织视角出发，对不同类型组织（包括私人部门和公共部门）和组织内不同层次（包括组织、群体和个体）的绩效管理内容做了系统安排。

二是突出基础。教材对每一部分的基本概念、基本理论、基本方法和基本问题都做了较为清晰的讲述，而这一点对教材而言极其重要。

三是把绩效管理与战略、组织使命与责任等重要内容密切联系起来，从而使组织绩效所承载的特殊价值得以体现。

四是可操作性强。绩效管理最重要的价值在于其应用性，这本教材对绩效管理的各个环节、管理的各个要素、各种管理工具与方法都做了详尽讨论，并附有案例和链接资料，从而有助于读者学习和掌握，对实际工作者而言，会起到操作指南作用。

当然，本教材也有一些不足之处，比如对私人部门的绩效管理和公共部门绩效管理的根本区别，阐述得还不够透彻。我想，这需要理论研究的进一步深化，也期望再版时能予以完善。但这并不影响本教材的价值，也不会掩盖其亮点。因此，我向大家郑重推荐这本教材。

包国宪

2012 年 3 月 25 日

于兰州大学齐云楼

前　言

现代管理学大师彼得·德鲁克（Peter F. Drucker）曾说过，“所谓企业管理最终就是人力资源管理；人力资源管理就是企业管理的代名词……企业只有一项真正的资源——人，管理就是充分开发人力资源，以做好工作。”德鲁克的这句话告诉我们，一个组织的管理说到底就是这个组织的人力资源管理。那么，一个组织的人力资源管理说到底又是管理什么呢？事实上，我们不难发现，一个组织的人力资源管理说到底就是围绕如何提高这个组织的个人绩效、团队绩效和组织绩效展开的，即人力资源管理说到底就是绩效管理。一个组织的人员招聘与选拔、岗位设置与安排、员工培训与开发、薪酬设计与调整等工作是否有效，最终都要看这些工作和活动是否促进了员工和组织绩效的提升，从这个意义上讲，人力资源管理的核心就是绩效管理。

过去10多年来，随着国外人力资源管理理论不断被引入我国，绩效管理受到越来越多的关注，与绩效管理相关的理论、观念、技术、方法等也逐步被理论界和实务界人士所了解，在组织内部实施绩效管理已经成为我国各类组织的流行趋势，并被视为提高组织人力资源管理水平、增强组织竞争力的重要手段。但从管理实践来看，许多组织及其管理人员推行绩效管理的实际效果并不理想。其原因是多方面的，但很大程度上跟一些管理者对于绩效管理理论和方法缺乏系统而全面的掌握，甚至存在认识误区有很大关系。因此，对管理者而言，比较全面而系统的学习和掌握绩效管理的基本思想、基本理论和基本方法就显得格外重要。基于这一考虑，笔者结合自己多年的教学经验和科研成果编著了这本以介绍绩效管理基本思想、基本理论和基本方法为主体，同时着重强调管理创新和管理实践的教材。

本教材以笔者在大学给本科生、研究生（MBA/EMBA）等讲授《绩效管理》的课程讲义为基础编写而成。在编写过程中，笔者尽可能把最新的绩效管理理念和思想融入教材，以便提高教材的新颖性和创新性。同时，在多年的教学科研过程中，笔者也积累了较为丰富的绩效管理方面的成果、经验和素材，这些都有助于使教材编写体例更能体现客户导向。

本书分为11章，第1章至第4章主要介绍了绩效管理的基础知识、基本理论和基本方法；

第5章至第8章主要从绩效计划、绩效执行、绩效评价和绩效反馈等方面系统讲述了绩效管理的基本流程和操作过程；最后3章主要介绍了绩效管理理论及方法在组织团队、现代企业和公共部门的应用和发展。本书的整体特色可概况如下：

（1）内容主体突出，系统性强。本书的内容架构从绩效管理基础理论和基础工作出发，以绩效管理系统四大主要环节为主线，系统介绍了组织在绩效管理中需要关注和解决的主要问题。

（2）注重基本理论和基本方法的掌握。本书对每一部分的基本概念、基本理论和基本方法都做了较为清晰的介绍和阐述，同时为了便于读者学习思考，每章均附有知识要点小结、思考题和案例分析，便于读者强化理解每一部分的知识。

（3）教材信息量大，拓展性强。本书中配有大量的专栏阅读材料，如“寓言启示”、“阅读案例”、“管理拾穗”等，这些内容图文并茂，材料新颖，帮助读者在轻松愉悦中领会、理解学习要点和知识，掌握管理技能。

（4）注重理论和实践的紧密结合。本书内容密切关注当前我国各类组织绩效管理的实践，借鉴国内外最新的管理理念和管理实践，深入分析研究绩效管理系统，力争使之更具科学性和有效性，真正做到理论和实践的有机结合。

本书自2010年5月开始酝酿至立项撰写完成，历时近两年时间，撰写过程汇聚了团队的辛劳和智慧。在本书撰写过程中，我首先要特别感谢兰州大学管理学院院长包国宪教授在百忙之中审读了全书，并为本书作序。包国宪教授是我的博士指导老师，作为第六届高等学校国家教学名师奖获得者，他渊博的知识、严谨的科研教学态度以及对绩效管理的独到见解，对于我顺利完成本书起到了非常重要的帮助和指导作用。在撰写初期，北京物资学院人事劳动学院副院长唐华茂博士给本书提出了许多宝贵意见，并提供了部分案例材料。齐诚老师参与了本书第5章、第10章初稿的讨论和编写，研究生保海旭参与了第3章初稿的讨论和编写，研究生许方圆参与了第11章第3节部分内容的讨论和编写，是他们的共同努力才使本书得以顺利完成，在此对他们的辛勤付出表示真诚的感谢！感谢王群在本书撰写后期为我提供的支持和帮助！

另外，需要特别说明的是，在本书写作过程中，我们参阅了大量的国内外文献和案例资料。在此，对本书所有引用文献的作者表示诚挚的谢意！虽然我们付出了极大地努力，但因能力和水平有限，书中难免会有纰漏和不足之处，恳请各位读者批评指正，反馈意见，使之日臻完善。

（我的邮箱：fuweining@ lzu. edu. cn）

付维宁

2012年3月

目　录

第1章　概论 …… 1
1.1　绩效的内涵 …… 2
1.2　绩效管理的定义 …… 7
1.3　绩效管理的战略地位 …… 14
要点总结 …… 21
思考题 …… 21
讨论题 …… 22
案例分析 …… 22

第2章　绩效管理系统 …… 27
2.1　绩效管理系统概述 …… 28
2.2　绩效管理系统的环境分析 …… 35
2.3　绩效管理系统模型 …… 42
要点总结 …… 48
思考题 …… 48
案例分析 …… 49

第3章　绩效管理基础 …… 50
3.1　绩效管理的理论基础 …… 51
3.2　工作分析 …… 58
3.3　职位评价 …… 71
要点总结 …… 77

思考题 …… 78
案例分析 …… 78

第4章 绩效管理工具 …… 80
4.1 目标管理 …… 81
4.2 标杆管理 …… 87
4.3 关键绩效指标 …… 93
4.4 平衡计分卡 …… 102
要点总结 …… 114
思考题 …… 115
案例分析 …… 115

第5章 绩效计划 …… 118
5.1 绩效计划概述 …… 119
5.2 绩效目标的确定 …… 126
5.3 绩效评价指标体系的设计 …… 131
5.4 绩效评价周期的确定 …… 142
5.5 绩效计划书的编制 …… 146
要点总结 …… 154
思考题 …… 154
案例分析 …… 155

第6章 绩效执行 …… 157
6.1 绩效执行概述 …… 158
6.2 绩效辅导 …… 162
6.3 绩效沟通 …… 167
6.4 绩效信息的收集 …… 177
要点总结 …… 181
思考题 …… 181
案例分析 …… 182

第7章 绩效评价 …… 184
7.1 绩效评价的流程 …… 185
7.2 绩效评价的内容 …… 192

7.3 绩效评价主体的选择 …… 197
7.4 绩效评价方法比较 …… 206
要点总结 …… 233
思考题 …… 233
案例分析 …… 234

第8章 绩效反馈 …… 236
8.1 绩效反馈概述 …… 237
8.2 绩效反馈面谈 …… 242
8.3 绩效诊断与改进 …… 249
8.4 绩效评价结果的应用 …… 258
要点总结 …… 261
思考题 …… 262
案例分析 …… 262

第9章 团队绩效管理 …… 264
9.1 团队的界定 …… 265
9.2 团队绩效与高绩效团队 …… 269
9.3 团队绩效测评 …… 276
9.4 团队绩效管理 …… 282
要点总结 …… 287
思考题 …… 287
案例分析 …… 288

第10章 企业绩效管理工具的发展 …… 290
10.1 EVA 绩效评价 …… 291
10.2 作业成本法 …… 299
10.3 6σ 管理法 …… 304
10.4 基于企业社会责任的绩效战略 …… 313
10.5 高绩效工作系统 …… 323
要点总结 …… 328
思考题 …… 328
讨论题 …… 329
案例分析 …… 331

第11章 公共部门绩效管理 …… 332
11.1 公共部门绩效 …… 333
11.2 公共部门绩效管理 …… 340
11.3 公共部门绩效管理模式及发展趋势 …… 352
要点总结 …… 368
思考题 …… 368
案例分析 …… 369

附录一 企业基层人员绩效考核制度范本 …… 371
附录二 企业中高层人员绩效考核制度范本 …… 374
附录三 某公司绩效考核管理方案 …… 377
参考文献 …… 381

第 1 章

概论

“所有的组织都必须思考‘绩效’为何物？这在以前简单明了，现在却不复如是。战略的制定越来越需要对绩效的新定义。”

——彼得·德鲁克（Peter F. Drucker）

本章学习目标

- 深刻理解绩效的内涵及性质
- 掌握影响绩效的主要因素
- 理解绩效管理的概念
- 阐明绩效管理与绩效评价的区别
- 指出绩效管理与其他人力资源职能之间的联系
- 认识到绩效管理在组织中的战略地位
- 理解战略性绩效管理的内涵及其与战略性人力资源管理的关系

绩效作为组织使命、核心价值观、愿景和战略的重要表现形式，是所有组织所追逐的目标，任何一项管理活动，其目的都是离不开组织的长期绩效或者短期绩效。在组织管理过程中，组织的战略目标要分解为各部门和团队的业务目标，每个部门和团队的业务目标又要进一步分解为各岗位上员工的具体工作目标。只有员工实现了自己的岗位工作目标，部门和团队的业务目标才能得以实现，最终组织战略目标的实现才有了保障和基础。因此，激发团队和员工的积极性和创造性，持续地提高他们的绩效水平，就成了组织取得成功的关键。对绩效内涵的准确把握和界定是实现绩效管理目标的前提和基础。本章将从理解绩效的内涵入手，继而展开有关绩效管理的研究和论述。

1.1 绩效的内涵

1.1.1 什么是绩效

绩效（performance）是一个含义丰富的概念，在不同情况下，有着不同的含义。应当说，要给绩效下一个明确的定义是非常困难的。实际上，对于绩效的含义，一直以来不同的人就有着不同的理解。《牛津现代高级英汉词典》对英文“performance”的解释是“执行、履行、表现、成绩”，这个界定本身就很不清晰。绩效在组织管理和人力资源管理中都是一个非常重要的概念，我们到底应该如何理解绩效？绩效管理中的“绩效”究竟是什么含义呢？

从字面上理解，绩效就是业绩与效率；业绩一般指组织的外部效率，效率则是指组织的内部运营水平。对企业而言，业绩就成了企业如何实现经营目标并满足股东、客户及其他外部利益相关者的需求程度的度量，企业业绩水平高意味着企业提供了市场所需要的产品或者服务，实现了它的价值。效率则是对企业将人力、物力等资源转换成产品与服务的度量。效率高说明企业的内部运营水平高，能够充分、快速、有效地将资源转化成产品和服务。绩效的这两个方向是互为补充的，如果缺乏内部效率，可能导致组织丧失外部效率的竞争力，外部效率的获得往往又依赖于内部效率的高水平。但是，并不是在每个时期外部效率高都代表着合适的内部效率，也不是合适的内部效率都反映出外部效率的竞争力。事实上，人们从不同学科角度对绩效内涵的认识是有差异的。

从管理学的角度看，绩效是组织期望的结果，是组织为实现其目标而展现在不同层面上的有效输出，它包括个人绩效和组织绩效两个方面。组织绩效是建立在个人绩效实现的基础上，但个人绩效的实现并不一定能保证组织是有绩效的。如果组织的绩效按一定的逻辑关系被层层分解到每一个工作岗位以及每一个人的时候，只要每一个人都达到了组织的要求，组织的绩效就实现了。但是，组织战略的失误可能造成个人绩效目标实现而组织失败的后果。

从经济学的角度看，绩效与薪酬是员工和组织之间的对等承诺关系，绩效是员工对组织的承诺，而薪酬是组织对员工所做出的承诺。一个人进入组织，必须对组织所要求的绩效做出承诺，这是进入组织的前提条件。当员工完成了他对组织的承诺的时候，组织就实现其对员工的承诺。这种对等承诺关系的本质，体现了等价交换的原则，而等价交换的原则是市场经济的基本运行规则。

从社会学的角度上看，绩效意味着每一个社会成员按照社会分工所确定的角色承担自己的那一份职责。自己的生存权利是由其他人的绩效保证的，而自己的绩效又保障其他人的生存权利。因此，出色地完成我们自己的绩效是我们作为社会成员的义务，我们受惠于社会就必须回馈社会。

在管理实践中，绩效更强调一个工作活动的过程及结果。绩效本身是一种客观存在，但这种客观的绩效水平需要经过评价者的主观评价，形成绩效信息，才能对管理决策产生影响。因此，**我们认为绩效应该是指组织期望的为实现其目标而展现在不同层面上的经过评价的工作行为、方式及其结果，它反映了组织和员工在一定时间内以某种方式实现某种结果的过程。**绩效不仅要关注结果，也要关注实现结果的过程。对于绩效结果，不仅要关注实际收益，还应关注预期收益；对于绩效过程，不仅要关注可以观察的外显行为，也要关注那些不易觉察的能力和态度。传统的绩效主要是为了追述过去、评价历史，而随着绩效边界的扩展，那些新的、基于战略的组织在绩效界定上越来越关注未来。比如，那些创新型组织和知识型岗位的绩效，人们更加关注绩效的预期收益，即绩效 = 做了什么（实际结果） + 能做什么（预期结果）。

事实上，在管理实践中，不同的组织由于追求的目标和任务不同，所处的行业或经营领域不同，或者组织所处的发展阶段不同，对绩效的理解和评价重心就会有所不同。因此，我们应以综合、系统的观点分层次来看待绩效。在人力资源管理实践中，绩效包含了经过评价的工作行为、方式与结果。对于不同的员工来讲，行为和结果在其总体绩效中所占比例可能是不同的，对于工作简单、结构化程度较高，工作结果量化程度较高的员工（如企业一线操作人员），工作结果在其总体绩效中所占比例较大；而对于从事较复杂、结构化程度较低、工作结果量化程度较低的员工（如企业 R&D 人员、营销策划人员），工作行为在其总体绩效中所占比例较大。

1.1.2 个人绩效、群体绩效与组织绩效

在一个组织当中，绩效是分层次的。通常，从组织架构层次我们把绩效分为组织绩效、群体绩效和个人绩效。

组织绩效，即组织的整体绩效，是指组织任务在数量、质量及效率等方面完成的情况。人们对组织绩效内涵的理解经历了一个内容不断丰富的演进过程。早期对企业组织的绩效，往往是单纯从财务角度进行界定。从 20 世纪 80 年代开始，在以财务指标为主的前提下，开始把非财务指标作为辅助性指标来对组织绩效进行衡量。1992 年美国哈佛大学教授卡普兰和复兴全球战略集团总裁诺顿在《哈佛商业评论》上发表了《综合平衡计分卡——良好的绩效测评》一文，为组织绩效的衡量提供了一个全新的框架，开始把组织绩效测评的内容拓展为财务性指标、顾客指标、内部流程指标和学习与发展指标等四个层面，这一全新框架把财务指标与非财务指标、短期指标与长期指标、滞后指标与引导性指标有机结合起来对组织绩效进行衡量，成为目前衡量组织绩效的基本框架。

群体绩效是组织中以团队或部门为单位的绩效，是群体任务在数量、质量及效率等方面完成的情况。部门或团队是组织与员工个体之间的中间层次。相对于组织而言，部门或团队绩效是个体性的；相对于员工个体而言，部门或团队绩效又是整体性的。部门或团队绩效既包括部门或团队完成自身任务目标的情况，同时也应该包括对其他部门或团队的服务、支持、配合、沟通等方面的行为表现。因此，对群体绩效，一方面要从部门或团队完成工作任务的数量、质量、时限和费用等方面进行衡量，另一方面也需要引入内部客户的概念，从内部客户对部门或团队所提供服

务、支持、配合、沟通等方面的满意度进行衡量。

员工个人绩效是指员工在某一时期内的工作结果、工作行为和工作态度的总和，即员工个人的工作表现和成绩，如个人的生产率、生产质量、工作效率和服务质量等。员工个人绩效既包括任务绩效，即正式规定的工作职责的履行情况，也包括周边绩效，即员工在履行正式规定的工作职责的过程中所表现出的超职责行为。因此，对员工绩效，不仅要衡量其任务绩效，也要对其周边绩效进行衡量。多数情况下员工个人和岗位具有对应关系，所以，在实践当中，我们一般认为员工个人绩效就是员工所在的岗位绩效。

虽然组织绩效、群体绩效和个人绩效有所差异，但三者又密切相关。组织绩效、群体绩效和个人绩效三者之间的关系如图 1－1 所示。

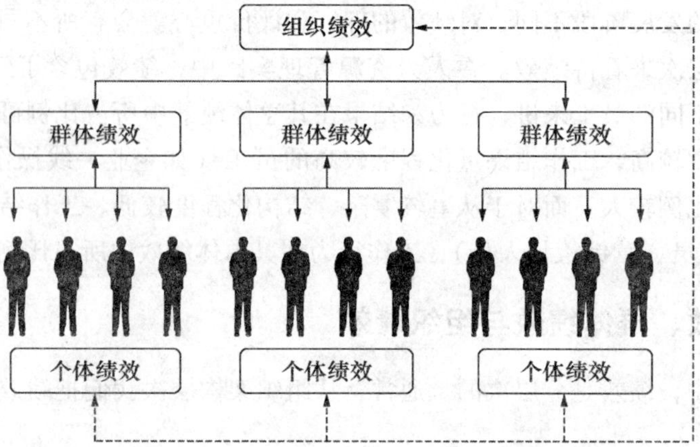

图 1－1　组织绩效、群体绩效和个人绩效之间的关系

员工个人绩效直接影响着组织绩效和群体绩效。员工个人绩效是基础，群体（部门或团队）绩效建立在员工个人绩效的基础之上，组织绩效则是建立在员工个人绩效及群体绩效基础之上的。组织绩效、群体绩效是通过个人绩效实现的，离开个人绩效，也就无所谓组织绩效和群体绩效。群体绩效是员工个人绩效的整合与放大，而组织绩效是员工个人绩效及部门或团队绩效的整合与放大。

从绩效评价角度看，脱离了组织绩效和群体绩效的个人绩效评价是毫无意义的。个人绩效需要通过组织绩效和群体绩效来体现，组织及其部门在其运行过程中，其系统结构以及运行机制的合理与否都会促进或阻碍员工绩效的发挥。所以，组织绩效管理的最终落脚点在于对员工个人绩效的管理。而在研究员工个人绩效问题时，又必须同时考虑组织因素。

1.1.3　绩效的性质

1. 多因性

所谓多因性，指的是绩效的优劣不是由单一因素决定的，而是由组织内外部多种因素决定的。影响绩效的因素很多，其中，外部因素包括社会环境、经济环境、国家法规政策以及同行业其他组织的发展情况等。内部因素主要包括组织战略、组织文化、组织结构、技术水平以及领导风格等。这些因素对绩效的影响作用各不相同，在分析绩效差距时，只有充分研究各种可能的影响因素，才能够抓住影响绩效的关键因素，从而对症下药，更有效地改进绩效，提升组织和员工的绩效水平。

2. 多维性

多维性指的是绩效需要从多个维度或方面去分析和评价。学者们最初将员工绩效等同于任务绩效（视为单维度），认为绩效就是员工工作行为及其结果的效能与价值。之后，伯曼（Borman）和莫特维多（Motowidlo）（1993）提出了著名的“关系绩效－任务绩效”二维模型。任务绩效与被考核人员（部门）的工作目标、职责（职能）、工作结果直接相联系，主要包括工作数量、工作质量、时效和成本等方面的内容。关系绩效（contextual performance）也叫周边绩效，它与组织特征密切相关，是组织中员工自身的随机行为所产生的绩效，这些行为虽然与组织的技术核心的维护和服务没有直接的联系，但是从更广泛的组织运转环境与组织长期战略目标来看，这种行为非常重要。通常情况下，当员工主动地帮助工作中有困难的同事，努力保持与同事之间的良好工作关系，或通过额外的努力准时完成某项任务时，他们的表现即为关系绩效。关系绩效主要包括工作主动性、服务意识、沟通与协调、纪律性、个人发展等内容。任务绩效与关系绩效之间的区别如表1－1所示。

表1－1 任务绩效与关系绩效的主要区别

任务绩效	关系绩效
各职位间不同	各职位间很相似
很可能角色是事先规定的	不大可能角色是事先规定的
达成的前提：能力和技能	达成的前提：个性

对于管理岗位，在任务绩效和关系绩效的基础上又增加了管理绩效。从行为科学角度看，管理是通过他人把事情办好，管理人员在工作过程中主要进行计划、决策、指挥与控制、授权与协调等方面的工作。管理者要为下属制定具有挑战性的工作目标，工作过程中要及时跟踪检查、监督与指导，解决员工工作过程中的困难，及时提供工作结果的反馈信息，充分发挥下属的工作积极性，化解矛盾与冲突，提高团队的凝聚力与向心力，这些方面的表现构成了管理人员的管理绩效。

3. 动态性

动态性是指员工的绩效会随着时间的推移而发生变化，不能用一成不变的思维来看待绩效问题。由于影响员工绩效的因素是多方面的，而每一个因素又处在不断变化之中，所以员工的绩效也会随着时间的推移而发生动态变化。原来绩效较差的，可能由于能力的提高、工作条件的改善或积极性的发挥而变好；而原来绩效较好的，由于种种原因也可能变差。因此，在进行绩效评价时，应该根据员工在本考评周期内的实际工作结果和工作表现进行客观的评价，而不能受其先前绩效的影响。此外，在不同的环境下，组织对绩效不同内容的关注程度也是不同的，有时侧重于效率，有时侧重于效果，有时则统筹兼顾多个方面。无论是组织还是个人，都必须用系统和发展的眼光来认识和理解绩效。

【管理拾穗 1－1】　　周边绩效：组织自发性或超职责行为

周边绩效实例：

- 自愿进行不是工作组成部分的任务、活动；
- 在必要时能够坚持表现出额外的积极性或做出额外的努力来成功地完成交付的任务；
- 帮助他人，并与他人合作；
- 即使在个人感到不便时也遵循组织的规章和程序；
- 同意、支持并维护组织目标。

资料来源：马作宽主编，《组织绩效管理》，中国经济出版社 2009 年版，第 7 页。

1.1.4　绩效的影响因素

现代科学技术与心理学的研究表明，员工绩效的影响因素主要包括四个方面：技能（S—skill）、激励（M—motivation）、环境（E—environment）和机会（O—opportunity）（如图 1－2 所示）。

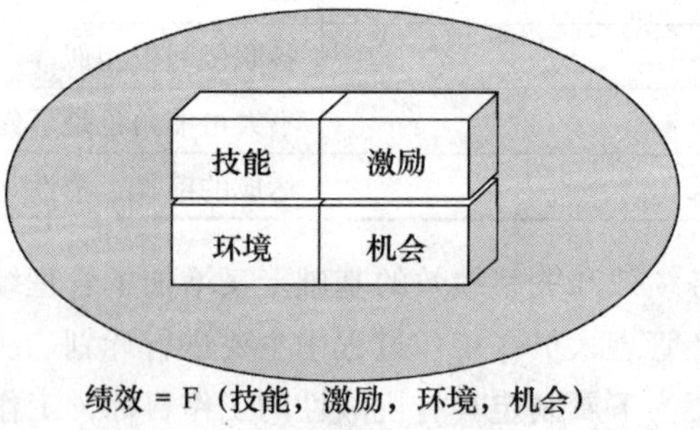

图 1－2　绩效的影响因素模型

可以用以下的公式来表示：$P = f(S, O, M, E)$，这个公式表明绩效是技能、机会、激励、环境这四个变量的函数。

1. 技能

技能是指员工的工作技巧与能力水平，它取决于个人天赋、智力、经历、教育与培训等个人特点。员工的技能并不是一成不变的，组织可以通过各种方式来提高员工的整体技能水平，既可以通过招聘录用阶段的科学甄选提高组织中员工的整体技能水平，也可以通过组织学习和员工培训来提高其技能水平。

2. 激励

激励作为影响绩效的因素，是通过提高员工的工作积极性来发挥作用的。为了使激励手段能够真正发挥作用，组织应根据员工个人的需要结构、个性、感知、学习过程与价值观等因素，选择适当的激励手段和方式。

3. 环境

影响工作绩效的环境因素主要有组织内部的环境因素和组织外部的环境因素两类。组织内部的客观环境因素一般包括：工作场所的布局与物理条件（如室温、通风、噪音、照明等）、任务的性质、工作设计的质量、设备与原料的供应、上级的领导作风与监控方式、组织结构与规章政策、工资福利、组织文化等。组织外部的客观环境因素包括社会政治经济状况、市场竞争强度等。组织的内外环境都会通过影响员工的工作行为和态度来影响员工的工作绩效。

4. 机会

机会即“运气”，机会是一种偶然性因素，机会能够促进组织的创新和变革，给予员工学习、成长和发展的有利环境。在特定的情况下，员工如果能够得到机会去完成特定的工作任务，可能会使其达到在原有职位上无法实现的工作绩效。在机会的促使下，组织可以拓展新的发展领域，加速组织绩效的提升。对员工来讲，机会是偶然性的，是不可控的因素。不过，机会的偶然性也是相对的，一个好的管理者应该善于为员工创造机会。

1.2 绩效管理的定义

【案例导读】 绩效管理，让员工都得“A”

著名管理学家肯·布兰查德（Ken Blanchard）在谈到绩效管理的时候举了一个他教学的事例。他说，我在大学教学的十年里，有时会与其他的老师出现分歧，因为我总是在上课的第一天就把期末考试的题目告诉了我的学生。当同事问我为什么这么做时，我回答道：“我计划用一个学期的时间去教授他们问题的答案，这样，当期末到来时，每个人都将会得到A的成绩。”

我的教学事例类似于一个有效评估系统的三个组成部分：

（1）制定目标后，进行作业计划；

（2）在不断反馈的基础上完成每天的训练；

(3) 当所有的作业完成后，进行业绩评估。

布兰查德教授用他生动的教学案例为我们描述了一个有效的绩效管理系统以及管理者在这个系统所扮演的角色。

在他看来，所有的绩效管理工作都是为了让员工获得最好的成绩，即为了得“A”。领导或主管所扮演的角色不仅仅是个管理者，而更多的是绩效合作伙伴和员工的辅导员，是员工绩效能力提高和业绩提升的帮助者。

资料来源：聚杰网 http：//www. itjj. net/。

1.2.1 什么是绩效管理

1. 绩效管理的含义

绩效管理（performance management）是指为了达到组织的目标，通过持续开放的沟通过程，形成组织所期望的利益和产出，并推动团队和个人做出有利于目标达成的行为。绩效管理作为一个完整的系统，是对绩效实现过程各要素的管理，是识别、衡量以及开发个人和团队绩效，并且使这些绩效与组织的战略目标保持一致的一个持续过程。在这个过程中，管理者和员工一道获得绩效和提高绩效的过程，提高员工的绩效是管理者的责任，获得绩效是员工和管理者共同的任务。

需要指出的是，绩效管理不是简单的任务管理。任务管理的目的只是围绕着实现当期的某个任务目标，而绩效管理则是根据整个组织的战略目标，为了实现一系列中长期的组织目标而对员工的绩效进行的管理。绩效管理对于组织的成长与发展具有重要的战略意义。

2. 绩效管理的特点

（1）绩效管理以组织战略为导向，是综合管理组织、团队和员工绩效的过程。绩效管理是通过在员工和管理者之间达成关于目标、标准和所需能力的协议，在双方相互理解的基础上使组织、团队和个人共同取得好的工作结果的一种管理过程。在这一过程中，绩效管理始终与组织战略目标保持一致，并使组织目标分解为各部门或团队的目标，部门或团队目标再进一步落实为各岗位目标，确保员工的工作活动和产出与团队及组织的目标保持一致，并借此帮助组织赢得竞争优势。因此，绩效管理在员工的绩效和组织目标之间建立起了一个直接的联系，从而使员工对组织做出的贡献变得清楚。

（2）绩效管理是提高工作绩效的有力工具。绩效管理包括绩效计划、绩效执行、绩效评价和绩效反馈四个环节，这四个环节都是围绕着提高组织工作绩效这个目的服务的。绩效管理的目的并不是要把员工的绩效分出上下高低，或仅仅为奖惩措施寻找依据，而是针对员工绩效实施过程中存在的问题，采取恰当的措施，提高员工的绩效，从而保证组织目标的实现。

（3）绩效管理是促进员工能力开发的重要手段。绩效管理是人力资源开发与管理体系的核心。通过完善的绩效管理，促进人力资源开发职能的实现，已成为人力资源开发与管理的核心任务之一。绩效管理通过强调绩效沟通与辅导的过程，以实现它的开发目的，它不是迫使员工工作的棍棒，不是权力的炫耀。实际上，各种方式的沟通辅导贯穿于整个绩效管理系统之中。通过绩效沟通与绩效评价，不仅可以发现员工工作过程中存在的问题，如知识、能力方面的不足之处，从而通过有针对性的培训措施及时加以弥补，更为重要的是，通过绩效管理还可以了解员工的潜力，从而为人事调整及员工的职业发展提供依据，以达到把最合适的人放到最合适的岗位上的目的。

（4）绩效管理是一个持续性过程，是一个包括若干个环节的完整系统。绩效管理是持续性的，它包括从设定目标和任务，观察绩效，再到提供、接受指导和反馈这样一个永不停止的过程。绩效管理也是一个包括若干个环节的系统，通过这个系统在一定绩效周期中的运行，实现绩效管理系统的各个目的。绩效管理不仅强调绩效的结果，而且注重达到绩效目标的过程。绩效管理不是一年一次的填表工作，也不仅仅是最后的绩效评价，而是强调通过控制整个绩效周期中的员工的绩效情况来达到绩效管理的目的。

【管理拾穗1-2】 绩效管理的五个基本要素

一份对世界500强及优秀企业的大量研究资料显示，这些全球最优秀的企业的绩效管理都普遍具有相同的五个基本要素：

1. 明确一致且令人鼓舞的战略；
2. 进取性强且可衡量的标准；
3. 与目标相适应的高效组织结构；
4. 透明而有效的绩效沟通、绩效考核与反馈；
5. 迅速而广泛的成绩应用。

资料来源：冉斌著，《目标与绩效管理》，海天出版社2002年版，第3页。

1.2.2 绩效管理的重要作用

1. 绩效管理对组织的贡献

对一个组织而言，推行绩效管理会给组织带来许多好处。具体而言，绩效管理能够给组织带来如下贡献。

（1）强化完成工作的动力，提高员工胜任能力。绩效管理强调对员工的绩效反馈和帮助员工进行绩效改进。如果员工知道自己过去做得怎么样，同时他在过去取得的绩效能够得到认可和重视，就会增强他的自尊心，更清楚地看到自己的特定优势和不足，从而帮助其更好地设计未来的职业发展路径，这使得员工会有更大的动力去实现未来的绩效。

（2）增加管理者对下属的深入了解，使管理活动更加公平和适宜。员工的直接上级和负责对员工的绩效进行评价的其他管理人员，能够通过绩效管理过程对被评价者产生更新和更深入的了解，并能理解每一位员工对组织做出的贡献。同时，绩效管理系统提供的关于绩效的有效信息可以作为绩效加薪、晋升、转岗、解雇等管理活动的依据。建立在一套良好的绩效管理系统基础之上的各种管理决策，反过来又会促进组织内部人际关系的改善，并且增进上下级之间的相互信任。

（3）使组织目标更加清楚，工作内容及其需要达到的标准更加易于界定。绩效管理是基于组织战略和组织目标的，组织目标又会进一步分解为具有可操作性的部门和岗位目标。有效的绩效管理系统能够使一个组织以及组织中的某个单位的目标、被评价者的工作内容和需要达到的标准变得更加清晰、更易界定，从而使员工能够更好地理解他们的工作活动与组织的成功之间具有怎样的联系，使上级对员工绩效的看法更清楚地传递给员工。

（4）便于及时区分绩效优良与绩效不佳的员工。绩效管理体系能够帮助一个组织有效地区分绩效好和绩效差的员工，同时，它还迫使管理者及时面对和处理各种绩效问题。

（5）使组织变革更加容易推动。绩效管理可以成为推动组织变革的一个有效工具。比如一个组织决定要改变其企业文化，从而将产品质量和客户服务放到最重要的位置。一旦这种新的组织导向确定下来，就可以运用绩效管理使组织文化与组织目标联系在一起，从而使组织变革成为可能。事实上，文化变革是由绩效的改变推动的。

2. 糟糕的绩效管理系统对组织带来的危害

当绩效管理系统并没有像预想的那样有效运转时，就会给组织带来不利后果和危害，这些不利后果和危害主要有以下几点。

（1）削弱完成工作任务的动力。糟糕的绩效管理体系往往使那些优秀的绩效没有转化为有意义的有形报酬（如加薪）或无形报酬（如对个人的认可），这无疑将使他们的工作动力受到削弱。

（2）使用错误的或者带有误导性的信息。如果一个组织没有实施标准的绩效管理体系，就会有多种可能导致最终得出的员工绩效信息是不真实的。

（3）损伤员工的自尊心，损害人际关系。如果不能以一种恰当而准确的方式向员工提供绩效反馈，员工的自尊心就会受到损伤，也会使涉及的各方之间的关系受到损害。

（4）浪费时间和金钱，增加遭遇诉讼的风险。实施绩效管理体系需要花费大量的金钱和时间，当绩效管理体系设计不佳、实施不良时，这些资源就被浪费掉了。同时，当员工感受到了不公平的绩效评价时，组织就有可能遭遇代价昂贵的诉讼。

（5）员工产生工作倦怠感，工作满意度下降，流动率上升。当员工认为绩效评价根据并不有效，绩效管理体系也不公平时，他们的工作倦怠感和对工作的不满程度就会增加。在这种情况下，员工会变得越来越容易被激怒。这些缺陷也会使他们感到不安，甚至离开组织。他们可能选择身体上的离开（如辞职），也可能选择心理上的离开（如努力降至最低程度）。

（6）绩效标准和评价结果不稳定、不公平，绩效评价等级体系不清楚。在糟糕的绩效管理体系中，不同部门之间以及各部门内部绩效评价的标准以及对员工个人的绩效评价结果都是不同的，同时也是不公平的。同时，由于缺乏有效的沟通，员工可能并不知道他们的绩效评价结果是如何产生的，也不清楚他们的绩效评价结果将会怎样转化为相应的报酬。

1.1.3 绩效管理的认识误区

绩效管理作为人力资源开发与管理系统的核心，也是一个组织激励机制的基础。对绩效管理内涵的准确把握和理解是组织开展绩效管理实践的前提。然而，在现实当中，人们对绩效管理的理解和认识仍然存在种种误区，必须走出这些认识误区，绩效管理才能真正发挥其应有的作用。这些认识误区主要表现在以下几个方面。

第一，认为绩效管理就是绩效评价。许多组织常常把绩效管理视为一年一度的正式性绩效评价，这是对绩效管理最为普遍的认识误区。这种认识把绩效管理简化为对几张评价表格的制定、填写和认定工作。事实上，绩效评价只是绩效管理的环节之一，是实现绩效目标的手段，而不是目的。关于绩效评价和绩效管理的区别，下文会详细介绍。

第二，认为绩效管理是对员工的计划和控制。管理是指管理者计划、组织、指挥和控制组织机构内的人员和其他资源以达到组织目的的过程。在大部分管理者眼中，绩效管理既然是一种管理，那么自然也就是上级主管对员工的计划和控制，这样一来，整个绩效管理过程就变成管理层或人力资源部门制定绩效管理计划和评价标准，员工们却对为他们设定的目标不承担任何责任，他们不知道上级主管对他们的期望是什么，也不知道自己将如何被评价考核，因而在工作中缺乏方向感。

第三，认为绩效管理是人力资源管理部门的事。一些高层管理者认为绩效管理既然是人力资源管理的有机组成部分，就应该是人力资源管理部门的职责；而人力资源管理部门的管理者和员工也认为这的确是他们理所当然的职责，于是在实践中我们常常看到这种现象，即人力资源管理部门的人员经常要花费大量的时间和精力去追逐各个部门的负责人或主管，以便完成各个部门的绩效计划。实际上，绩效管理不仅仅是人力资源部门的事情，它更是各个部门自己的事情。人力资源管理部门在整个绩效管理过程中更多的起到组织、协调、监督的角色，具体的绩效计划的制定、执行、评价及反馈等主要还是由各部门来完成。

第四，认为绩效管理系统和薪酬系统是一回事。在许多员工的心目中，绩效管理的目的就是为薪酬管理服务，也就是说，他们的薪酬变化取决于绩效管理的输出，即绩效评价结果。这一认识会导致两方面的问题：一方面薪酬管理系统与此薪酬系统的紧密联系，会使人们在评价绩效时预感到可能的薪酬变化，由此产生焦虑和压力，从而使得绩效评价结果不真实，绩效管理系统效率低下；另一方面，建立在绩效付酬基础上的绩效管理，会使人们认为一旦有了好的绩效，就一定能在薪酬中有所体现，这一点如果由于某种原因没能实现，员工就会变得情绪低落，对绩效管理失去兴趣。因此，我们要明确，绩效管理的目的不仅仅是为薪酬管理服务，它同时也可为人员招聘、员工的培训与开发、员工的职业生涯规划等提供服务。

【阅读案例】 **德鲁克绩效管理实践的败笔之作**

20世纪80年代，德鲁克曾为通用电气（GE）公司开发了一套全新的激励体系。当时，在激励机制方面，德鲁克刚为西尔斯（Sears）公司做过咨询项目，积累了丰富的经验。在西尔斯的薪酬方案设计中，他将每位商店经理的薪酬与年销售收入挂钩。在通用电气项目中，他将每位业务单元负责人的薪酬与投资报酬率（投资报酬率＝收入－成本/占用资本×100%）挂钩。当时，通用电气之所以改革激励机制，是因为通用正在重组，公司期望通过重组，实现各个业务单位的创新。但德鲁克的这套激励方案，却犯下了致命的错误。德鲁克回忆："显而易见，事与愿违，我们犯下了一个绝对的错误。创新需要今天的投入，但在长时间内你将无法获得任何回报。在新的激励机制中，每位总经理花费在创新上的每一分钱意味着什么？不只是薪酬的减少，还意味着民心的丧失。所以在长达10年的时间里，通用电气公司没有取得任何创新，新激励方案的出台为创新设置了巨大的障碍。"

作为目标管理的开山人，德鲁克非常清楚企业应该设定绩效和成果目标的领域共有8个：市场地位、创新、生产力、实物和财力资源、获利能力、管理者绩效和培养管理者、员工绩效和工作态度、社会责任。但是在这些目标领域，如何设定目标并且确定目标是否完成的衡量标准的确是一件非常具有挑战性的工作。很明显，德鲁克在获利能力领域的目标衡量标准的设定上翻了船：对于一个有任期限制的管理者来说，要想薪酬高，就必须投资报酬率高，所以他们会尽可能减少那些当前投入未来才有产出的成本。这种成本最典型的代表就是研发费用、培训费用，所以创新就此止步。

1982年，斯图尔特提出了经济增加值（Ecomomic Value Added，EVA）的概念，解决全面反映企业业绩这一问题。EVA＝净利润－资本成本率×占用资本。很明显，企业净利润大于零，投资报酬率为正时，并不能表明管理者为股东创造了价值。通用电气激励机制的失败也使德鲁克意识到：一定要赚到超过资本成本的钱才算有利润。并且EVA可以把研发费用当做资本化来处理，在以后的受益期摊销，管理者当期利润不会大幅下降，所以能够鼓励管理者从长远考虑创新的重要性。

资料来源：管理学网 http：//www.94ddz.com/。

1.2.4 绩效管理与绩效评价的区别与联系

绩效评价（Performance Appraisal，PA）对大多数组织而言更为熟知，因为组织进行得更多的是绩效评价而不是绩效管理。所谓绩效评价，就是指在绩效周期结束时，选择有效的评价方法，由不同的评价主体对组织、群体及个人绩效做出判断的过程。绩效评价是一个对客观绩效进行主观评定和估价的过程。

很多组织或企业没有分清楚绩效管理和绩效评价的差异，认为做了绩效评价，量化了考核评价指标，年终实施了评价，就是实行了绩效管理。其实不然，绩效管理是一个完整的系统，它侧重于信息沟通和绩效提高，强调实现沟通与承诺，伴随着管理活动的全过程；而绩效评价只是绩效管理的一个环节，侧重于判断和评估，强调事后评价，只是对绩效管理的阶段性的总结和评判，并非绩效管理的全部。不过，绩效管理是在绩效评价的基础上产生的，是绩效评价的拓展，两者之间既有紧密的联系又有明显的区别（如表 1－2 所示）。

表 1－2　绩效评价与绩效管理的比较

项目＼内容	绩效评价	绩效管理
关注时间	过去	过去、现在、将来
特性	滞后性	战略性和前瞻性
参与主体	主管主导，员工被动反应	双向沟通，帮助员工开发
实施方式	判断式	计划式
重视	结果	过程（行为）与结果
结果的利用	奖惩	能力开发和提高
管理者的角色	裁判员	教练、分析师
管理方式	强调服从，具有威胁性	主张自主承诺，具有推动性
控制系统	强调外部控制	主张自我控制
问题解决	事后解决	事中解决
追求的结果	得—失（win-lose）	双赢（win-win）

绩效评价与绩效管理之间的主要区别可归纳为如下几点。

（1）绩效管理是由绩效计划、绩效执行、绩效评价和绩效反馈所构成的一个动态循环系统，绩效评价只是绩效管理系统的一个子系统或构成要素，是绩效管理系统的一个局部。从系统论的观点来看，绩效管理与绩效评价是系统与要素、整体与局部之间的关系。

（2）绩效管理是一个完整的管理过程，包括绩效计划、绩效执行、绩效评价、绩效反馈等一系列密切联系的管理环节；而绩效评价只是整个绩效管理过程中的一个环节，绩效评价是从属于绩效管理过程的。

（3）绩效管理从绩效计划开始，能够前瞻性地分析员工及组织绩效中所存在的问题并规划未来的发展；而绩效评价主要是回顾过去，对未来的考虑比较少。

（4）绩效管理过程中要借助计划、引导、监管和控制等一系列管理手段；而绩效评价则主要是对绩效所进行的监督。

（5）绩效管理过程中，管理者更主要的是扮演指导者或教练的角色，与被管理者之间是一种绩效合作伙伴关系；而在绩效评价中，管理者通常扮演的是评判者的角色，经常与被评价者对立起来。

（6）绩效管理不仅注重所取得的结果，同时也注重整个管理过程；而绩效评价则主要关注结果。

（7）绩效管理所关注的不仅是当前的绩效，更重要的是未来绩效的提高；而绩效评价则主要是对过去所取得的绩效的总结。

（8）绩效管理侧重于通过评价信息获取更好的提高、改进员工和组织的绩效，以实现组织与员工的“双赢”；而绩效评价则侧重于评价信息的获取，通过这些评价信息为相关决策提供依据，更多关注的是评价结果的“得”与“失”。

以上对绩效管理和绩效评价的分析，使我们明确了绩效管理与绩效评价的差别。明确这种差别的意义在于，在进行绩效评价的过程中，能够明确绩效评价本身的局限性，设法弥补绩效评价的不足，并恰当地运用绩效评价的结果；而在实施绩效管理的过程中，在内容和形式上都要实行真正的绩效管理，不能使绩效管理成为单纯的绩效评价。

1.3 绩效管理的战略地位

1.3.1 绩效管理与组织战略

绩效管理是一个组织获取竞争优势、实现组织目标的有力工具。任何一个组织的战略，都是借助于人力资源管理中的各个环节来具体实施的。在这些环节当中，绩效管理承担着具体的实践重任，绩效管理是组织战略的载体。反过来，从绩效管理的定义出发，组织战略又是绩效管理的基础，没有战略就谈不上绩效管理。因此，绩效管理与组织战略之间有着紧密的联系。

实际上，战略是组织对未来结果的一种期望，这种期望要依靠组织的所有成员按一定的职责和绩效要求，通过持续努力和发挥创造性来实现。通过绩效管理过程，将组织的战略目标分解到各个业务单位，并根据每个岗位的基本职责进一步分解到各个岗位的员工，形成每个岗位的绩效目标，这样就可以把每个岗位员工的工作目标加以有效的整合，形成合力，有效地促进组织目标的实现。绩效管理与组织战略之间的相互关系可用图 1－3 表示。

1.3.2 绩效管理对管理者和员工的作用

1. 绩效管理对管理者的作用

管理是经由他人的劳动以完成工作目标的一系列活动。管理者的价值在很大程度上取决于下属的工作表现。当你的下属失败时，不管你做了多少事，你都会被认为是失败的管理者。这是管理者要对其下属员工的绩效进行管理的一个重要原因。绩效管理提供给管理者一个组织目标分解与沟通的机会，并且使管理者能够向员工说明自己对他们的工作期望和对员工工作的衡量标准。

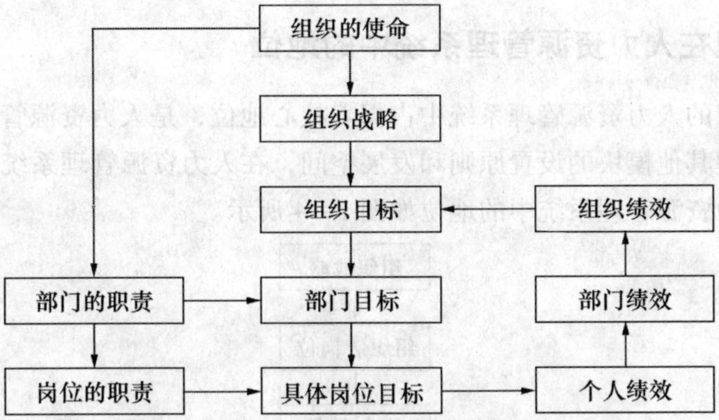

图 1－3 绩效管理与组织战略的关系

此外，绩效管理使管理者能够及时掌握对绩效计划的实施情况，强化下属的正确行为。这样，管理者就可以有效地对员工进行授权，激发下属的工作积极性。管理者还可以通过绩效管理了解员工能否胜任工作，发现员工的发展潜力和需要改进之处，为更好地做出薪酬调整和职位调动决策提供依据。

绩效管理对管理者的具体作用可概括如下：

① 组织目标的传达；

② 组织目标的分解；

③ 传达对员工的工作期望及各项工作的衡量标准；

④ 了解有关工作计划和项目执行情况、员工状况等方面的信息；

⑤ 及时发现问题并纠正绩效偏差。

2. 绩效管理对员工的作用

绩效管理是员工成长的推动器。根据双因素理论，要让员工真正感到满意，就要让员工从工作中获得成就感、得到认可，从承担责任中体验到工作的意义。绩效管理为员工获得这些激励因素提供了机会。绩效管理能够让员工明白组织对自己的评价，自己的优势、不足和努力方向，帮助员工了解和改善自己的绩效表现，完成或超越目标，提高胜任能力，根据自身的优势和不足制定个人职业生涯规划，更好地实现自己的价值。另外，绩效管理还可以在员工和管理者之间建立起一座沟通的桥梁，促进员工和管理者的理解和协作。

绩效管理对员工的具体作用可概括如下：

① 明确自己的绩效责任与目标（做什么、为什么做、结果是什么）；

② 参与目标、计划的制定（组织的要求、目标必须达成理由）；

③ 寻求上司的支持与所需资源（责权、费用、工具、渠道等）；

④ 及时获取评价、指导与认同（是否满意、如何改进偏离）；

⑤ 获取解释的机会（消除误解、解释原因）。

1.3.3 绩效管理在人力资源管理系统中的地位

绩效管理在组织的人力资源管理系统中占据着核心地位，是人力资源管理的中枢和关键，它影响着人力资源管理其他模块的设置原则和发展空间，在人力资源管理系统中起着承上启下的作用。绩效管理在人力资源管理系统中的地位如图 1－4 所示。

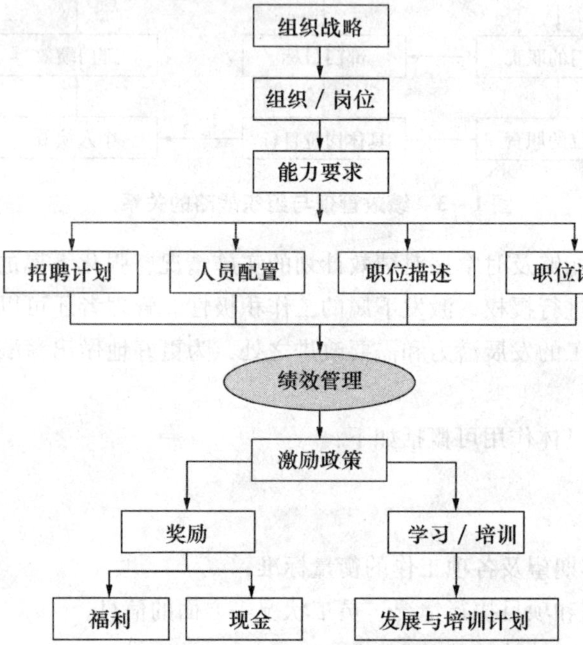

图 1－4 绩效管理在人力资源管理系统中的地位

资料来源：徐斌编著，《绩效管理》，中国人民大学出版社 2007 年版，第 7 页。

1. 绩效管理与工作设计及工作分析的关系

工作设计（job design）是指为了有效地达到组织目标与满足个人需要而进行的工作内容、工作职能和工作关系的设计。而工作分析（job analysis）则是通过系统全面的情报收集手段，提供相关工作的全面信息，以便组织进行改善管理效率，确定完成各项工作所需技能、责任和知识的系统过程。绩效管理与工作设计及工作分析的关系主要表现在工作设计、工作分析的结果会影响绩效管理系统的设计方式，是绩效管理系统设计的重要依据，同时，绩效管理的结果反过来又会对工作设计和工作分析产生影响。

工作设计确立了为达到特定的组织目标所要进行的具体工作活动，而工作分析则明确了工作的具体任务和职责，这些都成为构建绩效管理系统的重要基础。在构建绩效管理系统时，无论是绩效目标的确定还是考核指标的设计，都要依据通过工作设计与工作分析所确定的工作活动和具体的任务与职责，使绩效目标与组织的战略目标相一致，考评指标与具体的工作任务及职责相对应。

绩效管理系统对工作设计与工作分析也具有影响，这种影响主要表现在绩效管理系统实施过程中可以显现工作设计与工作分析中所存在的问题，从而可以考虑重新进行工作设计与工作分析。如果在绩效评价中员工的绩效存在较大的问题，而通过原因分析并不在员工自身，这很可能就是工作设计与工作分析出了问题，就需要重新设计工作活动和界定具体的工作任务与职责。因此，绩效管理的结果成为验证工作设计与工作分析是否合理的一种手段，影响企业是否需要重新进行工作设计与工作分析。

2. 绩效管理与招募甄选的关系

招募（recruitment）是指组织挑选出胜任空缺职位的合格候选人的过程。而甄选（selection）是组织通过运用一定的工具和手段对已经招募到的求职者进行鉴别和考察，区分他们的人格特点与知识技能水平，预测他们未来的工作绩效，从而最终挑选出组织所需要的、恰当的职位空缺填补者的过程。人员招募与甄选在很大程度上决定了组织中人员的素质，相应的也会间接影响绩效管理的结果。人员招募与选择进行得有效，人员素质胜任工作岗位的要求，就能有效地完成绩效目标，取得良好的绩效结果；反之，就难于实现绩效目标，不能取得良好的绩效结果。

绩效管理对人员招募与甄选的影响，首先表现在绩效管理的结果可能会促使组织的人员招募与甄选活动。在绩效管理过程中，对于员工绩效评价结果中所存在的问题，通过分析如果发现原因是组织的人力资源数量无法满足工作任务的需要，或者是现有员工在能力和态度上有差距但又不能通过培训来解决时，都需要组织进行人员招募甄选活动。

绩效管理系统对人员招募与甄选的影响还表现在，通过绩效评价结果，可以对人员招募甄选的有效性和可靠性进行验证。人员招募与甄选过程中要采用一系列的方法与技术，这些方法与技术的有效性和可靠性决定了所选择的人员是否恰当，是否能在日后的工作中取得优良的工作绩效。通过对所选择人员的工作绩效进行评价，把评价结果与招募甄选过程中的测验结果进行比较，就可以验证人员招募与甄选方法及技术的有效性和可靠性。因此，通过绩效管理，管理者能加深对组织内各个岗位的合格、特别是优秀人员所应具备的品质与绩效特征之间关系的理解，从而对人员招募与甄选提供有益的参考。

3. 绩效管理与培训开发的关系

从传统意义上来说，培训（training）的主要目的是使员工获得目前工作所需的知识和能力，帮助员工完成当前的工作；而开发（development）的主要目的是使员工获得未来工作所需的知识和能力，帮助员工胜任组织中其他职位的工作需要或未来岗位和工作的需要。培训与开发对绩效管理具有影响，这种影响主要表现在通过培训与开发，员工的技能水平得到充分的提高，绩效管理中的绩效目标和评价指标及其权重就要进行相应的调整。

绩效管理对培训与开发的影响是多方面的。绩效管理的目的是改进和提高绩效，本身就包含对员工进行开发的内容。在绩效管理过程中，通过绩效考评结果能够了解到员工的优势与劣势、在知识和技能上所存在的缺陷，以及在工作中的一些薄弱环节，从而发现员工在培训与开发方面的相应需要，使培训与开发更具有针对性和目的性。而培训与开发的目的就是提高员工的工作技能，进而提高他们的工作绩效。因此，对培训与开发效果的评估尽管要从多个层面来进行，但最高层次的评估还是要从培训与开发后工作绩效的变化情况来进行。事实上，绩效管理与培训开发是整个人力资源系统中两个重要的行为引导机制，只要向员工发出相同的“信号”，才能真正有效地强化行为引导的结果。

4. 绩效管理与薪酬管理的关系

薪酬（compensation）是员工因雇佣关系的存在，而从雇主那里获得的各种形式的经济收入、有形服务以及福利。薪酬主要包括基本工资、绩效工资、奖金和奖励以及福利与服务等形式。薪酬管理（compensation management）是指组织在综合考虑各种内外部因素的情况下，根据组织的战略和发展规划，结合员工提供的服务来确定他们应得的薪酬总额、薪酬结构以及薪酬形式的过程。在这一过程中，组织必须就薪酬水平、薪酬体系、薪酬结构以及特殊员工群体的薪酬等做出决策。在人力资源管理活动中，绩效管理与薪酬管理相互联系、相互作用、相辅相成。绩效管理与薪酬管理都是调动员工工作积极性的重要因素。

薪酬管理对绩效管理的影响表现在，薪酬福利结构如果与绩效相联系，会对员工努力取得优异绩效具有强大的激励作用。在薪酬福利结构设计中，如果相应的项目是直接或间接与绩效相联系的，就会对员工具有诱导作用，激励员工努力地完成绩效目标，取得更好的工作绩效。在绩效管理过程中需要对员工进行激励，可采取的激励措施很多，但薪酬激励则是基本的激励手段。绩效管理对薪酬管理具有直接的影响，这种影响表现在薪酬福利结构中的相应部分是由员工的绩效结果决定的。在总体薪酬结构中，基本工资虽然是根据职位的相对价值来确定，但通常所确定出的是工资范围，在这个工资范围内具体落在哪个点或哪个等级上，一般是由员工的工作绩效决定的。而奖励工资部分则更为直接地与绩效相联系，根据员工个人的绩效以及组织的整体经营状况，来制定个人或集体奖励计划。尽管绩效管理中的绩效评价结果对薪酬福利方案的实施具有直接的影响，但同时也要重视绩效管理的开发目的，使两方面保持平衡。

5. 绩效管理与员工流动管理的关系

员工流动（employee turnover）通常是指人员的流出、流入和组织内所发生的人员变动。它影响着一个组织人力资源的有效配置。在组织中，人员流动主要表现为晋升、解雇、退休等。合理的员工流动可以不断改善员工的素质和结构，帮助组织长期保持活力与增强竞争优势，但是，不合理的人员流动则会导致核心员工的流失，造成人力资源浪费，进而对组织的发展产生诸多不利影响。因此，有必要对员工流动进行管理。所谓员工流动管理（employee turnover management），是指对组织员工的流入、内部流动和流出进行计划、组织、协调和控制的过程，以确保组织员工的可获取性，从而满足组织现在和未来的人力资源需要和员工职业生涯发展的需要。

员工流动管理是强化绩效管理的一种有效形式。通过晋升、解雇等员工流动管理的方法，可以激励员工不断地提高工作绩效，努力达成绩效考核目标，促进绩效管理工作的顺利进行。同时，绩效管理的结果也会影响员工流动管理的相关决策。当绩效管理中的评价结果反映相应员工的工作绩效中存在较大问题，表明无法胜任现有工作时，就需要进行降职、调动甚至解雇处理。在职位调整过程中，做出降职、调动特别是解雇的处理，必须有明确的理由，对理由的解释必须令人信服，而公平合理的绩效评价结果则是最有力的、最可信的理由。当绩效管理中的评价结果反映相应员工取得了优异的绩效，这种优异的绩效在一定程度上表明员工能胜任更重要或更高层次的工作时，就成为进行工作轮换或晋升的重要依据。

1.3.4 战略性人力资源管理系统中的绩效管理

绩效管理是人力资源管理体系中一个非常重要的职能模块。人力资源管理从发展阶段看，主要经历了人事管理、人力资源管理和战略性人力资源管理三个不同的阶段。关于人事管理、人力资源管理和战略性人力资源管理的区别，如表1-3所示。

表1-3　　人事管理、人力资源管理、战略性人力资源管理的区别

项　目	人事管理	人力资源管理	战略性人力资源管理
理　念	“人”是一种工具性资源，服务于其他资源	人力资源是组织的一种重要资源	人力资源是组织最重要的资源，是一种战略资产
与战略的联系	单向执行联系	双向联系	一体化联系
职　能	参谋职能	直线职能；辅助决策	直线职能、决策制定
职　责	行政事务性工作	战略执行 行政事务性工作	战略制定 行政事务性工作
角　色	具体执行者	战略决策辅助者 战略决策信息提供者 战略执行者	战略合作伙伴 战略规划者 战略执行者
绩　效	部门绩效导向	部门绩效与组织绩效兼顾	个人绩效、部门绩效与组织绩效一体化；竞争优势导向
变　革	被动适应	主动调整	领导变革
时间视野	短期	短期、中期	短期、中期、长期
工作方式	被动的工作方式	灵活的工作方式	主动的工作方式
关键投资	资本	资本、产品	人、知识
经济责任	成本中心	成本中心	投资中心

资料来源：方振邦、罗海元编著，《战略性绩效管理》，中国人民大学出版社2010年第3版，第10~11页。

战略性人力资源管理（strategic human resources management）是相对于传统事务性人力资源管理而言的一种新的人力资源管理形态，它的实践和理念产生于20世纪70年代末80年代初，其理论基础主要是企业资源基础理论。彭罗斯（Penrose）于20世纪50年代在其著作《企业增长理论》中提出了企业资源基础理论，以后经过沃纳夫特（Wenerfelt）和巴尼（Barney）等人的努力，使得企业资源基础理论逐步成为企业战略管理研究领域占有重要地位的理论之一。按照这一理论，企业的资源和能力是异质的，竞争优势的获得主要依赖于企业内的一些关键资源，这些资源必须有价值、稀缺、难以替代和不可模仿。企业资源基础理论成为连接企业战略与人力资源管理的纽带，是战略性人力资源管理的理论基础，为理解人力资源与人力资源管理带来竞争优势提供了依据。另外，人力资本理论、行为观点理论、人力资源优势理论、一般系统理论等，也是战略性人力资源管理不断发展的重要思想源泉。

目前，关于战略性人力资源管理的基本共识是，人力资源及人力资源管理都是实现组织战略目标和赢得竞争优势的资产。组织在一定时期的人力资源存量，要适应组织战略的需要，并随战略的变化而调整；人力资源管理系统因其具有过程值赖性、作用协同性和因果模糊性而难于被竞

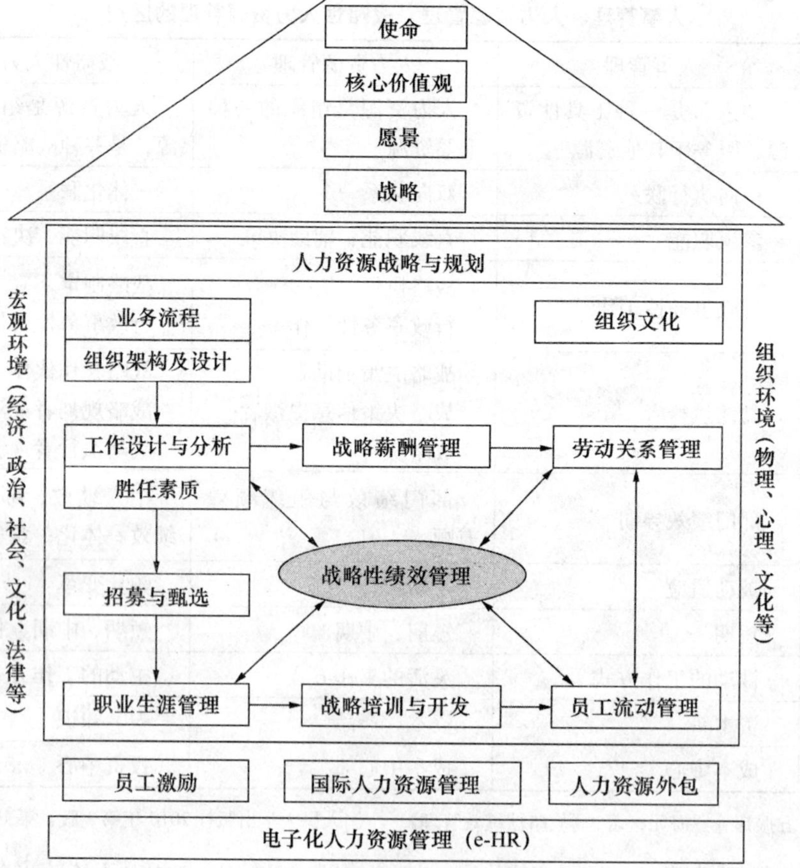

图1-5　战略性人力资源管理系统中的绩效管理

争对手所模仿，因此战略性人力资源管理能够帮助组织实现战略目标和赢得竞争优势。

所谓战略性人力资源管理，就是以组织战略为导向，通过动态协同人力资源管理的各项职能活动，确保组织获取持续竞争优势，达成组织目标的过程。战略性人力资源管理把人力资源视为获取竞争优势的首要资源，把人视为资产或投资而不是成本费用。战略性人力资源管理要求把人力资源管理与人力资源战略以及企业战略需要结合起来。

战略性人力资源管理体系中的绩效管理，我们称之为"战略性绩效管理"。战略性绩效管理是战略性人力资源管理的职能之一，它承接组织的战略，由绩效计划、绩效执行、绩效评价和绩效反馈四个环节构成一个闭循环。通过这四个环节的良性循环过程，管理者能够确保员工的工作活动和工作产出与组织的目标保持一致，不断改进员工和组织绩效水平，促进组织战略目标的实现。战略性绩效管理在战略性人力资源管理系统中处于核心地位，它与战略性人力资源管理系统的其他职能之间存在着非常密切的关系。战略性人力资源管理系统中绩效管理的地位如图1-5所示。

要点总结

• 绩效是指组织期望的为实现其目标而展现在不同层面上的经过评价的工作行为、方式及其结果，它反映了组织和员工在一定时间内以某种方式实现某种结果的过程。绩效从组织架构层次可分为组织绩效、群体绩效和个人绩效。

• 绩效具有多因性、多维性和动态性。绩效的影响因素主要包括技能、激励、环境和机会。

• 绩效管理是指为了达到组织的目标，通过持续开放的沟通过程，形成组织所期望的利益和产出，并推动团队和个人做出有利于目标达成的行为。

• 绩效评价是指在绩效周期结束时，选择有效的评价方法，由不同的评价主体对组织、群体及个人绩效做出判断的过程。绩效评价只是绩效管理的一个环节，侧重于判断和评估，强调事后评价。

• 绩效管理在组织的人力资源管理系统中占据着核心地位，它影响着组织的工作设计与工作分析、招募与甄选、培训与开发、薪酬管理、员工流动管理等。

• 战略性人力资源管理就是以组织战略为导向，通过动态协同人力资源管理的各项职能活动，确保组织获取持续竞争优势，达到组织目标的过程。战略性绩效管理是战略性人力资源管理的职能之一，它承接组织的战略，由绩效计划、绩效执行、绩效评价和绩效反馈四个环节构成一个闭循环。

思考题

1. 如何理解绩效的内涵？它有哪些性质？

2. 影响绩效的因素有哪些？
3. 什么是个体绩效、群体绩效和组织绩效？它们之间有什么关系？
4. 什么是绩效管理？它有哪些特点？
5. 绩效管理对组织、管理者和员工各有什么作用？
6. 绩效管理与绩效评价之间有何联系和区别？
7. 试分析绩效管理与组织战略之间的关系。
8. 什么是战略性人力资源管理？它与传统事务性人力资源管理有何不同？
9. 如何理解战略性绩效管理？它与战略性人力资源管理之间是什么关系？

讨论题

有一个充气不足、开始下降的热气球上载着三位科学家：一位是环保专家，他能解决环境污染问题；一位是原子专家，他能有效防止全球性核战争；另一位是粮食专家，他能解决未来人类100亿人口的吃饭问题。现在必须丢出去一个人以减轻气球负荷，方能保证另外两位科学家的安全，那么，你认为应该抛出哪一位？为什么？

案例分析

SONY 常务董事：绩效主义毁了 SONY

2006 年 SONY 公司迎来了创业 60 年。过去它像钻石一样晶莹璀璨，而今却变得满身污垢、暗淡无光。因笔记本锂电池着火事故，世界上使用 SONY 产锂电池的约 960 万台笔记本被召回，估计更换电池的费用将达 510 亿日元。

PS3 游戏机曾被视为 SONY 的“救星”，在上市当天就销售一空。但因为关键部件批量生产的速度跟不上，SONY 被迫控制整机的生产数量。PS3 是尖端产品，生产成本也很高，据说卖一台 SONY 就亏 3.5 万日元。SONY 的销售部门预计，2007 年 3 月进行年度结算时，游戏机部门的经营亏损将达 2000 亿日元。

多数人觉察到 SONY 不正常恐怕是在 2003 年春天。当时据 SONY 公布，一个季度就出现约 1000 亿日元的亏损。市场上甚至出现了“SONY 冲击”，SONY 公司股票连续两天跌停。但回过头来仔细想想，从发生“SONY 冲击”的两年前开始，公司内的气氛就已经不正常了。坦率地说，作为 SONY 的旧员工，我当时也感到震惊。身心疲惫的职工急剧增加。回想起来，SONY 是不知不觉慢慢地退化的。

1. “激情集团”消失了

我是 1964 年以设计人员的身份进入 SONY 的。因晶体收音机和录音机的普及，SONY 那时实现了奇迹般的发展。当时企业的规模还不是很大，但是“SONY 神话”受到了社会的普遍关注。从进入公司到2006年离开公司，我在SONY愉快地送走了40年的岁月。

我46岁就当上了SONY公司的董事，后来成为常务董事。因此，对SONY近年来发生的事情，我感到自己也有很大责任。伟大的创业者井深大的影响为什么如今在SONY荡然无存了呢？SONY的辉煌时代与今天有什么区别呢？

首先，“激情集团”不存在了。所谓“激情集团”，是指我参与开发CD技术时期，公司那些不知疲倦、全身心投入开发的集体。在创业初期，这样的“激情集团”接连开发出了具有独创性的产品。SONY当初之所以能做到这一点，是因为有井深大的领导。

井深大最让人佩服的一点是，他能点燃技术开发人员心中之火，让他们变成为技术献身的“狂人”。在刚刚进入公司时，我曾和井深大进行激烈争论。井深大对新人并不是采取高压态度，他尊重我的意见。

为了不辜负他对我的信任，我当年也同样潜心于研发工作。比我进公司更早，也受到井深大影响的那些人，在井深大退出第一线后的很长一段时间，仍以井深大的作风影响着全公司。当这些人不在了，SONY也就开始逐渐衰败。

从事技术开发的团队进入开发的忘我状态时，就成了“激情集团”。要进入这种状态，其中最重要的条件就是“基于自发的动机”的行动。比如想通过自己的努力开发机器人，就是一种发自自身的冲动。

与此相反就是“外部的动机”，比如想赚钱、升职或出名，即想得到来自外部回报的心理状态。如果没有发自内心的热情，而是出于想赚钱或升职的世俗动机，那是无法成为“开发狂人”的。

2. “挑战精神”消失了

今天的SONY职工好像没有了自发的动机。为什么呢？我认为是因为实行了绩效主义。绩效主义就是：“业务成果和金钱报酬直接挂钩，职工是为了拿到更多报酬而努力工作。”如果外在的动机增强，那么自发的动机就会受到抑制。

如果总是说“你努力干我就给你加工资”，那么以工作为乐趣这种内在的意识就会受到抑制。从1995年左右开始，SONY公司逐渐实行绩效主义，成立了专门机构，制定非常详细的评价标准，并根据对每个人的评价确定报酬。

但是井深大的想法与绩效主义恰恰相反，他有一句口头禅：“工作的报酬是工作。”如果你干了件受到好评的工作，下次你还可以再干更好的工作。在井深大的时代，许多人为追求工作的乐趣而埋头苦干。

但是，因实行绩效主义，职工逐渐失去工作热情。在这种情况下是无法产生“激情集团”的。为衡量业绩，首先必须把各种工作要素量化，但是工作是无法简单量化的。公司为统计业绩，花费了大量的精力和时间，而在真正的工作上却敷衍了事，出现了本末倒置的倾向。

因为要考核业绩，几乎所有人都提出容易实现的低目标，可以说SONY精神的核心即“挑战精神”消失了。因实行绩效主义，SONY公司内追求眼前利益的风气蔓延。这样一来，短期内难见效益的工作，比如产品性量检验以及“老化处理”工序都受到轻视。

“老化处理”是保证电池质量的工序之一。电池制造出来之后不能立刻出厂，需要放置一段时间，再通过检查剔出不合格产品，这就是“老化处理”。至于“老化处理”程序上的问题是否是上面提到的锂电池着火事故的直接原因，现下尚无法下结论。但我想指出的是，不管是什么样的企业，只要实行绩效主义，一些扎实细致的工作就容易被忽视。

SONY公司不仅对每个人进行考核，还对每个业务部门进行经济考核，由此决定整个业务部门的报酬。最后导致的结果是，业务部门相互拆台，都想方设法从公司的整体利益中为本部门多捞取好处。

3. 团队精神消失了

2004年2月底，我在美国见到了“涌流理论”的代表人物奇凯岑特米哈伊教授，并聆听了他的讲演。讲演一开始，大屏幕上放映的一段话是我自进入SONY公司以来多次读过的，只不过被译成了英文。

“建立公司的目的：建设理想的工厂，在这个工厂里，应该有自由、豁达、愉快的气氛，让每个认真工作的技术人员最大限度地发挥技能。”这正是SONY公司的创立宗旨。SONY公司失去活力，就是因为实行了绩效主义。

没有想到，我是在绩效主义的发源地美国，聆听用SONY的创建宗旨来否定绩效主义的“涌流理论”，这使我深受触动。绩效主义企图把人的能力量化，以此做出客观、公正的评价。但我认为事实上做不到。它的最大弊端是搞坏了公司内的气氛。上司不把部下当有感情的人看待，而是一切都看指标，用“评价的目光”审视部下。

不久前我在整理藏书时翻出一封信。那是我为开发天线到东北大学进修时，给上司写信打的草稿。有一次我逃学跑去滑雪，刚好赶上SONY公司的部长来学校视察。我写那封信是为了向部长道歉。

实际上，在我身上不止一次发生过那类事情，但我从来没有受到上司的斥责。上司相信，虽然我贪玩，但对研究工作非常认真。当时我的上司不是用“评价的眼光”看我，而是把我当成自己的孩子。对企业员工来说，需要的就是这种温情和信任。

过去在一些日本企业，即便部下做得有点出格，上司也不那么苛求，工作失败了也敢于为部下承担责任。另一方面，尽管部下在喝酒的时候说上司的坏话，但在实际工作中仍非常支持上司。后来强化了管理，实行了看上去很合理的评价制度，大家却都极力逃避责任。这样一来就不可能有团队精神。

4. 创新先锋沦为落伍者

不单SONY，现下许多公司都花费大量人力、物力引进评价体制，但这些企业的业绩似乎都在下滑。

SONY公司是最早引进美国式合理主义经营理论的企业之一。而公司创始人井深大的经营理念谈不上所谓“合理”。1968年10月上市的单枪三束彩色显像管电视机的开发，就是最有代表性的例子。

当时SONY在电视机的市场竞争中处于劣势，几乎到了破产的边缘。即便如此，井深大仍坚持独自开发单枪三束彩色显像管电视机。这种彩色电视机画质好，一上市就大受好评。其后30年，这种电视机的销售一直是SONY公司的主要收入来源。

但是，“干别人不干的事情”这种追求独自开发的精神，恐怕不符合今天只看收益的企业管理理论。SONY当时如果采用和其他公司一样的技术，立刻就可以在市场上销售自己的产品，当初也许就不会有破产的担心了。

投入巨额费用和很多时间进行的技术开发取得成功后，为了制造产品，还需要有更大规模的设备投资，亦需要招募新员工。但是，从长期角度看，SONY公司累积了技术，培养了技术人员。此外，人们都认为“SONY是追求独特技术的公司”，大大提升了SONY的品牌形象。

更重要的是，这种独自开发能给SONY员工带来荣誉感，他们都为自己是“最尖端企业的一员”而感到骄傲。单枪三束彩色显像管电视机之所以能长期成为SONY公司的收入来源，是因为技术开发人员怀着荣誉感和极大热情，不断对技术进行改良。

具有讽刺意味的是，因单枪三束彩色显像管电视机获得成功而沾沾自喜的SONY，却在液晶和等离子薄型电视机的开发方面落后了。实际上，井深大曾说过：“我们必须自己开发出让单枪三束彩色显像管成为落伍产品的新技术。”包括我自己在内的SONY公司高管没有铭记井深大的话。

如今，SONY采取了极为“合理的”经营方针：不是自己开发新技术，而是同三星公司合作，建立了液晶显示屏制造公司。由这家合资公司提供零部件生产的液晶电视机“BRAVIA”非常畅销，从而使SONY公司暂时摆脱了困境。但对于我这个熟悉SONY成长史的人来说，总不免有一种怀旧感，因为SONY现下在基础开发能力方面，与井深大时代相比存在很大差距。今天的SONY为避免危机采取了临时抱佛脚的做法。

5. 高层主管是关键

今天的SONY与井深大时代的最大区别是什么呢？那就是在“自豪感”方面的差别。当年创始人井深大和公司员工都有一种自信心：努力争先，创造历史。

当时SONY并不在意其他公司在开发什么产品。某大家电公司的产品曾被嘲讽为“照猫画虎”，今天SONY也开始照猫画虎了。一味地左顾右盼，无法走在时代的前头。

在我开发“爱宝”机器狗的时候，SONY的实力已经开始衰落了，公司不得不采取冒险一搏的做法，但是出现亏损后，又遭到公司内部的批评，结果不得不后退。

今天的SONY已经没有了向新目标挑战的“体力”，同时也失去了把新技术拿出来让社会检验的胆识。在导致SONY受挫的几个因素中，公司最高领导人的态度是其中最根本的原因。

在 SONY 充满活力、蓬勃发展的时期，公司内流行这样的说法："如果你真的有了新点子，来。"也就是说那就背着上司把它搞出，与其口头上说说，不如拿出真东西来更直接。但是如果上司总是以冷漠的、"评价的眼光"来看自己，恐怕没有人愿意背着上司干事情，那是自找麻烦。如果人们没有自己受到信任的意识，也就不会向新的更高的目标发起挑战了。在过去，有些 SONY 员工根本不畏惧上司的权威，上司也欣赏和信任这样的部下。

所以，能否让职工热情焕发，关键要看最高领导人的姿态。SONY 当年之所以取得被视为"神话"的业绩，也正是因为有井深大。但是，井深大的经营理念没有系统化，也没有被继承下来。也许是因为井深大当时并没有意识到自己经营理念的重要性。

我尝试着把井深大等前辈的经营理念系统化、文字化，出版了《经营革命》一书。在这本书中，我把井深大等人的经营称为"长老型经营"。所谓"长老"，是指德高望重的人。德高望重者为公司的最高领导人，整个集团会拧成一股绳，充满斗志地向目标迈进。

在今天的日本企业中，患抑郁症等疾病的人越来越多。这是因为公司内有不称职的上司，推行的是不负责任的合理主义经营模式，给职工带来了苦恼。

不论是在什么时代，也不论是在哪个国家，企业都应该注重员工的主观能动性。这也正是 SONY 在创立公司的宗旨中强调的"自由，豁达，愉快"。

过去人们都把 SONY 称为"21 世纪型企业"。具有讽刺意味的是，进入 21 世纪后，SONY 反而退化成了"20 世纪型企业"。我殷切希望 SONY 能重现往日辉煌。

事实上，质疑绩效管理的不止天外伺郎一个人，迪莫·谢尔哈特曾在《华尔街日报》上发表报告指出，九成以上企业的绩效考核制度并不成功。美国管理大师彼得·斯科尔特斯怀疑实际情况可能比这更糟。虽然很多人质疑天外伺郎把索尼的挫败归罪于绩效有些片面，但是他的确提出了几个非常有意义的思考。实际上，如今绩效主义正在逐渐成为中国企业界主流的价值体系，因为越来越多的企业经历了创业期正在进入了发展期，他们需要通过建立新的管理体系来符合更大规模的运营和更扎实的成长。

只不过中国许多公司在花费大量人力物力引进绩效评价体系后，却往往发现自己的业绩不是在上升而是在下滑；公司原有的氛围和文化也不再鲜明，而变得毫无个性。

【问题】

1. 你认为是绩效主义毁了 SONY 吗？
2. 为什么很多企业会出现这种绩效管理的"过敏症状"？
3. 结合案例谈谈怎样理解绩效管理工具？

资料来源：［日］天外伺郎：《绩效主义毁了 SONY》；《绩效主义陷阱》，载于 http：//www. china-train. net/main/news_ hr_ details. asp？id =33710，2010. 10. 19.

第 2 章

绩效管理系统

今天的组织需要的是由一群平凡的人，做出不平凡的事。

——彼得·德鲁克

本章学习目标

- 理解系统的含义及其特征与分类
- 深刻理解绩效管理系统的内涵、目的及其作用
- 掌握理想的绩效管理系统应具备的特征
- 能够分析绩效管理系统的组织环境和支持系统
- 掌握绩效管理系统的基本流程及其关系
- 深刻理解绩效管理系统模型及原理
- 熟悉绩效管理系统的评价标准

一个组织要赢得和保持长久的竞争优势，不仅要制定有效的战略，还要确保战略的顺利实施，实现战略目标。绩效管理作为将组织战略转化为员工行动的过程，是基于组织战略而形成的一个系统。绩效管理系统以实现组织战略为基本目的，同时还要实现自身的管理目的和开发目的。在一个企业组织中，绩效体现在员工个人、部门群体和组织整体三个层面上，绩效管理系统（Performance Management System，PMS）要实现组织绩效管理、部门绩效管理与人员绩效管理的整合。绩效管理作为一个系统，要通过包括绩效计划、绩效执行、绩效评价和绩效反馈等一系列环节而形成的管理循环过程来实现绩效管理系统的目的。

2.1 绩效管理系统概述

2.1.1 系统的概念、特征及分类

1. 系统的概念

人类在很早以前对系统（system）就有了相应的认识，但系统真正成为一个科学的概念，则是20世纪30年代以后的事情。人们在对系统的研究过程中，对这一概念有不同的解释。一般系统论的奠基人奥地利生物学家L. V. 贝塔朗菲把系统定义为“相互作用诸要素的综合体”；日本学者北原贞辅则把系统定义为“具有相互关系的要素的综合”；韦伯斯特（Merriam Webster）大词典对系统一词的解释则是“有组织的或被组织化的整体，结合着的整体所形成的各种概念和原理的综合，由有规则的相互作用、相互依存的形式组成的诸要素”；等等。它们分别从不同的角度反映了系统这一概念的本质。

综上所述，可对系统做如下定义：**所谓系统，指的是为了实现一个共同的目标而存在的、由若干要素组成的相互联系而又相互制约的有机整体。**

2. 系统的特征

系统虽然表现千差万别，但也有一些共同的特征，具体如下。

（1）整体性。系统作为由若干相互联系、相互作用的要素的有机组合，形成具有一定结构和功能的整体，它的基本特征就是整体性。系统的整体性主要表现在构建系统目标时要追求系统整体目标的最优化。系统的规律是从系统整体上显现出来，系统要素的功能必须服从系统整体的功能，系统整体功能不等于要素功能的简单相加。

（2）有序性。系统的有序性主要表现在系统结构的有序上。系统结构的有序性不仅表现在构成系统的各个子系统形成不同的层次、处于不同的地位，还表现在当系统的结构确定后，系统中的物质、能量和信息以一定的渠道有秩序地进行流通。另外，系统的有序性还表现在系统发展的有序上。系统都处在不断变化发展的过程中，但系统的变化发展不是随意的，要依据一定的规律，是有序的。系统的有序性决定了系统可以作为一个整体存在，并发挥出更高的效能。

（3）相关性。系统内的各要素或子系统相互依存、相互制约，这种依存和制约关系与系统整体相联系，表现为系统的相关性。系统的相关性决定了各系统要素或子系统要以系统整体的存在和发展为前提，而每个系统要素或子系统的发展又受整体系统及其他系统要素或子系统的制约。

（4）目标一致性。每个系统都具有特定的目标，系统中的各个要素相互配合，都应服从于系统的整体目标。每个子系统的目标尽管不尽相同，但都是为总系统的最终目标服务的，为组织战

略目标服务的，系统中的各个要素或子系统都是为了完成系统整体的目标而协同工作。

（5）环境适应性。对于系统中的某个子系统而言，其他子系统就是其所存在的环境，任何系统都处在一定的环境中。任何系统都要与环境之间进行物质、能量和信息的交换，对环境具有适应性。系统的环境适应性使系统能适应环境的变化，从而有助于系统实现自身的目标。与生物系统相比，社会系统不仅具有环境适应性，还具有改造环境的能力。

3. 系统的分类

系统可从许多角度进行研究和分类，常见的系统分类主要有以下几种。

（1）无机系统、生物系统和社会系统。从自然发展层次的角度，可以把系统分为无机系统、生物系统和社会系统。无机系统是由无机物质构成的系统，它没有目的，又称为无目的系统。生物系统是在无机系统基础上发展起来的，由有生命的物质构成，有自身的目的，可称为目的系统。社会系统是在生物系统的基础上发展起来的，其最基本的构成要素是人，也是目的系统。

（2）自然系统和人造系统。从组成要素性质的角度，可以把系统分为自然系统和人造系统。自然系统是由自然物构成的系统，如生态系统和气象系统等，它们都有自然形成的特点。人造系统是由人工制造出来的系统，包括工程技术系统、管理系统、学科体系、技术体系等。实际上，大多数系统都是自然与人造相结合的复合系统。

（3）封闭系统和开放系统。从与环境联系的方式及密切程度角度，可以把系统分为封闭系统和开放系统。封闭系统，又可称为孤立系统，它不被其他事物影响，也不对其他事物施加影响，也就是不与环境发生物质、能量和信息的交换。事实上，绝对封闭或孤立的系统是不存在的，有些系统只是与外界联系较少，可以被近似地看做孤立系统。开放系统是与环境相互影响，不断地与环境进行物质、能量和信息交换的系统。开放系统只有与外界保持联系才能实现稳定，现实当中存在的系统基本都是开放系统。在对系统进行研究时，一般都是要忽略掉一些次要的外界联系因素，把系统看做是一个相对封闭或孤立的系统。

（4）静态系统和动态系统。从与时间关系的角度，可把系统分为静态系统和动态系统。系统的状态如果不随时间而变化，就是静态系统。实际上，绝对的静态系统是不存在的，有些系统在一个较短的时间内变化较少，可以被近似地看做静态系统。动态系统是其状态随时间而变化的系统。现实中的系统都是动态系统，只是有时为了研究的方便，只在某个时点或较短的时间范围内研究系统的状态时，才把系统看做相对的静态系统。

（5）实体系统和概念系统。从存在形式的角度，可把系统分为实体系统和概念系统。实体系统是由实物所组成的系统，如森林系统、江河系统和机械系统等。概念系统则是由概念、原理、方法和制度等非物质所构成的系统，如法律体系、制度体系、计算机软件系统和学科体系等就是概念系统。事实上，实体系统和概念系统是很难完全分开的，多数系统往往既是实体系统又是概念系统。

2.1.2　什么是绩效管理系统

绩效管理是由若干相互联系、相互作用的要素所构成的具有特定功能的有机整体，它构成了一个完整的系统，拥有系统的性质。绩效管理作为一个系统，除了具有整体性、有序性和相关性等系统的一般特征外，还具有作为人造的社会系统所具有的目标一致性和环境适应性。绩效管理系统具有明确的特定目标，而且这一特定目标始终都与组织战略目标保持一致，构建和实施绩效管理系统就是为了实现其特定的目标，进而支撑并帮助实现组织战略目标。绩效管理系统存在于特定的组织环境中，与环境之间存在着物质、能量和信息的交换，对环境具有适应性。将绩效管理作为系统工具，目前具有代表性的观点主要有以下三类。

观点一：绩效管理是管理组织绩效的系统。

观点二：绩效管理是管理员工绩效的系统。

观点三：绩效管理是综合管理组织和员工绩效的系统。

观点一将绩效理解为组织绩效，强调通过对组织结构、生产工艺、业务流程等方面的调整，以实现组织的战略目标。观点二将绩效理解为单纯的员工绩效，强调以员工为核心的绩效管理理念。观点三把绩效理解为包括组织绩效和员工个人绩效的综合绩效，组织绩效和员工个人绩效作为绩效管理系统中不同层面的绩效，彼此之间相互影响、相互依赖，有着密切的联系。事实上，绩效管理的中心目标就是挖掘员工的潜力，提高他们的绩效，并通过将员工个人的目标与组织战略结合在一起来提高组织的绩效。因此，从系统论的角度出发，绩效管理应该是一种把对组织绩效的管理和对员工绩效的管理结合在一起的综合管理系统。

绩效管理系统本质上是一种动态的管理控制系统。管理控制系统本身是个封闭循环系统，就一般的控制系统而言主要有三个基本思想：①控制或限制；②指导或命令；③校对或检验。这三个基本思想由以下四类逻辑相关的环节构成：

（1）预先（前馈）控制——预测、可行性分析、目标、预算、程序、规则、制度等；

（2）指导（过程）控制——同步控制，及时纠正偏差；

（3）是否控制——对关键点的控制，决定是否继续运行；

（4）事后（反馈）控制——通过对结果的分析与评估，改进系统运行的可靠性和有效性。

如果把管理控制系统和绩效管理系统进行比较，不难看出两者的一致性，绩效管理系统中的目标和期望的建立属于前馈控制，绩效执行和督导属于过程控制，而绩效的评估与改进则属于反馈控制。管理控制系统和绩效管理系统的循环比较如图 2－1 所示。

只有当绩效管理系统是一个封闭的循环系统时，它才是可控的和可靠的，同时也是不断提升和改善的保证。因为只有连续不断的控制才会有连续不断的反馈，进而才能保证连续不断的提升。

2.1.3 绩效管理系统的目的

绩效管理系统对于组织而言有多方面的目的，主要包括战略目的、管理目的、开发目的、信息传递目的、组织维持目的以及档案记录目的。

1. 战略目的

绩效管理系统的首要目的在于帮助高层管理者实现组织战略目标。绩效管理系统通过把组织

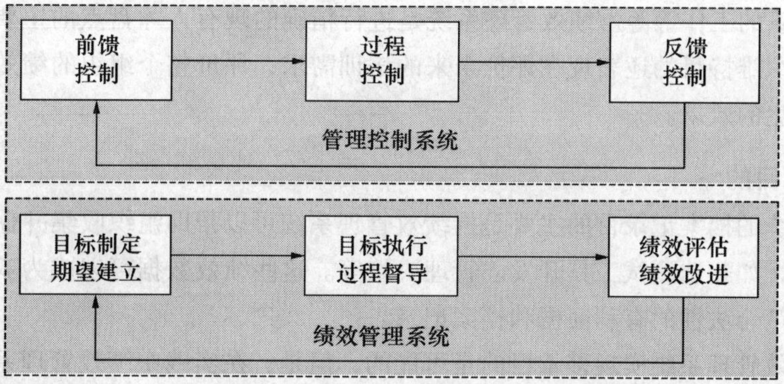

图 2－1　管理控制系统和绩效管理系统

战略目标与部门目标、员工个人目标相联系，从而强化了实现组织战略目标的行为。在运用绩效管理系统实现组织战略时，通过战略目标的承接和分解，将组织的战略目标逐层落实到部门和员工个人，并在此基础上制定相应的绩效评价指标体系，设计相应的绩效评价和反馈系统，使员工的努力与组织战略保持高度一致，促使组织战略目标的顺利实现。

2. 管理目的

组织在多项管理决策中都要使用绩效管理信息。绩效管理系统的管理目的在于对员工的绩效表现给予评价，并给予相应的奖惩以激励员工。绩效管理中绩效评价的结果是组织进行薪酬管理决策、晋升决策、保留/解雇决策等人力资源管理决策时的重要依据。

3. 开发目的

绩效管理系统的开发目的主要是管理者通过绩效管理过程来发现员工存在的不足，以便对其进行有针对性的培训，从而使员工能够更加有效地完成工作。当员工的工作完成情况没有达到预期的水平时，绩效管理系统就应该试图改善他的工作绩效。通过绩效反馈环节让员工找到绩效差距和绩效不佳的原因，继而针对问题采取措施，制定相应的绩效改进计划。另外，通过绩效管理系统，员工获得关于自己的绩效信息，也有助于帮助员工自己去设计或改进个人的职业发展路径。

4. 信息传递目的

绩效管理系统是一种重要的沟通手段，通过它可以让员工知道自己的表现如何，同时，绩效管理系统也为员工提供了哪些领域需要改进的信息。另外，绩效管理系统向员工提供的信息可以使他们明白组织以及自己的上级对他们的期望是什么，哪方面工作是最重要的。

5. 组织维持目的

绩效管理系统的组织维持目的主要表现在为人力资源规划和配置提供信息。制定人力资源规划的一项重要内容就是对组织内部的人力资源状况进行盘点，比如现有员工的技能、能力、晋升潜力、过去所从事的工作等等。绩效管理系统是进行精确的现有人才盘点的主要手段。另外，绩效管理系统的组织维持目的还表现在评价未来的培训需求，评价整个组织的绩效达成度，人力资源干预活动所产生的效果。

6. 档案记录目的

绩效管理系统的档案记录目的主要是指绩效管理系统可以帮助组织收集并保留许多用于各种目的的有用信息，如甄选测试工具开发、管理决策等。这些绩效数据可以成为验证甄选测试工具有效性、管理决策合法性的有利证据和档案记录。

尽管通过绩效管理系统实现多重目的是可能的，但是，在实践中绩效管理系统最常见的也是最重要的目的是战略目的、管理目的和开发目的，这三个目的也构成了战略性绩效管理系统的核心目的。

2.1.4 绩效管理系统的作用

绩效管理系统在组织系统中扮演着非常重要的角色，它就如同为组织的各种管理系统搭建了一个管理平台，是各种管理系统的纽带，透过它来验证各管理系统的运作效果。绩效管理系统在组织中的重要作用主要表现在以下几个方面。

1. 绩效管理系统是组织价值分配与人力资源管理决策的基础

绩效管理系统不仅决定了组织创造什么样的价值，也决定了组织价值如何分配。通过绩效管理，对员工的产出实施考评，可以为员工的管理决策，如职位升降、辞退、转岗、薪酬等提供了必要的依据，同时也解决了员工的培训与开发、职业生涯规划等问题，有助于员工个人的职业生涯发展，更好地促进了组织和部门的人力资源开发，这也是绩效管理成为人力资源管理各个环节中最核心环节的原因。

2. 绩效管理系统可以促进全面质量管理

Kathleen Guin（1992）指出，“实际上，绩效管理过程可以加强全面质量管理（TQM）。因为，绩效管理可以给管理者提供 TQM 的技能和工具，使管理者能够将 TQM 看做组织文化的一个重要组成部分”。事实上，设计一个科学有效的绩效管理系统的过程本身就是一个追求“质量”的过程，一个只重视数量而忽视质量的绩效管理系统是很难有效地实现组织战略目标的。

3. 绩效管理系统有助于适应组织结构调整和变化，有效推进战略实施和组织变革

多数组织的结构调整都是对组织环境变化的一种反映，其表现形式各种各样，比如减少管理层次、减小规模、适应性、团队工作、高绩效工作系统、战略性业务组织、授权等。组织结构调整后，管理思想和风格也要相应的改变，例如给员工更多的自主权，以便更快更好地满足客户的需求；给员工更多的参与管理的机会，促进他们对工作的投入，提高他们的工作满意感；给员工更多的支持和指导，不断提高他们的胜任特征等等。而这一切都必须通过建立绩效管理系统，才能得以实现。绩效管理也是推进组织实现战略目标重要而有效的工具，绩效目标是最好的指挥棒，设定什么样的目标，就会把组织引导到相应的方向。因此，组织在变革的过程中特别要善用绩效管理的导向作用。

4. 绩效管理系统能够促进有效的沟通、辅导和授权，避免组织冲突

绩效管理系统在某种意义上就是一个绩效信息沟通系统，其沟通方式改变了以往自上而下发布命令和检查成果的做法，它要求管理者与被管理者双方定期就其工作行为与结果进行沟通，被管理者主动报告自己的工作，管理者对被管理者的工作进行评价、反馈、辅导。管理者要对被管理者的实现目标的能力进行培训开发，对其职业发展进行辅导与激励，这客观上为管理者与被管理者之间提供了一个十分实用的、规范而简捷的沟通平台，这种沟通使监督和授权得以平衡，使授权成为可能。绩效管理不是讨论绩效低下的问题，而是讨论员工的工作成就、成功和进步，这是员工和管理层的共同愿望。当员工认识到绩效管理系统是一种帮助员工改进绩效而不是考核惩罚员工的系统时，员工之间就会更加积极合作和坦诚相处。如果管理者把绩效管理看成是与员工的一种合作过程，将会减少冲突，增强合作。员工将会因为对工作及工作职责有更好的理解而受益。

5. 绩效管理系统是一个很好的预警系统

绩效管理通过自下而上、周期性地提交绩效报告，通过各级管理者的定期评价，清楚地反映了整个组织重要的经营管理活动，实现组织对绩效目标的监控实施，一旦发现问题就可以及时发出信号，避免问题严重化。管理者可以更好地控制预期发展，因为他们提前获得了重要的信息。所以说绩效管理系统也是一个很好的预警系统。

6. 绩效管理系统有助于塑造契约化管理的高绩效企业文化

绩效管理是一种契约管理，绩效计划的制定过程就是管理层与员工围绕工作任务、工作目标和工作标准协商签订有关契约的过程。通过制定公开的绩效评价制度，明确由谁、通过什么标准、按照什么样的目标顺序、采取什么样的评价方式来对工作进行评价，这使员工可以明晰组织的游戏规则。通过明确的绩效标准对员工的业绩进行对照考评，可以形成公正评价的组织氛围，通过建立在业绩基础上的分配机制促进分配的公平性。这些都构成组织透明的文化氛围，帮助组织形成公开、公正、公平的价值观。这种价值观不仅有助于绩效契约的执行和落实，而且有助于组织建立起心理契约，形成真正的契约化管理氛围。

在设定绩效目标过程中，由于员工参与设定自己的业绩目标，客观上起到了自我激励、自我约束、提高自我实现感的作用。而绩效管理系统在提倡结果导向的情况下，也同样关注绩效结果形成的过程，这包括在达成目标的过程中要遵循组织规定的行为方式，对员工价值观和行为表现方面提出的要求等等，所有这些都有助于形成组织自己的文化特征和追求高绩效的文化氛围。

2.1.5　理想的绩效管理系统应具备的特征

良好的绩效管理系统对于组织的发展具有非常重要的作用，会给组织带来许多好处。那么，理想的绩效管理系统应该具备哪些特征呢？美国科罗拉多大学教授赫尔曼·阿吉斯（Herman Aguinis）通过研究，总结出了理想的绩效管理系统应该具备以下14个特征。

（1）战略一致性。绩效管理系统应该与组织和部门的战略保持一致，个人目标必须与部门目标和组织目标紧密结合在一起。

（2）完整性。绩效管理系统应该包括完整的四个维度：①所有的员工（包括管理人员）都应当接受评价；②所有的主要工作职责（包括行为和结果）都应当被评价；③应当对整个绩效周期内的绩效进行全面评价，而不是只对正式绩效评价前几周或几个月内的绩效进行评价；④对员工的绩效反馈不仅要提供积极的绩效信息，同时也要提供负面的绩效信息。

（3）实用性。好的绩效管理系统应该是易于理解和使用的，不会耗费高昂的代价和时间成本，这样才能被管理者用来进行决策。另外，使用绩效管理系统所产生的收益（比如提高绩效和员工工作满意度）应当超出它所耗费的成本。

（4）有意义性。绩效管理系统的有意义性主要表现在以下几个方面：①针对每一项工作职责制定的绩效标准及评价内容必须被认为是重要且相关的；②绩效评价应该仅仅强调员工可控的那些职能。比如，如果供应商没有将货物准时提供给员工，那么单方面要求员工加快服务速度就没有任何意义；③绩效评价必须在恰当的时间进行，而且时间间隔应该有规律；④绩效管理系统应该为评价者提供持续不断的技能开发机会；⑤绩效评价结果应该成为重要管理决策的依据，否则，员工就不会重视那样的绩效管理系统。

（5）明确具体性。好的绩效管理系统应该是明确具体的，它能给员工提供详尽而具体的指导，让员工明确组织和上级对他们的期望以及如何才能达到这种期望。

（6）绩效辨别性。绩效管理系统应当能够提供帮助组织识别有效绩效和无效绩效的信息，从而对表现出各种不同绩效有效性的员工进行识别，为绩效改进和员工管理提供决策依据。

（7）可靠性。绩效管理系统的可靠性是指绩效衡量指标应当是稳定一致并且没有偏差的，它反映了不同的评价者对同一被评价对象绩效评价结果的一致性程度。

（8）有效性。绩效管理系统的有效性是指在绩效衡量指标中包含了与绩效相关的所有各方面内容，而不包含与绩效无关的其他方面的内容，即绩效衡量指标应当是相关的。

（9）可接受性和公平性。好的绩效管理系统应该是被所有的参与者接受的，而且被他们认为是公平的。绩效管理系统的参与者对系统的接受程度，在很大程度上决定了该系统是否有效。公平是一个主观感受，员工感受中的组织公平性主要包括结果公平、程序公平和交往公平。

（10）参与性。一套好的绩效管理系统应当能够持续利用来自多种不同渠道的信息，这就要求员工必须参与创建绩效管理系统的过程，在应当对哪些行为和结果进行评价以及如何评价等方面提出自己的意见。所以说，绩效管理也是一个全员参与的过程。

（11）开放性。好的绩效管理系统是没有秘密的。首先，绩效评价是经常性的，并且员工总是能够持续不断地得到有关自己绩效质量方面的绩效反馈信息。其次，绩效评价本身也是一个双向沟通过程，评价者和被评价者在这一过程中进行信息的互换。再次，绩效标准应当是清晰的，上级应当就这些标准持续不断地与员工沟通。另外，绩效沟通不仅要以事实为依据，而且应该是开放的和诚实的。

（12）可纠正性。好的绩效管理系统，应当建立一种申诉程序，使员工能够借助这一程序对可能是不公平的决策提出自己的质疑。现实中，要建立一套完全客观的绩效管理系统实际上是不可能的，因为在绩效评价过程中总是需要人做出一些主观的判断，因此，当员工感觉到上级对自己的绩效评价出现了偏差时，应当建立一种机制纠正这种偏差，尽量把人为的因素影响减少到最低。

（13）标准化。好的绩效管理系统应当是标准化的，即在不同的时间以及对不同的人进行绩效评价时，应保持一致性。为了实现绩效管理系统的标准化，就必须对负责绩效评价的人（尤其是管理者）进行持续不断的培训。

（14）伦理性。良好的绩效管理系统应当是符合伦理道德标准的，这就要求管理者在进行绩效评价时，必须对自己的个人兴趣、偏好成见加以控制，确保只去评价的那些自己能够掌握充分信息的绩效维度，同时还要尊重员工的个人隐私。

2.2　绩效管理系统的环境分析

2.2.1　绩效管理系统的组织环境分析

任何系统都处在一定的环境中，并且都要与环境进行物质、能量和信息的交换，绩效管理系统也不例外。系统要与所处的环境相适应，这是系统实现自身目标的需要，因此，在绩效管理过程中，我们有必要对绩效管理系统的组织环境进行分析。

组织环境是组织生存的土壤，它既是绩效管理的背景和条件，同时又影响着绩效管理活动的开展。组织所面临的环境通常包括外部环境和内部环境两个方面。组织的外部环境包括政治、经济、社会和技术等诸多方面，而内部环境涉及的范围也很广泛，主要包括组织战略、组织文化、业务流程、组织架构、全面预算等。组织外部环境往往是难以控制的，通过对外部环境的分析，找出可以把握的机会和需要回避的风险，从而确保组织持续、健康的发展。由于绩效管理系统受到组织外部环境的直接影响相对较小，所以这里仅限于对组织内部环境的讨论和分析。绩效管理系统与组织内部环境的关系如图2－2所示。

1. 使命与战略

使命是组织存在的根本理由，概括了组织为人类所做出的贡献和创造的价值。而组织战略是组织对有关全局性、长远性、纲领性目标的谋划和决策，它是表明组织如何达到目标、完成使命的整体谋划，是提出详细行动计划的起点。使命是战略的前提和基础，战略反映了管理者对于行

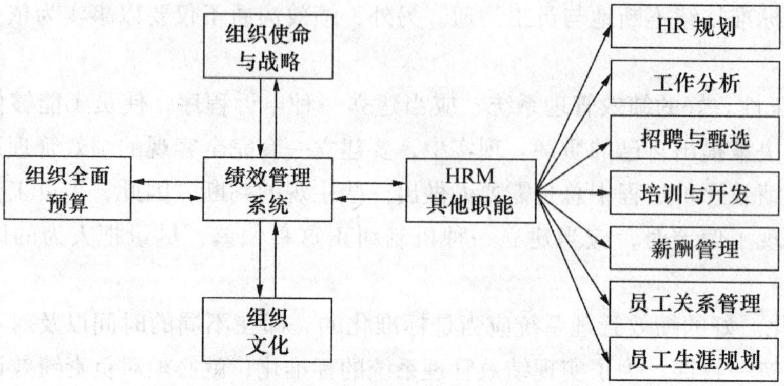

图 2－2　绩效管理系统与组织内部环境的关系

资料来源：刘桂林、颜世富、王伟杰主编，《高级人力资源管理师》，中国劳动社会保障出版社 2006 年版，第 224～225 页。

动、环境和绩效之间关键联系的理解，用以确保已确定的使命、愿景、价值观的实现。

绩效管理是服务于组织使命和战略的，在某种意义上，绩效管理系统就是一种组织执行力系统，是贯彻组织战略目标的重要管理手段。绩效管理是围绕绩效目标来运行的，绩效目标是组织自上而下的指挥棒，没有绩效目标就无从谈论绩效管理，而绩效目标源自战略目标、体现战略目标。因此，一个组织能否成功地进行绩效管理，前提之一是要有明确的、可运行的战略目标。值得注意的是，组织的战略目标与组织的生命周期有关，组织在不同的生命周期会制定不同的战略目标，因此，绩效目标的内容并不是一成不变的，而是根据组织的发展阶段和其他因素及时修改，以便与组织的战略目标随时保持一致。

2. 组织文化

组织文化是组织在长期的实践活动中形成的并且为组织成员普遍认可和遵循的具有本组织特色的价值观念、团队意识、行为规范和思维模式的总和。组织文化对组织和组织内每个成员的价值取向和行为取向起着导向作用，使组织成员的个人工作目标与组织的整体目标趋于一致。组织文化的目标导向方式与传统管理活动强调纪律或遵从制度有所不同，它侧重于通过组织文化的塑造来引导组织成员的行为，使人们在潜移默化过程中接受共同的价值观念，自觉地把个人目标与组织目标有机结合起来。组织引进一套全新的绩效管理系统，往往受到组织中传统文化的抵制。组织文化中的很多因素都对绩效管理系统的实施有重要影响，比如关心员工成长的文化能够更有效地将绩效管理与员工的成长联系起来；鼓励创新的文化，在绩效管理过程中与创新有关的行为表现就会得到认可和重视；关注结果还是关注过程，会影响到在进行指标设计时是完全采用结果性的指标，还是强调关键行为指标。

总之，组织文化作为组织长期积存起来的一系列信仰、价值观和行为方式的外在表现，为绩效管理提供了一种道德约束和行为准则，对绩效管理系统的运行起着一种无形的指导和影响作用。反过来，绩效管理本身又是组织文化的一部分，对组织文化的维持和发展产生很大的影响，组织文化最终要通过组织的绩效管理系统、价值分配系统发挥其功能。因此，组织文化与绩效管理系统之间是一种相辅相成的互动关系，绩效管理系统需要与之相匹配的组织文化来支持。

3. 组织全面预算

全面预算是组织在一定时期内各项业务活动、财务表现等方面的总体预测，它包括经营预算和财务预算。全面预算能够细化组织发展规划和年度经营目标，有利于实现绩效目标的监控执行。通过全面预算的编制，有助于组织上下级之间、部门与部门之间的相互交流与沟通，增进相互之间的了解，加深部门及员工对组织经营目标的理解和认同，同时，还可以加强对费用支出的控制，有效降低组织的营运成本。

在绩效管理系统中，绩效计划、绩效执行、绩效评价和绩效反馈都离不开组织预算，绩效的目标值大部分都取自预算中的数字，因此，绩效管理系统的有效运作与组织的全面预算是分不开的，要做好绩效管理，组织必须要有一套完善的预算系统。另外，绩效管理系统的执行也可以有效地对预算进行监控，推进全面预算管理，提高组织内部信息的使用效率，使组织及时了解到"过去发生了什么、现在正在做什么、将来可能会发生什么"，从而更好地完善组织全面预算。

4. 人力资源管理其他职能

绩效管理系统与人力资源管理系统的其他职能之间有着非常密切的关系，在人力资源管理系统中起着承上启下的作用。绩效管理系统影响着人力资源管理其他职能模块的设置原则和发展空间，而人力资源管理的其他职能则从不同层面和不同角度影响着绩效管理系统的运行过程和运行效果。关于绩效管理系统与人力资源管理其他职能的关系及其相互作用，前文已进行了较为详细的分析，这里不再赘述。

2.2.2 绩效管理的支持系统分析

1. 高层领导的支持与参与

大量实践表明，高层领导的支持与参与是绩效管理系统实施成败的关键因素。绩效管理是系统工程，既涉及组织的战略管理，又涉及其日常业务运营与发展，同时又关系到组织人力资源的开发与使用，是一项覆盖组织全体成员的工程，上至高层领导，下到普通员工都应参与其中。而高层领导又是组织的"大脑"和"指挥部"，只有高层领导亲自参与和积极推动，才有可能把组织的战略目标逐级分解下去，同时将绩效管理的理念和方法渗透到组织的各个角落。如果缺乏高层的支持和参与，仅凭人力资源部门和业务部门的一己之力，很难完成战略目标。

为了保证绩效管理系统的顺利推行和成功实施，高层领导主要应该承担自始至终的精神支柱和身体力行的行动表率角色（如图2-3所示）。所谓"自始至终的精神支柱"，是指组织高层领导应在各种重大会议和公开场合表明对实施组织绩效管理系统的支持，以展示管理层对推进和实施绩效管理的决心和信心，使管理人员和员工从观念和意识上真正重视绩效管理工作。而"身体力行的行动表率"角色则主要是指高层领导不仅在观念上重视绩效管理工作，而且在行动上要亲

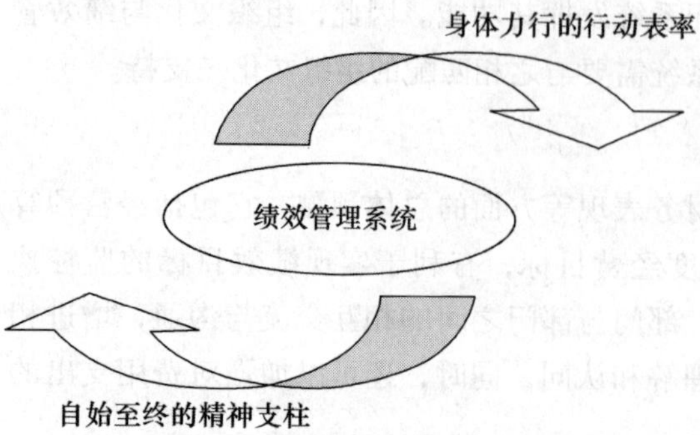

图 2–3　高层领导在绩效管理中承担的角色

自参与其中，充当各级管理层的顾问和咨询师，经常过问绩效管理系统实施的进展，及时解决实施过程中出现的需要组织高层出面解决的各种问题，积极推动组织的各项基础管理工作，为更好地实施绩效管理创造条件。

2. 明确的责任主体和一致的责权利结构

很多组织的人力资源管理部门承担了绩效管理的大部分责任，他们确定绩效评价的内容，设计并发放绩效评价的表格，进行汇总统计，想方设法让薪酬与绩效评价的结果更好地挂钩。但是他们往往非常辛苦，却收效不佳，甚至得到很多抱怨，比如抱怨人力资源部门设计的表格不能满足业务部门的需要，评价内容不能有效激励员工提升业绩，增加部门主管的工作量等等，出现这种情况的根本原因在于：责任主体选择不当，权责利结构不一致。人力资源管理部门并不是绩效管理的主体，他们对各部门的业务理解程度远远不及各自的直线主管，他们对员工工作行为和结果的了解也远不如直线主管，所以要人力资源管理部门承担评价的主要责任，这是不现实的。有些组织的财务部门也常常承担着绩效管理的主要责任，财务部门虽然掌握了一些部门和岗位的财务指标，但绩效管理系统不仅仅是对部门和岗位的财务指标进行评价，它还包括部门和员工的非财务指标，甚至在一些部门和岗位，非财务指标才是关键指标，因此，让财务部门承担绩效评价的主要责任，也是不现实的。

事实上，绩效管理的真正评价主体应该是各个部门的直线主管们，从最高层主管到最基层的主管，他们在绩效管理系统中逐级扮演着下属的指导者、评价者、反馈者、辅导者、激励者的角色。绩效目标是沿着直线分解下去的，绩效辅导也是沿着这种直线逐级往下进行的。组织中各个部门的管理者在绩效管理系统中所承担的角色和任务是不同的，具体的分工情况如表 2–1 所示。

表 2–1　各类管理者在绩效管理系统中的角色和任务

责任主体	承担的角色和任务
人力资源部门的管理者	绩效管理系统的设计者和组织实施者 绩效管理的宣传和培训者
业务部门管理者	考核制度的细化（根据部门特色、职能特色）
HR 及业务部门管理者共同的责任	考核指标的建立（细化至每个职位）
各级管理者	绩效管理的实施（计划、沟通、观察、评价）

总之，我们应该清楚地认识到，各个部门的直线经理和主管们才是绩效管理的真正责任主体，人力资源部门、财务部门以及专门的绩效管理部门只是参谋部门、协助推进部门，离开直线经理和主管的理解和支持，绩效管理系统的目的、任务是很难真正实现的。

3. 透明有序的绩效管理信息系统

绩效管理系统能否真正发挥组织运营的预警作用，能否为人力资源决策提供有效的依据，绩效管理系统自身能否在组织中长久地存在下去，所有这些都有赖于解决组织中的信息不对称问题，建立透明有序的绩效管理信息系统。有效的绩效管理信息系统不仅能起到目标分解和预警作用，而且为组织决策提供大量及时、准确的决策信息，把发展战略落实成具体可衡量的目标，在动态中通过管理诊断、检讨来改进管理系统，提升管理效率。

要使组织和部门主管在需要的时候能够获得真正有效的信息，而不是虚假的、杂乱无章的信息，就必须使信息内容格式化或标准化，当然，这里提到的信息内容必须是真实的和组织所需要的。绩效管理信息系统的信息来源及信息处理不是孤立的，它要与人力资源管理的其他职能连接，并与组织的发展战略、财务管理系统、营运系统连接。

一个好的绩效管理信息系统应当是一套高效率、多功能、易学易用的绩效管理解决方案，它应具有完整性、集成性、易用性、同享性、开放性、智能化、网络化以及强大的图表输出功能等特点。根据组织内部信息化基础的不同，目前绩效管理信息系统开发与应用状况主要有自建信息系统、行业牵头设计的信息系统和商业化的信息系统。其中，商业化的信息系统主要有两种形式：一种是作为 ERP 系统中的子系统而存在的绩效管理信息系统，另一种是专业化开发的人力资源管理信息系统。

【管理拾穗 2－1】　　奠好“绩效管理”大厦的地基

在组织中，构建绩效管理系统就像建设大楼，没有坚实可信的地基，绩效管理这座大厦是无法正常使用和发挥作用的。建设“绩效管理”大厦，必须奠定好以下四个环环相扣的地基：

- 第一层地基：完整的战略设想和明确的组织目标。
- 第二层地基：符合目标的组织结构。
- 第三层地基：清晰的业务流程。
- 第四层地基：清晰的岗位职责。

资料来源：根据博思智联管理顾问公司资料整理。

2.2.3　绩效管理系统的基本流程

一套完善的绩效管理系统主要由绩效计划、绩效执行、绩效评价和绩效反馈四个基本环节构成，如图 2－4 所示。

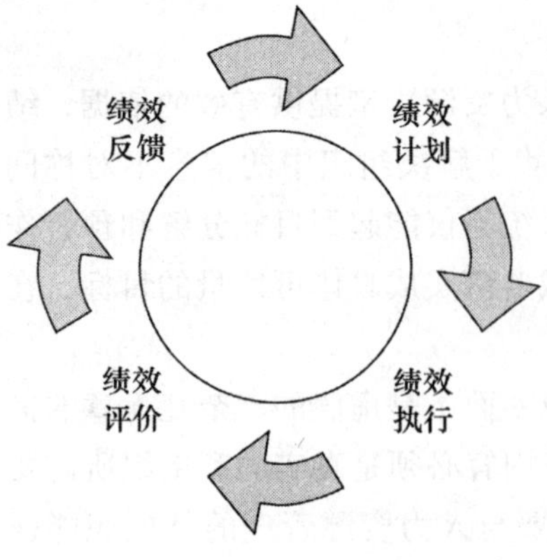

图 2-4　绩效管理系统的流程

1. 绩效计划

在绩效管理系统的基本流程中，绩效计划作为整个绩效管理循环过程的第一个环节，是指管理者和被管理者在既有组织战略和目标的指导下，设定统一的阶段性目标和一致的绩效标准，并据此建立包含承诺的计划或契约的过程。实际上，绩效计划就是在一个新的绩效周期开始时，管理者和员工共同讨论员工在新的绩效周期内将做什么、如何做、何时做和做到什么程度等问题，明确组织对员工的绩效期望，对绩效目标达成共识，并通过协议或契约的形式确定下来。

绩效计划是一个管理者和员工的双向沟通过程，经过绩效计划过程，管理者和员工应该能够就以下问题达成共识：

①员工在本绩效期的主要工作内容和职责是什么？应达到何种工作效果？

②员工在本绩效期应如何分阶段地实现各种目标，从而实现整个绩效期间的工作目标？

③员工在完成工作任务时拥有哪些权利？决策权限如何？

④员工从事该项工作的目的和意义何在？哪些工作是最重要的？

⑤管理者和员工计划如何对工作进展情况进行沟通？如何防止出现偏差？

⑥为完成工作任务，员工是否有接受培训或自我开发某种工作技能的必要？

2. 绩效执行

制定了完备合理的绩效计划之后，还需要监督并控制员工的绩效，以促进绩效计划得以实现，这就是绩效执行过程。绩效执行旨在通过提高个体绩效水平来改进部门和组织的绩效。绩效执行过程就是绩效计划的实施过程，也是绩效的辅导和监控过程。通过在确定的绩效周期内及时掌握员工对绩效计划的实施和完成情况，以及这一过程中员工的态度和行为表现，领导者和管理者能够为员工实现绩效计划所规定的目标提供有益的帮助和指导。

绩效执行的关键在于绩效辅导的水平、管理者与员工之间绩效沟通的有效性以及绩效评价信息的有效性。所谓绩效辅导，就是在绩效执行过程中，管理者根据绩效计划，采取恰当的领导风格，对下属进行持续的指导，确保员工工作不偏离组织战略目标，并提高其绩效周期内的绩效水平以及长期胜任素质的过程。而绩效沟通则是指在绩效管理过程中，管理者和员工之间就工作绩效相关问题进行的正式或非正式的沟通过程，通过绩效沟通，可使管理者和员工双方在绩效结果和改进方面达成共识，帮助员工分析自身的强项与弱点，以便日后更加出色有效地完成工作，同时为员工确立下阶段的目标。

3. 绩效评价

绩效评价，也可称之为绩效考核或绩效考评，是指在绩效周期结束时管理者和员工根据既定的合理的评价方法和衡量技术，对员工的工作绩效进行评定和测量的过程。绩效评价是一个按事先确定的工作目标及其衡量标准考察员工实际完成的绩效情况的过程，评价期开始时签订的绩效合同或协议一般都规定了绩效目标和绩效测量标准。绩效合同一般包括：工作目的描述、员工认可的工作目标及其衡量标准等。绩效合同是进行绩效评价的依据。

绩效评价包括工作结果评价、工作行为评价和工作能力评价。其中，工作结果评价是对考核期内员工工作目标实现程度的测量和评价，一般由员工的直接上级按照绩效合同中的标准，对员工的每一个工作目标完成情况进行等级评定。工作行为评价是针对员工在绩效周期内表现出来的具体行为态度进行评价。而工作能力评价则是对员工工作胜任能力、工作潜力及素质等进行的综合评定。

绩效评价过程大致要经历评价计划或方案的制定、评价标准和评价方法的确定、评价信息的收集数据、评价信息的分析和处理以及评价结果的运用等五个阶段。绩效评价结果客观与否的首要问题是要建立与考核内容相适应的绩效评价指标体系。评价指标体系把评价对象、评价主体、评价方法与评价结果联结在一起，构成组织绩效评价体系的核心。绩效评价通常可以根据具体情况和实际需要进行月度评价、季度评价、半年评价和年度评价。

4. 绩效反馈

绩效管理的目的是实现绩效的改进与提高，因此在绩效评价环节之后必然要进行绩效反馈，这既是完整地进行绩效评价的要求，又是对绩效管理过程进行有效的反馈控制的需要。所谓绩效反馈，是指绩效周期结束时，管理者和员工就绩效评价进行面谈，使员工充分了解和接受绩效评价的结果，并由管理者指导员工在下一周期如何改进绩效的过程，即对绩效评价结果所做的回顾与讨论。绩效反馈是员工了解自身绩效水平的主要手段，也是绩效沟通最主要的形式，管理者在很大程度上依赖于绩效反馈来与员工进行绩效沟通。员工通过反馈知道主管对他的评价和期望，从而根据要求不断提高；而主管通过反馈指出员工的绩效水平和存在的问题，可以有的放矢地对员工进行激励和指导。

进行绩效反馈的形式是多种多样的，有正式的绩效反馈和非正式的绩效反馈，以及口头绩效反馈和书面绩效反馈等。其中，在绩效评价之后所进行的绩效反馈面谈是一种重要和有效的绩效反馈形式。要做好绩效反馈面谈，需要事先做好准备工作，比如选择合适的面谈时间，确定合适的面谈地点和环境，收集、整理好面谈所需要的信息资料等；还要注重对面谈过程的设计和绩效问题的诊断分析，并根据分析和诊断出的绩效问题采取相应的措施和手段。

2.2.4 绩效管理系统各环节的有效整合

绩效管理系统是一个循环的、动态的系统。它所包含的绩效计划、绩效执行、绩效评价和绩效反馈四个环节紧密联系、环环相扣，任何一环的脱节都将导致绩效管理的失败。所以在绩效管理过程中应重视每个环节的工作，并将各个环节有效地整合在一起，力求做到完美。

绩效管理过程是一个连续不断的循环过程，一个绩效管理循环过程的结束，是另一个绩效管理循环过程的开始。一个循环结束以后又回到起点——新的绩效计划制定阶段，此时，绩效管理的一轮工作就基本完成了。应在本轮绩效管理的基础上进行总结，制定下一轮的绩效管理工作计划，使得绩效管理能持续进行下去，达到组织绩效再上一个台阶的目的。

绩效计划、绩效执行、绩效评价和绩效反馈四个环节的有效整合，使绩效管理过程成为一个完整的、封闭的控制环。在这个封闭的控制环中，绩效计划属于前馈控制，绩效执行和持续的绩效沟通属于过程控制，而绩效评价、绩效面谈与绩效改进则属于反馈控制；其中，制定绩效改进计划是前馈与反馈的联结点。事实上，也只有当这个环是封闭的，绩效管理才是可靠的和可控的，同时也是不断提升和改善的保证。因为只有连续不断的控制，才会有连续不断的反馈；只有连续不断的反馈，才能保证连续不断的提升。

2.3 绩效管理系统模型

2.3.1 绩效管理系统的影响因素分析

1. 环境因素

绩效管理作为一个与环境之间存在着物质、能量和信息交换的系统，必然要受到环境的影响。环境因素是影响绩效管理系统的首要因素。自20世纪80年代以后，社会经济发生了一系列的变化，导致企业市场需求具有不确定性，企业的外部环境呈现出动态的（dynamic）、多样的（diverse）、困难的（difficult）、危险的（dangerous）特征。企业外部环境的这种“4D”变化，已经威胁到企业的生存与发展，促使人们逐渐认识到企业是一个开放性系统，企业不仅高度依赖于其环境，而且必须适应环境的不断变化，才能在充满危机和动荡的环境中保持竞争优势，最终获得成功。因此，要使一个企业组织有效地满足环境变化的需要，就应使其各个子系统的设计与环境的变化保持连续的一致性。作为企业组织管理的重要组成部分，绩效管理系统及其绩效评价指标体系的建立，都应以环境的不确定性和复杂性作为研究的基本假设与逻辑起点，从而使绩效管理系统的建立更为科学、合理。关于影响绩效管理系统的环境因素，本章2.2节已做了较为详细的分析。

2. 组织特性

所谓组织特性，主要是指组织资源及其配置方式的特性。对企业而言，主要包括企业组织规模、技术条件、劳动组织方式、资本密集程度及生产周期等，这些组织特性从不同层面影响着绩效管理系统的有效运作。比如在不同规模的企业，绩效管理系统所发挥的作用不完全相同。在大中型企业中，组织结构较复杂，官僚现象相对较重。对这样的企业，绩效管理主要发挥两个作用：一是提高整体绩效水平，通过建设性的绩效评估，不断提高个人的业绩能力；二是对员工进行甄选与区分，保证优秀人才脱颖而出，同时淘汰不适合的人员。在小型企业，组织结构比较简单，管理趋于扁平，绩效管理的主要目的在于系统地保障业绩目标的实现。另外，在大中型企业中，绩效管理系统的有效运作需要其他管理系统的支持与合作，这些管理系统包括岗位工作标准系统、计划/预算管理系统、组织内外部反馈系统以及管理信息系统等。

3. 个性特征

个体特征主要是指利用绩效评价指标体系的评价结构进行管理的个体或单位的管理方式特点。根据权变理论的研究，决策有六种类型：在约束条件下的直觉管理；在不同时间点的水平管理；由影响管理因素数量决定的复合管理；以战略目标为参照的自觉的战略管理；在条件变化下的适应性管理；逆向思维管理。显然，不同的管理方式所产生的经营结果和效果具有很大的差异性，由此决定了绩效评价报告所提供的评价结果也就具有不同的利用价值。

2.3.2　绩效管理系统模型的构成

不同的组织由于所面临的外部环境、内部组织结构、管理方式和组织文化等方面的不同，所要构建的绩效管理系统也会有差别，但绩效管理系统的基本构成却是一致的。根据绩效管理的本质内涵和绩效管理的内容，综合国内外研究及其管理实践，一个科学、有效的绩效管理系统应该包括三个目的、四个环节和五项关键决策。三个目的是指战略目的、管理目的和开发目的；四个环节是指绩效计划、绩效执行、绩效评价和绩效反馈；五项关键决策则是指评价内容、评价主体、评价周期、评价方法和评价结果的应用。绩效管理系统基本构成要素之间的关系如图2－5所示。

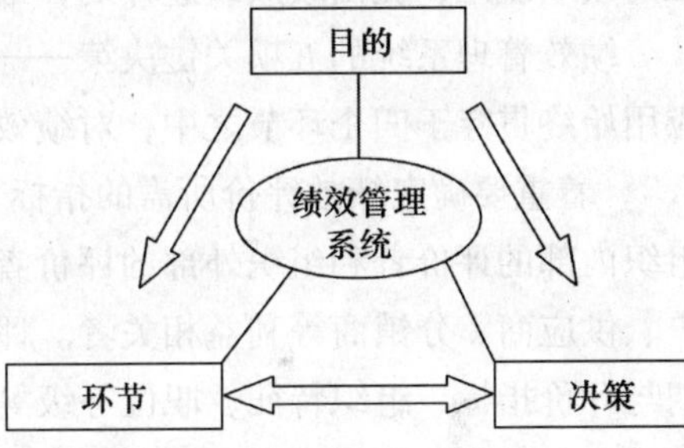

图 2－5　绩效管理系统的基本构成

组织管理系统作为人造的社会系统，是一个目的系统，具有明确的目的。绩效管理系统是整个组织管理系统中的一个子系统，它要与其他子系统协同工作去完成整个组织管理系统的既定目的，同时本身也具有特定的目的，而绩效管理系统的构建与实施就是为了实现自身的目的。因此，在构建绩效管理系统的过程中，首先要对绩效管理系统的目的做出选择。绩效管理的目的主要由战略目的、管理目的、开发目的、信息传递目的、组织维持目的和档案记录目的构成，其中最重要的也是最核心的目的是战略目的、管理目的和开发目的。战略目的体现了绩效管理系统对组织战略目标的支撑；管理目的体现了绩效管理系统对组织管理决策的支撑作用；而开发目的则体现了绩效管理系统以人为本、促进员工成长和发展的根本追求。绩效管理的目的在整个绩效管理系统中处于中心位置，组织内的一切绩效管理活动都是围绕这些目的展开的，偏离了这些目的，绩效管理就会失去存在的价值和意义。关于绩效管理系统的这三个目的之间的差异如表 2－2 所示。

表 2－2　　绩效管理三个核心目的之间的比较

	管理目的	开发目的	战略目的
关注点	人	人	组织
用　途	薪酬、晋升	绩效改进	战略沟通
沟通程度	少	多	多
需要者	HR 经理	业务经理	组织高层领导
对组织的影响	中	高	极高

绩效管理系统的四个基本环节——绩效计划、绩效执行、绩效评价和绩效反馈构成了一个循环往复的闭循环，是绩效管理系统的核心构件。绩效计划是绩效管理的第一个环节，它的主要任务是设定统一的阶段性目标和一致的绩效标准，并通过协议或契约的形式确定下来；绩效执行环节主要是对绩效合同的贯彻和实施，及时发现绩效计划实施过程中出现的问题，并帮助员工实现绩效目标；绩效评价环节主要是对绩效计划的执行情况及其结果进行判断和衡量，以此掌握绩效合同的完成情况和组织绩效状况；绩效反馈则是通过对绩效评价结果所做的回顾与讨论，找出员工的绩效差距，提出绩效改进计划，最终促进组织绩效的改善和提高。

绩效管理系统的五项关键决策——评价内容、评价主体、评价周期、评价方法和评价结果的应用始终贯穿于四个环节之中，对绩效管理的实施效果起着决定性的作用。评价内容即“评价什么”，着重要确定绩效评价所需的指标、指标的权重及其目标值。评价主体即“谁来评价”，包括组织内部的评价者和组织外部的评价者，内部评价者包括上级、同级、下级；外部评价者包括客户、供应商、分销商等利益相关者。评价周期就是“多长时间评价一次”，在实践当中，评价周期与评价指标、组织特征、职位等级等诸多因素有关，应综合考虑，合理选择。评价方法主要是解决“如何评价”的问题，绩效评价方法既有相对方法与绝对方法之分，也有特征导向的方法、行为导向的方法与结果导向的方法之分，每种方法都有各自的特点，并无绝对优劣之分，组织应根据具体情况加以选择。评价结果的应用是绩效管理的归宿，绩效评价结果的应用广度和深度集中体现了绩效管理系统的价值所在。在管理实践中，绩效评价结果主要用于两个方面：一是通过分析绩效评价结果，诊断员工存在的绩效问题，找出产生绩效问题的原因，制定绩效改进计划，以提高员工的工作绩效。二是将绩效评价结果作为其他人力资源管理决策的依据，如招聘、晋升、培训与开发、薪酬福利、职业生涯规划等。

2.3.3　绩效管理系统模型构建

绩效管理系统在一个绩效周期内通常被视为一个相对封闭的系统，它受组织战略及部门与岗位职责等因素的影响，表现为对系统的输入；同时，绩效管理系统也对组织管理系统中其他构成部分施加影响，表现为对系统的输出。在绩效管理系统内部形成绩效管理流程，这种绩效管理流程也形成一个相对封闭的循环，从而确保绩效管理系统的有效性和可靠性。基于绩效管理系统的基本构成：三个目的（战略目的、管理目的和开发目的）、四个环节（绩效计划、绩效执行、绩效评价和绩效反馈）和五项关键决策（评价内容、评价主体、评价周期、评价方法和评价结果的应用），我们可以构建如图 2－6 所示的绩效管理系统模型。

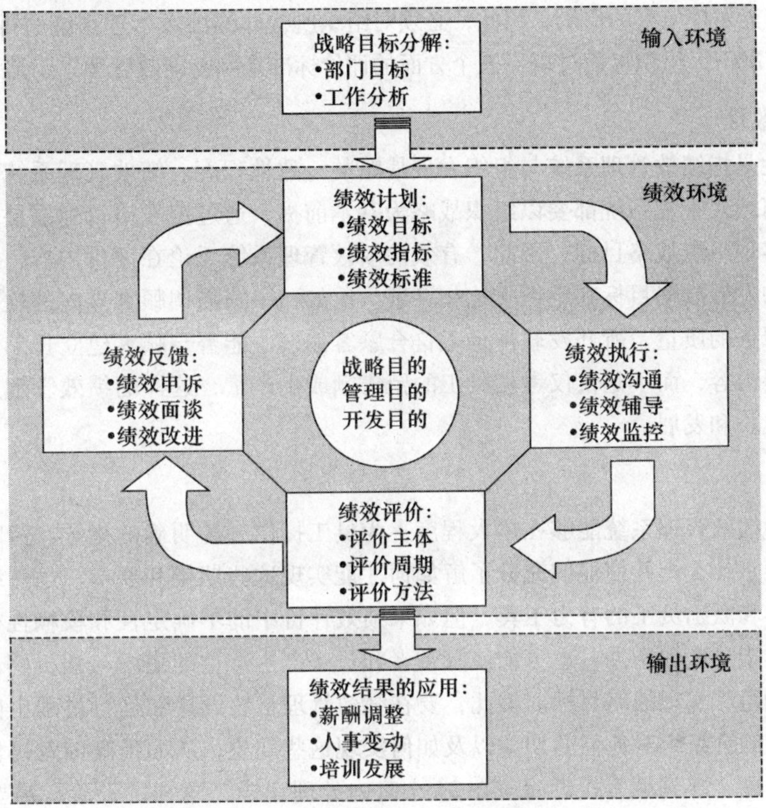

图 2－6 绩效管理系统模型

在这一系统模型中，首先根据组织战略目标进行目标分解，将具体的目标或任务落实到不同部门及不同岗位；然后针对分配到的目标、任务和本部门或相应岗位的工作职责，制定绩效计划，包括与中层管理者签订的绩效合同，确定部门及各职务序列关键绩效指标和详细工作目标。在完成绩效计划后，被评价者依据绩效计划开展工作，管理者（包括评价部门的管理者和评价员工的直线经理）对被评价者进行指导和监督，记录其绩效表现，对发现的问题及时予以解决，并随时根据实际情况对绩效计划进行调整和完善。按照既定的评价周期，并根据绩效表现记录信息和相应的评价指标体系，对被评价者（部门或员工）进行定期考核评估。评价结束后，根据被评价对象的绩效评价结果，提出相应的改进意见和建议。在这一过程中，管理者还要与被评价对象进行一次甚至多次面对面的交谈，共同分析绩效管理中存在的问题，根据绩效沟通提出的问题及改进意见，由管理者与被评价者双方共同制定绩效改进计划。绩效评价结果除了用于员工的绩效改进之外，还可以广泛应用于薪酬调整、人事变动、培训发展等其他人力资源管理工作。

2.3.4 绩效管理系统的评价标准

每个组织都可以构建出适合自己的绩效管理系统，但是由于组织环境的差异，并非所有组织的绩效管理系统都能发挥应有的作用，因此，必须对组织所构建的绩效管理系统的科学性和有效性进行评价。通常情况下，组织可通过以下五个方面的评价标准来判断绩效管理系统是否科学、有效。

1. 战略一致性

战略一致性是指绩效管理系统与组织发展战略的一致性程度。绩效管理系统随组织战略的变化而变化，任何绩效管理系统都要以组织战略为基本前提，通过把战略目标层层分解为具体的绩效目标，从而实现组织战略目标。因此，有效的绩效管理系统无论在评价内容，还是在评价标准上都应与组织的发展战略目标和组织文化相一致。比如，一家强调顾客导向的软件开发企业就应把员工为顾客服务的质量、所开发软件是否符合顾客偏好、能否与顾客建立长期合作关系等作为绩效管理的重要内容，而不是仅仅考核员工的销售额或生产量，这样的绩效管理系统才能促进软件企业的持续成长和发展。

2. 明确性

明确性是指绩效管理系统能够在多大程度上为员工提供一种明确的指导，清晰地告诉员工组织对他们的期望是什么，并使他们充分了解如何才能实现这些期望和要求。虽然绩效评价是衡量员工绩效、培养和激励员工的有力工具，但如果绩效评价中的不确定性和模糊性得不到澄清，员工得不到明确的指导度和帮助，也可能使管理者和员工产生严重的焦虑与挫折感，无法通过正确的工作行为帮助组织实现战略目标。因此，要在绩效管理系统设计和运行过程中向员工提供明确的信息，让员工领会组织对他们的期望以及如何实现这些期望，从而提高绩效评价的客观性和公正性。比如，设置“接到顾客投诉后应在24小时内处理完毕”这样的评价标准要比“尽快处理顾客投诉”的标准更明确、具体，评价也更客观、公正。

3. 信度

信度（reliability）是指绩效管理系统的可靠性或可信赖的程度，即通过绩效管理系统所得结果的前后一致性程度。一般可从两方面考察绩效管理系统的信度：①评价者内部信度，即不同的绩效评价主体运用同一评价方法对相同评价对象得出的评价结果的一致性程度。如果两个或两个以上的评价主体对同一评价对象的工作绩效所做的评价相同或非常接近，那么这种绩效评价系统具有较高的评价者内部信度。②再测信度（test-retest reliability），也叫重测信度，是指在不同时期对评价对象的绩效进行重复测试的一致性程度。如果在不同时间采用同一绩效评价系统对同一评价对象进行评价的绩效结果一致或相似，则说明这种绩效评价系统就具有较高的再测信度。再测信度实际上检验的是两次评价所得结果的稳定程度，所以又称为稳定性系数。在实践当中，如果存在绩效指标和标准不明确、评价者缺乏必要的绩效评价培训或评价指标不全面等原因，都会降低绩效管理系统的信度。

4. 效度

效度（validity）是指绩效管理系统准确评价员工绩效的程度，主要指绩效评价手段能否很好地体现员工的实际工作情况，是否对与绩效有关的所有方面都进行了评价。一个有效的绩效管理系统能够恰如其分地将评价对象的工作绩效各个方面纳入绩效评价指标体系，排除与绩效无关的内容。

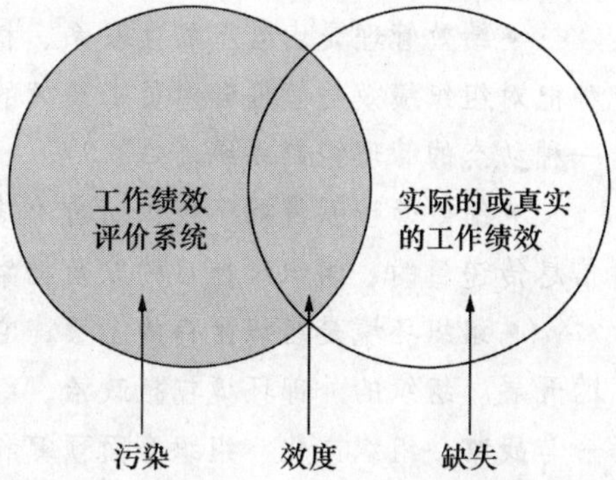

图2－7　绩效评价系统的效度

造成绩效管理系统效度低的原因主要有两种：一种是绩效管理系统有缺失，不能衡量工作绩效的所有方面；另一种是绩效管理系统被“污染”，评价了不该评价的内容。如果绩效评价系统无法全面反映实际工作绩效，那么这个系统就有缺欠（如图2－7所示）。比如，只用售票金额来衡量售票员的绩效，而忽略了服务态度等因素，就会因评价指标缺失而造成效度很低。如果绩效评价系统存在与实际工作绩效无关的评价内容或评价对象无法控制的因素，则该系统就是受到污染的系统。那些与实际工作绩效无关的评价指标不仅会降低绩效管理系统的效度，还会误导员工的行为。

弗兰仕（J. W. French）和米歇尔（B. Michel）把效度分为内容效度、校标效度和构念效度。内容效度（content validity）是指绩效评价对要评价的绩效内容的反映程度，即绩效评价系统在多大程度上测到了其真正想要测量的东西。校标效度（criterion validity）是通过预测因子与效标的相关程度来证明测试的有效性，是一个心理测量学的术语。而构念效度（construct validity）则是指某个测验在多大程度上正确验证了编制测验的理论构想，可以被理解为理论建构的有效性。

5. 公平与可接受性

评价主体和评价对象对绩效管理系统的接受程度，在很大程度上决定了该系统是否有效。影响绩效管理系统可接受性的原因是多方面的，包括系统的设计和运作成本、评价技术的可操作性以及绩效管理的公平性等。大多数情况下，人们不接受一种绩效管理系统的原因往往是他们认为该系统不能公平的对待每一位员工。能够被员工感知到的公平有以下三种类型：①结果公平，即员工对绩效评价结果以及评估结果的运用情况的公平感受；②程序公平，即员工对绩效管理系统的开发和实施过程是否公平的感知；③交往公平，即员工对管理者在使用绩效评价系统过程中是否公平地对待每一名员工的感知。

为了提高绩效管理系统的公平性和可接受性，组织应给予管理者和员工参与绩效管理系统设计过程的机会；对评价者进行培训，尽可能地减少评价者的误差和偏见，对所有评价对象应做到一视同仁；设置申诉机制和再评价机制，允许员工对绩效评价结果提出质疑，由更高一级管理者审核评价者作出的评估结果；要求管理人员在尊重和友好的氛围中，及时全面地向员工提供反馈。

要点总结

●系统指的是为了实现一个共同的目标而存在的、由若干要素组成的相互联系而又相互制约的有机整体。系统的特征主要表现为：整体性、有序性、相关性、目标一致性和环境适应性。

●绩效管理是由若干相互联系、相互作用的要素所构成的具有特定功能的有机整体，它是一种把对组织绩效的管理和对员工绩效的管理结合在一起的综合管理系统。绩效管理系统本质上是一种动态的管理控制系统。

●绩效管理系统对于组织而言有多方面的目的，主要包括战略目的、管理目的、开发目的、信息传递目的、组织维持目的以及档案记录目的。

●组织环境是组织生存的土壤，它既是绩效管理的背景和条件，同时又影响着绩效管理活动的开展。组织的外部环境包括政治、经济、社会和技术等诸多方面，而内部环境主要包括组织使命与战略、组织文化、组织全面预算和人力资源管理其他职能等。

●绩效管理的支持系统主要包括高层领导的支持与参与、明确的责任主体和一致的责权利结构、透明有序的绩效管理信息系统。

●绩效管理系统的基本流程主要由绩效计划、绩效执行、绩效评价和绩效反馈四个环节构成，这四个环节的有效整合，使绩效管理过程成为一个完整的、封闭的控制环。

●一个科学、有效的绩效管理系统模型应该包括三个目的、四个环节和五项关键决策。三个目的是指战略目的、管理目的和开发目的；四个环节是指绩效计划、绩效执行、绩效评价和绩效反馈；五项关键决策则是指评价内容、评价主体、评价周期、评价方法和评价结果的应用。

●评价绩效管理系统科学性和有效性的标准主要有：战略一致性、明确性、信度、效度、公平与可接受性等五个方面。

思考题

1. 什么是系统？它有哪些显著的特征？
2. 怎样理解绩效管理系统？它有哪些目的？
3. 试结合某企业实际分析其绩效管理系统的组织环境。
4. 除本章中提到的绩效管理的支持系统外，你认为还有其他重要的绩效管理支持系统吗？
5. 绩效管理系统有哪些基本环节？如何实现这些环节的有效整合？
6. 影响绩效管理系统的因素有哪些？
7. 绩效管理系统有哪些基本构成？这些构成之间有怎样的关系？
8. 如何构建科学、有效的绩效管理系统模型？

案例分析

人力资源部门为何受到抱怨

在A公司，人们一直以来都认为绩效管理是人力资源部门的人应该考虑和应该做的事情，绩效管理工作是由人力资源部门来推动的。当然，由人力资源部来做，做得不好就是人力资源部的问题。

又到年底了，全公司开始实施绩效考核，为全年评优、绩效奖金发放提供依据。

生产部的张经理见到人力资源部的郝主任就开始埋怨："你们人力资源部设计的是什么考核表？叫我们怎么给员工评价，你们懂生产过程吗？你们知道我们要抓的重要工作是什么吗？考核了一些没用的东西！我叫办公室的秘书去做了，每年都做这些无用的事，不是在浪费纸张吗？"

郝主任回到办公室，决定下午4点召开人力资源部会议，就今年的绩效考核工作谈谈他的想法和今后的工作打算。人力资源部的员工纷纷开始反映公司绩效考核中员工的意见、批评和建议。

"技术部也提出了很多问题，说我们的绩效考核不科学、操作性差，考核等级是优、良、中、合格、不合格，非要他们提出不合格，将被扣的人的奖金发给评优的人。怎么办才好呢？他们商量好了，大家轮流坐庄，他们说都挺不容易的，干嘛要得罪人。只是这样做大家认为干好干坏都一样，贡献大小都一个样，哪有什么激励性。技术部门本来就缺人，今年又走了两个。再这样流失下去，公司就难以有发展的后劲了。"

"大楼里的管理部门也有意见，他们认为德、能、勤、绩是考核的方面，也很必要，但是很难公平考核。老赵年年评优，因为他资历老，和领导关系好。评优的人应该是有创新的人、有创造的人、有贡献的人，怎么能是年年平庸，年年评优，这样别人哪有上进的念头？"

……

听着同事们纷纷反映的这么多问题，郝主任非常着急，他认为应该对公司实施了多年的、一成不变的绩效考核体系改一改了，这是公司发展的要求，也是市场竞争的要求。

郝主任认为自己有责任向总经理建议进行绩效管理改革，他将自己的思路整理了一下，找到公司总经理，将公司在绩效考核中出现的问题进行了汇报。总经理听后很关心，要求人力资源部重新设计一套切实可行的绩效方案，一周后拿给他看。而郝主任决定写一份如何进行绩效管理改革的报告交给总经理，而不仅仅是绩效考核方案。

【问题】

1. A公司绩效考核存在哪些问题？人力资源部门为何受到其他部门的抱怨？
2. 总经理要求人力资源部重新设计一套切实可行的绩效方案，而郝主任为什么却要决定写一份如何进行绩效管理改革的报告？
3. 如果你是郝主任，提交给总经理的绩效管理改革的报告应该怎么写？试分析之。

资料来源：改编自马作宽主编，《组织绩效管理》，中国经济出版社2009年版，第1~2页。

第 3 章

绩效管理基础

管理是一种实践，其本质不在于“知”而在于“行”；其验证不在于逻辑，而在于成果；其唯一权威就是成就。

——彼得·德鲁克

本章学习目标

- 了解控制论、系统论和信息论的基本思想
- 熟悉绩效管理的直接理论来源及其主要观点
- 理解工作分析的含义及其功用
- 熟悉工作分析的原则与内容
- 掌握工作分析的流程与方法
- 学会工作说明书的编写
- 了解工作分析对绩效管理的影响
- 理解职位评价的含义及作用
- 掌握职位评价的原则与常用的四种方法

绩效管理理论体系的形成除了自身的发展所具备的客观要求外，还有比较完善的学科理论作为其理论基础。绩效管理的一般理论基础包括系统论、控制论和信息论，绩效管理的直接理论基础则包括了目标设置理论、激励理论、成本收益理论、目标一致性理论、组织公平感理论、权变理论、利益相关者理论等诸多理论。绩效管理理论是上述各种管理思想和理论在绩效改进实践领域整合、应用的结果。要深入理解绩效管理系统理论，首先需要从绩效管理的理论基础和实践基础入手。只有掌握了绩效管理的理论和实践基础，才能找到绩效管理的渊源，有效恰当的应用绩效管理的思想和方法解决组织管理问题和员工成长发展问题。

工作分析和职位评价作为人力资源管理的基础性工作，同时也是开展绩效管理实践活动的前提和基础保障，工作分析是否到位、职位评价是否准确，都会直接影响到绩效评价结果的效度和信度。本章将对绩效管理的理论基础、工作分析和职位评价进行较为详细的阐述。

3.1　绩效管理的理论基础

3.1.1　一般理论基础

1. 控制论

“控制”一词来自古希腊语，原意为掌舵术，包含了调节、操纵、管理、指挥、监督等多层涵义。控制论是研究各类系统的调节和控制规律的科学，美国数学家、控制论的创始人诺伯特·维纳（N. Wiener）把控制论定义为：“设有两个状态变量，其中一个是能由我们进行调节的，而另一个则不能控制。这时我们面临的问题是如何根据那个不可控制变量从过去到现在的信息来适当地确定可以调节的变量的最优值，以实现对于我们最为合适、最有利的状态。”控制论的研究表明，无论是自动机器，还是神经系统、生命系统，以至经济系统、社会系统，都可以看做是一个自动控制系统。整个控制过程就是一个信息流通的过程，通过信息的传输、变换、加工、处理来实现控制。反馈对系统的控制和稳定起着决定性的作用，它是控制论的核心问题。

管理系统是一种典型的控制系统，管理系统中的控制过程在本质上与工程的、生物的系统是一样的，都是通过信息反馈来揭示成效与标准之间的差，并采取纠正措施，使系统稳定在预定的目标状态上。从控制论的角度分析，绩效管理也是一个控制系统，这一控制系统首先表现为员工、部门、组织绩效因果链中前一环节对后一环节的控制，绩效计划的制定属于前馈控制，绩效执行属于过程控制，而绩效评价与绩效改进则属于反馈控制。

2. 系统论

系统是指为实现共同目标而存在的，由若干要素以一定结构形式联结构成的相互联系又相互制约的有机整体。系统论的核心思想是系统的整体观念，认为世界万物都是大小各异的系统，大系统都是由许多小系统构成，而每个小系统则由更小的子系统构成，这些众多的子系统构成一个具有特定功能的整体或组织。

系统论的基本思想方法，就是把研究和处理的对象当做一个系统，分析系统的结构和功能，研究系统、要素、环境三者的相互关系和变动的规律性。系统论为绩效管理系统的建立提供了一种理念上的指导，使人们从系统和全面的角度去分析和研究绩效管理及其相关问题，帮助人们在研究绩效管理各个具体问题时注重研究它们之间的关系及其相互的影响。绩效管理涉及组织的各个层面、部门和领域，其绩效既相对独立，又相互联系。显然，绩效管理系统作为组织管理系统的子系统，必然与其他子系统及母系统之间存在着互动与适配关系。

3. 信息论

世界上各种事物都是充满矛盾并不断发展的，物质的运动主要是靠内部矛盾运动所产生的能量，事物之间的普遍联系则靠的是信息。信息是事物运动的状态和规律，而信息论的产生与发展过程，就是立足于这个基本性质。信息论是一门用数理统计方法来研究信息的度量、传递和变换规律的科学，它主要是研究通讯和控制系统中普遍存在着信息传递的共同规律以及研究最佳解决信息的获取、度量、变换、储存和传递等问题的基础理论。信息论的核心问题是信息传输的有效性和可靠性以及两者间的关系。

随着信息科学的研究和发展，信息观念被引入组织管理系统，逐渐形成管理信息系统的基本观念。绩效管理实质上就是对绩效信息的管理，信息论的原理对绩效管理系统的形成、绩效评价指标的确定与获取、绩效管理系统的有效运行等方面都具有重要的指导作用，而且信息论思想的引入还有助于在绩效管理过程中形成一种信息优势，从而更好地实现绩效管理的目的。

3.1.2 绩效管理的直接理论基础

1. 目标设置理论

目标设置理论（goal setting theory）是由美国管理学家查尔斯·L·休斯和心理学家洛克(E. A. Locke)最早提出。目标设置理论认为，目标是人们行为的最终目的，是人们预先规定的、合乎自己需要的“诱因”，是激励人们的有形的、可以测量的成功标准。达到目标是一种强有力的激励，是完成工作的最直接动机，也是提高激励水平的重要过程。成长、成就和责任感的需要都要通过目标的达成来满足。重视目标和争取达到目标是激发动机的重要过程。

洛克认为，目标的难度与个人对目标获得的忠诚度决定个体的努力程度；具有明确目标的人们，其绩效高于哪些没有目标或者具有空泛的“尽力做好”要求的人们；接受困难目标的人们，其绩效高于那些接受容易目标的人们；具有工作反馈的人们，其绩效高于那些无反馈的人们。根据目标设置理论，要使目标能够影响成员的行为，目标设置必须具体明确、难度适中且能被下属认同和接受。

2. 激励理论

激励理论是行为科学中用于处理需要、动机、目标和行为之间相互关系的核心理论，是对如何满足人的各种需要、调动人的积极性的原则和方法的概括总结。激励的目的在于激发人的正确行为动机，调动人的工作积极性和创造性。激励的过程是从个人的需要出发的，当需要没有得到满足时，个人将寻求和选择满足这些需要的方法和途径。个人一般通过目标行为或工作来满足需要，个人实现目标方面的绩效成就，要由个人或别人（组织）来进行绩效评价，根据评价结果给予相应的奖励或惩罚。最后，由个人来评价绩效与报酬在多大程度上满足了最初的需要，如果这个激励过程满足了需要，个人就会产生平衡感和满足感。反之，激励过程就要重复，可能会选择一个不同的行为。激励过程的一般模式如图 3－1 所示。

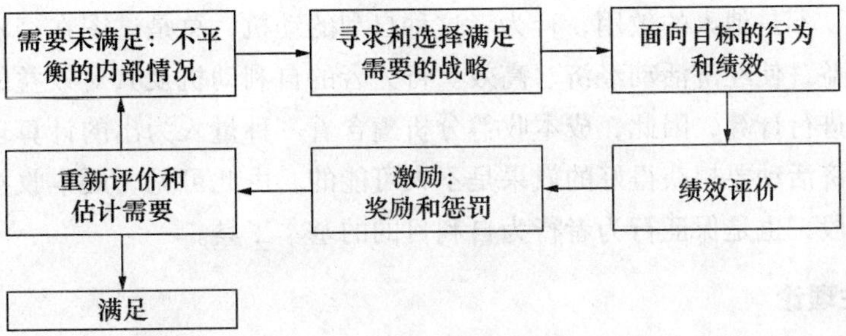

图3-1 激励的一般过程模式

激励理论是绩效评价理论的重要依据，它说明了为什么绩效评价能够促进组织绩效的提高，以及什么样的绩效评价机制才能够促进绩效的提高。激励理论根据研究的侧重点不同可分为内容型激励理论、过程型激励理论和强化型激励理论。内容型激励理论从激励的内容即需要出发，重点研究激发动机的诱因，主要包括马斯洛的需要层次论、赫茨伯格的双因素理论和麦克利兰的成就需要激励理论。过程型激励理论重点研究从动机的产生到采取行动的心理过程，主要包括弗鲁姆的期望理论、海德的归因理论和亚当斯的公平理论等。强化型激励理论重点研究激励的目的（即改造、修正行为），主要包括挫折理论和斯金纳的强化理论等。

激励理论的丰富和发展，使得人们产生了综合、简化这些理论的倾向，他们试图找到一个能体现各个理论有效性和互补性的综合模型。较早做这种尝试的是波特和劳勒，他们提出基于努力、绩效、奖酬、满足等变量的整合模型为人们普遍接受，随后又有包括聚合模型、混合模型、整合模型等的出现。这些综合激励模式成为分析解决组织当中的激励问题的重要理论工具。

3. 成本收益理论

成本收益分析是指以货币单位为基础对投入与产出进行估算和衡量的方法。在市场经济条件下，任何一个组织在进行经济活动时，都要考虑具体经济行为在经济价值上的得失，以便对投入与产出关系有一个尽可能科学的估计。成本收益分析是一种量入为出的经济理念，它要求对未来行动有预期目标，并对预期目标的概率有所把握。

经济学通常采用成本收益分析方法来研究各种条件下行为与效果的关系，探究如何以最小的成本取得最大的收益。其他社会科学也可运用这一方法来分析人的行为。事实上，人类的一切行为都蕴含着效用最大化的经济动机，都可以运用经济学的成本收益理论进行研究和说明。当代行为科学已用大量事实证明，决定人的道德行为选择的最根本的动因是人们对其行为结果的预期，这种预期是建立在人们对行为结果的代价分析基础之上的。而且，在这种行为结果的预期中，经济利益上的考虑通常起着最重要的作用。

自利性、经济性、计算性是成本收益分析的基本特征。成本收益分析对效益的追求带有强烈的自利性，成本收益分析的出发点和目的是追求行为者自身的利益。成本收益分析追求的效用是行为者自己的效用，不是他人的效用，行为者这种自利的动机，总是试图在经济活动中以最少的投入获得最大的收益，使经济活动经济、高效。行为者的自利动机及其对效益的追求，必然要对自己的投入与产出进行计算，因此，成本收益分析蕴含着一种量入为出的计算理性，没有这种精打细算的计算，经济活动要想获得好的效果是不大可能的。由此可见，成本收益的计算特性是达到经济性的必要手段，也是保证行为者行为自利目的的基本工具。

4. 目标一致性理论

目标一致性理论运用于绩效评价活动中时的具体含义是指评价对象的系统运行目标、绩效评价的目的与绩效评价指标体系之间的目标一致性。这三者之间的关系如图 3-2 所示。

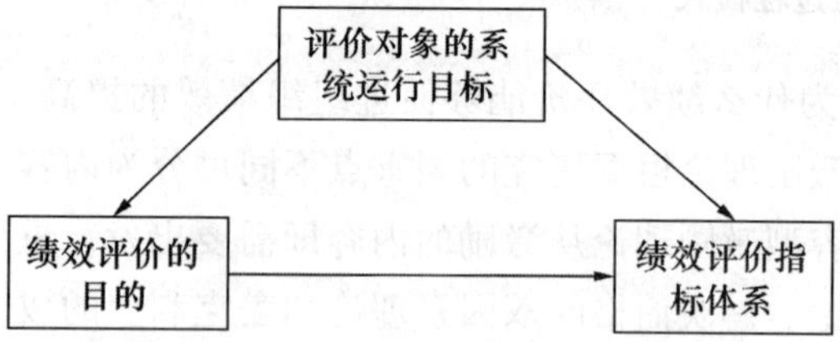

图 3-2　目标一致性理论

目标一致性理论的内容主要体现了三个方面的“一致性”。

（1）绩效评价指标体系与评价对象的系统运行目标的一致性。绩效评价的目的是帮助评价对象实现系统运行的最终目标，因此，绩效评价指标体系应与评价对象的系统运行目标保持一致。这种一致性具体又反映在两个方面：一是绩效评价指标体系的内容与系统运行目标的内容是否一致。绩效评价指标体系的内容应反映评价对象的系统运行目标。绩效评价指标体系的内容能够引导评价对象产生符合系统运行目标的输出，促进评价对象实现其系统运行目标。二是绩效评价指标体系的内容是否完整的反映了评价对象的系统运行目标。系统运行的综合评价要求绩效评价指标不应是单一的，而是根据系统运行的总目标进行科学分析，建立一套能够反映系统运行总目标和整体效率的全面的、多层次的、有机联系的绩效评价指标体系。

（2）绩效评价指标体系与绩效评价目的的一致性。绩效评价指标体系是一组既独立又相关，并能较为完整的反映评价对象系统运行目标的评价因素，而绩效评价的目的实际上就是为了促进评价对象系统运行目的的实现。因此，绩效评价目的同样也会影响绩效评价指标的选择，评价指标应充分体现评价目的对评价指标的要求。

（3）绩效评价目的与评价对象的系统运行目标的一致性。绩效评价指标既要与评价对象的系统运行目标相一致，又要与绩效评价的目的相一致。这就对绩效评价的目的与评价对象的系统运行目标的一致性提出要求，否则，设计绩效评价指标体系过程中就会因难以与两者同时保持一致而陷入困境，导致绩效评价工作的失败。另外，系统运行目标决定了一切活动，绩效评价工作必须服务于系统目标。绩效评价只是一种手段，而不是目的，为评价而评价的活动是毫无价值的。因此，评价目的必然要服从评价对象的系统运行目标。

5. 组织公平感理论

组织公平感（perceived organizational justice）是一种心理建构，是员工在组织内所体会到的主观公正感受。对公平的探讨始于亚当斯对分配公平问题的开创性研究。亚当斯运用社会交换理论的模型来评估公平，提出公平感主要是研究报酬分配的合理性。亚当斯认为，人们将自己的结果或收益与自己的投入或贡献（如学历、智慧和经验）的比率与选作参照对象的这一比率进行比较，若两个比率相等则产生公平感。反之，则会产生不公平感。由于亚当斯研究偏重于分配的结果，后来被称为分配公平（distributive justice）。

美国学者梯巴特和沃克（Thibant & Walker，1975）在亚当斯之后又提出了"程序公平"（procedural justice）的概念，他们认为程序公平主要体现在两项指标上：一是过程控制，二是决策控制，即个体在对分配程序获得控制权之后，不论结果如何也能引发公平感。1980 年，莱文赛尔（Leventhal）等人把程序公平的观点应用到组织情境中，为了保证结果公平，他们提出了程序公平的六条标准：①一致性规则，即分配程序对不同的人员或在不同的时间应保持一致性；②避免偏见规则，即在分配过程中应该摒弃个人的私利和偏见；③准确性规则，即决策应该依据正确的信息；④可修正规则，即决策应有可修正的机会；⑤代表性规则，即分配程序能代表和反映所有相关人员的利益；⑥道德与伦理规则，即分配程序必须符合一般能够接受的道德与伦理标准。莱文赛尔等所提出的程序公平标准，涉及分配制度的制定（如代表性规则、道德与伦理规则）、分配制度的执行（如一致性规则、避免偏见规则、准确性规则等）和分配制度的完善（如可修正性规则），是对程序公平的比较系统和全面的评价。

1986 年，毕斯和牟格（Bies & Moag，1986）开始关注分配结果反馈执行时的人际互动方式对公平感的影响，他们将其称为互动公平（interactional justice）。所谓互动公平，就是指个人所感受到的人与人之间交往的质量，不论分配结果是否公平，员工最早获得了这些信息，而且还会对这些信息产生反应，信息提供者需要对员工的反应做出回应。格林伯格（Greenberg）进一步又把互动公平分为人际公平（interpersonal justice）和信息公平（informational justice）两种，人际公平主要指在执行程序或决定结果时，权威或上级对待下属是否有礼貌、是否考虑到对方的尊严、是否尊重对方等。信息公平则主要指是否给当事人传达了应有的信息，即要给当事人提供一些解释，比如为什么要用某种形式的程序或为什么要用特定的方式分配结果等。

在组织的绩效管理过程中，是否允许员工参与、评价指标是否客观、奖酬分配是否体现业绩导向以及上下级之间的沟通是否顺畅等，都会从不同层面影响到员工的组织公平感，因此，应以组织公平感理论为指导，建立客观公正的绩效评价系统和绩效导向的奖酬分配制度，加强绩效管理过程中的双向沟通，重视员工的参与，完善员工申诉机制和有效监督机制，最大限度的提高员工的组织公平感。

6. 权变管理理论

权变管理理论（contingency management theory）是 20 世纪 60 年代末 70 年代初在经验主义学派的基础上进一步发展起来的管理理论，其主要来源于两大领域，一是组织结构研究领域，二是领导方式研究领域。管理学者们经过对这两大领域的实证研究，形成了一系列具有科学依据的管理权变观点。美国行为科学家和管理学家弗雷德·卢散斯在 20 世纪 70 年代发表的文章《权变管理理论：走出丛林的道路》（1973）和著作《管理导论：一种权变学说》（1976）对当时广泛出现的各种权变理论研究进行了整合，提出了一个具有较强解释力的理论框架，为权变管理理论的规范化和体系化做出了关键性的贡献，从而标志着权变管理理论的正式形成。卢散斯对当时的主要管理学说进行了概述、分析和评价，指出权变学说作为管理理论的最新发展，将最有希望融合其他主要学说，从而使管理理论研究走出孔茨提出的“管理理论的丛林”，走向融合。卢散斯认为，所谓权变管理理论，就是通过具体地研究和建立环境变量与管理变量之间的权变关系，从而使管理活动能够更有效地实现组织目标的一系列管理思想和方法的理论体系。

权变管理理论首先以系统观为基础，将组织视为一个与其环境不断相互作用而获得发展的开放系统，组织的管理活动所构成的管理系统必须放在整个开放系统中来认识，系统观是权变理论的出发点。其次，由于现代组织所处的环境超系统及组织系统自身的复杂性和动态特征，从而不可能存在某种适用于一切情况和一切组织的普遍管理原则和方法，只能依据各种具体条件选择适宜的管理方式，做到随机应变，这是权变方法的基本原则。另外，权变管理理论虽然是对“存在着普遍管理原则”观点的否定，但它通过研究并提出环境因素与管理方式之间存在着的具体权变关系，实际上表达了在“一定的环境条件”这一根本前提下，存在着最适于实现组织目标的管理方式这一核心观点。

7. 利益相关者理论

利益相关者（stakeholder）这一概念最早由伊戈尔·安索夫在其所著的《公司战略》一书中首次提出。20 世纪 80 年代以来，随着人们对企业的性质和使命有了新的认识，企业的社会责任进一步扩展为满足所有利益相关者的需求，其影响开始扩大，并促进了企业管理理念和管理方式的转变。利益相关者指与一个组织相关联的个人或群体，狭义的利益相关者主要包括员工、股东、顾客、债权人、供应商等，广义的利益相关者则包括联盟伙伴、竞争者、政府部门、地方社区、政治集团、行业协会等。

利益相关者理论认为，企业是其与各种利益相关者结成的一系列契约，是各种利益相关者协商、交易的结果，承载着利益相关者的期望和要求，无论是投资者、管理人员、员工、顾客、供应商，还是政府部门、社区等，他们都对企业进行了专用性投资并承担由此所带来的风险。因此，为了保证企业的持续发展，除了股东以外，企业也应当向其他利益相关者负责，在企业治理过程中要兼顾内部和外部有关权益主体的利益，应该将剩余索取权和剩余控制权在主要利益相关者之中进行分配，不同的分配方式将会产生不同的绩效水平。

企业本质上是一种合作系统（Freeman R. E.，1994），企业的生存和发展取决于它能否有效地处理与各种利益相关者的关系。因此，利益相关者理论突破了企业的责任仅仅在于为股东提供财务回报这一狭隘的认识，其实质就是承认各要素所有者都是创造企业价值的源泉，因而都具有评价企业绩效的要求。从 20 世纪 80 年代末至今，美国已有 29 个州修改了《公司法》。新的《公司法）要求公司经理为公司的“利益相关者”服务，而不仅仅是为股东服务。我国证监会及相关政府部门也对利益相关者和企业的社会责任问题做出了许多相关规定。

现代企业越来越需要承担比以前更广泛的社会责任，企业的发展前景有赖于对公众不断增长的期望的满足程度，企业必须在利益相关者和企业行为的社会与道德方面采取适当的立场，以一种使利益相关者感到满意的方式来运作，获得利益相关者（而不仅仅是投资者）的认可和支持，这对于企业的可持续成长及长期的投资价值具有决定性的影响，已成为企业核心竞争力的重要组成部分。美国哈佛大学教授 John P. Kotter 和 James L. Heskett（1992）在《公司文化与绩效》一书中指出，最好的财务绩效是由具有独特文化的企业实现的，其前提是除股东的价值外，企业还必须充分考虑顾客和员工的价值；注重利益相关者价值的企业业绩远远优于只重视传统的股东价值的企业——在过去 11 年时间里，在被研究的公司中，注重利益相关者价值的企业业绩平均增长了 682%，而只重视股东价值的企业只增长了 166%。

企业行为与利益相关者之间以及利益相关者之间相互影响、相互作用，并随时间的推移而不断变化和发展（Dorg Grisaffe，2000），反映利益相关者结构及相互关系的模型如图 3-3 所示，这一模型给出了从公司价值链和最终财务绩效角度分析各利益相关者群体的初始框架。

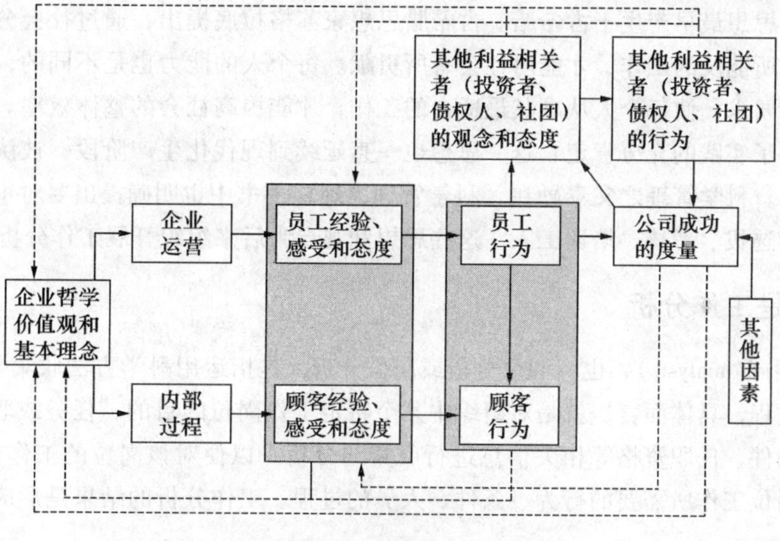

图 3-3　利益相关者综合模型

在企业组织绩效管理过程中，诸如谁来评价、评价什么、采用何种方法评价、评价结果如何应用等问题实际上都是利益相关者理论的主要内容。目前，源于对企业绩效内涵的不同界定，利益相关者理论主要衍生出以下三种企业绩效评价的方法：第一种方法根据利益相关者理论的规范性基础，认为企业绩效指的就是企业社会绩效（Corporate Social Performance，CSP），着重从企业处理社会问题和承担社会责任两方面来评价其绩效的优劣。其中，美国学者索尼菲尔德提出的外部利益相关者评价模式和加拿大学者克拉克森提出的 RDAP 模式产生了广泛的影响（陈维政，2002）。第二种方法认为，企业绩效不仅包括企业的财务绩效，还包括许多非财务绩效，对企业绩效的评价必须将财务绩效和非财务绩效结合起来考虑。这种将利益相关者理论和企业战略性竞争优势结合在一起进行分析的方法集中，体现在罗伯特·S·卡普兰（Robert S Kaplan）和戴维·P·诺顿（David P Norton）提出的“平衡计分卡”中，该体系综合考虑了影响企业的内外因素及重要的利益相关者，把投资者、顾客、员工三方的利益有机地结合起来，同时把企业短期目标和长期目标、动因与成果指标有机地结合了起来，通过满足相关利益实现企业价值最大化。第三种方法的基本思路是将企业绩效分解为企业的任务绩效和周边绩效两个组成部分，认为它们分别受到企业的各种利益相关者的利益要求及其实现方式的影响，只有将任务绩效和周边绩效结合起来，才能真正有效地评价企业绩效。

3.2 工作分析

工作分析的思想最早产生于古希腊。古希腊思想家苏格拉底提出，通过社会分工的方法，每个人从事自己力所能及的工作，才能对社会有所贡献。每个人的能力也是不同的，不同的岗位工作有不同的工作要求，使每个人从事其最适合的工作，才能提高社会的整体效率。苏格拉底的社会分工思想得到了实践的充分肯定，这一思想也一直延续到现代化生产阶段，被认为是工作分析思想的最早起源。科学管理之父泰勒在《科学管理原理》一书中也明确提出要对每一项工作进行研究，从而科学选拔、考核、培训工人。这些思想和观点为后来组织开展工作分析奠定了基础。

3.2.1 什么是工作分析

工作分析（job analysis），也叫职位分析或岗位分析，是指运用科学方法收集与工作（岗位）有关的信息的过程，具体而言，就是对组织中某个特定工作岗位的目的、任务或职责、权力、隶属关系、工作条件、任职资格等相关信息进行收集与分析，以便对该岗位的工作做出明确规定，并确定完成该岗位工作所需要的行为、条件、人员的过程。工作分析的结果是形成工作描述与工作说明书。

工作分析是所有人力资源职能的基础，特别是工作分析获得的数据是形成各种人力资源活动的基础。这些人力资源活动包括：工作界定、工作的再设计、招聘、人员安置、上岗引导与培训、员工安全、绩效评价、薪酬管理等。作为人力资源管理的核心职能，绩效管理工作也是建立在工作分析的基础之上的。在绩效管理过程中，绩效目标的设定、绩效信息档案的记录、绩效沟通的持续进行以及绩效评价活动，都离不开详细准确的岗位描述，都要以工作说明书作为依据。因此，没有对工作岗位的细分和职责权利规定，绩效管理也就失去了考核、评估、管理的基础。

在工作分析中，会涉及一些常见术语，这些术语经常被人们混淆，因此，掌握和了解这些术语对于工作分析是十分必要的。工作分析中涉及的一些常见术语主要如下。

- 要素：工作活动中不能再分解的最小动作单位。

• 任务：为达到某一明确目的所从事的一系列活动的要素组合。
• 职责：组织要求的在特定岗位上需要完成的一个或多个任务。
• 职位：即岗位，是组织要求个体完成的若干相互联系的职责的集合。
• 职务：即工作，是由组织上一组主要职责相似的职位所组成。
• 职业：在不同组织、不同时间内工作性质类似的职务的总和。

这些术语之间的关系如图 3－4 所示。

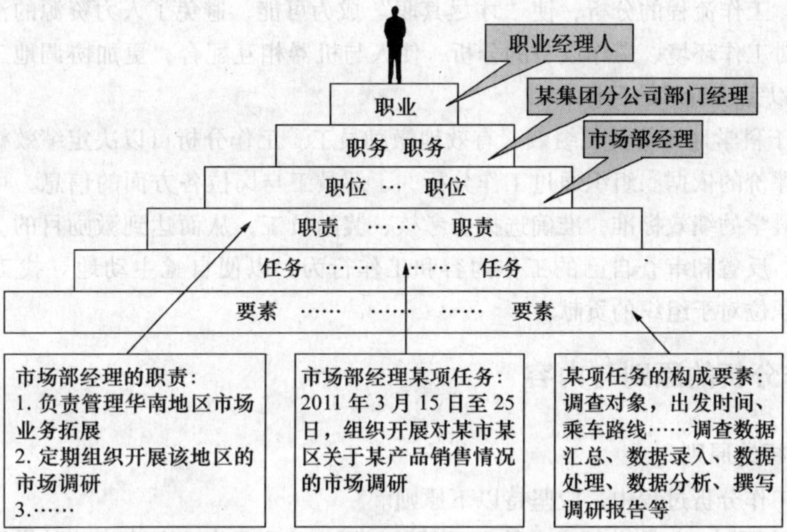

图 3－4　工作分析中常用术语之间的关系

3.2.2　工作分析的功用

工作分析是人力资源管理的一项常规性工作和最基本的工具，通过工作分析，使管理者明确了工作的具体内容、要求、职责，以及从事此工作对人员的具体要求，从而帮助管理者理清思路，找到人力资源管理的切入点。早期的工作分析主要被组织用于工艺流程设计和人员招聘，随着工作分析技术手段的提高和组织面临外部环境压力的增加，越来越多的组织认识到了工作分析对组织管理的作用和意义，并将其广泛运用于绩效考核、培训、薪酬管理等。尤其在新组织成立、新工作产生、新技术运用的情况下，工作分析的重要性就显得尤为突出。

一般认为，工作分析的功能和作用主要表现在以下几个方面。

（1）为各项人事决策提供了坚实的基础。有了工作分析，组织的各级管理人员在选人、用人、育人、留人等方面都有了科学依据。比如，工作分析可以为应聘者提供真实、可靠的信息，同时也为组织选择应聘者提供了客观的依据；为绩效考评和薪酬管理提供了参照标准；为管理关系明晰了工作流程；为员工发展提供了发展方向，便于制订自己的职业发展计划。

（2）有助于工作和组织设计，提高组织整体的协同效应。工作分析的信息可以帮助组织明确各项工作之间在技术和管理责任等各个方面的关系，消除盲点，提高效率。借助于工作分析，组织的最高管理层能够充分了解每一个工作岗位上的人目前所做的工作，可以发现职位之间的职责交叉和职责空缺现象，并通过职位及时调整，提高组织的协同效应。

（3）有助于组织实现人职匹配，真正做到人尽其才，才尽其职，职尽其用。通过对人员能力、个性等条件的分析，使“人尽其才”有了基础。工作分析的结果可以使人员在使用过程中真正做到“合适的时候把合适的人放在合适的岗位上”，避免“大材小用，小材大用”的现象。通过对工作职责、工作流程的分析，使“才尽其职”成为可能，避免了人力资源的浪费，提高了工作效率。通过对工作环境、工作设备的分析，使人与机器相互配合，更加协调地工作，从而实现“职尽其用”，以完成组织的目标。

（4）有助于科学地评价员工绩效，有效地激励员工。工作分析可以决定绩效标准。科学的绩效标准是绩效评价的依据。组织通过工作分析，了解员工与岗位各方面的信息，可以制定出更加全面、系统和科学的绩效标准，准确选拔、考核、奖励员工，从而达到激励目的。员工本人也可通过工作分析，反省和审查自己的工作内容和工作行为，以便自觉主动地寻找工作中存在的问题，圆满实现职位对于组织的贡献。

3.2.3 工作分析的原则与内容

1. 工作分析的原则

在具体的工作分析过程中，应坚持以下原则。

（1）目的性原则。工作分析在总体上必须以组织战略为导向，各个岗位的设置与职责规范必须与组织的发展战略相适应，并能够支持组织战略目标的实现。但在具体工作当中，工作分析又要结合具体的目标和用途，有所侧重。根据不同的目的，收集和分析工作信息的重点也会有所不同。

（2）系统性原则。工作分析必须与组织内部流程和系统密切衔接，把岗位置于整个组织流程和系统之中来分析。因此，对于和所分析的岗位有关的信息都应全面系统的收集、处理和分析，以促进组织流程的优化与提升。

（3）动态性原则。为了保持组织与管理的连续性，组织内部的岗位设置与其对应的工作描述和工作说明书在保持相对稳定性的同时，必须根据组织战略、结构、业务和管理的变化，进行适时调整，以适应组织发展的需要。

（4）经济性原则。组织的任何工作都应考虑成本问题，工作分析也不例外。在工作分析过程中，收集哪些信息、覆盖面多大以及采用什么方式收集等，这些问题的解决除了考虑岗位本身的需要之外，更多的还要考虑工作分析的成本代价，不能为了了解和掌握岗位的情况而不计代价。对于企业而言，这一点显得更为重要。

（5）应用性原则。应用性原则是指工作分析要面向应用，在实施工作分析时必须根据实际需要确定分析的内容、方法等。工作分析的结果既要实事求是地反映岗位的要求，同时也要具有可操作性和实用性，只有这样才能将工作分析的结果应用于人力资源管理的各个方面。

2. 工作分析的内容

工作分析通常包括两个方面的内容：一是关于工作岗位的内容分析，包括工作性质、工作内容、工作所规定的责任，以及工作条件和环境说明等，对这些因素的系统表达，通常称之为工作描述（job descriptions）；二是关于工作岗位对员工的要求分析，主要是指从事该项工作的员工的素质、技术水平、独立完成工作的能力以及在工作中的自主权程度等，对这些因素的系统表达，通常称之为工作说明书（job specifications）。工作分析的主要内容如图3-5所示。

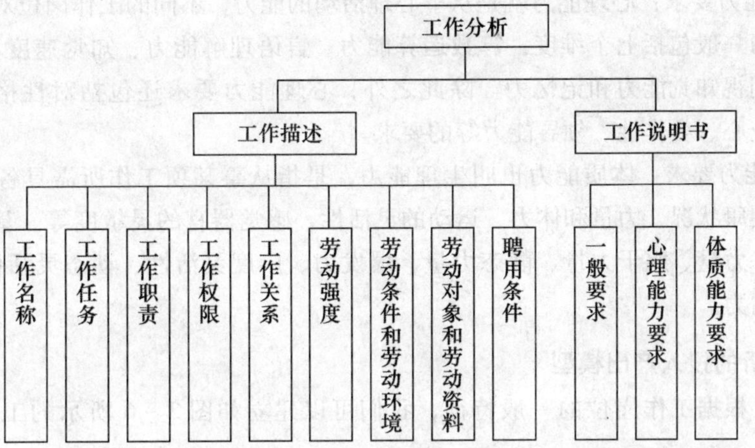

图3-5 工作分析的内容

工作描述具体包括以下内容。

（1）工作名称分析：组织对从事一定工作活动所规定的名称或职位代码，便于对各种工作进行识别、登记、分类以及确定组织内外的各种关系。

（2）工作任务分析：每个工作岗位都有规定的任务，工作岗位因任务而存在。工作任务分析包括任务的性质、任务的内容、任务实现的形式和执行任务的步骤和程序。

（3）工作职责分析：职责是职务与责任的统一。工作职责分析不仅包括对本职工作岗位任务范围的分析，还包括对工作责任大小、重要程度的分析。

（4）工作权限分析：即对工作承担者的权限范围进行分析。权限范围包括决策权限、对他人实施监督的权限、经费预算的权限等。

（5）工作关系分析：主要是指与其他人员的正式关系，同时也包括接受监督、进行监督的性质和内容，完成工作所要求的人际交往的数量和程度，各部门之间的关系等。

（6）劳动强度分析：劳动强度是指在作业时间内人体做功的多少及能量消耗的大小。劳动强度指标主要包括劳动的紧张程度、劳动负荷、工时利用率、劳动姿势和工作班制等。

（7）劳动条件和环境分析：劳动条件和环境主要包括工作环境有无噪声污染、温度、湿度、光照强度、空气中含尘量、工作环境的危险性等。

(8) 劳动资料和劳动对象分析：即对资金、设备、仪器仪表、工具器具、原材料等的保管、使用的分析。

(9) 聘用条件分析：主要包括对薪酬水平与薪酬结构、支付薪酬的方式、福利待遇、晋升机会、工作的季节性、进修机会等的分析。

工作说明书又称为工作规范，其主要内容包括以下几点。

(1) 一般要求：主要包括学历、资历、专业、年龄、性别等。

(2) 心理能力要求：心理能力就是从事心理活动的能力，不同的工作岗位对心理能力的要求不同。心理能力一般包括七个维度：算数运算能力、言语理解能力、知觉速度、归纳推理能力、演绎能力、空间视知觉能力和记忆力。除此之外，心理能力要求还包括对性格、气质、兴趣爱好、态度、事业心、合作性、领导能力等的要求。

(3) 体质能力要求：体质能力也叫生理能力，是指从事某项工作所需具备的身体方面的能力，主要包括健康状况、力量和体力、运动的灵活性、感觉器官的灵敏度等。基本的体质能力主要有9种：动态力量、躯干力量、静态力量、爆发力、广度灵活性、动态灵活性、躯体协调性、躯体平衡性和耐力。

3. 工作分析的投入产出模型

在实践中，根据工作岗位的一般特征，我们可以建立如图3－6所示的工作投入产出分析模型。

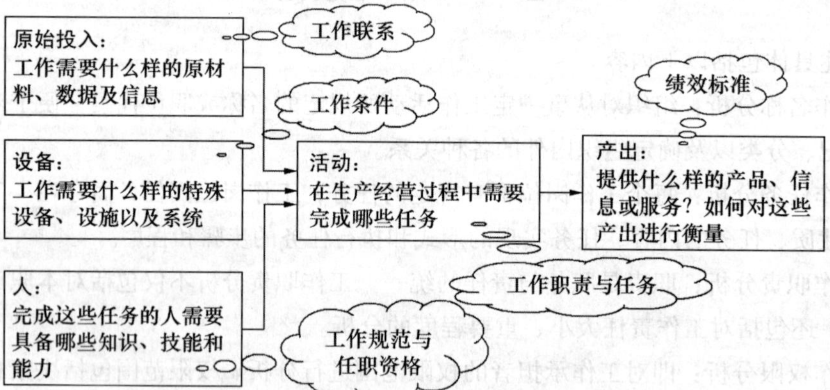

图3－6 工作分析的投入产出模型

根据这一模型，对工作岗位的分析可分别从工作岗位的投入、活动过程和产出三个方面进行分析，这种工作分析的思路既能做到系统分析，又能根据不同岗位的特点突出重点环节。工作（岗位）的投入主要包括原始投入、设备和人；原始投入主要解决工作需要什么样的原材料、数据及信息；设备要素主要解决工作需要什么样的特殊设备、设施以及系统；而人的要素主要解决完成这些任务的人需要具备哪些知识、技能和能力。工作（岗位）的活动主要解决在生产经营过程中需要完成主要任务。

工作（岗位）的产出则主要解决应该提供什么样的产品、信息或服务，以及如何对这些产出进行衡量的问题。

按照投入产出模型进行工作分析，所要收集到的信息与按照工作描述和工作规范分析收集到的信息具有一定的对应关系，比如原始投入对应工作联系，设备投入对应工作条件，人的要素则对应工作要求和任职资格，工作活动对应工作职责和任务，产出则对应绩效标准等。

4. 工作说明书的格式

工作说明书是关于工作执行者要做什么、如何做以及在什么条件下做的一种书面材料。工作说明书是工作分析最直接的成果，也是绩效管理的基础之一。典型的工作说明书的内容包括职位识别、职位概述、职位职责与工作任务、工作关系、绩效标准、工作条件等内容。

工作标识：即职位的基本信息，包括名称、部门、直接上级、定员、部门和职位编码等。

工作概述：描述工作的总体性质和目的，包括工作的主要职责或活动。

工作联系：说明任职者与组织内、外的其他人之间的联系情况。

工作职责与任务：详细罗列工作职责和工作任务（具体的工作内容）。

工作权限：任职者在财务、人事和业务方面所拥有的权利范围。

绩效标准：衡量和评价每一项工作职责结果的指标。

工作条件：任职者的工作时间、工作环境等特征。

工作规范：任职者圆满完成工作必备的知识、能力和技术。

工作说明书一般没有非常严格的固定格式，可以是叙述描述式的，也可是表格式的。表格式的工作说明书（样本）如表3－1所示。

表3－1　　某公司市场营销部业务代表岗位说明书

岗位名称	业务代表	所在部门	市场营销部
直接上级	市场营销部经理	直接下级	无
岗位定员	1	所辖人员	无

一、本职工作：开拓市场，销售产品，客户服务

职责一	职责表述：开拓市场；承揽订单		占全部工作时间的百分比：30 %
	工作任务	1. 搜集客户信息，了解客户需求，主动联系客户，推介公司产品	
		2. 对客户进行资信调查，在公司授权范围内签订订单合同	
职责二	职责表述：销售产品		占全部工作时间的百分比：30%
	工作任务	1. 销售公司产品，办理相关手续	
		2. 跟踪合同执行情况，催收销售回款	

续表

职责三	职责表述：客户服务		占全部工作时间的百分比：20%
	工作任务	1. 解释、答复客户咨询，同客户保持联系，处理客户的相关问题	
		2. 按客户要求接取、传递、发送合同及提供相关资料	
		3. 及时反馈、沟通客户意见和投诉，根据公司意见及时处理	
职责四	职责表述：调查、反馈市场信息		占全部工作时间的百分比：15%
	工作任务	1. 收集各种市场信息、行业动态和客户资料，随时总结，及时汇报	
		2. 每月向上级提交市场分析报告	
职责五	职责表述：定期向上级述职，完成上级交付的其他任务		占全部工作时间的百分比：5%
二、权力			
权力1	公司授权范围内公司销售业务的代表权		
权力2	公司授权范围内项目合同的签订权		
权力3	销售合同执行情况的知情权和监督权		
权力4	对公司内任何影响合同履行行为和问题的投诉权、建议权		
权力5	对客户提出的重要意见和建议有权向总经理直接反映		
权力6	对任何人侵害企业利益行为的监督、举报和投诉权		
权力7	对直接上级工作中的不当行为有越级申诉权，如直接上级的工作指令威胁个人人身安全或公司利益，则有权拒绝执行并立即向其上级申诉		
三、责任			
责任1	对与客户签订的合同承担直接责任		
责任2	对与客户洽谈中的言行及其后果承担完全责任		
责任3	对货款回收承担责任		
责任4	对客户意见及投诉处理的及时性、高效性和客户满意负责		
责任5	对市场信息反馈的及时性、准确性和有效性负责		
责任6	认真完成本职工作，执行直接上级的工作指令并保质保量按时完成		
责任7	如认为直接上级工作中有不当行为，有责任向其提出意见和建议		
四、工作协作关系			
内部协作关系	市场营销部经理、营销管理专员、财务部、副总经理（生产）		
外部协作关系	客户、运输公司、行业协会等		
五、任职资格			
教育水平	大专及以上学历		

续表

职称与专业	初级或以上职称；冶金、管理及相关专业
工作经验	具有1年及以上相关工作经验
专业知识与技能	熟悉市场营销知识与技能
管理知识与技能	了解基本的企业管理、营销管理知识
其他知识与技能	熟悉公司与本职工作相关的制度、规范、流程与方法；具备很高的人际沟通能力；电脑日常操作熟练
性别、年龄与体貌条件	男，45岁以下，身体健康
六、工作特性	
使用工具/设备	一般办公自动化设备
工作环境	一般工作环境
工作时间特性	弹性工作时间，经常出差、偶尔加班

2.2.4　工作分析的流程与方法

1. 工作分析的流程

在进行工作分析时，通常可按照以下的步骤进行。

（1）明确工作分析的目的；

（2）确定需要进行分析的职位，并选择有代表性的职位；

（3）收集各种与职位有关的信息和资料，这包括一些背景资料，如现有的组织结构图、流程图、原有的岗位说明书等；

（4）分析收集到的各种资料；

（5）形成初步的岗位说明书；

（6）将初步形成的岗位说明书让大家讨论，收集大家的反馈意见；

（7）在反馈的基础上，对岗位说明书进行修正，形成比较正式和完善的岗位说明书。

上述分析步骤可划分为三个阶段，即工作分析的准备阶段、实施阶段以及结果与应用阶段，这三个阶段对应的工作分析的具体内容如图3－7所示。

2. 工作分析的方法

获取工作分析信息的方法有许多种，常见的方法主要有观察法、访谈法、关键事件法、工作条件法、能力需求量表法、职位分析问卷法等，在实践中，这些方法往往是综合使用的。

（1）观察法。观察法是由工作分析人员在工作现场通过实地观察、交流、操作等方式收集工

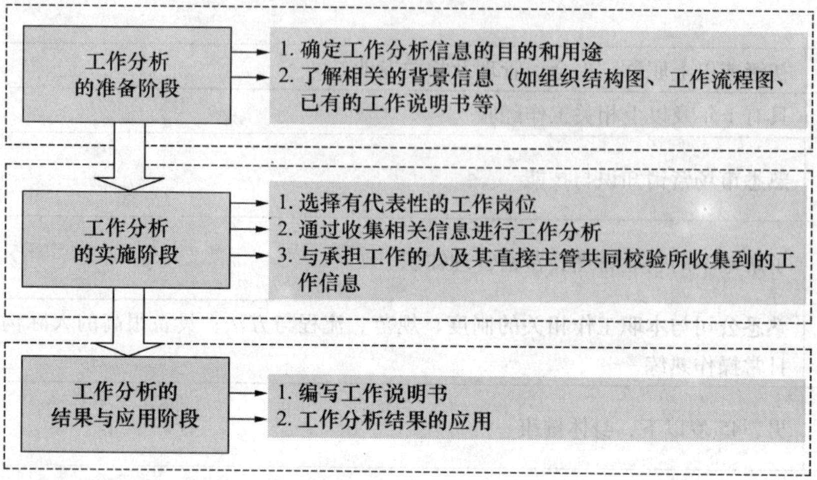

图 3－7 工作分析的流程

作信息的方法。观察法的重点在于分析、提炼、履行职位所包含的工作活动所需的外在行为表现以及体力要求、环境条件等，因此，观察法主要适用于相对稳定的重复性的操作岗位，而不适用于职能岗位和业务管理岗位。

（2）访谈法。访谈法是通过工作分析人员与某一岗位的任职者进行面对面的谈话，以确定该工作岗位的工作目标、工作内容、工作性质、工作责任与范围等的办法。访谈需要专业的技能，因此要求工作分析人员要接受过专门的训练。在访谈的过程中，应该注意：①尊重接受访谈的工作人员，接待要热情，态度要诚恳，用词要适当；②营造一种良好的气氛，使接受访谈的工作人员感到轻松愉快；③分析人员应该启发和引导，对重大原则问题，应避免发表个人看法和观点。所谓关键事件，是指使工作成功或失败的行为特征和事件。关键事件法要求工作分析人员、管理人员、岗位工作人员将工作过程中的关键事件进行详细的记录，在大量收集信息后，对岗位的特征和要求进行分析研究。

（3）关键事件法。关键事件法（Critical Incident Technique，CIT）是指使工作成功或失败的行为特征或事件（如成功与失败、赢利与亏损、高效与低产等）。该方法要求将工作过程中的“关键事件”详细地加以记录，在大量收集信息后，对岗位的特征和要求进行分析研究的方法。关键事件记录的内容主要包括：①导致事件发生的原因和背景；②员工特别有效或多余的行为；③关键行为的后果；④员工自己能否支配或控制上述后果。

（4）工作条件法。这种方法研究的对象主要不是岗位，而是岗位上的任职者。它收集关于工作者本身的信息，定义工作所需的知识、技能、态度及个人特质。运用这种方法得到的信息，可以使员工在从事一项新工作时知道自己必须具备什么样的技能，以及应该接受哪些培训。

（5）能力需求量表法。这种方法不是很强调工作的特质，而是将个人的特质作为自己的重点研究对象。它和工作条件法不一样，因为量表并不是标准化的格式，它只是使用一系列的行为描述来定义一个人的能力范围，并指出其中某种能力对工作影响的重要程度。

（6）职位分析问卷法。职位分析问卷法（Position Analysis Questionaire，PAQ）是1972年由美国普渡大学麦考密克教授（E. J. McCormick）提出的一种适用性很强的数量化的工作分析法。它从职位本身出发，考虑职位的各种有关信息，PAQ包含194个项目，其中187项被用来分析完成工作过程中员工活动的特征，另外7项涉及薪酬问题。这些代表工作行为、条件、特征的项目，可将多样的工作一般化。

PAQ中的所有项目被划分为六个部分：资料投入、用脑过程、工作产出、人际关系、工作范围、其他工作特征。第一部分包括工人在完成工作过程中使用的信息来源方面，用于了解员工如何和从哪里获得完成工作所需要的信息。第二部分是工作过程中所需要的心理过程，回答工作需要进行哪些推理、决策、计划和信息处理活动的问题。第三部分识别工作的“产出”，回答工作完成需要哪些体力活动和使用哪些机器、工具和设施的问题。后三部分考虑工作与其他人的关系、完成工作的自然和社会环境以及其他的工作特征。

表3-2是一个职位分析问卷的示例。

表3-2　　职位分析问卷表格范例（选自收集资料的资料来源部分）

使用程度：NA—不曾使用 1—极少 2—少 3—中等 4—重要 5—极重要

1. 资料投入

1.1 工作资料来源（请根据任职者使用程度，来审核下列项目中各种来源的资料）

1.1.1 工作资料的可见来源

1. ___4___书面资料（书籍、报告、文章、说明书等）
2. ___2___计量性资料（与数量有关的资料，如图表、报表、清单等）
3. ___1___图画性资料（如图形、设计图、X光片、地图、描图等）
4. ___1___模型及相关器具（如模板、钢板、模型等）
5. ___2___可见陈列物（计量表、速度计、钟表、画线工具等）
6. ___5___测量工具（尺、天平、温度计、量杯等）
7. ___4___机械器具（工具、机械、设备等）
8. ___3___使用中的物料（工作中、修理中和使用中的零件、材料和物体等）
9. ___4___尚未使用的物料（未经处理的零件、材料和物体等）
10. ___3___大自然特色（风景、田野、地质样品、植物等）
11. ___2___人为环境特色（建筑物、水库、公路等，经过观察或检查以成为工作资料的来源）

资料来源：Dessler，G.，Human Resource Management，Prentice Hall International，Inc. 1997：94。

3. 基于能力的工作分析

在工作分析过程中，既可以工作为中心，也可以人（能力）为中心，但在高绩效的环境中，组织需要员工无障碍地在工作间轮换并且进行自我控制，因此，基于具体职责的工作说明书会抑制组织所需要的具有弹性的行为，这使得越来越多的组织开始在各种人力资源活动中使用基于能力的工作分析。

【管理拾穗3-1】　　　　人岗匹配“三部曲”

人与岗位的适应和匹配是一个动态过程，需要经历“三部曲”。

知岗：工作分析。知岗是人岗匹配的起点。只有了解了工作岗位，我们才能去选择适合岗位的人。

知人：胜任素质。在知人方面，“胜任素质”是帮助组织实现最佳“人岗匹配”的有效工具。

匹配：知人善任。“没有平庸的人，只有平庸的管理。”每个人都有自己的特点和特长，知人善任，让自己的下属去做他们适合的事情，这样才能充分发挥他们的工作潜能，实现人才的有效利用。

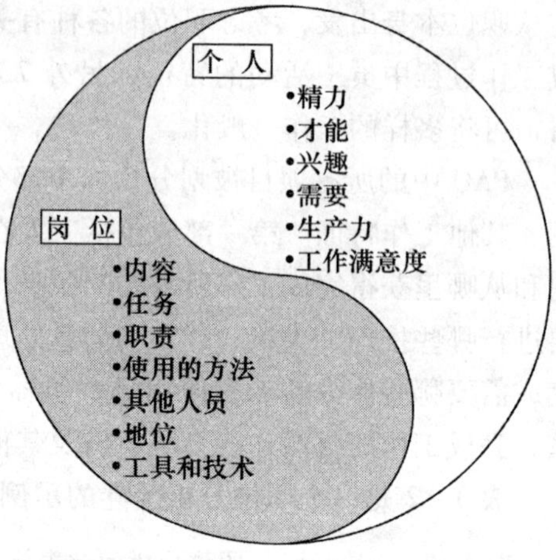

资料来源：根据赵曙明、Mathis，R.（美），Jackson，J.（美）合著，《人力资源管理》电子工业出版社2008年版（第11版）第91页及百度百科http：//baike. baidu. com资料整理而成。

所谓基于能力的工作分析（competetency-based job analysis）是指运用员工完成工作需要具备的、可衡量的、可观察的、表现行为的能力（知识、技能和行为）来描述工作。越来越多的组织之所以开始使用基于能力的工作分析，其主要是：①克服传统工作说明书对工作弹性的限制，满足组织高绩效环境的需要；②运用员工所需的技能、知识和能力描述工作更加具有战略性。③可衡量的技能、知识和能力是组织绩效管理流程的核心，是绩效管理的基础。基于能力的工作分析与传统工作分析之间的差异如表3-3所示。

表3-3　　　　基于能力的工作分析与传统工作分析之间的比较

	传统的工作分析	基于能力的工作分析
基　础	基于具体的职责	基于知识、技能和行为
内　容	完成什么，即职责	如何完成工作
关注点	关注工作	关注员工（员工能胜任什么工作）
特　征	事务性描述，缺乏弹性	战略性描述，适应性强
适用组织类型	传统组织	扁平型组织、柔性组织

3.2.5　工作分析对绩效管理的影响

工作分析作为人力资源管理的基础性工作，对绩效管理过程的各个环节都有着深刻影响。工作分析通过对组织中全部工作进行有效分解，确定各职位的工作职责、任务、权限以及组织内外的关联关系，明确职位的核心产出，提出职位任职者的基本要求，为绩效管理系统发挥作用奠定了全面系统、坚实可信的基础。

工作分析对绩效管理的影响，首先表现在工作分析是制定绩效计划的基础。岗位绩效计划的制定一般不能超出员工的职责范围，也不能超出工作分析设定的最高工作量，否则，就会造成因员工超负荷工作而降低工作绩效水平。同时，为了便于客观地评价和比较，绩效计划的内容也应尽量做到标准化和定量化，而工作分析通过对工作岗位客观数据与材料的分析，充分揭示了整个劳动过程的现象与本质的关系，这有助于绩效管理过程的标准化、定量化和科学化。

其次，工作分析是岗位绩效评价的重要依据。绩效管理的一项关键任务就是绩效评价指标体系的设计，而绩效评价指标的设计基础就是各岗位的工作职责与任职资格。如果通过工作分析获得的这些岗位信息翔实、准确，那么绩效评价指标的设计就能够公正、合理，从而减少绩效评价及实施过程中遇到的争议。

另外，工作分析也使得绩效管理工作职业化、规范化。工作分析通过运用科学的方法对工作岗位进行系统研究和分析，得出岗位的工作内容、工作责任、工作程序，从事工作所需的工作技能、工作环境等情况，形成岗位说明书以及任职资格标准，再进一步运用于形成规范的组织业务工作模式与流程、组织结构、员工行为标准等，从而使组织绩效管理工作职业化、绩效管理系统规范化，减少了绩效管理过程中的主观臆断与不科学成分。

【阅读案例】 惠普的员工岗位考评制度

员工的业绩评估是管理者最重要的工作之一。在惠普，无论是老员工，还是新招进来的员工，都会有一份非常清晰的岗位责任书。

岗位责任书是参照岗位描述制定的。在惠普，岗位描述是一份框架性文件，是针对某一类工作设计的，而岗位责任书的内容则要具体到特定的人和这个人下一年在特定部门要做的工作。比如说，所有的市场工程师都有同样的岗位描述，但是具体到某一个工程师，要看他在哪个部门从事什么具体的工作，部门经理希望他下一年重点做什么。这就是岗位责任书。总的说来，前者是通用的，后者是专用的。

考评人的组成决定了员工对什么人负责。如果员工的考评人只是他的直接上司，他只要把这个上司搞定就可以了。但在惠普不是这样，考评人是由上级、下级、同级的相关部门人员共同组成。比如说员工满意度的评分，就是由下级评估上级，在员工满意度评估中，大约有10多条与上级领导有关的问题，如你的上司是否公平、公正地对待部下，你的上司是否与你保持良好的沟通……

有了这样一份岗位责任书，员工马上就明白了：我不能仅对上司负责，还要对很多人负责。在这样的制度约束下，每个人都会逐渐明白：帮别人其实就是帮自己，因为你不知道哪块云彩会下雨。这样团队合作就成了员工自觉的行为，大家都会好好地配合，把每一件事情做好。惠普员工只有如此，才能得到别人的认同，评估时才能得高分，所以员工的心思就不会用在歪门邪道、投机钻营上了。

可以说，综合业绩评估不仅仅是工作业绩的考评。新进公司并转正的员工，其考评每6个月做一次，对照岗位责任书进行评估。一年之后每年做一次评估，具体的评估过程就是把员工的岗位责任书拿出来，由具体的考评人对其中每一条的表现打分。分值最高5分，最低1分，最后得出一个总的加权平均分，总分5分就是超群，得过这个分数的人在整家公司里所占的比例不能超过5%。

一位在惠普工作前后加起来差不多有15年的员工回忆，他一共只得到过两次5分，更多情况是4分和3分，因为一旦晋升到新的级别，通常要回到2分或3分。由于各个级别得5分的标准是不同的，级别越高要求也越高，这种评分方法能起到不断鞭策优秀员工的作用。当一个员工晋升到一线经理，或者一线经理晋升到二线经理的时候，他在之后的两年内很难得到5分，得4分就不错了。如果一个员工表现出色，每两年晋升一级，那得5分的机会就非常小。因为新的岗位有着新的、更高的要求，这是很正常的：公司支付的薪水高了，员工也就必须表现出相应的水平来，如果做不到，分数就会下降。这样一来，员工必须不断地充实自己，提升各方面的能力，在新的岗位上发挥出水平才行，否则级别上去了，综合评估的分数下来了，工资未必能提升。

另外，让员工明白自己的岗位职责是惠普管理者的首要工作，根据岗位责任书每年给员工做业绩评估是管理者的天职。

综合业绩评估结束后，每个员工都会得到一份书面文件——业绩评估报告（performance e-valuation）。它由员工的直接上司来写。公司允许每一个管理者每年可以抽出一天来专门为一个下属写业绩评估报告。如果一位经理管着10个部下，那么他一年可以有10天的时间专门来写这10份报告，既可以在办公室写，也可以在家里写。因为这是惠普各级管理者非常重要的工作，需要拿出专门的时间去做。在惠普看来，如果管理者不认真地写这个报告，员工就会有被忽视和被愚弄的感觉，就会认为上司是应付公事。

管理者给部下写考评时，不能用一些含糊的语言来表达，必须举出实际的例子来证明员工表现出了某种技能，表现了怎样的态度和热情。如某位员工某年某月某日做了什么事情，表现出了某种水平；或者某员工某年某月某日做了什么事情，证明在某个方面还有欠缺。

如果上司对员工观察不细，就很难在一天内写出这份评估报告，或者即使写出来，员工可能也会觉得你的报告针对性不强——他出色的地方你没有写出来，他薄弱的地方你也没有写上去，即没法使员工心服口服。因此，在惠普，员工做的很多事情，管理者平常都要做到心中有数，今天谁做了一件什么好事，今天谁犯了一个什么错误……在给员工明确指出来的同时，还要记下来，作为将来评估该员工的素材。

资料来源：人力资源开发网。

3.3 职位评价

3.3.1 什么是职位评价

职位评价（job evaluation），又称为工作评价，是指根据各职位对组织目标的贡献，通过专门的技术和程序对组织中的各个职位的价值进行综合比较，确定组织中各个职位的相对价值差异的过程。职位评价的核心是划分职位级别，它所关心的是岗位的分级，而不去注意谁去做这项工作或谁在做这项工作。职位评价的目标是为了实现同工同酬，即完成同等价值的工作，支付等量的报酬。

职位评价是在工作分析的基础上，对岗位本身所具有的特性（比如岗位对组织的影响、职责范围、任职条件、环境条件等）进行评估，以确定岗位的相对价值，其实质是把提供不同使用价值的产品或服务的具体劳动，还原为抽象劳动，进而使各种具体劳动之间可以相互比较，以确定各个岗位在组织中的相对价值。具体办法是把各种劳动统统分解为劳动的几大基本要素，再把几大要素分解为若干子因素，然后用统一的衡量标准，对各子因素分级、配点。最后再用事先确定的衡量标准，评定每一岗位各个子因素的级数和相对价值。

根据职位评价的定义和实践操作，可以总结出职位评价具有三大特点：一是“对事不对人”，即职位评价的对象是组织中客观存在的职位，而不是任职者。二是职位评价衡量的是职位的相对价值，而不是绝对价值。职位评价是根据预先规定的衡量标准，对职位的主要影响指标逐一进行测定、评比、估价，由此得出各个职位的量值，使职位之间有对比的基础。三是职位评价先对性质相同的职位进行评判，然后根据评定结果再划分出不同的等级。

3.3.2 职位评价的作用

职位评价和工作分析一样，也是人力资源管理的一项基础性工作，在组织管理中发挥着非常重要的作用。职位评价的重要作用主要表现在以下几个方面。

（1）职位评价对于建立科学、合理的职位等级，实现公平分配具有重要意义。职位评价能将表面上不可比的具体劳动还原为抽象劳动，使之可以相互比较，以确定各个职位在组织中的相对价值，进而根据岗位相对价值确定不同岗位等级，这样不仅使员工招聘、考核、晋升等人力资源管理有了规范的尺度和标准，还能据此建立公平合理的职位工资等级体系，使公平分配有了科学依据。

（2）职位评价对于支撑组织战略、发展组织文化认同具有重要作用。职位评价的核心内容就是组织战略发展所需要的核心能力。组织通过职位评价使得组织的战略意图得以有效的传递，从而达到支撑战略的实施和组织使命的达成。职位评价的要素选择既与组织战略关系密切，也与组织文化息息相关，通过组织成员参与职位评价的过程，使组织文化更加为组织成员所接受。

（3）职位评价有助于引导员工行为，减少因报酬差别造成的不满和争端。在职位评价的过程中，通过组织成员的参与，强化了组织成员对组织权责体系的认识，从而能更好的指导自己的行为。同时，职位评价能够比较客观的反映职位在组织中的相对价值，使职位的报酬与其对组织的相对贡献融为一体，减少组织成员对职位之间报酬差别的不满和争端，增强了组织内部从管理层到员工对工资制度的认同感，提高了组织成员对薪酬的满意度。

3.3.3 职位评价的原则

职位评价是一项技术性强、涉及面广、工作量大的活动。这项活动不仅需要大量的人力、物力和财力，而且还要触及许多学科的专业技术知识，涉及很多的部门和单位。为了保证各项工作的顺利开展，提高职位评价的科学性、合理性和可靠性，在组织实施中应该注意遵循以下原则。

1. 系统性原则

组织是由若干个部门构成，而部门又是由许多岗位构成，这些岗位彼此之间又有着千丝万缕的联系，构成了一个庞大的工作岗位系统，同时，各个岗位又是作为组织系统的子要素而存在。因此，在进行职位评价时，既要对岗位本身进行系统评价，还要把岗位作为系统的要素进行评价，要关注其他岗位对所评价岗位的影响，用系统的观点组织实施职位评价工作。

2. 实用性原则

职位评价必须从组织目前的生产和管理实际出发，选择能促进组织生产和管理工作发展的因素，尤其要选择目前组织劳动管理基础工作需要的评价因素，使评价结果能直接应用于组织的劳动管理实践中，特别是劳动组织、工资、福利、劳动保护等基础管理工作，以提高职位评价的应用价值。

3. 标准化原则

标准化是现代科学管理的重要手段，是现代组织劳动人事管理的基础，也是国家的一项重要技术经济政策。标准化的作用在于能统一技术要求，保证工作质量，提高工作效率和减少劳动成本。为了保证职位评价工作的规范化和评价结果的可比性，提高职位评价工作的科学性和工作效率，职位评价也必须采用标准化。职位评价的标准化具体表现在为评价指标制定统一的评价标准、为评价技术方法制定统一的规定、为数据处理制定统一程序等方面。

4. 能级对应原则

在管理系统中，各种管理功能是不相同的。根据管理的功能把管理系统分成各个级别，把相应的管理内容和管理者分配到相应的级别中去，各占其位，各显其能，这就是管理的能级对应原则。一个职位能级的大小，是由它在组织中的工作性质、繁简难易、责任大小、任务轻重等因素决定的。功能大的职位，能级就高，反之就低。各种职位有不同的能级，人处于相应的能级职位。一个完整的管理系统一般可分为四个层次：决策层、管理层、执行层和操作层，这四个层次不仅使命不同，而且标志着四大能级差异。不同能级对应不同的权力、物质利益和精神荣誉，这种对应是一种动态的能级对应，只有这样，才能获得最佳的管理效率和效益。

5. 优化原则

任何组织在现有的社会环境中生存，都会有自己的发展条件，只要充分利用各自的条件发展自己，每个工作岗位、每个人都会得到应有的最优化发展，整个组织也将会得到最佳的发展。

3.3.4 职位评价的方法

常用的岗位评价方法有四种：排序法、分类法、因素比较法、评分法。其中，排序法和分类法属于定性方法，因素比较法和评分法属于定量方法。排序法与因素比较法是岗位与岗位之间进行的整体比较，分类法与评分法则是岗位与标准之间进行的比较。下面分别对这几种方法进行介绍。

1. 排序法

排序法（job ranking）是根据各种岗位的相对价值或它们对组织的相对贡献来由高到低地进行排列，它是职位评价中最简单的方法，也最易于解释。通常情况下，会使用比简单排序法更可靠的两种常用的排序方法：交替排序法和配对比较法。交替排序法是从两个极端排列开始，所有评价者对于哪项岗位最有价值、哪项岗位最没有价值达成一致意见，然后确定下一个最有价值、下一个最没有价值的岗位，以此类推，直至所有的岗位都已排列在内。配对比较法运用一个矩阵来比较各种岗位，每两种岗位都需进行比较，比较之后，价值相对较大的岗位就记入空格中，当完成所有岗位间的比较后，被认为价值较大、频数最多的岗位便是等级最高的岗位，以此类推。

2. 分类法

分类法（job classification）是将各种岗位与事先设定的一个标准进行比较来确定岗位的相对价值。具体而言，就是将职位按总体工作内容分为不同的职类，在每一职类中，按岗位工作内容的复杂程度、难易程度将不同的职位分为不同的等级，然后根据职位的工作内容，将不同的职位归入不同的工作类、工作级中，确定不同类、级的薪酬比率。分类法是排序法的改进，适用于多种不同性质的组织中薪酬比率的确定，它和排序法一样，属于定性的职位评价方法。

3. 因素比较法

因素比较法（factor comparison）是一种量化的职位评价技术，它需要使用报酬要素的比较来确定不同职位的报酬比率，从而确定不同职位的相对价值。因素比较法实际上也是排序法的一种改进。排序法通常是把每个岗位看成一个整体，再加以排序。而因素比较法要多次对岗位进行排序，每次都要依据不同的报酬要素，然后把每一报酬要素排序的结果加权后相加，得出各岗位在所有报酬要素比较基础上的相对量化价值。要素比较法的具体操作步骤如下：

（1）获取职位信息。要求仔细、全面地分析职位。先要制作岗位描述，然后制作岗位说明书，尤其要注意评价决定使用的报酬要素。要素比较法通常使用5个报酬要素：心理要求、身体要求、技术要求、职责、工作条件。

（2）选择标杆岗位。由岗位评价委员会挑选出15～25个标杆岗位。这些岗位将是所研究的岗位等级中的典型岗位。

（3）根据报酬要素将标杆岗位排序。要求评价者根据上述5个要素之一将标杆岗位排序。排序过程以岗位描述和岗位说明书为基础。通常由评价委员会每个成员分别将岗位排序，然后再开会合议每个岗位的序列值。

（4）根据报酬要素确定每个标杆岗位的工资率。评价委员会根据标杆岗位的现行工资率确定标杆岗位的5个报酬要素的权重。

（5）根据工资率将标杆岗位排序。依据各要素对每个标杆岗位进行排序，排序的标准是第4步确定的报酬要素的权重。

（6）根据两种排序结果选出不便于利用的标杆岗位。现在对每个标杆岗位都有了两种排序结果：第（3）步根据报酬的重要性和第（4）步根据报酬要素的权重。如果某个标杆岗位的两种排序结果差异太大，就表明这个标杆岗位不能作为标杆岗位使用。

（7）建立岗位报酬等级。一旦确定了可用的、"真实的"标杆岗位，就可根据第4步的结果按报酬要素将标杆岗位填入岗位（要素）比较等级表中。

（8）使用岗位比较等级表评价非标杆岗位。依据报酬要素将其他待评价的岗位同标杆岗位进行比较，将它的报酬要素与相应的比较等级对应起来。所有报酬要素的权重之和就是待评价的岗位的量化价值。

目前，许多专业人力资源机构研究出不同的因素比较法，为不同的组织建立了不同报酬要素评价体系，如海氏咨询公司采用的职位评价法，它注重三项报酬要素：技术诀窍、解决问题的能力和所担负的义务。有时，在对某些具有一定危险程度的工作进行评价中，也会用到第四个因素——工作条件。

4. 评分法

评分法（point method），也叫要素计点法，它是把岗位应达到的标准进行分解，按照各个标准对该岗位的重要程度赋予相应的权重，然后按照事先设计出来的结构化量表对每种岗位进行估值。评分法也是一种量化的职位评价方法。

评分法的具体操作步骤如下。

（1）确定要评价的职族。不同部门的岗位差别很大，通常不会使用一种点值评定方案来评价组织中的所有职位。如可划分管理类、技术类、市场类、操作类、后勤类等，评价委员会一般要为每一个职族制定一种方案。

（2）搜集岗位信息。通过岗位分析，制订岗位说明书。

（3）选择报酬要素。常用的报酬要素有技能、努力程度、职责、工作条件。不同的职族通常有不同的报酬要素。

（4）界定报酬要素。仔细界定每个报酬要素，以确保评价委员会委员在应用这些要素时能保持一致。

（5）确定要素等级。划分要素等级时，要对每个等级进行详细的定义，并提供标准岗位。不是每个要素等级都需要有相同的等级数，等级数应限制在可以清楚区分岗位的水平上。

（6）确定要素的相对价值。每个职族要素的权重都可能是不同的。评价委员会仔细研究要素及其等级定义，然后决定每个职族中的各要素的权重，得到各要素百分比的权重。

（7）确定各要素及各要素等级的点值。第（6）步确定了各要素的百分比的权重，用总点数乘以百分比权重就得到要素的点值，然后根据要素的等级数平均分配点值。

（8）编写岗位评价指导手册。把各要素及其等级定义、点值汇编成一本便于使用的指导手册。

（9）将岗位列等。评价委员会使用岗位评价手册将岗位列等。每个岗位根据岗位说明书，按各报酬要素分别进行评价以确定其点值，把所有要素的点值加总得到该岗位的总点值。评估者通常先评价关键岗位，达成一致意见后再评价职族中的其余岗位。

为了便于选择四种方法，可将上述四种方法的区别加以列示，见表3－4。

表3－4　　四种职位评价方法的比较

方　法	定　义	适用场合	优　点	缺　点
排序法	根据各种岗位的相对价值或它们对组织的相对贡献来由高到低地进行排列	岗位设置比较稳定；企业规模小（40个岗位左右）	简单方便，容易理解和节约成本	主观因素较多；评价人员对岗位的细节熟悉；岗位之间的价值差距无法表现
分类法	将各种岗位与事先设定的一个标准进行比较来确定岗位的相对价值	公共部门和大企业，职务等级体系严谨；岗位设置科学合理；各岗位差别明显	简单明了，容易被员工理解和接受；避免出现明显的判断失误	划分类别数量难以把握
因素比较法	根据各类岗位中的标尺性岗位在劳动力市场的薪酬标准，将非标尺性岗位与之相比较来确定非标尺性岗位的薪酬标准	能够随时掌握较为详细的市场薪酬标准	能够直接得到各个岗位的薪酬水平	灵活性差；成本相对较高。
评分法	把岗位应达到的标准进行分解，按照各个标准对该岗位的重要程度赋予相应的权重，然后按照事先设计出来的结构化量表对每种岗位进行估值	岗位设置不太稳定，岗位雷同性小；对精确度要求较高	能够量化，可以避免主观因素对评价工作的影响；可以经常调整	评价因素及点值设计比较复杂，对管理水平要求较高；评估成本相对较高，耗费时间

3.3.5 职位评价过程中应注意的问题

职位评价从本质上讲是专家判断与组织内各个职位实际情况相契合的过程，因此，在这一过程中应注意以下两个方面的问题。

1. 注意尽量减少小团体利益对职位评价的影响

由于职位评价直接和薪酬设计相关，因此很容易受到小团体利益的影响。小团体利益集中体现在专家小组成员的结构上，比如如果评价专家中有1/3来自生产部门，那么，这些专家很可能在潜意识里会对生产岗位产生偏向，这种心理倾向将直接使整体评价结果的公正性受到负面影响。小团体利益除了会影响到评价结果外，同时还会对评价过程的顺利进行产生消极影响。一旦存在为自己所在团体部门争利的想法，势必会引起专家们内部不同利益团体之间的争论，如果这种争论没有得到很好的解决，对专家们的立场、情绪、心里偏向都会产生微妙的影响，这样显然既影响到评价的效率，又影响到评价的效度。

要克服或减少小团体利益对职位评价的影响，首先要重视对专家的选择，应当选择那些经验丰富、对所有职位状况了解比较深刻的专家。同时，还要选择在工作中态度比较客观公正、能够认真倾听的专家。其次，进行正式评价之前，应对专家小组进行培训，使他们明白，应当站在组织全局的立场，代表组织来完成职位评价，而不是作为部门代表来争利益的。另外，还应在评价之前设定评价过程的规则，让专家们按照一样的评价过程规则和要求行事，以减少职位评价的随意性和主观性。

【管理拾穗3-2】 美世国际职位评价法

职位评价是通过“因素提取”并给予评分的职位价值测量工具。早在二十世纪七八十年代，职位评价风靡欧美，成为内部人力资源管理的基础工具。调研结果表明，当时美国有70%以上的企业使用职位评价系统来帮助搭建职位系统以及作为薪酬给付的依据。但是当美国逐渐将人力资源管理重点从“职位”挪到“绩效”以后，作为总部在美国的全球最大的人力资源管理咨询公司——美世咨询公司（WilliamMercer）却始终没有抛弃这个工具，而是将其进一步开发，使其适合全球性，尤其是欧洲和亚洲国家的企业使用。2000年美世咨询公司兼并了全球另一个专业人力资源管理咨询公司CRG（国际资源管理咨询集团，Corporate Resources Group）后，将其评估工具升级到第三版，成为目前市场上最为简便、适用的评价工具——国际职位评价系统（International Position Evaluation，IPE），它不但可以比较全球不同行业不同规模的企业，还适用于大型集团企业中各个分子公司的职位比较。

这套职位评价系统共有4个因素，10个纬度，104个级别，总分1225分。评估的结果可以分成48个级别。其中，4个因素是指：影响、沟通、创新和知识。这是在原先这个系统第二版7个评估因素（对企业的影响、监督管理、责任范围 、沟通技巧、任职资格、解决问题、环境条件）的基础上经过大量科学提炼简化的结果。在100多位美世人力资源首席咨询顾问和众多企业人力资源资深从业者的共同研究中证明，事实上真正相互之间不存在相关性的因素只有两个——影响和知识，但为了减少评估过程中由于主观因素造成的偏差，还是保留了另两个相对重要的因素——沟通和创新。

美世的国际岗位评估体系在选择确定岗位价值的因素时，考虑到岗位的投入、过程和产出的全过程，筛选相互独立且对岗位的价值有本质影响的因素，并确定了每个因素在体系中的权重。这些因素的选择考虑到四点：

（1）因素的取向反映出企业的经营价值导向。

（2）因素在一定程度上适用于所有岗位。

（3）因素反映出岗位价值的本质。

（4）因素之间有联系但是保持独立。

资料来源：根据（美世咨询公司）http：//www. mercer. com 及网络资料整理。

2. 对职位信息要尽可能了解充分和对称

尽管专家小组成员对于要评价的职位都很熟悉，但由于组织可能存在某些特殊情况，比如，当存在工艺保密问题时，不同生产部门的员工对彼此的工作细节并不了解，专家们也可能存在类似问题。在这种情况下，工作说明书就可以发挥重要的作用。另外，在专家们分别对某些职位的情况进行介绍时，也会因为每个人的表达能力差异而影响到其他专家对这些岗位的判断和评价，造成谁的表的能力强，谁就有可能让其他专家更充分地了解职位的重要程度。

要做到对职位信息尽可能多的了解，要注意做好两个方面的工作：一是要明确具体有哪些职位属于上述情况。一般情况下，属于上述情况的职位不是很多，否则说明专家小组的挑选存在一定问题。二是把存在上述情况的职位拿出来，作为同一批次来做出评价，评价之前先对职位本身进行充分的讨论，然后从横向和纵向与相关职位进行比较分析。当大家对这些职位的认识趋于明了时，再做出自己的判断必然是有效的。

要点总结

● 绩效管理理论体系的形成除了自身的发展所具备的客观要求外，还有比较完善的学科理论作为其理论基础。其一般理论基础包括系统论、控制论和信息论，直接理论基础则包括了目标设置理论、激励理论、成本收益理论、目标一致性理论、组织公平感理论、权变理论、利益相关者理论等诸多理论。

- 工作分析是指运用科学方法收集与工作（岗位）有关的信息的过程，工作分析的结果是形成工作描述与工作说明书。工作分析作为人力资源管理的基础性工作，是制定绩效计划的基础，也是岗位绩效评价的重要依据。工作分析应坚持目的性原则、系统性原则、动态性原则、经济性原则和应用性原则。
- 工作说明书是关于工作执行者要做什么、如何做以及在什么条件下做的一种书面材料。典型的工作说明书的内容包括工作标识、工作概述、工作联系、工作职责与任务、工作权限、绩效标准、工作条件、工作规范等。
- 工作分析的常见方法主要有观察法、访谈法、关键事件法、工作条件法、能力需求量表法、职位分析问卷法等，在实践中这些方法往往是综合使用的。
- 职位评价，又称为工作评价，是指根据各职位对组织目标的贡献，通过专门的技术和程序对组织中的各个职位的价值进行综合比较，确定组织中各个职位的相对价值差异的过程。职位评价应坚持系统性原则、实用性原则、标准化原则、能级对应原则和优化原则。
- 常用的岗位评价方法有四种：排序法、分类法、因素比较法、评分法，其中岗位排序法和岗位分类法属于定性方法，因素比较法和评分法属于定量方法。排序法与因素比较法是岗位与岗位之间进行整体比较，岗位分类法与评分法则是岗位与标准之间进行的比较。

思考题

1. 简述控制论、系统论和信息论的主要思想？
2. 请对文中提到的绩效管理的直接理论观点进行梳理并加以比较。
3. 利益相关者理论对于绩效管理有何影响？
4. 什么是工作分析？它有什么作用？
5. 常用的工作分析方法有哪些，它们各自有哪些优缺点？
6. 请为你熟悉的工作岗位编写一份工作说明书。
7. 简述工作分析对绩效管理有何影响？
8. 什么是职位评价？它有什么作用？
9. 在职位评价过程中应坚持哪些原则？为什么？
10. 试比较排序法、分类法、因素比较法和评分法四种职位评价方法的特点。

案例分析

业绩下滑是谁的责任

某家用厨具企业成立于1990年，目前已拥有10个部门，500多名员工，经营状况一直很好。但7个月以来，企业的经营效益呈现下滑趋势，市场份额一再缩小。总经理心急如焚，决定开一次中层会议，来找出业绩下滑的原因。销售部经理首先发言："最近销售业绩下滑，我非常着急。我将竞争对手与我们的销售数据做了具体分析，主要有两个原因：第一，竞争对手缩短了销售渠道；第二，我们的产品有些老化现象。但是进一步分析原因，我认为市场部对市场形势研究不到位，研发部的效率跟不上市场的需求。它们才是问题的根本。"

市场部经理闻言立即反驳道："我的预算和人手太少，拜托销售部做的市场调研又迟迟交不上来，工作很难开展起来……"

市场部经理还没抱怨完，研发部经理慢悠悠地接上了话："我们最近推出的新产品是比竞争对手的少，但是要知道，我们今年的预算比去年少了很多。另外，公司对研发人员的奖金激励到今天也没能兑现，在某种程度上打击了他们的工作热情。"

财务总监见他们口口声声都提到钱，急忙解释："消减部门预算，公司也不想这么做。但是公司成本上升，利润下降，实在没有那么多钱。"

……

争吵持续了近一个小时，总经理实在听得不耐烦了，说道："这么说，你们都没有责任，那公司怎么办？我的销售额下滑是明摆着的，这样的会有什么意义？能解决什么问题？"

总经理发火了，大家也都沉默不语。

为了走出发展的低谷，总经理把一位管理专家请到公司来，帮助制定一套完整科学的管理制度，以提高企业绩效。

【问题】

1. 该公司各部门相互推诿的原因是什么？
2. 如果你是总经理请来的管理专家，你该怎么办？

资料来源：金观韬编著，《绩效》，机械工业出版社2005年版，第145～147页。

第 4 章

绩效管理工具

管理方法总是日新月异，总是有人不断探索、不断超越。

——彼得·德鲁克

本章学习目标

- 深刻理解目标管理的内涵及特点
- 掌握目标管理过程与实施要点
- 理解标杆管理的含义及作用
- 掌握标杆管理的主要类型及其使用特点
- 学会选择并实施不同类型的标杆管理
- 深刻理解关键绩效指标的涵义及特点
- 熟练掌握确定关键绩效指标的途径和方法
- 熟悉关键绩效指标法的操作流程
- 深刻理解平衡计分卡的内涵及其功能定位
- 掌握平衡计分卡四个层面的内容及其相关关系
- 理解战略地图在管理实践中的价值
- 熟悉平衡计分卡的实施过程及步骤

绩效管理工具作为绩效管理实践与绩效管理理论之间的桥梁与纽带，直接来源于绩效管理的实践，同时又服务和应用于绩效管理实践。绩效管理工具的革命性创新始于20世纪50年代至70年代。在20世纪50年代之前，不论是绩效管理的理论还是工具都非常单调，主要是表现性评价。50年代以后的几十年中，绩效管理逐渐发展成为人力资源管理理论研究的重点。研究者们先后提出目标管理、标杆管理、关键绩效指标、平衡计分卡等绩效管理的理论、方法与技术。综观绩效管理工具的演变历程，在横向上不断拓展评价范围，从单纯的财务指标扩展到全面地考察组织；在纵向上不断提升关注经营的功能，从单纯的绩效管理工具上升到承接组织战略的战略性绩效管理工具（如图 4－1 所示）。本章将沿着绩效管理工具的演化历程，对组织管理实践中被广泛采纳的几种绩效管理工具进行比较系统的介绍。

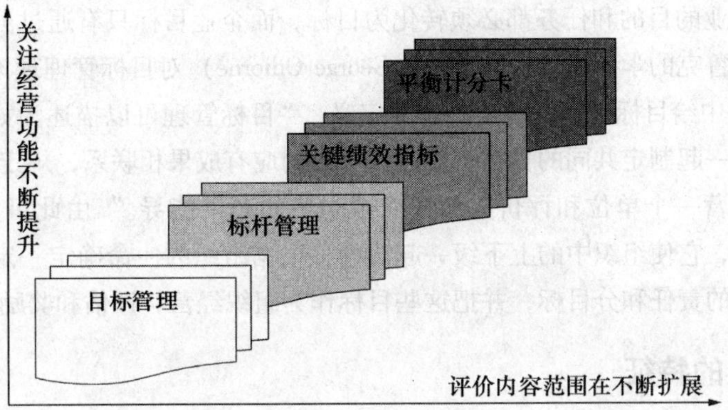

图 4－1　绩效管理工具的演变

4.1　目标管理

目标管理（Management By Objectives，MBO）的出现源于著名管理学家彼得·德鲁克先生幼年的学习经历。彼得·德鲁克幼年时转到修道院读书。修道院的修女在每学期开始时确定本学期的学习目标，在日常学习中强调对她们学习的动态指导与反馈，并在每个学期末对学期的学习成绩进行测试、评价，最后还将回报激励与学期的成绩挂钩。德鲁克在这段学习经历中因为这种学习的方式而受益，当他步入管理的殿堂后，成功地将这种做法运用到企业管理之中，提出目标管理的方法论。

4.1.1　什么是目标管理

著名管理学家彼得·德鲁克在 1954 年出版的《管理实践》一书中这样阐述目标管理："只有这样的目标考核，才会激发起管理人员的积极性，不是因为有人叫他做某些事，或是说服他做某些事，而是因为他的任务的目标需要做某些事（岗位职责）；他付诸行动，不是因为有人要他这样做，而是因为他自己决定他必须这样做——他像一个自由人那样行事。"德鲁克认为，古典管理学偏重于以工作为中心，忽视了人性的一面；行为科学又偏重于以人为中心，忽视与工作相结合。而目标管理则综合了对工作的兴趣和人的价值，从工作中满足其社会需求，企业的目标也同时实现，这样就可以把工作和人的需要两者统一起来。目标管理正是一种以"员工"为中心、以"人性"为本位的管理方法，其本质就是以"民主"代替"集权"，以"沟通"代替"命令"，使组织成员充分而切实地参与决策，并采用自我控制、自我指导的方式，从而把个人目标与组织目标结合起来。

德鲁克认为，企业的目的和任务都必须转化为目标，而企业目标只有通过分解成每个更小的目标后才能够实现。德鲁克的学生乔治·欧迪伦（George Odiorne）对目标管理理论做出重大贡献，他在《目标管理》一书中给目标管理下了这样一个定义："目标管理可以描述为如下一个过程：一个组织中的上级和下级一起制定共同的目标；同每一个人的应有成果相联系，规定他的主要职责范围；并用这些措施作为经营一个单位和评价其每一个成员的贡献的指导。"由此可见，所谓目标管理，是指一种程序或过程，它使组织中的上下级一起协商，根据组织的使命确定一定时期内组织的总目标，由此决定上下级的责任和分目标，并把这些目标作为组织经营、评估和奖励的标准。

4.1.2 目标管理的特征

目标管理作为实现组织目标的有效措施，与其他传统管理方法相比具有许多鲜明的特征，概括起来主要有以下几点。

（1）强调目标及目标体系。目标管理重视"目标"在管理中的作用，整个管理过程中的所有活动都是围绕"目标"展开的。同时，重视目标体系的构建。目标管理将组织的整体目标逐级分解，转化为各个部门、每个员工的分目标。这些分目标方向一致，环环相扣，相互配合，形成协调统一的目标体系。这样，每个人尽自己所能完成自己的分目标，组织的总目标也就得以实现。

（2）强调权、责、利的明确。目标管理通过对总目标的逐级分解，将总目标分解转换至部门和员工，与此同时对目标责任人赋予相应的权限、责任，并对其工作成果制定有针对性的奖惩办法，使权、责、利比以往更加明确，避免了企业传统组织结构带来的信息传递的漏洞，有助于在保持有效控制的前提下，使组织内部更加具有活力。

（3）重视工作成果。目标管理所奉行的是以成果导向为基础的管理思想，它对于工作提出的要求不在于工作本身，而在于工作成果。目标管理以制定目标为起点，以目标完成情况的考核为终结。工作成果是评定目标完成程度的标准，也是人事考核和奖评的依据，成为评价管理工作绩效的唯一标志。至于完成目标的具体过程、途径和方法，上级并不过多干预。所以，在目标管理制度下，监督的成分很少，而控制目标实现的能力却很强。

（4）强调"自我控制"。目标管理不是用目标来控制，而是用它来激励下级。德鲁克认为，员工是愿意负责的，是愿意在工作中发挥自己的聪明才智和创造性的。目标管理作为一种强调民主的管理方法，把个人的需求和组织目标结合起来，强调自我控制，用自我控制管理代替压制性的管理。

（5）强调参与管理。参与管理意味着目标的实现者同时也是目标的制定者，即由上级和下级一起共同确定目标。首先确定总目标，然后对目标进行分解和逐级展开，通过上下协商，制定出各部门直至每个员工的目标。这种做法打破了传统的金字塔式的组织结构和部门壁垒，使员工感到上级对自己的信任和重视，从而体验出自己的利益与组织发展密切相关而产生强烈的责任感和成就感。

4.1.3　目标管理的过程

从程序上看，目标管理一般可分为三个阶段：第一阶段为目标设置；第二阶段为目标执行；第三阶段为目标评价与奖惩。

1. 目标设置阶段

目标设置阶段是制定组织总目标、分解总目标以及协调目标体系和组织体系的过程。制定组织总目标是推行目标管理的出发点，只有总目标确定了，组织才能对其进行层层分解并予以实施。对目标的协商与分解就是管理者和目标执行者在共同参与和平等协商的基础上，将组织总体目标层层分解，形成每个部门、每个小组以及每个员工工作目标的过程，其结果是组织的总体目标被分解成一个方向一致的目标体系。在此过程中，不管是采取自上而下还是自下而上的分解方法，目标执行者的参与和平等协商都是必须坚持的原则。

在目标分解之后，目标设置阶段的任务并未完成，管理者还需要对目标体系和组织体系进行诊断。一方面确保组织目标被完整分解，且无过多重叠；另一方面检验组织现行的结构、运行体制以及岗位职责设置等是否能保障目标体系的顺畅执行。在完成对目标体系和组织体系的调整之后，上级和下级需要就资源分配、权力授予以及目标实现后的评价奖惩等事宜达成一致，并签订目标协议。

【管理故事】　聪明的士兵学会了目标分解

在古代有一位骁勇善战的将军，为了保卫国家，他要挑选50个勇敢和聪明的士兵前去抗击入侵的敌人。如何才能挑到好的士兵呢？将军犯愁了。最后将军想到了一个两全其美的办法来挑选士兵。他给了每个士兵一捆10支捆在一起的羽箭。将军对士兵们说："把你们手中的羽箭折断，谁能折断我就送谁上前线去。"

士兵们拿着羽箭，跃跃欲试，用力地折，除了一个超勇大力士能把一捆羽箭折断之外，其他的人谁也不能一次把手中的羽箭折断。

后来陆陆续续有一些聪明的士兵走到将军面前，对将军说："将军，你带我去前线抗敌吧，我把所有的羽箭都折断了。"

将军问："你是如何把这些羽箭折断的？"

士兵回答说："把这捆羽箭打开，一支一支折很轻松就把它折断了。"

将军挑选到了最勇敢和聪明的士兵，带着他们去抗击敌人，取得了巨大的胜利。

这个故事告诉我们，整体目标一定要分解，将整体目标分解为一个个小的目标。只有每个具体的目标都实现了，整体目标才能实现。

资料来源：冉斌著，《三个和尚有水喝：高绩效管理五步法》，中国经济出版社 2004 年版，第 55 ~ 56 页。

2. 目标执行阶段

目标执行阶段是目标执行者凭借自我控制，独立自主地执行目标计划、完成工作目标的过程。在这个过程中，管理者需要适当授权，除了必要的绩效汇报、绩效辅导之外，员工主要靠自我管理和自我创造来开展自己的工作。当然，这并不意味着管理者不再需要过问员工的目标执行情况，相反，管理者需要与员工保持不断的绩效沟通，随时了解目标的执行情况，为员工提供必要的支持和帮助，并在条件发生变化时与员工共同对目标进行修正。在整个目标执行过程中，由于员工的个人目标和各级管理人员的策略目标都是以组织战略目标为依据的，当员工的个人目标和各级管理人员的策略目标实现时，组织目标就能得以实现。

3. 目标评价与奖惩阶段

目标评价与奖惩阶段是在目标实施过程结束后，评价主体将目标执行者所取得的工作成就与原先确定的标准进行比较，确定目标执行者的绩效水平，并以此为依据对组织成员进行适当的奖励或惩罚的过程。在这个阶段需要完成目标结果评价、反馈总结和奖惩三项任务。目标结果的评价通常首先由目标执行者进行自我评价，然后提交直接主管评价，而对执行者和直接主管无法达成一致的内容，则需要由评价仲裁人员来协助完成。在这个过程中，以目标执行者的自评为主，直接主管的评价次之，仲裁人员考评为辅，这突出反映了目标管理自我管理、自我激励的理念。反馈总结是指管理者和员工双方分别对自己在目标管理过程中的经验和教训进行总结和反思，制订下一步的改进计划，并在平等的基础上进行沟通、交换意见，然后就下一个目标管理循环中的授权、协作、指导和协调等事宜达成一致。这样做一方面可以帮助员工了解自己的优点和不足，为下一步的改进提高奠定基础；另一方面可以帮助管理者改善目标管理技能，提高管理水平。奖惩主要是根据绩效评价结果来进行，包括对员工薪酬、职务等进行调整，满足员工对物质、职业发展等方面的需求。

4.1.4 目标管理的优势与不足

目标管理作为一种系统性的管理方法，已经在营利性和非营利性组织中被大量采用，并且确实产生了积极的结果。正如德鲁克所言，目标管理既是对目标进行管理，也是依据目标进行管理。因此，进行目标管理不仅可以保障目标的实现和绩效的提升，还可以带来员工能力提升、促使员工态度转变、增强组织沟通以及提高士气等作用。但是，目标管理方法也并非完美无瑕，在具体实施中也有一些缺陷。因此，必须客观地分析目标管理的优势和不足，扬长避短，才能收到实效。

1. 目标管理的优势

（1）明确了各自的工作目标和任务。目标管理使组织各级主管及成员都明确了组织的总目标、组织的结构体系、组织的分工与合作以及各自的工作目标和任务，同时又赋予他们相应的权限、责任。有了明确的目标和清晰的权、责、利关系，部门和员工就有了一致的努力方向。为了实现这些目标和任务，大家必然会努力工作，想方设法地促使目标和任务的完成，一改以往按领导安排开展工作的被动局面，因此工作效率会有很大提高，员工也受到很大的激励。

（2）促进组织沟通，改善了组织内部的人际关系。通过实施目标管理，可以增强员工之间、组织领导之间以及领导与员工之间的相互沟通，培育了组织的团队意识，减少了相互猜疑和相互间的不信任，大大改善了组织内部的人际关系，为组织目标的实现和任务的完成创造了良好的人际氛围。

（3）激发员工的潜能，提高员工士气。目标一般具有前瞻性，能否实现目标本身也是对员工工作能力的一种考验。如果激励措施得力，完成目标对员工也就具有诱惑力，可以将员工的潜力调动起来，鼓舞员工的士气。因为当目标成为组织的每个层次、每个部门和每个成员自己未来一定时期内想达成的结果，且实现的可能性相当大时，目标就成为组织成员的内在激励，特别当这种结果实现，组织还有相应的报酬时，目标的激励效用就更大。

（4）消除部门的本位主义，扫除集权控制。目标管理的实施，要求组织内各部门必须紧密围绕组织目标的实现来开展工作，而不是各自为政、追求部门利益的最大化。当部门目标与组织目标发生冲突时，部门必须无条件地服从组织目标的要求，有时甚至要牺牲部门的利益，因此目标管理加强了部门之间的合作，对本位主义是一种冲击。

（5）使绩效评价具体可行。传统的管理方式对于部门及人员的评价主要采用主观的评价方法，多是按照员工的个性或其工作习惯来评价员工。在这种评价方式下，员工的个人努力程度很难表现出来，也容易造成员工的不满。而目标管理方法允许员工参与目标的制定和成果的鉴定，因此，可以通过目标的实际完成情况与目标计划之间的比较来鉴定员工的绩效，从而保障绩效评价的客观性。

2. 目标管理的不足

（1）目标管理的哲学假设不一定普遍存在。目标管理理论是建立在“Y 理论”的人性假设基础上的，而“Y 理论”对于人类的动机做了过分乐观的假设，实际上人是有“机会主义本性”的，尤其在监督不力的情况下。在多数情况下，目标管理所要求的承诺、自觉、自治气氛难以形成。因此，对组织内员工的素质、知识和能力提出了更高的要求。

（2）目标难以确定。目标管理的目标必须是可分解、可考核的，但是由于组织面临的内外环境随时可能发生变化，这就使得真正用来考核的目标很难确定，尤其是一些具有“弹性”的目标，如果目标设定过高，势必打击员工的工作积极性，目标设定过低，又失去了目标管理的本意。现代组织实际上是一个产出联合体，它的产出是一个联合的不易分解出谁的贡献大小的产出，在这种合作体中，许多部门或团队工作在技术上不可分解，目标的可度量性本身就较小，所以有时候组织的目标只能是定性的表述，而无法量化。另外，即使目标可以量化，也由于目标商定过程中上下沟通、统一思想是很费时间的，每个单位、每个个人都关注自身目标的完成，很可能忽略了相互协作和组织目标的实现，滋长本位主义、短期取向和急功近利倾向，可能会造成管理成本的大幅上升。

（3）重结果，轻过程。目标管理是以结果为导向的，缺少对执行过程的监督管理，就使得很多员工在工作过程中为追求结果而采取不正当途径达到目标的现象出现。尽管目标管理使员工的注意力集中在目标上，但它没有具体指出达到目标所要求的行为，造成对员工缺乏必要的“行为指导”，这对一些员工，尤其是那些需要更多指导的新员工来说，是一个比较严重的问题。

（4）强调短期效应。目标管理方法的时效性很强，所设定的目标时限一般都很短，目标管理中的大多数目标都是一些短期目标，比如以季度和月度目标为主，很少有超过一年的目标，这就导致了一些短期效应的出现，不利于组织长期目标的达成。事实上，短期目标比较具体，易于分解，而长期目标比较抽象，难以分解；另一方面短期目标易迅速见效，长期目标则不然。这使得组织似乎常常强调短期目标的实现而对长期目标关心不够。这种只重视短期效应的做法如果深入组织的各个方面和成员的脑海，将对组织的未来发展带来严重的负面影响。

（5）无法权变。在目标管理过程中，所形成的目标体系内部之间往往具有很强的关联性，环环相扣，难以局部修正。比如组织总目标分解成一系列目标落实到每个层次、每个部门和每个成员，如果在目标执行中进行改变，会导致整个组织混乱，这使得目标管理在实践中无法根据环境的变化灵活做出及时调整。

【管理拾穗 4－1】 绩效管理“工具箱”

为了管理好自身和团队的绩效，管理者需要一个装备有多种技能和技巧的“工具箱”——这些工具相互配合，从而帮助个人、团队和组织走向卓越。

但是，就像一个能工巧匠，对每一件管理工具，你需要懂得何时运用以及如何运用。

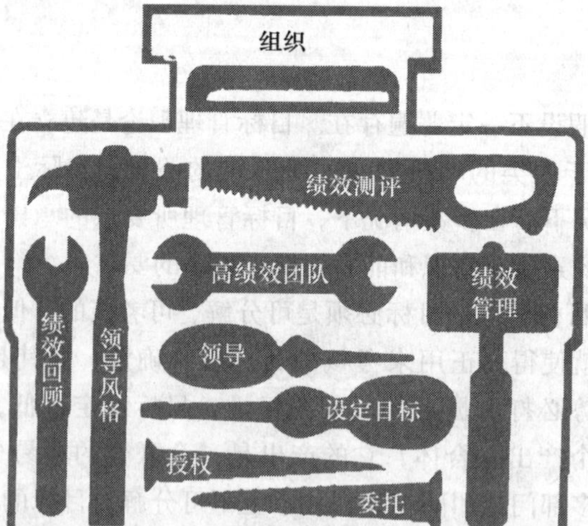

资料来源：［英］琼斯（Jones. P.）著，李洪余等译，《绩效管理》，上海交通大学出版社 2003 年版，第 9 页。

4.2 标杆管理

4.2.1 什么是标杆管理

标杆管理（benchmarking），又叫基准管理，起源于20世纪70年代末80年代初。首先开辟标杆管理先河的是施乐（Xerox）公司，后经美国生产力与质量中心系统化和规范化。1976年以后，一直保持着世界复印机市场实际垄断地位的施乐公司遇到了来自国内外，特别是日本竞争者的全方位挑战：佳能、NEC等公司以施乐的成本价销售产品且能够获利，并且产品开发周期比施乐短50%。一时间施乐公司的市场份额从82%下降至35%。施乐公司面对竞争者的威胁，开始向日本企业学习，开展了广泛而深入的标杆管理。施乐公司通过对比分析、寻找差距、调整战略、改变策略、重组流程，取得了非常好的成效，把失去的市场份额重新夺了回来。成功之后，施乐公司开始大规模地推广标杆管理，并选择了14个经营同类产品的公司逐一考察，找出了问题的症结并采取措施。随后，摩托罗拉、IBM、杜邦、通用等公司纷纷效仿，实施标杆管理，在全球范围内寻找业内经营实践最好的公司进行标杆比较和超越，成功的获取了竞争优势。

施乐公司曾把标杆管理定义为一个将产品、服务、实践与最强大的竞争对手或者行业领导者相比较的持续流程。而美国生产力与质量中心则把标杆管理定义为：一个系统的、持续性的评估过程，通过不断地将企业流程与世界上居领先地位的企业相比较，获得帮助企业改善经营绩效的信息。事实上，标杆管理不仅是一个获取信息和评估过程，而且涉及规划和组织实施过程。综合上述观点，我们可以标杆管理概括为不断寻找和研究同行一流公司的最佳实践，并以此为基准与本企业进行比较、分析、判断，从而使自己企业得到不断改进，进入或赶超一流公司，创造优秀业绩的良性循环过程。

标杆管理实际上是一个模仿创新的过程，其核心是向业内或业外的最优秀的企业学习。古人云：以铜为镜，可正衣冠；以史为镜，可知兴替；以人为镜，可明得失。对于一个组织而言，以同行业的领先组织为“镜”，则可以发现自己的不足，找到改进的方向和明确的追赶目标，进而改善自己的实践。

4.2.2 标杆管理的作用

标杆管理方法体现了现代知识管理中追求竞争优势的本质特性，对于组织认清自我、找出差距，提升组织竞争优势，促进组织持续成长与发展具有重要的作用，具体表现在以下几个方面。

（1）标杆管理使组织认清自我，找到差距，从而改进和提高了组织绩效。标杆管理不是简单地抄袭其他组织的做法，而是一个甄别最佳实践，对其进行调整并实行，以提高组织整体绩效的过程。标杆管理更能从系统的角度出发，对组织整体绩效的改进加以评判，避免出现片面的增长影响整体绩效的情况。通过实施标杆管理，一方面可以使一个组织能够对自身的发展状况有个清醒的认识，知道自身的发展程度、优势与劣势以及在同行业中的位置，从而制定出正确的短期乃至长期的发展规划，避免在发展的道路上走错方向。另一方面，可以帮助组织辨识行业内外最佳组织的绩效及其实践途径，找到自身与最佳实践之间存在的差距和造成差距的原因，并据此引进最佳实践，设定目标，制定相应的绩效评价标准，并对其绩效进行评价，以此改进和提高组织绩效，缩小与最佳实践者之间的差距。

（2）标杆管理能够采纳各种已被实践证实的正确做法和措施，从而有效地节约了资源。当今社会，每个组织本身或多或少的都会存在一些问题，而这些问题又不乏有共性。当我们需要解决此类问题时，可以通过引进其他组织所采用的且已经被实践证明的正确的方法和措施，迅速高效的解决问题。而如果闭门造车，对外部形势知之甚少，即使最终取得创新成果，也有可能是在同类优秀组织中早已存在或出现过的成果，既浪费了人力、物力，又未能产生预期的效益。由此可见，通过向标杆组织学习，采用已经被实践所证明的正确的最佳做法和措施，不仅提高了实现组织目标和完成组织任务的工作进度，又节约了大量组织资源。

（3）标杆管理有助于组织建立学习型组织。标杆管理是一种辨识最佳组织实践并进行学习的过程。在当今知识经济时代，组织的学习能力对于其成长与发展至关重要，如何把自己转变为学习型组织是每一个现代组织必须面对的挑战和任务。学习型组织是一个能熟练地创造、获取和传递知识的组织，同时也要善于修正自身的行为，以适应新的知识和见解。学习型组织强调要跳出组织内部的狭隘圈子，到外界学习新事物，将新观念带进组织并促进组织的变革。这与标杆管理的观念不谋而合，所以标杆管理对推动组织向学习型组织转变发挥着重要作用。同时，标杆管理所提倡的持续不断的改善的观点，可以促使组织不断地学习外界先进的管理方法和理念，更进一步促进组织的蜕变。

（4）标杆管理有助于组织战略定位，塑造组织核心竞争力，促进组织长远发展。组织的战略定位需要根据充分的信息资讯做好竞争分析，弄清竞争情势，而标杆管理本身就是一种收集资料的过程，不论是世界巨头的还是竞争者的资料，都是标杆管理数据库的重要组成部分。透过标杆管理，组织可以更明了自己在市场竞争中所处的地位，明确自己的战略定位。标杆管理还有助于组织核心竞争力的塑造，通过标杆管理，组织不仅可以知道优秀的组织为顾客创造怎样的卓越价值，而且可以明确这些价值是如何被提供的。优秀组织的这些最佳实践经过消化、吸收，成功地应用到自己的组织内，就可开发出一套卓越的做法与技术，从而使自己的核心竞争力得以提升，促进组织的长远发展。

4.2.3 标杆管理的分类

标杆管理从适用组织类型的范围和内在的结构方式上，可以划分为内部标杆管理、竞争标杆管理、职能标杆管理、操作性标杆管理、战略性标杆管理等几大类。每个组织应该根据自身的特点和组织类型，选择适合自己发展需要的标杆对象和标杆目标。

1. 内部标杆管理

内部标杆管理是以组织内部操作为基准的标杆管理，是最为简单易行的标杆管理方式之一。内部标杆管理通过辨识内部绩效标杆的标准，确立内部标杆管理的主要目标，一方面可以做到组织内信息共享，另一方面可以辨识组织内部最佳职能或流程及其实践，然后推广到组织的其他部门。不过，单独执行内部标杆管理的组织往往持有内向视野，容易产生封闭思维。因此，在实践中，内部标杆管理应该与外部标杆管理结合起来使用。

2. 竞争标杆管理

竞争标杆管理是以竞争对象为基准的标杆管理。竞争标杆管理的目标是与有着相向市场的组织在产品、服务和工作流程等方面的绩效与实践进行比较，直接面对竞争者。这类标杆管理实施起来比较困难，原因在于除了公共领域的信息容易获得外，有关竞争企业的信息，特别是一些内部信息是不易获得的。竞争性标杆管理在实践中又可以分为行业内部的竞争性标杆管理和行业外部的竞争性标杆管理。

3. 职能标杆管理

职能标杆管理是以行业领先者或某些组织的优秀职能操作为基准进行的标杆管理。这类标杆管理的合作者常常能相互分享一些技术与市场信息，标杆的基准是外部企业（但非竞争者）及其职能或业务实践。由于没有直接的竞争者，因此合作者往往比较愿意提供和分享技术与市场信息。不足之处是交易成本费用高，具体操作也有一定的难度。

4. 操作性标杆管理

操作性标杆管理是一种注重组织整体或某个环节的具体运作，找出达到同行最好的运作方法。从内容上可分为流程标杆管理和业务标杆管理。其中，流程标杆管理是从具有类似流程的组织中发掘出最有效的操作程序，使组织通过改进核心过程提高业绩。它适用于不同类型组织，在通常情况下被认为是有效的，但有时在实施过程中也会遇到困难和问题，因此它要求组织对整个工作流程和操作要有非常详细的了解。业务标杆管理是通过比较产品和服务来评估自身的竞争地位，通过对相关市场的标杆定位，熟悉市场路径，抓住业务的各要素组成部分，从而形成业务标杆管理的目标。由于市场信息的不确定性特征所致，实施业务标杆管理应该善于因时而变，因地制宜。业务标杆管理必须以提升市场份额为宗旨，在全面考察市场的基础上，针对竞争对手的市场策略和市场定位，采取有重点的业务标杆管理目标和方法。

5. 战略性标杆管理

战略性标杆管理是在与同行业最好的组织进行比较的基础上，从总体上关注组织如何竞争发展，明确和改进组织战略，提高组织战略运作水平。战略性标杆管理是跨越行业界限寻求绩优组织成功的战略和优胜竞争模式。战略性标杆分析需要收集各个竞争者的财务、市场状况并进行相关分析，提出自己的最佳战略。许多组织通过标杆管理，成功地实现了战略转变。战略性标杆管理主要是依据组织的产品和服务市场来进行战略定位的，因此，战略性标杆管理对组织的要求（包括对组织产品和服务的技术、人力储备和市场的可扩展性的要求）较高，需要组织对自身和未来的定位有很清晰的认识，因为一个不具备可成长空间产品的组织是不具备未来发展空间的。战略性标杆管理依据其要素特征，可以分为产品战略性标杆、技术战略性标杆和市场结构战略性标杆。

表 4－1 列出了不同类型的标杆管理方法之间的差异。由于组织所采用的标杆管理的方法不同，导致标杆瞄准伙伴的合作程度、收集的数据的适用性以及组织可能实现的绩效改进（或突破）的程度也不同。任何一种类型的标杆管理都不是尽善尽美的，不同类型的标杆管理方法都各有利弊。因此，组织在实际选择运用时，应对每一种方法加以综合权衡。

表 4－1　不同类型的标杆管理方法之间的对比

标杆管理的类型	合作程度	信息的相关性	绩效改进程度
内　部	高	高	低
外部竞争对手	低	高	中
外部（行业内）	中	中	高
外部（一般性）	中	低	高
内外部综合	中	中	非常高

资料来源［美］詹姆斯·哈里顿等著，欧阳袖、张海蓉译，《标杆管理：瞄准并超越一流企业》，中信出版社 2003 年版，第 38 页。

4.2.4　标杆管理的实施

标杆管理的规划实施有一套逻辑严密的实施步骤，通常可按照如下步骤进行。

（1）确定标杆管理的主题。标杆管理的主题，可以是组织、行业甚至国家层次最为关心的问题或最关键的竞争力决定因素，如组织成本、组织供应链体系、组织的人力资源管理模式等。主题一般是在对自己状况进行深入细致研究的基础上确定的。所选择的标杆管理主题要能够带动或促进组织竞争力或工作效率的提高。

（2）确定标杆管理的对象和内容。标杆管理对象应当是在同部门、同组织或同行业中业绩最佳、效率最高的少数有代表性的对象。标杆管理的内容应当是决定标杆管理对象主要表现业绩的作业流程、管理实践或关键要素。

（3）组成工作小组，确定工作计划。组建的工作小组要担当发起和管理整个标杆管理流程的责任，其组成人员通常由相关领域的专业人士组成。在许多大型组织当中，该小组通常扩建为一个独立的部门，从而能够更有效地为所有的标杆瞄准活动提供平台支持。标杆管理的工作计划主要包括：明确标杆管理的目标；通过对组织的衡量评估确定标杆项目；选择标杆伙伴；制定数据收集计划，如设置调查问卷，安排参观访问，充分了解标杆伙伴并及时沟通；开发测评方案，为标杆管理项目赋值，以便于衡量比较等。

（4）资料收集和调查。首先收集与相关主题、相关调查对象和调查内容有关的已有的研究报告、调查报告或相关信息，在研究这些已有资料的基础上，拟定实地调查提纲和调查问卷。在实地调查之前，要对调查问卷和实地调查方法在内部进行检验，确定调查问卷和方法的有效性。在实地调查过程中，需要重点关注标杆对象形成差异的环节和方面。

（5）分析比较，找出差距，确定最佳做法。在对调查所取得的资料进行分类、整理、分析的基础上，对组织和标杆对象进行比较研究，确定出各个调查对象所存在的差异，明确差距形成的原因和过程，并确定出最佳做法。

（6）明确改进方向，制定实施方案。在明确最佳做法的基础上，找出弥补自己和最佳实践之间差距的具体途径或改进机会，设计具体的实施方案，并进行实施方案的经济效益分析。实施方案要明确实施重点和难点，预测可能出现的困难和偏差，确定对实施情况的检查和考核标准。

（7）沟通与完善方案。利用各种途径，将拟订的方案、所要达到的目标前景同全体成员进行反复交流与沟通，征询意见，争取全体成员的理解和支持，并根据成员建议，修正和完善方案，以统一成员思想，使全体成员在方案实施过程中目标和行动一致。

（8）实施与监督。将方案付诸实施，并将实施情况不断和最佳做法进行比较，监督偏差的出现并采取有效的校正措施，努力达到最佳实践水平，努力超过标杆对象。

（9）总结经验。在完成了首次标杆管理活动之后，必须对实施效果进行合理的评判，并及时总结经验，对新的情况、新的发现进行进一步的分析。

（10）再标杆。针对环境的新变化或新的管理需求，持续进行标杆管理活动，确保对“最佳实践”的“跟踪”。

4.2.5　实施标杆管理活动需注意的事项

如果我们仅仅指出实施标杆管理活动可以为组织带来多少好处，而不会出现任何问题，这显然是自欺欺人。事实上，任何组织在推行标杆管理活动时都应清晰地知道在实际实施过程中可能存在许多“陷阱”，这些“陷阱”导致我们推行的标杆管理“形似神不似”。这些陷阱主要有以下五类。

（1）标杆主体选择缺陷。作为标杆的组织，应在某一方面做得尤为出色，并因此形成竞争优势且实现持续增长。许多组织最初都会在本产业内寻找比较目标，这一做法在某些情况下非常有效，但在多数情况下，理想的比较目标应是完全不同产业的组织，因为同一产业的组织除了信息难以获取外，也倾向于以同样的方式来做同样的工作，这样，产业内容容易出现“近亲繁殖”问题。因此，寻找产业外的组织作为比较对象，通常可以得到更新、更实用的信息。

（2）标杆瞄准的缺陷。标杆瞄准是指系统地界定优秀的经营机制和制度，优秀的运作流程与程序以及卓越的经营管理实践的活动。在锁定标杆时，一个不可忽视的问题是，最佳实践往往隐藏在员工头脑、组织制度、组织机构甚至组织文化中，组织应重视这些因素的作用和影响，采取相应的措施挖掘隐性知识，并与自身的实际相结合。只有这样，实施标杆管理才可能取得成功。

（3）标杆瞄准执行成员选择的缺陷。参与标杆管理的团队成员应包括实际操作的人员，即业务流程的最直接参与者，因为他们最清楚组织的业务流程自始至终是怎样运作的，最清楚业务流程需要改进的地方。没有这些人的参与，以改进流程为目的的任何措施都不会成功。

（4）过程调整的缺陷。对最佳实践的学习是一个渐进的过程，并不是一蹴而就的，需要谋求从高层领导到基层员工的各种支持，要向员工说明“怎样”和“为什么这样”工作，而且需要花费几个月的时间制定一整套关于招聘、培训和衡量客户反馈的合理的方法

（5）忽视创新性的缺陷。许多组织将标杆管理视为获取竞争优势的关键性工具，因为当前组织竞争的主题是创新速度，是如何确保自身的创新速度超过竞争对手，而标杆管理恰恰围绕这个主题。在我国，有些组织在学习、运用标杆管理过程中往往忽视这一点。一些组织不顾实际，盲目攀高，只求形式，不求本质，把标杆管理简单地当成一种时髦的组织运动。有的组织甚至把摆脱经营困境寄托于某种成功模式，忽视情境对最佳实践的影响。

标杆管理是真正意义上的“拿来主义”，组织实施标杆管理，必须抓住学习创新的关键环节，以适应组织自身特点并促进组织战略目标实现为原则，既有组织，又有创新，才能真正发挥标杆管理的重要作用。那些曲解标杆管理思想实质，只模仿不创新的错误做法，不仅与标杆管理的初衷背道而驰，而且不能从根本上提升组织的核心竞争力，只会使组织不可避免地陷入经营战略日益趋同的误区。

【阅读案例 4-1】 OEC——海尔的标杆管理

OEC（Overall Every Control and Clear）管理法是海尔依据自身特色对5S*和ISO9000的概念延伸，管理界称其为“海尔之剑”。OEC管理的意思是指每天对每人每件事进行全方位的控制和清理，即所谓的“日事日毕、日清日高”（每天的工作每天完成，每一天要比前一天提高1%）。OEC管理强调复杂的问题简单化，简单的事情重复做；对问题坚持“三不放过”，即找不出责任人不放过、找不出问题发生原因不放过、找不出问题的解决措施不放过；一切以效果为导，拒绝任何理由和借口。

海尔的OEC管理不但以自身的先进管理为我国企业树立了学习标杆，而且提供了防止标杆管理中战略趋同的创新理念。这套管理系统学习先进企业基本管理理念，以海尔文化和“日清日高”为基础，以订单信息为中心，带动物流和资金流运行，它激励员工创造并完成有价值的订单，使员工人人对用户负责，实现了企业管理的新飞跃。并且在学习标杆战略的基础上，突出其企业自身优势，利用海尔的文化创出本土化的世界名牌。

在学习标杆技术的基础上，海尔进行自身技术创新。海尔以技术创新为本企业实力的坚强后盾，在策略上，着眼于利用全球科技资源，除在国内建立有独立经营能力的高科技开发公司外，还在国外建立了海外开发设计分部，并与一些世界著名公司建立了技术联盟。

注*：5S是指整理（SEIRI）、整顿（SEITON）、清扫（SEISO）、清洁（SEIKETSU）、素养（SHITSUKE），是日本企业提出的一种现代工厂行之有效的现场管理理念和方法，后增加了安全（SAFETY），演化为6S。

资料来源：根据 http://www.haier.cn 及 http://baike.baidu.com 资料整理。

4.3 关键绩效指标

4.3.1 关键绩效指标的基本内涵

1. 关键绩效指标的涵义

关键绩效指标（Key Performance Indicators，KPI）是对组织及其运作过程中关键成功要素的提炼和归纳，是衡量组织战略实施效果的关键指标，它是组织战略目标经过层层分解产生的可操作性的指标体系，是组织绩效管理的基础。关键绩效指标的目的是建立一种机制，将组织战略转化为内部过程和活动，不断增强组织的核心竞争力，使组织能够得到持续的发展。

KPI的内涵包括：① KPI是衡量组织战略实施效果的关键指标。KPI一方面是战略导向的，另一方面又强调关键性，即对组织成功具有重要影响的方面；②KPI体现的是对组织战略目标有增值作用的绩效指标。KPI是连接个人绩效和组织战略目标的一个桥梁，因此基于KPI的绩效管理，就可以保证员工的努力方向与组织战略目标方向的一致性，使真正对组织有贡献的行为受到鼓励（如图4－2所示）；③KPI反映的是最能有效影响组织价值创造的关键驱动因素。KPI制定的主要目的明确引导管理者把精力集中在能对绩效产生最大驱动力的经营行为上，及时了解、判断组织运营过程中产生的问题，采取提高绩效水平的改进措施；④ KPI是用于评价和管理员工绩效的可量化的或可行为化的标准体系。KPI是一个标准体系，它必须是定量化的，如果难以定量化，那么也必须是可行为化的，如果定量化和行为化这两个特征都无法满足，那么就不是符合要求的关键绩效指标。

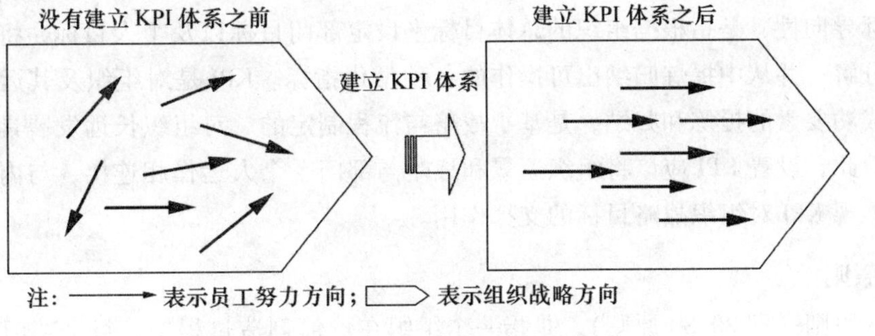

图4－2 个人目标与组织战略目标的一致

2. 关键绩效指标的特点

（1）KPI是对组织战略目标的分解。组织战略目标的实现，需要制定出组织的业务重点，即组织未来成功的关键领域。而要使这些关键业务领域取得成功，就需要相应的 KPI 的支持，这就初步形成了组织级的 KPI，再将这些指标分解落实，就形成了部门的 KPI 和岗位的 KPI。由此可见，KPI 所体现的衡量内容最终取决于组织的战略目标，KPI 是对组织战略目标的分解。

（2）KPI 是对绩效构成中可控部分的衡量。组织经营活动的效果是内因、外因综合作用的结果，其中内因是各岗位员工可控的部分，也是 KPI 所衡量的部分。KPI 应尽量反映员工工作的直接可控效果，剔除他人或环境造成的其他方面的影响。例如，企业中的销售量与市场份额都是衡量销售部门市场开发能力的指标，而销售量是市场总规模与市场份额相乘的结果，其中市场总规模则是不可控变量。在这种情况下，两者相比，市场份额更能体现岗位绩效的核心内容，更适于作为 KPI。

（3）KPI 是对重点经营活动的衡量。组织中的每个岗位的工作内容都涉及不同的方面，高层管理人员的工作任务更复杂，但 KPI 只对其中对组织整体战略目标影响较大、对战略目标实现起到不可或缺作用的工作进行衡量，而不是对所有操作过程的衡量。

（4）KPI 是组织上下级共同参与完成的指标体系。KPI 不是由上级强行确定的，也不是由本职岗位自行制定的，而是由上级与员工共同参与完成的，是双方所达成的一致意见。KPI 不是以上压下的工具，而是组织中相关人员对岗位工作绩效要求的共同认识。通过在 KPI 上达成的承诺，上级和员工之间就可以进行工作期望、工作表现和未来发展等方面的沟通。由此可见，KPI 是进行绩效沟通的基石，是组织关于绩效沟通的共同“辞典”。有了这样一本“辞典”，上下级在沟通时就可以找到共同语言。

4.3.2 KPI 的确定原则

确定关键绩效指标应坚持以下原则。

1. 目标导向原则

所谓目标导向性，是指根据组织的总体目标来设定部门目标以及个人目标，将组织的总体战略目标逐层分解，并从中提炼归纳出可操作的各种量化指标。KPI 是对组织及其运作过程中实现战略的关键成功要素的提炼和归纳，是基于战略与流程制定的、对组织长远发展具有战略意义的指标体系。因此，设置 KPI 应该将组织远景和战略与部门、个人运作相连接，与内外客户的价值相连接，以体现 KPI 对组织战略目标的支撑作用。

2. 二八原则

所谓二八原则（即 20/80 原则），是指一个组织在价值创造过程中，每个部门和每一个员工的 80% 的工作任务是由 20% 的关键行为完成的，抓住 20% 的关键，就抓住了主体。绩效评价指标并不是越多越好，因为绩效管理是有成本的，指标越多，组织投入绩效管理的成本相应也越高。因此，KPI 必须有数量限制，一般最多不要超过 10 个。二八原则这种集中测量“少而精”的关键行为的方法，精简了不必要的绩效管理机构和管理流程，缓解了绩效管理的复杂性与绩效管理资源的稀缺性之间的矛盾，以有限的管理资源实现了最大化的绩效管理效益。

3. SMART 原则

SMART 原则是指确定 KPI 应符合明确具体的（Specific）、可衡量的（Measurable）、可达到的（Attainable）、现实的（Realistic）、有时限的（Time-bound）五项标准。所谓“具体的”，是指 KPI 要切中特定的工作目标，不是模糊笼统的，而是应该适度细化，并且随情境变化而发生变化。每项关键绩效指标的内涵和外延都应界定清楚，避免产生歧义；所谓“可衡量的”，就是指绩效指标或者是数量化的，或者是行为化的，验证此绩效指标的数据或信息是可以获得的；所谓“可达到的”，是指绩效指标在付出努力的情况下可以实现，避免设立过高或过低的目标；所谓“现实的”，指的是绩效指标是实实在在的，可以证明和观察得到的，并非假设的；所谓“有时限的”，是指在绩效指标中要使用一定的时间单位，即设定完成此绩效指标的期限，这也是对效率的表现。

4. 执行原则

再好的战略都需要强有力的执行来支撑，同样地，再完善的 KPI 指标体系，都需要各级领导及员工认真的贯彻执行。组织应该形成强有力的执行文化，不断消除在实施 KPI 评价过程中的各种困难和障碍，使 KPI 真正成为推动组织管理创新和提升组织整体绩效水平的有效手段。

5. 客户导向原则

客户导向是指组织的各项工作都是以客户为中心，把满足客户需求作为一切工作的目标和方向。客户利益至上是市场经济条件下组织赖以生存的基础，“如何为客户创造价值”是组织的首要任务。坚持客户导向是组织对外界变化的一种反应，组织应把这种反应和客户目标转化为关键绩效指标，以体现组织的市场标准和最终成果责任。

【管理拾穗 4－2】　如何找出大厦表面受腐蚀的 KPI

美国首都华盛顿广场的杰弗逊纪念大厦历时已久，建筑物表面出现斑驳，后来竟然裂纹，采取若干措施、耗费巨大仍无法遏止。政府非常担忧，派专家们调查原因。研究结果表明：是冲洗墙壁所含的清洁剂对建筑物有酸蚀作用，而该大厦的墙壁每日被冲洗，受酸蚀损害严重。但是：

——为什么要每天冲洗呢？因为大厦每天被大量鸟粪弄脏。

——为什么这栋大楼有那么多鸟粪？因为大厦周围聚集了特别多的燕子。

——为什么燕子专喜欢聚在这里呢？因为建筑物上有燕子最喜欢吃的蜘蛛。

——为什么这里的蜘蛛多？因为墙上有蜘蛛最喜欢的飞虫。

——为什么这里飞虫多？因为飞虫在这里繁殖的特别快。

——为什么？因为这里的尘埃最适宜飞虫繁殖。

——为什么？尘埃本无特别，只是配合了从窗户照射进来的充足阳光，形成了特别刺激飞虫兴旺的繁殖温床。

结论及其对策是：拉上窗帘！

上面的故事告诉我们，如果只是就事论事，抓不住问题的症结所在，而只会天天重复冲洗墙面，直到大厦斑驳、剥落，出现裂纹，甚至坍塌。在选择和确定评价组织绩效的指标时，应在“系统思考”中探问：哪些才是“拉上窗帘，一了百了”的关键绩效及杠杆解呢？

资料来源：吴士宏著，《逆风飞扬——微软、IBM 和我》，光明日报出版社 1999 版。

4.3.3 确定 KPI 的方法

1. 选择 KPI 的途径与标准

选择 KPI 的途径，可以从以下三个方面获取。

（1）组织的战略目标。首先根据组织的总体战略目标制定出部门的工作目标，再将部门的工作目标分解到每个岗位，与之相对应的 KPI 也是由组织层面的 KPI 分解为各部门级的 KPI，部门级的 KPI 进一步分解为各个岗位的 KPI。

（2）工作说明书。根据工作说明书，可以容易找到各个岗位的关键绩效指标。工作说明书中的岗位职责、工作内容、绩效标准等可为提取 KPI 提供依据。

（3）平衡计分卡。平衡计分卡作为一种战略性绩效管理工具，主要以四个维度来提取 KPI 指标。这四个维度分别是财务类指标、客户类指标、内部运营类指标和学习发展类指标。关于平衡计分卡的内容，下文将会做详细介绍。

KPI 的选择总体上应体现“少而精”，在选择过程中要尽可能量化、过程化、细化所选择的指标。能够量化的指标首先应该尽可能量化；不能量化的指标，应将其工作内容过程化，并对工作过程进行控制考核；不能量化也不能过程化的指标，应对其进行细化，直到不能再细化为止。

在实践中，对于选择 KPI 的标准，可以通过对以下问题的回答做出一个衡量，如果回答的是“否”，那么就不应该将其列为 KPI 指标，这些问题如下：

- 能选取的指标是否可以理解？
- 选取的指标是否会被误解？
- 选取的指标是否可以控制？
- 选取的指标是否可实施？
- 员工是否明白采取何种措施和行动才能达到所选指标的标准？
- 选取的指标是否可信？
- 选取的指标是否有稳定的数据来源且真实，数据是否可以被操纵？
- 选取的指标是否可量化？

- 选取的指标有无可信的衡量标准?
- 选取的指标是否与组织战略和部门目标相一致?
- 选取的指标是否与整体绩效指标相一致?
- 选取的指标是否与上、下层的指标相联系?

2. 确定 KPI 的方法

(1) 头脑风暴法。头脑风暴法(brain-storming)是由美国创造学家奥斯本 1939 年首次提出的一种激发性思维方法。采用头脑风暴法组织群体决策时,要集中有关专家召开专题会议,主持者以明确的方式向所有参与者阐明问题,说明会议的规则,尽力创造融洽轻松的会议气氛。主持者一般不发表意见,以免影响会议的自由气氛。参与会议的有关专家完全放开思维,随心所欲地发表自己的看法。在这一过程中,鼓励一切思维,包括看起来不可能的想法,而且暂时不允许对任何想法做出评论和批评。头脑风暴法一般遵守庭外判决、自由鸣放、追求数量和取长补短的原则。

采用头脑风暴法确定 KPI,能反映来自多方面的想法和意见,适合针对某些具体问题提出具有针对性的关键指标。但该方法实施的成本(时间、费用等)很高,且对参与者的素质要求也比较高。

(2) 鱼骨图分析法。鱼骨图(cause & effect/fishbone diagram),也叫石川图,最早是日本人石川馨发明的一种解决质量问题的方法。鱼骨图分析法是一种透过现象看本质的分析方法。这种方法是用鱼刺图形的形式分析特定问题或状况以及它产生的可能性原因,并把它们按照一定的逻辑层次表示出来的一种管理工具。

原先运用鱼骨图的步骤如下:

- 确定一个讨论主题(结果);
- 用头脑风暴法讨论造成问题原因的主要种类;
- 在挂纸或白板的正中写下问题,在问题周围画框,然后画一个水平的箭头指向它。在主箭头的旁边画上分支,表示原因的分类;
- 用头脑风暴法找出所有可能的原因。问"为什么会这样",有了答案后就在对应的原因分支上记下来。如果有多重关系,子原因可以写在几个地方;
- 再对子原因问"为什么会这样",再在子原因的分支下记下它的子原因。继续问"为什么",以找出更深层次的原因。分支的层次表示原因的关系;
- 当找出了所有原因后,集中讨论原因较少的部分。

鱼骨图的精髓在于利用头脑风暴法充分发挥集体的智慧,通过逻辑性很强的"剥洋葱"式的方法逐步找出分析主题的关键因素,是一种找出问题"根本原因"的方法。

比如,某企业的战略目标是"在同行业处于领先地位",用鱼骨图的形式表示如图 4-3 所示。

(3) 关键成功因素法。关键成功因素法(Critical Success Factors, CSF)是由哈佛大学教授威

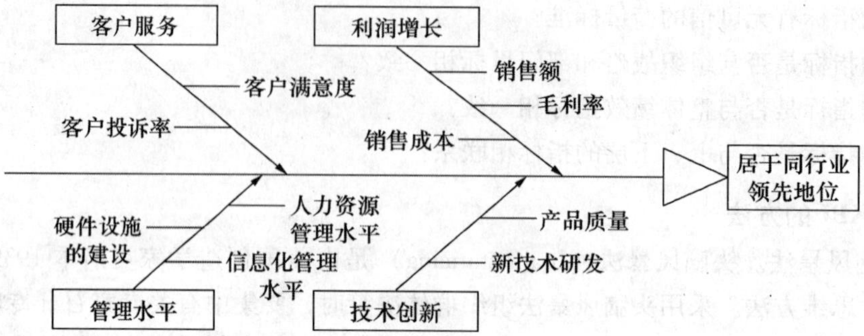

图4-3 战略目标及KPI鱼骨图

廉·泽尼（William Zani）在1970年提出的以关键因素为依据来确定系统信息需求的一种信息系统总体规划的方法。所谓关键成功因素，就是对组织成功起关键作用的因素。这种方法认为，在现行的信息系统中，总存在着多个变量影响信息系统目标的实现，其中总有若干个因素是关键的和主要的（即成功变量）。通过对关键成功因素的识别，找出实现目标所需的关键信息集合，围绕此因素来确定系统信息需求，就能确定系统开发的优先次序和实现系统总体规划。

运用关键成功因素法建立KPI，其基本思路是首先分析组织获得成功或取得市场领先的关键成功领域（key result areas，KRA），再把这些关键成功领域层层分解为关键绩效要素（key performance factors，KPF）。为了便于对这些关键绩效要素进行量化考核和分析，再将要素细分为各项关键绩效指标（如图4-4所示）。

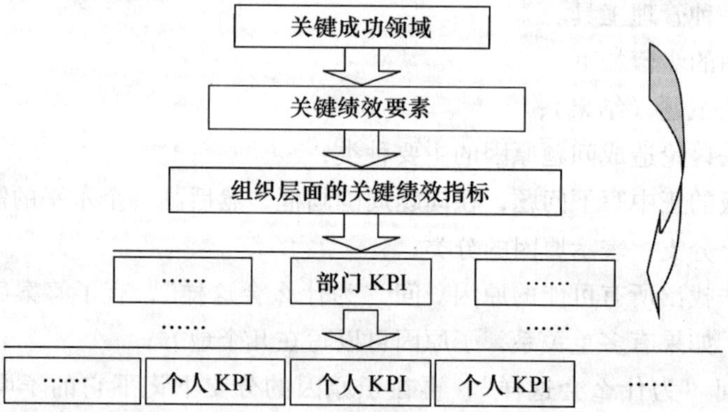

图4-4 关键成功因素法确定KPI的流程

确定关键成功领域，需要明确诸如“企业成功靠的是什么”、“过去的哪些成功因素能使企业未来持续获得成功”、“未来成功的关键因素是什么”等问题。关键绩效要素是对关键成功领域进行的解析和细化，确定关键绩效要素则需要回答诸如“每个关键成功领域包含的内容是什么”、“如何保证在该领域获得成功”、“成功的关键措施和手段是什么”、“成功的标准是什么”等问题。关键绩效指标又是对关键绩效要素的进一步细化，关键绩效指标包括组织层面的KPI、部门级KPI和个人KPI，组织层面的KPI分配或分解到相应的部门，形成部门级KPI；个人KPI是在组织层面的KPI和部门级KPI确定后，对部门级KPI进行分解或承接形成的。

（4）KPI价值树模型。关键绩效指标的确定过程非常强调因果逻辑关系。KPI价值树模型是一个强调因果逻辑关系的分析工具，它从以前的单一“财务价值树”逐步发展成为“财务与非财务结合的价值树”，详尽地反映了价值创造的过程。比如由美国杜邦公司首创，利用几种主要的财务比率之间的关系来综合地分析企业的财务状况的杜邦分析法，就是强调因果逻辑关系的财务价值树。KPI价值树模型如图4-5所示。

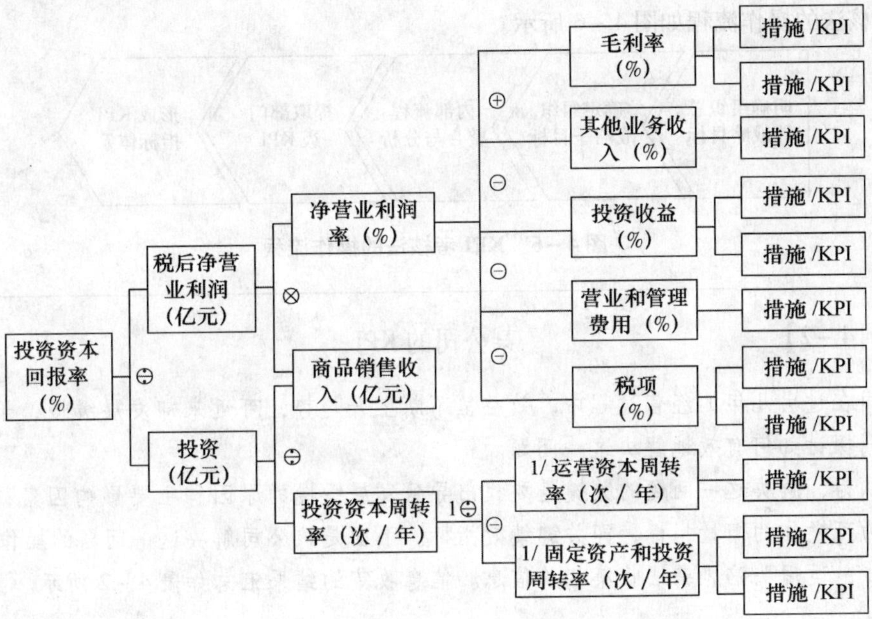

图4-5 KPI价值树模型——因果逻辑关系

4.3.4 KPI考核法的操作流程

KPI考核法的精髓在于它提出组织绩效指标设置必须与组织战略挂钩，其中“关键”的含义是指在某一阶段一个组织在战略上要解决的最主要的问题。KPI考核法的操作流程主要包括以下环节。

（1）明确组织总体战略目标。根据组织战略方向，从财务、客户、内部流程、员工发展等角度分别确定组织的战略重点，并运用KPI的设计方法进行分析，明确组织总体战略目标。

（2）确定组织战略子目标。将组织的总体战略目标按照组织内部的某些主要业务流程分解为几项主要的支持性子目标。

（3）内部流程整合与分析。以内部流程整合为基础的关键绩效指标设计，将使员工明确自己的指标和职责是为哪一个流程服务的，以及对其他部门乃至整个运作会产生什么样的影响。因此，内部流程整合与分析是进行关键绩效指标细化的前提。

（4）部门级 KPI 的提取。通过对组织架构和部门职能的分析，对组织战略子目标进行分解。在分解的同时要注意根据各个部门的职能对分解的指标进行修整补充，并兼顾其与部门分管上级的指标关联度。

（5）形成关键绩效指标体系。根据部门关键绩效指标、业务流程以及各岗位的工作说明书，对部门目标进行分解。根据岗位职责对个人关键指标进行修正、补充，建立组织目标、流程、职能与职位相统一的关键指标体系。

KPI 考核法的操作流程如图 4－6 所示。

图 4－6　KPI 考核法的操作流程

【阅读案例 4－2】　　某公司的 KPI

某公司在过去几年的经营过程中，效益呈不断上升趋势，可近来却发展缓慢，于是公司召开会议共同探讨如何有效地解决这一问题。

会议认为，解决这一问题的关键是要找出导致发展缓慢的原因和主要影响因素，并将这些因素转化为可操作的衡量指标，即关键绩效指标。下面是该公司解决这一问题的操作过程。

第一步：运用头脑风暴法收集相关信息。信息收集的结果汇总如表 4－2 所示。

表 4－2　　运用头脑风暴法的信息收集结果汇总表

人　员	影响企业效益的因素
A	产品质量下降
B	生产技术与同行业领先水平相比，有较大差距
C	售后服务质量差
D	人才资源管理存在诸多问题

第二步：运用鱼骨图分析法寻找主要影响因素。将上述收集到的信息归纳为四个方面的因素，其中每一个因素又包含诸多子因素（如表 4－3 所示）。将这些因素（含子因素）用鱼骨图的形式表现出来，以便制定相应的行动计划（图 4－7 所示）。

第三步：根据主要影响因素找出衡量的关键绩效指标，并制定具体的行动计划。也可将这些达到目标所要采取的相关行动列在具体行动计划的鱼骨分析图中（如图 4－8 所示）。

表 4－3　　四因素分解表一览表

目　标	主要影响因素	各子因素
企业取得良好效益	产品质量	次品率偏高
	生产技术水平	设备更新不及时 先进生产技术引进的力度较小
	售后服务	服务态度较差 部分人员工作技能尚需提高
	人力资源管理	关键人才培养不及时 各部门培训计划工作没有认真落实 绩效考核工作走形式

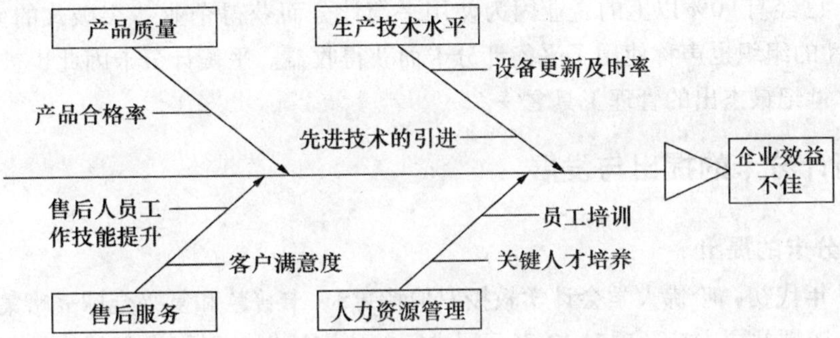

图 4－7　相关因素的鱼骨分析图

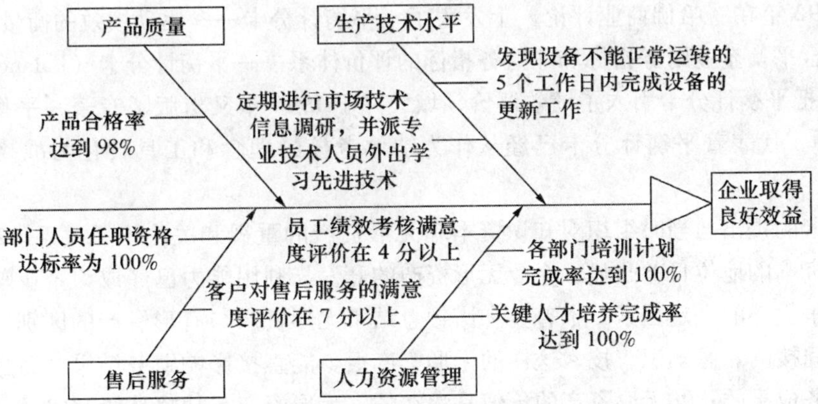

图 4－8　具体行动计划的鱼骨分析图

4.4 平衡计分卡

在20世纪平衡计分卡理论提出之前，欧美国家的大部分企业都在沿袭传统的单一财务指标对组织绩效进行评价。然而随着企业全球化竞争步伐的加快，越来越多的企业高层管理者认识到，即使最好的财务体系也无法涵盖绩效的全部动态特点。人们开始对只依靠财务指标对绩效进行评价的合理性提出质疑，也开始意识到传统的财务性评价存在缺陷。直到20世纪90年代全新的绩效评价体系——平衡计分卡的提出，才从根本上扭转了传统的组织绩效评价体系缺乏全面性、多态性的不足，形成了组织战略目标与组织绩效驱动因素、财务指标与非财务指标相结合的系统的绩效评价体系。目前，平衡计分卡已在全球的管理实践中得到了广泛的应用，据称全球500强企业中，已经有90%以上的企业因为使用平衡计分而获得企业“突破式的变革收益”，同时一些非营利性的组织也声称使用了平衡计分卡而获得收益。平衡计分卡因此也被《哈佛商业评论》评价为20世纪最杰出的管理工具之一。

4.4.1 平衡计分卡的提出与发展

1. 平衡计分卡的提出

20世纪90年代初，哈佛大学会计学教授罗伯特·S·卡普兰和复兴全球战略集团的创始人兼总裁戴维·P·诺顿共同主持一项对12家公司进行的研究计划，以寻求新的绩效评价方法，这项研究的起因是人们越来越相信绩效评价的财务指标对于现代企业组织而言是无效的。经过多次研究和讨论，并在总结了苹果电脑、杜邦等12家大型企业经销管理系统成功经验的基础上，卡普兰和诺顿于1992年在《哈佛商业评论》上发表了《平衡计分卡——驱动绩效的衡量体系》一文，提出了一套综合平衡企业财务指标和非财务指标的评价体系——平衡计分卡（Balanced Scorecard, BSC），第一次把平衡计分卡引入了绩效评价领域，并于1996年又出版了专著《平衡计分卡——化战略为行动》，代表着平衡计分卡已经从作为绩效考核的理念和工具转化为战略管理的重要工具。

平衡计分卡的提出与当时组织对知识资本和无形资产的重视和关注不无关系。20世纪90年代以来，知识资本的地位日益凸显，企业无形资产的开发与利用能力已经成为企业塑造核心能力和创造持续竞争优势的决定因素。卡普兰和诺顿总结了无形资产与有形资产的区别：①无形资产的价值创造是间接的。像知识、技术这样的无形资产很少能直接影响财务结果，而是通过因果关系链来影响财务成果的；②无形资产的价值是潜在的。无形资产与战略环境有关，其价值取决于它与战略的协调程度；③资产是相互配套的。无形资产与有形资产及企业战略协调一致，价值最大化才能被创造出来。在这种背景下，平衡计分卡的出现适应了管理实践的要求，弥补了传统财务评价系统的不足，它有效地反映了无形资产如何转化为企业价值，迫使组织思考战略并描述无形资产将如何影响内部业务流程和客户，从而最终为财务目标做出贡献。

平衡计分卡是以信息为基础，系统考虑组织绩效驱动因素，多维度平衡评价的一种新型的组织绩效评价系统，同时也是一种将组织战略目标与组织绩效驱动因素相结合，动态实施组织战略的战略管理系统。平衡计分卡的基本原理是根据组织战略从财务、客户、内部流程、学习与成长四个角度定义组织绩效目标，每个角度包括战略目标、绩效指标、测量指标以及实现目标所需的行动方案，从而大大改进了以往绩效管理中由于只关注财务指标造成的局限性。平衡计分卡的四个评价维度（财务、客户、内部流程、学习与成长）如图 4－9 所示。

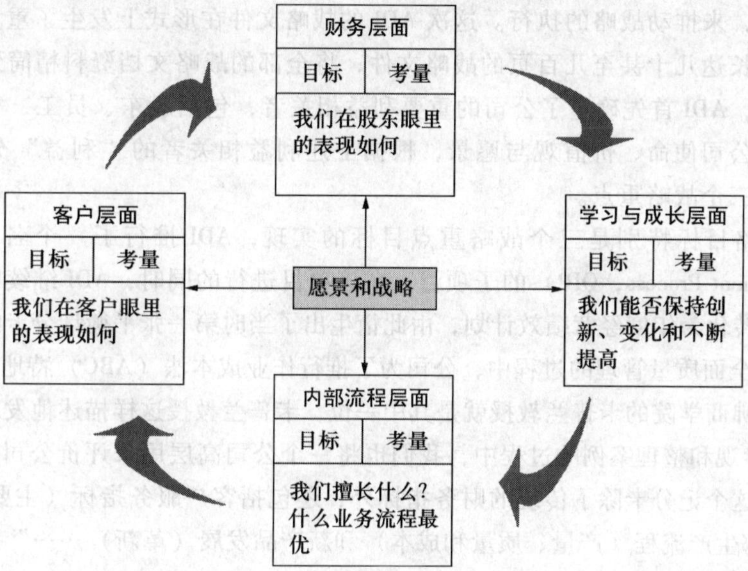

图 4－9　平衡计分卡的四个维度

平衡计分卡作为突破财务指标评价局限性的绩效评价工具被提出后，受到了企业界的广泛关注。早期的平衡计分卡被视为一个高效、清晰、全面的绩效管理工具，但后来人们发现它可以作为新的战略管理体系的基石。平衡计分卡也因此在随后的实践中逐步演化为涉及战略制定、描述、协同、评价、管理以及与运营相连接等诸多环节的战略工具。

2. 平衡计分卡的发展

根据平衡计分卡的发展脉络，其发展历程可以分为以下三个时期。

（1）平衡计分卡的萌芽时期（1987～1989 年）。平衡计分卡思想的起源可以追溯到 20 世纪 80 年代中期，当时，美国企业界正在引进来自日本的管理新方法，如全面质量管理（TQM）、雇员授权等。而原有的财务评价体系无法量化企业在采用这些管理新方法之后能力的提高，卡普兰教授在 1987 年所著的《失去的关联性：管理会计的兴衰》一书中，指出了原有的管理会计体系在这方面的不足和失误。许多学者和企业家开始为此而进行探索。

美国模拟器件公司（Analog Devices Inc，ADI）于1987年就进行了平衡计分卡的实践尝试。ADI是一家主要从事数据转换和信号处理技术的半导体公司，同其他大多数公司一样，ADI每5年进行一次战略方案调整，在制定新的战略方案的同时检讨原方案的执行情况。但是制定战略方案被当做一项任务完成后，形成的文件被束之高阁，并不能在公司的日常生产经营工作中得到执行。1987年，ADI又开始了公司战略方案的调整。与以往不同的是，这次公司决策层意识到战略不仅要注重制定过程的本身，更要注重战略的实施。他们希望通过面对面与公司员工的交流与沟通，使他们充分理解并认同公司战略。同时公司高层还希望将战略紧密落实到日常管理中，来推动战略的执行。这次ADI的战略文件在形式上发生了重大的变化，他们摈弃了以往那种长达几十甚至几百页的战略文件，将全部的战略文档资料精简到几页纸。在制定战略的过程中，ADI首先确定了公司的重要利益相关者，包括股东、员工、客户、供应商和社区，然后基于公司使命、价值观与愿景，根据上述利益相关者的"利益"分别设定了战略目标，并明晰了三个战略重点。

为了确保战略目标特别是三个战略重点目标的实现，ADI推行了一个名为"质量提高"（Quality Improvement Process，QIP）的子项目。在该项目进行的同时，ADI继续将战略目标实现的关键成功要素转化为年度经营绩效计划，由此衍生出了当时第一张平衡计分卡的雏形。

在ADI实施全面质量管理的过程中，公司为了推行作业成本法（ABC）特地邀请了一部分管理学者参与，哈佛商学院的卡普兰教授就是其中一位，卡普兰教授这样描述他发现ADI公司记分卡的过程："在参观和整理案例的过程中，我们也将一个公司高层用来评价公司整体绩效的记分卡加以文本化。这个记分卡除了传统的财务指标外，还包括客户服务指标（主要涉及供货时间、及时交货）、内部生产流程（产量、质量和成本）和新产品发展（革新）……"

在帮助ADI推行ABC的过程中，卡普兰教授发现了ADI的平衡计分卡，并认识到它的重要价值。尽管卡普兰与诺顿在后期又做了学术上的深化，并把它推广到全球的企业中，但是ADI对平衡计分卡的贡献仍是我们不能回避和忽视的。

（2）平衡计分卡的理论研究时期（1990～1993年）。在卡普兰教授发现ADI的第一张平衡计分卡后，他与美国复兴全球战略集团总裁诺顿开始了平衡计分卡的理论研究。平衡计分卡的研究首先是从研究公司绩效评价开始的。1990年复兴全球战略集团专门设立了一个为期一年的新的公司绩效评价模式开发研究项目，诺顿总裁任该项目的项目经理，卡普兰教授担任学术顾问，参加此次项目开发的还有通用电气公司、杜邦、惠普等12家著名的公司。项目小组重点对ADI的记分卡进行了深入的研究并将其在公司绩效评价中进一步扩展、深化，并将研究出的成果命名为"平衡计分卡"。该项目小组的最终研究报告详细地阐述了平衡计分卡对公司绩效评价的重大贡献和意义，并建立了平衡计分卡的四个评价维度：财务、顾客、内部运营与学习发展。

1992年初，卡普兰与诺顿在《哈佛商业评论》上公开发表了第一篇关于平衡计分卡的论文

《平衡计分卡——驱动绩效的衡量体系》，这是他们对平衡计分卡的研究结果进行的总结。在论文中，卡普兰与诺顿详细地阐述了 1990 年参加最初研究项目采用平衡计分卡进行公司绩效评价所获得的益处。该论文发表后，卡普兰与诺顿很快就受到了几家公司的邀请，平衡计分卡开始得到企业界的关注。

1993 年卡普兰与诺顿将平衡计分卡延伸到企业的战略管理之中，这是平衡计分卡理论研究的第二个重要里程碑。在最初的企业平衡计分卡实践中，卡普兰与诺顿发现平衡计分卡能够传递公司的战略。他们认为平衡计分卡不仅仅是公司绩效评价的工具，它还是一个公司战略管理的工具。为此卡普兰与诺顿在《哈佛商业评论》发表了的第二篇关于平衡计分卡的重要论文——《在实践中运用平衡计分卡》。在这篇文章中，他们回顾了在实践中将平衡计分卡与公司战略衔接的经验，将平衡评价理念延伸至组织战略领域，特别提出企业应当根据企业战略实施的关键成功要素来选择绩效考核的指标的观点。

（3）平衡计分卡的完善与推广应用时期（1994 年至今）。自 1993 年卡普兰与诺顿将平衡计分卡延伸到企业的战略管理系统之后，平衡计分卡开始广泛得到全球企业界的接受与认同，越来越多的企业在平衡计分卡的实践项目中受益，同时平衡计分卡还延伸到非盈利性的组织机构中。

平衡计分卡在美国乃至全球的企业中得到广泛地认同，标志着平衡计分卡已经进入了推广与应用的时代。但是在平衡计分卡推广与应用的过程中，其理论的体系也在不断地丰富与完善。

平衡计分卡自提出以来，创始人卡普兰和诺顿对平衡计分卡理论不断发展、丰富和完善，形成一批极具价值的研究成果。从 1996 ~ 2008 年期间，卡普兰和诺顿先后出版了五部有关平衡计分卡的系列专著，这些著作也体现了平衡计分卡理论的演变脉络。

1996 年，卡普兰和诺顿在《哈佛商业评论》发表了他们的第三篇论文——《运用平衡计分卡作为战略管理系统》，他们在文中指出，平衡计分卡已成为重要的管理框架，涵盖了包括目标设定、运营计划、薪酬制定、学习与发展在内的众多企业运营环节。同年，卡普兰与诺顿关于平衡计分卡的第一本专著《平衡计分卡——化战略为行动》正式出版，书中详细阐述了平衡计分卡如何在四个角度分解企业战略，并将平衡计分卡评价指标与企业战略链接；在 BSC 的指导框架下，如何通过目标、行动计划、预算、反馈、学习和实施来贯彻企业战略。这本专著的出版，标志着平衡计分卡已从绩效衡量工具转变为战略实施工具，同时也标志着平衡计分卡理论体系的初步形成。

随着平衡计分卡在全球的风靡，卡普兰和诺顿在总结众多企业实践成功经验的基础上，又出版了他们的第二部关于平衡计分卡的专著《战略中心型组织——如何利用平衡计分卡使企业在新的商业环境中保持繁荣》。该书介绍了早期实施平衡计分卡的公司如何将平衡计分卡运用到战略管理系统中。卡普兰和诺顿指出，企业可以通过平衡计分卡，依据公司的战略来建立企业内部的组织管理模式，要让企业的核心流程聚焦于企业的战略实践。战略中心型组织意味着用平衡计分卡把围绕整个战略目标的经营单位、共享服务单位、小组和个人联系起来，保持所有的组织资源协调一致。该书的出版，标志着平衡计分卡开始成为组织管理的重要工具。

早期的平衡计分卡理论强调从四个角度衡量绩效，但未能明确四个角度之间以及每个角度内从上至下的逻辑联系，在实施过程中操作难度较大，因此在实践中，它作为管理理念的重要性远超过其作为具体的绩效管理方法。“战略地图”的提出很大程度上改变了这一切。卡普兰和诺顿在其平衡计分卡管理咨询实践中逐渐开发出这一有效的沟通方式，即依据一系列战略分解与执行的逻辑关联，应用平衡计分卡的基本框架建立因果关系的指标体系，使 BSC 变得便于操作和易于理解。卡普兰和诺顿在 2000 年发表的文章《自上而下打造战略地图》中系统介绍了战略地图的思想，并提出了通用战略地图模板，管理人员可以据此设计他们自己的战略地图。针对战略地图这一有效管理工具，卡普兰和诺顿于 2004 年推出了他们的第三本专著《战略地图——化无形资产为有形成果》，书中描述了内部流程、学习与成长流程中创造价值的基本要素，并把无形资产分成人力资本、信息资本和组织资本三大类，无形资产只有与战略结合才能创造价值，而战略地图为协调人力、信息、组织资本和战略提供了框架。在这本专著中，卡普兰和诺顿创造性地解决了化无形资产为有形成果的技术路径问题，廓清了传统战略管理理论中存在于战略制定和战略执行之间的模糊地带。

2006 年卡普兰和诺顿出版了第四本专著《组织协同——运用平衡计分卡创造企业合力》。该书集中阐述了集团公司总部如何通过战略地图和平衡计分卡促进组织协同，创造“企业价值”（相对于业务单位直接创造的“客户价值”而言）的问题。他们在书中指出，企业的价值定位阐述了企业如何创造合力的策略，而它可以通过平衡计分卡的四个角度来演绎。在财务合力角度，企业的价值来源于有效的内部资金管理和企业品牌管理；在客户合力角度，企业的价值来源于交叉销售和统一的客户价值定位；在内部流程合力角度，企业的价值来源于共享服务和合理有效的价值链整合；而在学习和成长合力角度，企业的价值来源于无形资产的有效利用。企业通过协同多个业务单元和共享服务单位，就可以创造合力从而实现企业价值创造。这本书为组织的高层管理者提供了一整套以战略地图和平衡计分卡为工具的治理框架，并为他们深入挖掘组织协调所产生的衍生价值提供了技术指导。

2008 年卡普兰和诺顿又出版了他们的第五本专著《平衡计分卡战略实践》，书中主要描述了公司怎样在战略与运营之间建立强有力的连接，使得员工的日常工作能够支持战略目标。该书旨在引导企业构建并运行一套有效的从战略制定到运营执行、从战略监控再到战略检验修正的闭环管理体系。

从卡普兰和诺顿的上述著作及其研究成果不难发现，平衡计分卡理论已经发生了根本性的变化，已完全由组织绩效评价转向组织的战略管理，全面涉及战略制定、描述、协同、评价、管理以及与运营相连接等诸多环节，演变为一套较为完整的战略管理理论体系。

【管理拾穗4-3】　组织取得突破性成果的三要素

美国哈佛商学院教授罗伯特·卡普兰和复兴全球战略集团的创始人兼总裁戴维·诺顿认为战略的成功执行需要三个要素：

突破性成果 = 描述战略 + 衡量战略 + 管理战略

而在平衡计分卡体系，这三个要素即为：

突破性成果 = 战略地图 + 平衡计分卡 + 战略中心型组织

贯穿其中的管理理念是："如果你不能描述，那么你就不能衡量；如果你不能衡量，那么你就不能管理。"

资料来源：方振邦编著，《战略性绩效管理》，中国人民大学出版社2007年版，第78页。

4.4.2　平衡计分卡的特点与功能

1. 平衡计分卡的特点

平衡计分卡的主要特点可以概括为三点：始终以战略为核心、重视协调一致以及强调有效平衡。

（1）始终以战略为核心。平衡计分卡以组织战略为基础，将组织远景、组织使命和组织发展战略与组织的绩效评价系统联系起来，并把组织使命和战略转变为具体的目标和评价指标，以实现战略和绩效的有机结合。同时，平衡计分卡以提升战略执行力为出发点，结合时代背景和环境特征先后探讨了如何对战略进行管理、描述、协同以及如何实现战略管理与运营管理的有效结合。

（2）重视协调一致。为了实现把战略转化为具体行动，平衡计分卡非常重视协调一致。协同不仅是创造企业衍生价值的根本途径，也是实现客户价值主张的必要保障。因此，必须从逻辑上明晰协同思路，从体系上整合协同主体，从机制上保障协同效果。

（3）强调有效平衡。平衡计分卡强调平衡的重要性，但这种平衡不是平均主义，不是为了平衡而平衡，而是一种有效的平衡。在这里，"有效平衡"是指在战略的指导下，通过平衡计分卡各层面内部以及各层面之间的目标组合和目标因果关系链，合理设计和组合财务与非财务、长期与短期、内部群体与外部群体、客观与主观判断、前置与滞后等不同类型的目标和指标，实现组织内外部各方力量和利益的有效平衡。

2. 平衡计分卡的功能定位

平衡计分卡的功能总体上会随着平衡计分卡理论体系本身的不断发展和完善而发生变化。就目前平衡计分卡的应用而言，主要有以下几种功能定位。

（1）绩效管理工具。卡普兰和诺顿提出平衡计分卡的初衷就是为了克服以财务指标主体的传统绩效评价的缺陷和不足。在当时，人们越来越相信绩效评价的财务指标对于现代企业组织而言是无效的，企业界迫切需要寻求新的绩效评价方法以突破传统财务指标评价的局限性。由此可见，平衡计分卡首先是作为绩效管理工具而存在的。平衡计分卡作为一种新的绩效管理工具，不仅克服了传统财务绩效衡量模式的片面性和滞后性，而且相对于目标管理、关键绩效指标等绩效管理工具在目标制定、行为引导、绩效提升等方面具有明显的管理优势，能够为组织绩效目标的达成提供有力的保证。

（2）战略管理工具。平衡计分卡自提出和发展以来，对战略管理至少有三个方面的突破性贡献：一是开发出了战略地图这一管理工具，从而实现了对战略的可视化描述。战略地图是对组织战略要素之间因果关系的可视化表示方法，是一个用以描述和沟通战略的管理工具。二是通过战略地图和平衡计分卡建立了战略协同的机制。协同效应是战略构成要素之一，但是以往的管理工具未能很好地满足组织追求协同效应的需求。平衡计分卡将协同视为经济价值的来源，构建了一个逻辑严密、体系完整和机制健全的协调机制。可以说，以战略为中心实现密切合作和协同作战，填补了传统战略管理过程中战略规划和战略实施之间的模糊地带。三是尝试通过战略地图、平衡计分卡以及仪表盘等工具将战略和运营进行连接，这是平衡计分卡的最新理论成果，尽管还有待完善，但实现战略与运营无缝连接的取向是将战略转化为员工的日常行为的必然选择。从上述贡献可见，平衡计分卡是一种真正意义上的战略管理工具。

（3）管理沟通工具。传统评价系统强调控制，而平衡计分卡则被视为一个用于传播、宣讲和学习的系统，从而使管理者和员工真正了解组织战略和愿景。平衡计分卡为管理者和员工更好的制定、描述、协同、评价、管理战略提供了一个有效的管理沟通平台。战略地图的提出实现了我们对战略的可视化描述，战略协同机制的建立则使我们澄清了传统的战略规划和战略实施之间的模糊地带，将战略和运营进行无缝连接则为我们把战略转化为员工的日常行为提供了可能，所有这些任务和目标都是通过于平衡计分卡所搭建的沟通平台得以完成和实现的。由此可见，平衡计分卡也是一个非常有效的管理沟通工具。

4.4.3 平衡计分卡系统及其战略地图

1. 平衡计分卡系统的内容

平衡计分卡系统主要由财务层面、客户层面、内部营运层面、学习和成长层面四个相互联系、相互影响的子系统构成，而这四个子系统又都受制于组织愿景和战略。

（1）财务层面（financial perspective）。对于企业而言，平衡计分卡财务层面的最终目标是实现股东价值的持续提升。财务指标对不同的企业，因其所处的生命周期、市场环境的不同而不同。企业的财务业绩通过两种基本方式来得到改善：收入增长和生产率改进。收入增长即“开源”，可通过两种途径实现，一是增加收入机会，二是提高客户价值。生产率改进即“节流”，主要通过改善成本结构和提高资产利用率两个途径来实现。

（2）客户层面（customer perspective）。客户财务指标的实现，必须建立在客户满意的基础上，并以此赢得客户、留住客户，最终提高获利能力，取得市场份额。客户层面一方面包括衡量客户成功的滞后指标，如客户满意度、客户保持率、客户增长率等，另一方面还涉及目标客户的价值主张。卡普兰和诺顿总结了四种通用的客户价值主张（即竞争战略）：①总成本最低战略。主要为客户提供高竞争性价格与稳定的质量、快速购买和良好的产品选择；②产品领先战略。着重强调产品创新和产品领先，提供客户看重并愿意支付更高价格的特征和功能；③全面客户解决方案。强调建立与客户的长期关系，为客户提供最好的全面解决方案，提供满足客户需要的产品和服务；④系统锁定战略。主要为客户创造了较高的转换成本，使竞争者无法模仿核心产品，从而产生了长期的可持续性价值。

（3）内部业务流程层面（internal process perspective）。流程是指一系列活动的组合，这一组合接受各种投入要素，包括信息、资金、人员、技术等，最后产生客户所期望的结果，包括产品、服务或某种决策结果。实现企业财务方面的目标，必须要让客户满意，而要让客户满意，则必须要有关键的产品和服务流程，这样才能为客户提供优质产品与服务。内部业务流程层面阐述了创造价值的少数关键业务流程，这些流程驱动着组织的两个关键战略要素，即向客户生产和传递价值主张，降低并改善成本以实现生产率改进。根据创造价值的时间长短，内部业务流程可以分为运营管理流程、客户管理流程、创新流程以及法规与社会流程。运营管理流程是指生产和交付产品/服务的流程；客户管理流程是指建立并利用客户关系以提高客户价值的流程，它反映了组织选择、获得、保留和培育目标客户的能力；创新流程是指开发新产品、新服务、新关系的流程，也包括流程本身的优化创新过程。法规与社会流程主要是指改善社区和环境的流程，如环境业绩、安全和健康业绩、员工雇佣、社区投资等。

（4）学习与成长层面（learning and growth perspective）。前三个层面的目标实现都离不开员工的成长与能力提升，员工的学习与发展能力是前三个方面取得出色成果的基础。学习与成长层面主要描述了组织的无形资产及其在战略中的作用，其目标确定了需要利用哪些资源（人力资本）、哪些系统（信息资本）和哪种氛围（组织资本）来支持创造价值的内部流程。卡普兰和诺顿把无形资产分为三种类型，即人力资本、信息资本和组织资本。人力资本（human capital）执行战略所需的知识、技能和才干；信息资本（information capital）支持战略所需的信息系统、数据库、网络和技术基础设施；组织资本（organization capital）则执行战略所需的动员和维持变革流程的组织能力，组织资本有文化、领导力、协调一致和团队工作四个组织部分。

2. 平衡计分卡系统的因果关系

平衡计分卡的主体思想是在财务、客户、内部业务流程、学习和成长四个层面取得平衡，但实际上这四个层面的目标不是孤立存在的，而是相互联系和相互影响的，彼此之间有着明确的因果逻辑关系。

平衡计分卡系统中的各个层面的内在联系表现为：组织长期盈利水平的提高、良好的财务效益以及股东价值的增长更多的来源于客户的满意程度，而组织只有提高和改善其内部运作的效率，以更快更好地速度满足顾客的需求，使得顾客的满意度上升，才能为客户提供更大的价值，而组织内部运作效率的提升则要以学习与成长为基础（如图4－10）。

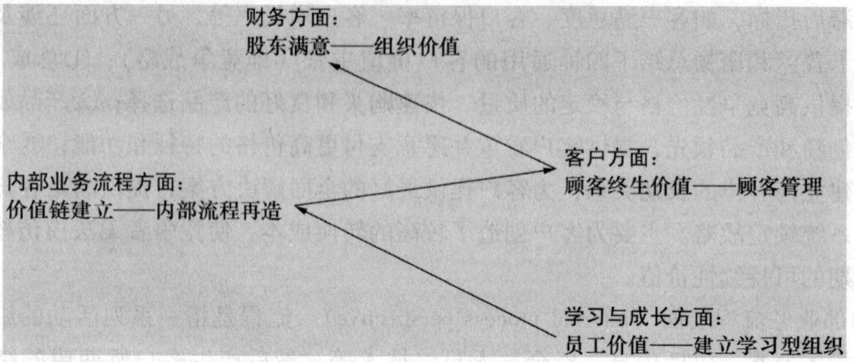

图 4-10 平衡计分卡的因果关系图

因此，平衡计分卡系统中各个层面的衡量指标不是孤立存在的，而是组织战略因果关系链中的一部分，并最终以某种直接或间接的形式与财务结果相关联。平衡计分卡系统的核心思想是通过财务、客户、内部业务流程、学习与成长四类指标之间相互驱动的因果关系来展现组织的战略轨迹。

3. 战略地图

战略地图（strategy maps）是对组织战略要素之间因果关系的可视化表示方法，它以平衡计分卡的财务、客户、内部业务流程、学习与成长四个层面的目标为核心，通过分析这四个层面目标的相互关系而绘制的组织战略因果关系图。战略地图是平衡计分卡的发展和升华，是一种用以描述和沟通战略的有效管理工具。

战略地图的核心内容包括：组织通过运用人力资本、信息资本和组织资本等无形资产（学习与成长层面），才能创新和建立战略优势和效率（内部业务流程层面），进而使组织把特定价值带给市场（客户层面），从而实现股东价值（财务层面）。平衡计分卡四个层面之间的目标关系，再加上每个层面内部的因果关系，就构成了战略地图的基本框架。如果把战略地图比做一座四层楼房，则房顶部分由使命、核心价值观、愿景和战略构成，房子的主体部分从最高层到最低层依次是：财务层面、客户层面、内部业务流程层面、学习与成长层面。其中财务层面包括收入增长战略和生产率提升战略；客户层面包括总成本最低战略、产品领先战略、全面客户解决方案和系统锁定战略；内部业务流程层面包括运营管理流程、客户管理流程、创新流程以及法规与社会流程；学习与成长层面包括三种无形资产，即人力资本、信息资本和组织资本。由此，战略地图的主体部分就形成了一个“2—4—4—5”框架（如图 4-11 所示）。

把使命、核心价值观、愿景、战略、四个层面及其构成要素通过逻辑关系整合起来所形成的框架，就是卡普兰和诺顿提出的战略地图的通用模板，它主要适合以营利为目的的企业组织，对于政府、事业单位、军事机构等各公共组织的战略地图，则需要根据组织属性及其相应的运营实际进行必要的调整。

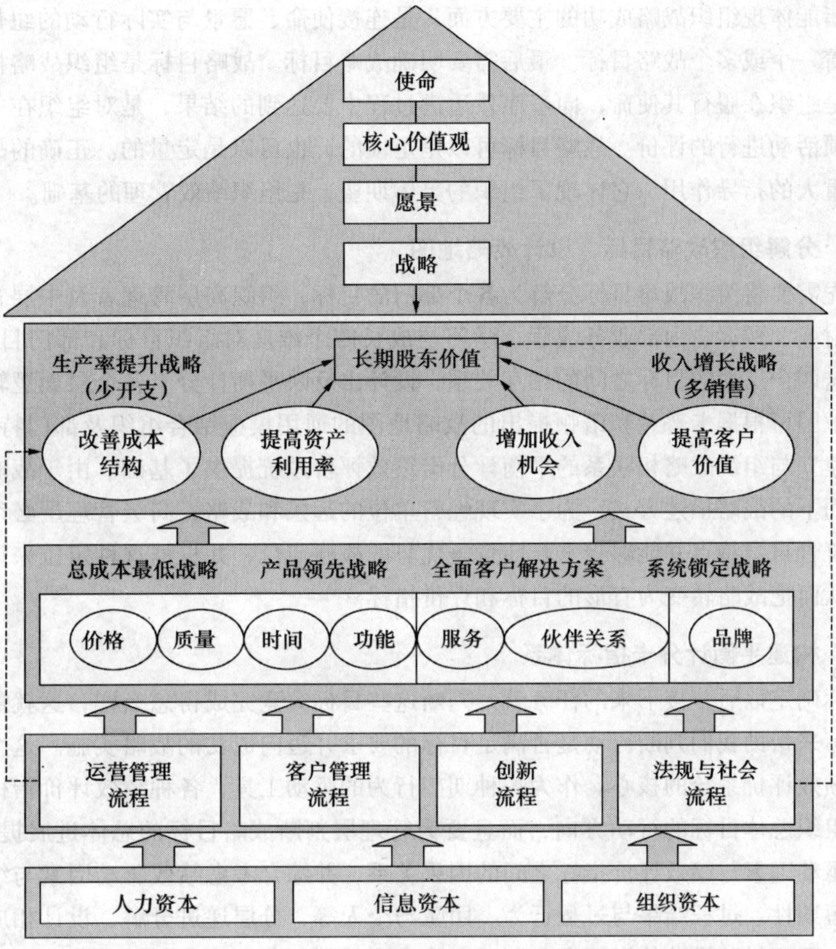

图4－11　战略地图的简要框架

4.3.4　平衡计分卡的实施流程

平衡计分卡的实施是一个系统的过程，在实施过程中，需要组织综合考虑所处的行业环境、自身的优势与劣势以及所处的发展阶段、自身的规模与实力等。总结成功实施平衡计分卡的企业经验，平衡计分卡实施的一般步骤如下。

第一步：明确组织的战略重点和战略目标

首先要明确组织的使命、价值观和愿景。平衡计分卡不是一个战略制定系统，而是一个战略管理系统，即负责将已经形成的战略进行贯彻、实施、反馈和修正的一个系统。因此，明确企业的使命、价值观和愿景是推行平衡计分卡的前提。其次要明确战略重点。在明确了企业的使命、价值观和愿景后，需要找到现实目标和理想目标之间的桥梁，而战略重点正是这个桥梁。所谓战略重点，是指能体现组织战略成功的主要方面，是连接使命、愿景与实际行动的纽带。每个战略重点都对应着一个或多个战略目标。最后需要明确战略目标。战略目标是组织战略构成的基本内容，表明的是组织在履行其使命，向着愿景迈进过程中要达到的结果，是对组织在一段时间内所要实现的各项活动进行的评价。战略目标可以是定性的，也可以是定量的。正确的战略目标对组织行为具有重大的指导作用，它体现了组织的具体期望，是组织绩效管理的基础。

第二步：分解组织战略目标，设计战略地图

组织首先需要将组织战略目标分解为各个部门的目标，组织高层管理者及中层管理者通过多次协商再从财务、顾客、内部业务流程、学习与成长四个维度对组织目标和部门目标进行分解，同时要理清这四个层面的目标之间的相互关系，设计出反映平衡计分卡各个层面逻辑关系的战略地图。战略地图可根据卡普兰和诺顿提出的战略地图的通用模板结合组织及部门特点进行设计。战略地图为建立与组织战略相联系的平衡计分卡绩效评价系统提供了基础。由于战略地图采用的是一种自上而下的战略描述方式，为了实现经营单位的远景和战略，高级管理层必须要对组织有一个明确的符合自身特点并能够带来长期竞争优势的战略定位，并根据这种定位来设立各项关键绩效指标，从而把战略转变为有形的目标和评价指标。

第三步：构建平衡计分卡指标体系

组织目标确定以后，接下来的任务就是判断这些目标究竟完成得怎么样，这就需要设定各种绩效评价指标来帮助我们判断行动是否满足目标的要求并迈向成功的战略实施。这个步骤是实施平衡计分卡绩效评价系统的核心。作为一种期望行为的驱动工具，各种绩效评价指标不仅要为员工指明通向组织总体目标的行动方向，而且要为管理层判断战略目标的总体进展提供一种工具。要分析绩效驱动因素与绩效评价指标之间的因果关系，并综合考虑绩效驱动因素与绩效评价指标的长期性与短期性、过程结果与过程行为、团队与个人等，分层递进分解，设计相应的绩效评价指标。同时，还要对所设计的指标自上而下、从内到外进行交流沟通，征询各方面的意见，吸收各方面、各层次的建议。这种沟通与协调有助于使所设计的指标体系达到平衡，从而能够全面反映和代表组织的战略目标。

第四步：评价与反馈

完成平衡计分卡的指标体系构建之后，经组织批准，各个部门即可按照相应的评价周期对组织和部门（分公司）绩效进行评价了。首先进行月度绩效评价，通过各级管理人员对数据的观察、记录以及管理信息系统的监控，收集它们的绩效执行情况，汇集成以数据为主的绩效管理报告递交给组织总部。开展季度考察，依据起初设定的具体目标考察战略目标的执行情况。部门绩效与个人绩效考核程序与此一样，每一级报告都应交由上级主管部门分析。通过现实绩效与平衡计分卡目标的比较，组织、部门及个人一起从四个维度分析、讨论成功（或失职）的真实原因，查找达不到预期绩效目标的因素。

企业组织始终处于变化多端的环境中，因此，每隔一段时间就应向高层主管人员汇报和分析绩效评价成果，并根据这个结果来调整战略。采用平衡计分卡框架测量组织绩效，不仅可以得到绩效结果，还可以得到产生这些绩效的原因；可以发现行动或者结果是否与指标相符，是战略有缺陷还是组织的执行效果达不到要求，从而做出及时的调整，确保把正确的事情做正确，而且做得有效率，进而达到战略目标，实现愿景，完成使命。

4.4.5　BSC 在应用过程中应注意的问题

平衡计分卡是20世纪90年代以来企业管理理论发展历程中重要的里程碑之一。它既可以作为衡量组织绩效的工具，又可以作为战略管理工具，使得平衡计分卡对各类组织无疑具有很强的吸引力。因此，近年来国内外很多企业都在管理中引入了平衡计分卡，但在应用过程中，由于对平衡计分卡的真正内涵和使用条件理解不深，在执行过程中出现偏差，严重影响了平衡计分卡的实施效果，甚至适得其反，对企业的正常运转产生消极影响。

面对企业界的质疑，平衡计分卡的创始人卡普兰教授于2003年对平衡计分卡的得失做了诠释。他指出，没有一种工具是完美的，平衡计分卡也不例外，这正是许多企业在使用平衡计分卡后对这个工具产生的质疑。问题并非出在工具上，而是出在实施和执行方面，导致平衡计分卡应用失败或者没有达到应有效果的主要原因往往是由于企业内部流程的不科学造成的，而并不是平衡计分卡本身的设计不科学。卡普兰教授总结了企业运用平衡计分卡不够成功的主要因素有六大类型：①高层管理人员对平衡计分卡作为一种战略管理工具缺乏认可；②在平衡计分卡的实施过程中，组织成员的参与度不够高；③平衡计分卡只在高层推行；④流程开发耗费时间太长，将平衡计分卡视为一次性测评项目；⑤将平衡计分卡视为一个系统工具而不是管理工具；⑥对平衡计分卡的诠释仅仅限于补偿作用。

基于这些在应用过程中存在的问题和误区，我们在组织管理中应用平衡计分卡时应注意以下几个方面。

1. 树立管理工具随环境变化而变化的观点

现代企业和组织处在一个多变、动态、复杂的外部环境中，当组织内外环境发生变化时，一些管理工具的应用基础就会发生改变。作为管理者，当环境发生变化时，就需要对运用平衡计分卡建立起来的绩效评价体系加以重新审视，检查它是否依然符合客观环境，是否符合我们提高组织管理的要求。

2. 平衡计分卡的运用必须获得高层管理者的支持

平衡计分卡是一套战略管理工具，它的构建是自上而下的。所以，要想成功实施平衡计分卡，必须得到高层主管们的重视和全力支持，高层管理者的支持是成功实施平衡计分卡的必要条件。另外，通过面对面的沟通，高层的决心可以大大提高企业全体员工的积极性，使他们在面对实施的困难时勇于迎难而上，以坚定的决心来推动平衡计分卡的实施。

3. 平衡计分卡的实施结果要与企业激励制度相结合

平衡计分卡会使分工不同的每个人都清楚企业的战略方向，帮助大家群策群力，也可以使每个人的工作更具方向性，从而增强每个人的工作效率。为使平衡计分卡达到完满的效果，将其实施结果与激励制度挂钩是必需的，这样可以促使组织成员将全部精力和注意力放在平衡计分卡的目标实现上，同时强化企业战略的协调一致以及员工的责任归属感。另外，要注意对员工的短期激励，不要只注重企业的长期利益。

4. 要加强组织内部的交流与沟通

平衡计分卡的设计与实施需要全体员工的参与和支持，必须始终不断的与员工交流和沟通，让每个员工都了解自己的工作内容和中心。一个不能让指标承担者理解的平衡计分卡，无论多么科学合理，也没有任何实用价值。企业可以通过诸如谈话、宣传材料、会议、培训等形式的加强交流，让企业内部有充分的交流与沟通，以此促进平衡计分卡的实施。

5. 提高对企业管理信息质量的要求

绩效信息反馈是绩效管理能否取得成效的关键一步，但这一步是不少企业最薄弱的环节。绩效信息的反馈不仅局限于信息的传递，更重要的是企业的绩效管理给员工进一步改善和维持组织所期望的行为提供有益的指导和支持。信息的精细度与质量的要求度不够，会严重影响企业实施平衡计分卡的效果，如导致所设计与推行的评价指标过于粗糙，或不真实、准确，无法有效衡量组织绩效。此外，由于无法正常发挥平衡计分卡应有的作用，还可能会挫伤企业对其应用的积极性。

总之，平衡计分卡是对传统业绩评价体系的改进与发展，是以战略为目标、因果链为工具、价值链为主线的一种综合业绩评价体系，也是一种充满活力的、有效的战略管理体系。它反映的是一种由传统的利润最大化导向向塑造企业核心竞争力转变的管理思想。正确理解平衡计分卡的基本理念是正确使用它的前提。只有澄清使用中的误区，才能正确识别平衡计分卡设计上的缺陷，探索适合自身发展的绩效评价系统和战略管理系统，更好地实现企业的战略目标。

要点总结

- 目标管理是一种程序或过程，它使组织中的上下级一起协商，根据组织的使命确定一定时期内组织的总目标，由此决定上下级的责任和分目标，并把这些目标作为组织经营、评估和奖励的标准。它具有强调目标及目标体系、强调权责利的明确、重视工作成果、强调自我控制、强调参与管理等特点。
- 标杆管理又叫基准管理，是指为不断寻找和研究同行一流公司的最佳实践，并以此为基准与本企业进行比较、分析、判断，从而使自己企业得到不断改进，进入或赶超一流公司，创造优秀业绩的良性循环过程。它对于组织认清自我、找出差距，提升组织竞争优势，促进组织持续成长与发展具有重要的作用。

● 关键绩效指标是对组织及其运作过程中关键成功要素的提炼和归纳，是衡量组织战略实施效果的关键指标。它是组织战略目标经过层层分解产生的可操作性的指标体系，是组织绩效管理的基础。确定关键绩效指标的方法主要有头脑风暴法、鱼骨图分析法、关键成功因素法、关键绩效指标价值树模型等。

● 平衡计分卡是以信息为基础，系统考虑组织绩效驱动因素，多维度平衡评价的一种新型的组织绩效评价系统。它也是一种将组织战略目标与组织绩效驱动因素相结合，动态实施组织战略的战略管理系统。平衡计分卡系统主要由财务层面、客户层面、内部营运层面、学习和成长层面四个彼此之间有着明确因果逻辑关系的子系统构成，而这四个子系统又都受制于组织愿景和战略。

● 战略地图是对组织战略要素之间因果关系的可视化表示方法，它以平衡计分卡的财务、客户、内部业务流程、学习与成长四个层面的目标为核心，通过分析这四个层面目标的相互关系而绘制的组织战略因果关系图。战略地图是平衡计分卡的发展和升华，是一种用以描述和沟通战略的有效管理工具。

思考题

1. 如何理解目标管理的内涵？它有哪些特点？
2. 怎样有效的实施目标管理？
3. 标杆管理与目标管理有何不同？标杆管理对管理实践的贡献是什么？
4. 标杆管理有哪些类型？怎样选择这些类型？
5. 什么是关键绩效指标（KPI）？它有哪些特点？
6. 提取关键绩效指标（KPI）的途径和方法有哪些？并比较之。
7. 什么是平衡计分卡（BSC）？它是在什么背景下提出的？
8. 根据平衡计分卡理论的发展历程梳理并总结平衡计分卡思想的发展脉络。
9. 什么是战略地图？它对组织管理实践的价值和意义何在？
10. 在企业管理中如何推行平衡计分卡？推行过程中有哪些值得注意的问题？

案例分析

施乐公司的标杆管理流程

施乐公司一直把标杆管理作为产品改进、企业发展、赢得竞争对手、保持竞争优势的重要工具。公司的最高层领导把标杆管理看成公司的一项经常性活动，并指导其所属所有机构和成本中心具体实施标杆管理。而施乐公司本身也在长期的标杆管理实践中探索出了很多经验，它的“5 阶段、10 步骤”标杆管理方法被其他公司认可和使用。施乐公司的经验可以借复印机的标杆管理为例，用图 4 – 12 来简单描述。

1. 规划阶段

确定标杆管理的内容。这是标杆管理的第一步，施乐公司实施的第一个标杆管理的内容是关于复印机制造的。施乐惊讶地发现其日本的竞争对手竟然以其成本的价格出售高质量的复印机，因此，针对这个问题开展了标杆管理研究，并取得了很好的成果。

确定标杆管理的对象。施乐首先研究它的一个日本子公司——富士施乐，然后是佳能等公司，以确定它的日本对手的有关成本是否和他们的价格一样低。

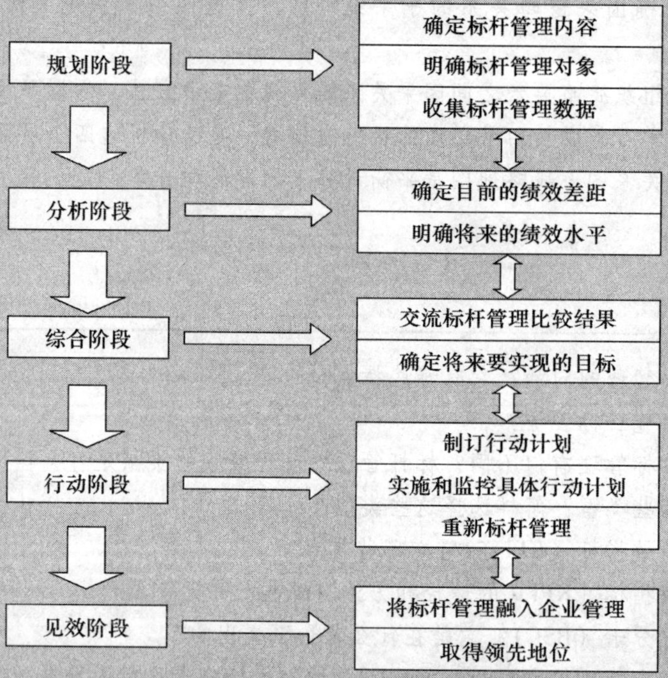

图 4 – 12 施乐公司标杆管理实例

收集标杆管理的数据。研究证实，美国的价格确实比日本的价格要高。日本的成本成了施乐的目标。来自公司主要领域的管理人员纷纷前往施乐的日本子公司、考察他们的活动。然后，施乐开始收集各种信息。

2. 分析阶段

确定目前的绩效差距。之所以日本对手的复印机能够以施乐公司的成本价销售，它们之间在执行上必然存在着差距，将收集到的信息用于发现差距。

确定将来的绩效水平。根据差距分析，计划未来的执行水平，并确定这些目标应该如何获得及保持。

3. 综合阶段

交流标杆管理的成果。所有的施乐员工都在质量培训中至少获得过 28 小时的培训，而且有很多员工则进行了高级质量技术的培训。一旦一个新的标杆管理项目确定，它都将被公司的员工进行讨论，这样使得其他人可以在其日常操作中使用。

确立要实现的目标。施乐公司发现，购得的原料占其制造成本的 70%，细微的下降都可以带来大量的利益。公司将其供应商基数从 20 世纪 80 年代初的 5000 多个削减到目前的 420 个。不合格零件的比率从 1980 年的 10‰下降到目前 0. 225‰，6/7 的质量检查人员重新安排了工作，95% 的供应零件根本不需要检查，购买零件的成本下降了 45%。这些目标并不是必须同时确立，但是随着标杆管理过程的进行，它们都顺利实现了。

4. 行动阶段

形成行动计划。必须制订具体的行动计划。施乐公司制定了一系列的计划，复印机的质量提高了。

实施和监控行动计划。标杆管理必须是一个调整的过程，必须制订特定的行动计划以及进行结果监控，以保证达到预定绩效目标。

重新标杆管理。如果标杆管理没有取得理想的效果，就应该重新检查以上步骤，找出具体的原因，并重新进行标杆管理工作。

5. 见效阶段

在对日本行业进行了标杆管理之后，施乐并没有停滞不前。它开始了对其他竞争对手、一流企业的标杆管理。1996 年，施乐公司是世界上唯一获得所有的三个重要奖励的公司：日本 Deming 奖、美国 Malcolm Baldrige 国家质量奖以及欧洲质量奖。显然，采用了标杆管理使施乐公司受益匪浅。

【问题】

1. 施乐公司是如何击败竞争对手的？你认为施乐的成功具备了哪几个要素？

2. 根据所学知识分析，当今的施乐公司是否还需要继续他们的标杆管理？

资料来源：付亚和、许玉林主编，《绩效管理》，复旦大学出版社 2008 年版，第 250 ~ 252 页。

第 5 章

绩效计划

“做正确的事比把事情做对更重要。”

——彼得 · 德鲁克

本章学习目标

- 深刻理解绩效计划的含义、特征及其作用
- 熟练掌握绩效计划的制定程序
- 理解确定绩效目标的来源及组成
- 掌握确定绩效目标的原则和方法
- 理解绩效评价指标的概念、构成及分类
- 掌握绩效评价指标的选择依据和方法
- 掌握绩效评价指标权重的确定方法
- 理解并掌握绩效评价指标的设计原则及步骤
- 熟悉绩效评价周期的影响因素及划分依据
- 能够为不同岗位、不同部门确定合理的绩效评价周期
- 熟悉绩效计划书的内容及格式
- 学会编写绩效计划书

绩效管理系统由绩效计划、绩效执行、绩效评价和绩效反馈四个环节构成，在这四个环节中，绩效计划是绩效管理的起点和基础，是绩效管理的第一个关键环节。只有通过制定绩效计划，各级管理者和员工才能明确在绩效周期内该做什么、为什么做、做到什么程度、什么时候做完等问题，绩效管理的其他环节才有了方向和依据。

5.1 绩效计划概述

在绩效管理过程中，人们往往容易将注意力集中在绩效评价上，想方设法地找出最佳评价方式和理想的考评流程，但是，绩效评价只不过是绩效管理系统中的一个环节，绩效执行、绩效评价和绩效反馈状况如何很大程度上取决于绩效计划的制定状况。

5.1.1 绩效计划的含义及特点

1. 绩效计划的含义

绩效计划是指在进行绩效管理的组织中，管理者和被管理者在既有组织战略和目标的指导下，设定统一的阶段性目标和一致的绩效标准，并据此建立包含承诺的计划或契约的过程。在这一过程中，管理者和被管理者根据组织目标和本工作单元的业务重点与工作职责共同讨论，以确定被管理者在考核期内应该完成什么工作和达到什么样的绩效目标。制定绩效计划的主要依据是组织目标以及工作单元的职责，最关键的是管理者与被管理者在对被管理者的绩效期望问题上达成共识，并在共识的基础上使被管理者对自己的工作目标做出承诺，最后就被管理者的工作目标和标准形成契约。

作为绩效管理的起点，绩效计划阶段是绩效管理循环中最为重要的环节。在这一过程中，管理者与被管理者间的双向沟通、共同投入和参与是进行绩效管理的基础。对企业而言，这一阶段的主要任务就是根据企业战略及年度经营计划和管理目标，围绕部门的业务重点、策略目标和KPI 制定部门的工作目标计划，然后再将部门目标层层分解到具体员工，以形成员工的绩效目标和标准。

2. 绩效计划的特征

（1）绩效计划是关于工作目标和标准的契约。制定绩效计划的过程就是管理者与员工就员工的工作目标和标准形成契约的过程。绩效契约常以目标任务计划沟通书的形式出现，并作为员工开展工作以及绩效周期结束时对其绩效完成情况进行评价的依据。契约主要包括员工要达到的工作目标和效果、各阶段的目标、结果的衡量和判断标准、员工拥有的权利和决策权限、各项工作目标的权重、为完成工作目标而必须具备的技能等内容。

（2）绩效计划的主体是管理者和员工。绩效计划是由部门管理者和员工双方共同制定的。管理者和员工是绩效计划的主体，组织人事部门只是外在的组织者、辅导者和监督者，不能对绩效计划包办代替。绩效计划要想发挥应有的作用，首先必须符合组织的目标，其次还必须为员工所认可，具有心理挑战性，这样才能激发员工的工作积极性，保证组织目标的实现。

通常，绩效管理由一个组织的人力资源部门主抓或统筹，也有组织专门组建相关的团队（比如由高层领导、组织部门、人力资源部门等参加的专设委员会等）进行统筹安排。有人就据此认为绩效管理是主管组织人事或人力资源的领导的事，作为业务部门的领导，整天忙于业务，无暇顾及绩效管理。事实上，绩效管理对业务部门目标的实现是一种非常有效的手段，而不是部门的负担。绩效管理应该是业务部门管理者的日常工作内容，绩效计划应该由所在部门的管理者与被管理者（员工）共同设立。在这一过程中，人力资源部门的角色是组织者、辅导者和监督者，业务部门的管理者则是绩效计划的具体制定者和实施者。

(3) 绩效计划是一个双向沟通的过程。所谓双向沟通意味着在绩效计划过程中，管理者与员工双方都有责任，建立绩效契约不仅仅是上级管理者单方面地提出工作要求，下级必须被动地去执行，也不仅仅是被管理者自发地设定工作目标，而是双方共同讨论，就被管理者的工作目标、时限、标准及所需资源取得一致意见的过程，离开了双方的积极主动地心理参与，这一过程难以实现。

(4) 绩效计划是全员参与的过程。绩效计划的制定是一个自下而上的目标确定过程，通过这一过程会将个人目标、部门或团队目标与组织目标结合起来。因此，绩效计划的制定也应该是一个员工全面参与管理、明确自己的职责和任务的过程，是绩效管理一个至关重要的环节。这是因为，只有员工知道了组织或部门对自己的期望，他们才有可能通过自己的努力达到期望的目标。

(5) 绩效计划特别重视员工的参与和承诺。社会心理学关于态度改变的研究表明，当人们参与了某项决策的制定过程与没有参与这一过程相比较，他们会倾向于更加坚持这一决策，面临不同的立场挑战时也不会轻易放弃原来的立场，参与程度越大，态度改变的可能性越小。因此在制定绩效计划时，让员工参与计划的制定，通过管理者与被管理者间的充分沟通达成一致并签订正式的绩效契约，相当于员工对绩效计划中的内容做出了很强的公开承诺，这样在绩效实施阶段，员工就会倾向于坚持自己的承诺，即使遇到困难也会履行绩效计划。

【管理拾穗5-1】　一个关于“承诺”的著名实验

社会心理学家多伊奇和杰勒德做了一个非常著名的实验。他们要求被试者对某件事情做出自己的判断。这些被试者分别面对4种不同的情况。

第一种情况：被试者只需做出自己的判断，不用通过任何方式将自己的判断表达出来，称之为“无承诺组”。

第二种情况：要求被试者把自己的意见写在一块儿童玩具写字板上，这种写字板上面是一层透明纸，揭下来之后写在上面的字就会消失，这组称之为“弱私下承诺组”。

第三种情况：要求被试者把自己的意见写在一张纸上，并告知这张纸要被收上去，但他们不必签名，这组称之为“强私下承诺组”。

第四种情况：要求被试者将自己的意见写在一张纸上，并签上名字，而且告知他们这张纸要被收上去，这组称之为“公开承诺组”。

然后请代表群体压力的许多假被试者发表一致的意见，再由这些真正的被试者发表意见。结果表明，被试者屈从于群体压力改变自己最初想法的情况如下：

被试组	改变最初意见的百分比
无承诺组	24.7%
弱私下承诺组（写字板）	16.3%
强私下承诺组（写字纸）	5.7%
公开承诺组	5.7%

从上面的结果中可以看出，有事先的承诺比没有承诺更容易使人坚持最初意见而不轻易改变；公开承诺比私下承诺更容易使人坚持最初意见而不轻易改变。在绩效计划制定过程中，如果员工参与计划的制定，并且签订正式的绩效合同，这就意味着员工自己对绩效计划中的内容做出了公开承诺，这有助于员工坚持这些承诺，履行绩效计划的内容。

资料来源：武欣编著，《绩效管理实务手册》，机械工业出版社 2007 年版，第 105 页。

5.1.2　绩效计划的作用

1. 绩效计划是绩效管理系统最为重要的环节

绩效计划作为绩效管理流程的第一个环节，是绩效管理实施的关键和基础所在。绩效计划制订的科学与否直接影响着绩效管理整体的实施效果。绩效计划的内容是建立在管理者和员工共同接受的基础上的，绩效计划使员工的工作就有了明确的目标，使管理者有了检查和监督员工工作的依据。因此，绩效计划是整个绩效管理工作的基础与前提，是绩效管理系统最为重要的环节。

2. 绩效计划是一种重要的前馈控制手段

绩效管理系统本质上是一种动态的管理控制系统，如果把管理控制系统和绩效管理系统进行比较，不难看出两者的一致性，绩效管理系统中的绩效计划环节对应于管理控制系统中的前馈控制环节。绩效计划把组织目标层层分解，落实到每一个岗位，这样整个绩效管理过程就有了明确的目标。通过绩效计划，可以事先预测绩效实施过程中可能存在的问题和碰到的困难，并提前做出相应的对策。由此可见，绩效计划是一种强有力的前馈控制手段。

3. 绩效计划是一种重要的员工激励手段

根据弗隆姆的期望理论，组织中激励作用的发挥取决于三个关系：①努力与绩效的关系（成功的可能性）；②绩效与奖励关系（获奖的可能性）；③奖励与目标满足关系（奖励的吸引力）。员工首先判断在当前情况下努力工作能够获得理想的绩效结果的可能性有多大，因为绩效具有多因性，员工的工作绩效不仅取决于其工作积极性，还受其能力水平、工作条件等因素的影响。在现有的条件下员工经过努力能够实现的目标是最具激励性的目标，过高或过低的目标都不利于员工积极性的发挥。而在绩效计划中的绩效目标是通过上下级的充分沟通，根据员工的能力水平制定的具有一定心理挑战性的工作目标，因此，这是一种重要的员工激励的手段。

4. 绩效计划能够促进员工的个人职业生涯发展

职业生涯是一个人在其工作生活中经历的一系列职位、工作或职业以及与之相关的价值观、工作态度、工作动机变化过程的总称。绩效计划有助于员工个人的职业生涯发展。制定绩效计划，首先要对组织内的工作岗位进行工作分析，从而才能更好地设置职务和职位，但这并不是一成不变的。针对不同能力和潜力的员工，在组织战略目标的框架下，可以提出不同的目标要求和绩效标准，使之对员工具有激励性，给员工一个适合自己的发展空间。员工在绩效计划的指引和激励下就会不断取得进步，达到物尽其用、人尽其才，获得个人职业生涯的成功与发展。管理者要善于将绩效计划与员工的个人职业生涯规划结合起来，对没有职业生涯规划的员工，管理者要以绩效计划为契机，帮助他们制定生涯规划，对已有打算的员工，管理者则要善于将其规划与组织计划目标结合起来，对员工的职业生涯规划和组织绩效计划进行完善和修订。

5.1.3 绩效计划的制定者

绩效计划是一个员工全面参与管理、明确自己的职责和任务的过程。在制定绩效计划过程中，不仅管理者要参与，而且组织当中的每一位员工都应参与其中，绩效计划是由管理者和员工双方共同制定的。

在绩效计划的制定过程中，人力资源部门的角色是组织者、辅导者和监督者，人力资源管理专业人员主要负责制定绩效计划的框架，并提供必要的指导和帮助；部门主管或员工的直接上级由于掌握职位信息，则是绩效计划的具体制定者和实施者，是绩效计划的最终责任人；员工作为推动绩效计划实施的核心主体，主要扮演参与者和实施者的角色。

作为绩效计划主体的管理者和被管理者（员工），在绩效计划制定过程中所承担的责任是不同的，管理者的主要职责是要明确以下内容：

- 组织整体的目标是什么？
- 为完成整体目标，所在的部门的目标又是什么？
- 为了达到部门的目标，对员工的期望是什么？
- 针对员工的工作应该制定什么样的标准？
- 完成工作的期限应该如何制定？
- 员工在开展工作过程中有何权限与资源？

而被管理者（员工）的主要职责包括：

- 自己对工作目标和如何完成工作的认识；
- 工作中可能会遇到的困难和问题；
- 需要组织给予的支持和帮助。

5.1.4 绩效计划的内容

绩效计划是在新的绩效周期开始时，管理人员和员工经过讨论，就员工在新的绩效周期内要做什么、为什么、需要做到什么程度、应何时做完、员工的决策权限等问题进行识别、理解并达成绩效目标协议的过程。具体而言，在员工的绩效计划中至少应该包括以下内容：

- 本次绩效周期内所要达到的工作目标和任务；
- 本岗位在本次绩效周期内的工作要项；
- 衡量工作要项的关键绩效指标；
- 关键绩效指标的权重；
- 工作结果的预期目标；
- 工作结果的测量方法；
- 关键绩效指标的计算公式；
- 关键绩效指标的计分方法；
- 关键绩效指标统计的信息来源；
- 关键绩效指标的考评周期；
- 在达成目标的过程中可能遇到的困难和障碍；
- 各岗位在完成工作的时候拥有的权力和可调配的资源；
- 组织能够为员工提供的支持和帮助以及沟通方式；
- 其他需要说明的事项和要求。

列入绩效计划的内容一般都是本岗位职责范围内的重点工作。根据工作属性、职责范围和工作特点，纳入绩效计划的重点工作可分为两类：常设性重点工作和阶段性重点工作。常设性重点工作一般指一年中的每个月度或大多数月度都要开展和实施的重点工作。阶段性重点工作一般指实施完成的工作在时间上具有较为明显的阶段性或时段性特点的重点工作。

5.1.5 制定绩效计划的程序

绩效计划的制定者是管理者与被管理者，绩效计划的制定过程是管理者经营业绩目标的层层分解的过程，也是管理者与被管理者之间就关键绩效指标、权重和目标值等进行沟通并达成一致的过程。

1. 绩效计划制定的组成要素

制定绩效计划，需要管理者和员工之间进行充分沟通，明确关键绩效指标、工作目标及相应的权重，参照过去的绩效表现及组织当年的业务目标设定每个关键绩效指标的目标指标及挑战指标，并以此作为决定被评价者浮动薪酬、奖惩、升迁的基础。同时，绩效计划还帮助员工设定一定的能力发展计划，以保证员工绩效目标的实现。在绩效计划的制定中，主要有以下的组成要素。

（1）被评价者信息。通过填写职位、工号及级别，可将绩效计划及评价表格与薪酬职级直接挂钩，便于了解被评价者在组织中的相对职级及对应的薪酬结构，有利于建立一体化的人力资源管理体系。

（2）评价者信息。便于了解被评价者的直接负责人和管理部门。通常，评价者是按业务管理权限来确定的，常常为上一级正职或正职授权的副职。

（3）关键职责。关键职责是设定绩效计划及评价内容的基本依据，提供查阅、调整绩效计划及评价内容的基本参照信息。

（4）绩效计划及评价内容。这包括关键绩效指标与工作目标完成效果评价两大部分，它用以全面衡量被评价者的重要工作成果，是绩效计划及评价表格的主体。

（5）权重。列出按照绩效计划及评价内容划分的大类权重，以体现工作的可衡量性及对组织整体绩效的影响程度，并便于查看不同职位类型在大类权重设置上的规律及一致性。

（6）指标值的设定。对关键绩效指标设定目标值和挑战值两类，以界定指标实际完成情况与指标所得绩效分值的对应关系。对工作目标设定的完成效果评价，则主要按照工作目标设定中设置的评价标准及时间进行判定。

（7）绩效评价周期。绩效计划及评价表格原则上以年度为周期。针对某些特定职位，如销售人员、市场人员等，根据其职务和应完成的工作目标等具体工作特点，也可以月度或季度为评价周期，设定相应指标。

（8）能力发展计划。制定能力发展计划，是以具体技能知识的方式，将组织对个人能力的要求落实到人，让员工明确了解为实现其绩效指标需要发展什么样的能力、怎样发展，以实现组织和员工的持续成长与发展。

2. 绩效计划制定的步骤

制定有效的绩效计划，应该遵守一定的程序和步骤。与一般计划的制定一样，绩效计划的制定也要经历准备阶段、沟通阶段和制定阶段。总结企业制定绩效计划的经验，把绩效计划的制定全过程具体化，可分为以下十大步骤。

第一步，全员绩效管理理念培训。绩效管理要想真正走向成功，真正为组织战略的实现提供保障，就必须让每个员工都理解并接受绩效管理。因此，在制定绩效计划初期必须首先通过全员绩效管理理念的培训，让员工真正理解和掌握绩效管理的基本理念和目标追求，让每个员工认识到，参与绩效管理既是每个员工的权利，也是每个员工的基本义务。只有这样，才有可能真正做到全员参与、主动参与，为绩效计划的有效制定奠定坚实的基础。

第二步，诠释组织的发展目标。绩效管理是为组织战略服务的，绩效计划是建立在组织战略发展目标基础上的，绩效计划在某种意义上就是对组织发展目标的层层分解。各级管理者和员工都应该了解组织的战略，了解组织发展的具体目标。组织领导诠释组织的发展目标，可以增强员工的主人翁意识和主动精神。员工对组织发展目标了解得越多，就越容易认同组织的发展目标，通过层层分解，最终形成各个岗位的绩效计划与目标。

第三步，将组织发展目标分解为各个部门的特定目标。部门目标来自于组织战略目标的分解。组织的发展目标不仅可以分解到生产、销售等业务性部门，而且对于财务、人力资源等业务辅助性部门，其工作目标也与整个组织发展目标紧密相连。管理者要善于根据组织的发展目标分解出本部门的目标。有了部门目标，才能够进一步分解制定每个员工的岗位目标。

第四步，员工为自己制定绩效计划草案。在明确了各个部门的目标之后，员工应该对自己岗位的工作描述进行回顾，重新思考职位存在的目的和主要工作职责。在清楚了解自己岗位的主要工作职责之后，员工要根据部门的目标，结合自身实际，草拟自己的绩效计划与目标。绩效计划的主要内容不仅包括工作任务目标，还包括要达到的绩效具体标准、主要评价指标、工作目标的权重、工作结果的测量方法等。这一环节对于制定绩效计划非常重要，一方面可以培养员工的绩效计划意识，另一方面也可以了解员工对自己、对岗位、对绩效计划的认知和定位。

第五步，部门管理者审核员工制定的绩效计划。员工制定的绩效计划往往存在不切合实际或者不够具体等情况。部门管理者要善于发现绩效计划的问题所在，分析员工把绩效目标定得过高或过低的原因，利用SMART原则分析员工制定计划和目标的有效性，并应提出初步修改意见。

第六步，管理者与员工就绩效计划进行沟通。部门管理者和员工都应该高度重视绩效计划的沟通，双方应该确定一个专门的时间用于绩效计划的沟通。沟通应在一种、平等、宽松的气氛下进行，应该把沟通的焦点集中在解决绩效计划制定中存在的突出问题和达成共识上。沟通时，可先由员工阐述自己绩效计划制定的出发点和关注点，再由管理者提出组织和部门的目标要求以及员工绩效计划中存在的问题，双方不断地进行友好性协商，以便就关键问题和指标达成共识。

第七步，管理者与员工就绩效计划达成共识。绩效计划的制定过程结束时，管理人员和员工应该能以同样的答案回答关于绩效指标、绩效标准等重要问题，以确认双方是否对绩效计划达成了共识。管理者与员工要对绩效计划达成共识的内容主要有：

- 员工在本绩效管理周期内的工作任务职责有哪些？
- 员工的具体工作任务目标有哪些？
- 员工的这些工作任务目标是否满足SMART原则？
- 员工的工作任务目标重要性如何，权重如何？
- 哪项目标是最重要的，哪些是次要的？
- 对员工的评价，主要指标有哪些？
- 员工在行动过程中可能会出现哪些主要障碍？
- 管理者会对员工提供哪些帮助？
- 员工在绩效计划实施过程中，遇到困难如何解决？

第八步，明确界定评价指标以及具体评价标准。让每个员工都非常清晰地了解自己岗位的具体评价指标，了解关于这些指标的数据来源、计算方式、计分方法、要达到的具体量化标准等。很多企业的员工由于自己岗位的评价指标及标准等不清楚、不熟悉，从而导致整个绩效管理工作流于形式，达不到目的。事实上，员工对本岗位的绩效评价指标、评价标准、评价方式等越了解，他就越清楚工作的重点和工作的具体目标，这样完成绩效计划的可能性才会更大。

第九步，管理者协助员工制定具体行动计划。如果说绩效计划说明的是我们想要做的事情，那么行动计划则说明我们怎样去实现绩效计划。每个绩效计划都要有一个具体的行动计划做支撑，管理者要善于协助员工就绩效计划制定详细周密的行动计划。同时，在绩效计划的执行过程中，管理者还应该及时监控员工行动计划的实施情况，并给员工提供必要的绩效辅导和帮助，以保证绩效计划目标的实现。

第十步，最终形成绩效协议书，双方签字认可。绩效计划制定的最后一步，就是形成一个经过双方协商讨论达成共识的绩效协议书（也叫绩效计划书）。绩效协议书中应该包括员工的工作目标、主要工作结果、衡量工作结果的指标和标准、各项工作所占的权重、每项工作目标的主要行动计划等内容。绩效协议书主要在于明确当事人的绩效责任，并且部门负责人和员工都要在该协议书上签字认可。关于绩效协议书（绩效计划书）的编写及格式，本章5.5节将会进一步详细介绍。

5.2 绩效目标的确定

确定绩效目标是整个绩效管理的起点，同时也是制定绩效计划的首要任务。绩效目标（performance objective/performance goal）是组织目标与绩效管理实践相联结的纽带，在具体的绩效管理实践中得以贯彻和体现。绩效目标在绩效管理中也称为目的或责任，它为绩效评价提供基本的评价标准和评价依据。制定明确的绩效目标不仅有助于员工理解自己工作的角色、价值和贡献，同时也能促进员工自我管理、自我发展的能力和意识。因此，制定一个明确的、与组织目标相一致的绩效目标是非常重要的。

5.2.1 绩效目标的来源

绩效目标的设立主要来源于组织的战略目标、经营理念，同时还要受到部门与岗位职责、工作流程及外部市场状况的影响。在设定绩效目标时，管理者一般应该根据组织总体目标或上级部门的目标，围绕本部门业务重点或职责，制定本部门的工作目标计划，保证部门工作目标与组织的总体目标相一致。然后，在部门内部，管理者根据各个职位应负的责任，将部门目标层层分解到具体的责任人，形成每个岗位的绩效目标。具体而言，绩效目标有以下三种主要来源。

（1）源于组织战略目标或部门目标。部门的绩效目标主要来源于部门所承担的组织目标，员工的绩效目标大多数来源于部门和主管的绩效目标，只有这样才能保证每个员工都按照组织要求的方向去努力，组织的战略目标才能真正得到落实。这一来源渠道体现各个岗位的绩效目标对组织和部门目标的支撑作用。

（2）源于部门及岗位职责。部门与岗位职责具体描述了一个部门或岗位在组织中所发挥的作用或扮演的角色，即这一部门或岗位对组织的贡献或产出是什么。在很多情况下，对部门或岗位绩效目标的设定，都是通过归纳总结所在部门及岗位的职责提出的。一般的做法是，首先对部门和岗位职责进行梳理和归纳总结，得出该部门或岗位的工作要项，再把工作要项具体化、明确化，最好能量化，即可形成具有可操作性的部门或岗位的绩效目标。

（3）源于客户的需要。客户是组织赖以生存的基础，组织视客户为上帝，一切为了客户，对于企业而言，尤其强调对客户利益和需要的关注。因此，在设定部门或岗位绩效目标时不应忽视客户的需要，只有满足了客户利益，企业的利益才能最终得到满足。当然，在现代组织中，客户不仅仅指组织外部的客户，也包括组织内部的客户。因为组织是由若干部门和岗位组成的，这些部门或岗位通过分工与协作，共同完成组织的目标。根据组织内的业务流程关系，如果一个部门或岗位为另一个部门或岗位提供产品或服务，则后一个部门或岗位就是前一个部门或岗的客户。比如在企业组织中，许多职能部门如人力资源部门、财务部门等都是为生产、销售等业务部门提供服务和支持的，因此，这些职能部门在制定部门和岗位绩效目标时就不得不考虑其服务对象的需要和期望。

【阅读案例 5－1】　　目标的激励

有人曾做过这样一个试验，即组织了 3 组人，让他们分别向 2 万米外的一个村庄步行。

第一组的人对村庄的名称和路途的长短几乎一无所知，他们被告知只需跟着向导走就行了。刚走出四五千米就开始有人叫苦，走了一半时有人几乎要愤怒了，他们抱怨为什么要走这么远，何时才能走到。离终点只余下三四千米时，有人甚至坐在路边不愿意走了。坚持走到终点的只有一半人左右。

第二组的人知道村庄的名称与路程，但路边没有里程碑，他们只能凭经验估计到终点的时间与距离。走到一半的时候大多数人就想知道他们已经走了多远，有经验的人说："大概走了一半的路程。"于是大家又继续向前走，当走到全程的 3/4 时，大家情绪低落，觉得疲惫不堪，而路程似乎还很长，当有人说"快到了"时大家又振作精神加快了步伐。

第三组的人不但知道村庄的名称、路程，而且公路上每隔 1000 米就有一块里程碑，人们边走边看，每缩短一千米大家便感到一阵快乐。行程中他们用歌声和笑声来消除疲劳，情绪一直很高，所以很快就到达了目的地。

这个故事告诉我们，当人们的行动有明确的目标，并且将自己的行动与目标不断加以对照，清楚自己的行动进度和与目标的差距时，行动的动机就会得到维持和加强，人们会自觉克服一切困难，努力去达到目标。

资料来源：马作宽主编，《组织绩效管理》，中国经济出版社 2009 年版，第 30～31 页。

5.2.2 绩效目标的组成

绩效目标作为绩效管理的基础，主要由绩效内容和绩效标准组成。

1. 绩效内容

绩效内容界定了员工的工作任务，即员工在绩效评价期间应当做什么样的事情，它包括绩效项目和绩效指标两个部分。绩效项目是指绩效的纬度，即要从哪些方面来对员工的绩效进行评价，一般情况，组织绩效评价项目包括工作业绩、工作能力和工作态度等。绩效指标则是指绩效项目的具体内容，是对绩效项目的分解和细化，比如某一岗位员工的工作能力可以细化为分析判断能力、沟通协调能力、组织指挥能力、开拓创新能力、公共关系能力以及决策行动能力等六项具体的指标。通常对于工作业绩设定指标时，可从数量、质量、成本和时间四个方面考虑；对于工作能力和工作态度，则因部门或和岗位的差异而有所不同。绩效项目分解、细化为绩效指标，有助于保证绩效评价的客观性。

2. 绩效标准

绩效标准是指与其相对应的每项目标任务应达到的基本绩效要求。绩效标准明确了员工的工作要求，即对于绩效内容所界定项目和指标，员工应当怎样来做或者做到什么样的程度。绩效标准的确定，有助于保证绩效评价的公正性。

绩效标准通常是针对特定职务工作而言的，目标是针对个人或团队设定的，而标准则是针对工作和岗位制定的，绩效标准反映了职务本身对员工的要求。绩效标准主要受制于职务标准与职能标准。职务标准与职能标准共同规定了该职务的工作内容、任职者素质等方面的要求，其中，职务标准对应的是在工作中表现出来的工作绩效，这种绩效可能直接反映在工作业绩上，也可能间接反映在工作能力和工作态度上；职能标准实际上是一种任职资格，因此，职能标准往往用于对员工工作能力和工作潜力的评价，多用在对部门及部门负责人的评价上。

绩效目标、绩效内容与绩效标准的关系如图 5－1 所示。

5.2.3 确定绩效目标的原则

1. SMART 原则

SMART 原则主要包括：①明确的（Specific），即绩效目标的描述要具体明确，切忌笼统含混；②可衡量的（measurable），设定的绩效目标应该是可以衡量和评估的，评价的数据或者信息是可以获得的；③可实现的（Attainable），所制定的绩效目标在付出适当的努力后是可以实现的，而不是遥不可及的；④相关的（Relative），绩效目标必须是与具体工作密切相关的；⑤限时的（Time-bound），绩效目标应当有明确的时间限制。

2. FEW 原则

绩效目标的制定除了满足 SMART 原则要求以外，还必须遵守 FEW 原则。F 代表的是 Focus

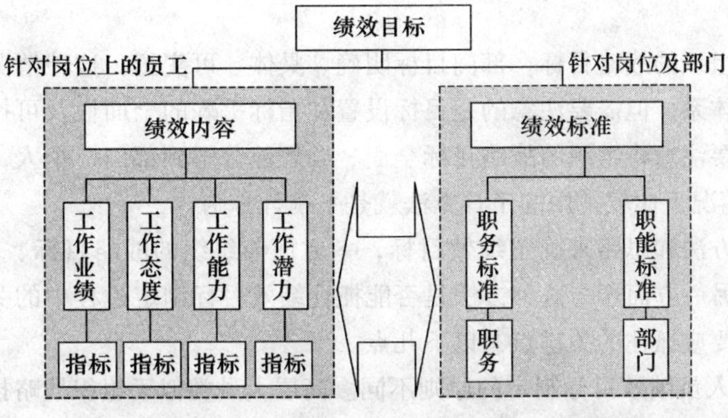

图 5－1　绩效目标与绩效内容和绩效标准的关系

on Main Area，即指员工的目标应该集中在主要方面，而不必面面俱到，尤其是例行工作应该排除在目标之外。一般来讲，员工的绩效目标不应超过 6 条。E 代表的是 Employee Join in，即指在制定目标时，必须有员工的参与，这样的目标才有实现的可能。W 代表的是 Weight Grade，即指在员工不同的目标之间，应该有不同的权重，应该突出重点目标。

3. 责权一致原则

设置的绩效目标应当是在本人职责范围内可以控制的事项，如果不是本人 职责范围内可以控制的事项，则要征得主管的同意和支持，否则会导致绩效目标无法完成和实现。比如许多组织的成本中心的成本控制往往都是由预算严格控制的，不在员工本人控制的范围，因此，成本控制就不宜作为绩效目标。又比如有些企业的定价权由市场部门统一控制，销售人员只能对销售量负责，销售收入就不能作为销售人员的绩效目标。

4. 客户导向原则

客户导向是指组织的各项工作都是以客户为中心，把满足客户需求作为一切工作展开的目标和方向。客户利益至上是市场经济条件下组织赖以生存的基础，如何为客户创造价值是组织的首要任务，如果设定的绩效目标不是直接或者间接地为客户提供更多有价值的产出，就是没有意义的工作产出。

5.2.4　确定绩效目标的方法

在确定绩效目标时，通常会遇到以下两种情况。

一种情况是组织的战略目标、部门目标可能不是很明确、具体和可实行。这时在建立绩效目标时，需要以组织各部门职责和职能战略（或者说是目标）为重点，以岗位职责为基础，从上往下在工作业绩、工作态度、工作行为、个人素质、工作量等方面来设计绩效指标体系。但指标体系设计必须从整体上满足组织管理和发展需要，要做到上下一贯性，即指标和目标值的设定仍然需要以组织发展需要为基础进行，而不能出现个人业绩完成得很好而部门或组织业绩很差的现象。

另一种情况是组织的战略目标、部门目标明确、具体、可实行。这种情况是比较容易建立相关绩效目标及指标体系，但需要注意的是目标设置和指标提炼的全面性及可操作性，也就是在设计绩效管理体系时要注意将组织的战略目标全面、合理地分解到部门、个人，使战略目标得以顺利"落地"。这种情况下比较常用的工具方法就是平衡计分卡。

选择什么样的方法和思路来确定绩效目标，一方面与组织的战略目标、部门目标是否明确、具体、可行有关，另一方面还与这种方法是否能抓住绩效目标制定过程中的关键点有关。在确定绩效目标过程中主要应抓住的关键点有以下几点。

（1）不同层级人员绩效目标制定的原则不同。高层人员类似于组织战略指标的制定，使用平衡计分卡从四个维度进行个人绩效目标的制定。而对于一般的基层人员，更多地从具体的岗位职能职责进行指标的提炼。

（2）绩效目标不同于工作计划，需要严格遵循 SMART 原则。不论是组织、部门还是个人的绩效目标，目标的个数在 5～8 项最为适宜，太多就会成为具体的工作计划，也会冲淡绩效目标的导向作用。

（3）绩效目标背后支撑的是组织的相关制度、规范，是制度规范的综合体现。许多管理者在制定绩效目标时试图把所有的工作要求、规范逐项体现在绩效目标中，这是一种认识的误区。应当记住：绩效管理不是唯一的，不是万能的，不能代替一切，必须与制度管理、团队管理、计划管理等结合起来。

（4）绩效目标的建立是一个"先建立后完善"的过程。组织在建立各级部门及个人绩效目标时，应先要求各级主管人员熟悉或掌握组织、部门及其岗位的工作流程、工作技巧，然后以此为基础逐步优化绩效目标，尽量做到简洁、有效，不一定要非常完美。

（5）绩效目标一定是管理者与员工双方沟通后确认的指标。在分解与建立绩效目标过程中，上级主管一定要与下属进行充分的沟通，使下属认同个人绩效目标，这一点最为重要。如果缺少双方沟通交流确认绩效目标的环节，就无法确认双方是否达成一致意见，那么绩效管理也就失去了最初推行的意义。对于业绩类指标有一定特殊性，指标下达时也需要双方相互沟通，但是沟通的内容不应当再是指标值的大小，而是达成指标的方式方法。比如企业中的多数销售类指标都是硬性下达的指标，在这种情况下，双方的沟通重点是如何完成和实现这些指标。

总之，在绩效管理的过程中，要注意绩效目标是否按照规定流程进行制定、方式选择是否合理、是否能够将组织的战略指标顺利落实到部门、个人，还要注意在绩效目标设置过程中，是否注意到了一些关键控制点。通过这种方式建立起来的绩效目标和评价指标体系，才能真正使绩效管理具有导向性和可操作性，才能保证最终绩效评价结果的有效性。

5.2.5 确定绩效目标应注意的问题

在确定绩效目标时，应同时确定评价绩效的指标和标准。各级主管必须清晰地认识到这一点，只要确定一个目标，就必须有衡量目标的指标和标准，否则就无法对目标进行控制。除此之外，在确定部门的绩效目标时，还应该注意以下几个方面。

1. 重结果还是重过程

部门负责人除了带领部门员工圆满实现部门目标之外，绩效评价的过程也应该合乎规范。比如，美国安然事件的发生告诉我们，公司在绩效管理方面过分看重各类报表结果的好坏，而忽视对过程的监控，致使为了要达到目的，公司有很好的报表，但其中的过程却出现了偏差。从绩效管理来讲，只看结果有时候是很危险的，要注意整个过程是否符合组织的利益或道德规范，部门管理者在进行绩效评价时，也要注意过程中的正当性，而不能只注重结果。

2. 重员工认同还是重管理者认同

要让员工对他的绩效目标有很强烈的认同感，要让员工深深的认识到绩效的设定是他可以达成的，这是部门管理者要做的激励工作。员工要达到目标，可能会有一些困难，必须由部门管理者适当地给予协助。在很多企业，员工会把目标达到与加薪联系起来，即绩效完成之后是否有其他的奖励措施。非人力资源部门的管理者可以提出意见，而不要直接向员工承诺，这一点要特别注意，因为整个评价结果受到什么样的奖励、奖励程度如何等组织是要通盘考虑的，不能为了某一部门却不顾整体。

3. 重团队精神还是重个人表现

部门绩效的评价是希望部门整体有一个良好的表现，所以注重团队精神的培养，不一定需要超级明星，而是希望有超级团队。在做绩效规划的时候，部门管理者不能只培养一个或少数几个非常优秀的明星，致使部门没有达到组织规定的目标，这样的结果是没有意义的。所以对于部门负责人而言，绩效评价的重心就应该放在部门绩效上，而不是培养明星员工。毕竟只有各部门的绩效综合起来才会有组织的整体绩效，组织发展了，然后才会有调薪升迁的人事决策，组织的发展与员工个人的发展是相辅相成的，彼此是相互离不开的。

5.3 绩效评价指标体系的设计

5.3.1 绩效评价指标体系的演变

现代企业的绩效评价起源于美国。它主要有两个源头：一个是 19 世纪末期美国铁路的财务报表分析；另一个是 20 世纪初期美国银行的企业信用分析。财务报表分析是早期企业内部评价运用最广泛的模式，实际上就是传统的以财务报表为蓝本，以简单的财务结果为测评指标的绩效测评的雏形。而银行信用分析是银行对贷款企业的信用和偿债能力的分析，通常除了考虑企业的财务报表外，还在一定程度上勘察企业的生产经营能力和发展前景。

在美国，随着股市的发展，外部的企业测评逐渐由银行的信用分析发展到投资评价。其中最著名的是亚历山大·华尔于1928年提出的综合比率分析体系。他选择了七个财务比率指标：流动比率、资产/固定资产比率、净资产/负债率、应收账款周转率、存贷周转率、固定资产周转率、自有资本周转率，每个指标分别人总评价的一定比重，并确定了标准比率，依此给企业打分，按权重相加得出总评分。这是一套衡量企业财务稳健性和综合支付能力的测评模式。

后来，随着公司的发展成熟，企业的经理为了得到银行、投资者及公众对本企业的青睐和支持，开始把原来流行于企业外部的评价方式引入到公司内部，和原有的财务报表分析结合，成为企业整体绩效测评的流行模式。其中，最著名的是杜邦公司创造的杜邦财务分析体系。

杜邦财务分析体系和华尔的综合评价法是20世纪前半时期企业自身绩效测评的核心体系。它们仍然都是以财务报表为依据，重点在于企业的盈利能力和偿债能力。20世纪中叶，著名管理学家彼得·德鲁克提出了目标管理的方法，建议企业把组织的整体绩效目标转换为部门和员工个体的绩效目标。这使得企业的绩效评价开始向下分解到内部各成员的绩效评价。不过．绩效评价指标仍然以财务成果指标为核心。

随着企业的发展和经济的繁荣，传统绩效评价体系的不足逐渐暴露出来。由于没有关注到企业的内部流程，传统绩效评价体系不能发现企业工作流程中的管理问题，也不能保证企业朝着自己的战略目标健康发展。于是，企业界在绩效评价指标上加入了动态性的成长能力指标，包括销售增长率、净利润增长率和人均净利润增长率，它们各占一定的比重。这类成长能力指标与传统的盈利能力、偿债能力指标约按2∶5∶3的比重分配权重。

看到用财务指标评价公司与员工绩效的作用有限，甚至还有很多缺陷，1951年GE公司开始开发新的绩效评价指标。GE公司除了盈利性指标外，挑选了市场份额、生产效率、员工积极性、公众反应、短期和长期经营指标等作为关键绩效指标。不过GE公司的这次变革受到巨大的阻力，收效甚微。

到了20世纪90年代，美国一些具有远见的学者和企业咨询专家开始把绩效评价引入内部流程和战略管理领域，力图更大限度地发挥绩效评价的作用。其中罗伯特·G·英格尔斯（Robert G. Eccles，1991）提出建立企业的客户满意度指标；普华会计事务所的约瑟夫·A内斯和托马斯·G·库克扎（Joseph A. Ness & Tomas G. CucHzzla，1995）开发出基于活动的成本核算法（ABC），从会计体系方面为企业绩效测评提供了新的基础，并在企业得到应用。克利斯托弗·梅尔（Christopher Meyer，1994）提出了把程序测评指标纳入企业绩效测评体系，使绩效评价可以发现企业内部流程中的管理问题。

在此基础上，哈佛大学商学院卡普兰教授和复兴全球战略集团的创始人兼总裁诺顿通过研究于1992年提出了平衡计分卡的思想，并对绩效评价如何支持组织战略提出了创造性的观点。迄今为止，平衡计分卡的理念在世界范围得到了广泛的传播和应用，并成为绩效管理和绩效评价指标体系设计的主流思想。

5.3.2 绩效评价指标的构成与分类

1. 绩效评价指标的构成

只有通过评价指标，评价工作才具有可操作性。绩效评价指标在绩效管理过程中扮演着双重角色，既是对部门和员工具体绩效状况的客观反映，又是组织和部门意志和要求的体现，即既是“晴雨表”，又是“指挥棒”。

绩效评价指标一般包括以下四个构成要素。

（1）指标名称：对评价指标的内容做出的总体概括（如销售收入、利润、合格品率等）。

（2）指标定义：指标内容的操作性定义，用于揭示评价指标的关键可变特征（如销售收入是指到账资金）。

（3）标志：用于区分各个级别的特征规定（如优秀、良好等）。

（4）标度：对标志所规定的各个级别包含的范围做出规定，即用于揭示各个级别之间差异的规定（如95分以上为优秀）。

绩效评价指标的标志和标度往往是一一对应的，就像一把尺子上的刻度和规定刻度的标准一样。因此，我们通常把两者统称为评价尺度（“尺”即标志。“度”即标度）。评价指标举例如下（如表5-1所示）。

表5-1 评价指标举例

指标名称	协作性				
指标定义	在与同事一起工作时表现出来的合作态度				
标　志	S	A	B	C	D
标　度	合作愉快	肯合作	尚能合作	偶尔合作	我行我素

评价尺度的类型一般可分为四种。

① 量词式的评价尺度：采用带有程度差异的形容词、副词、名词等词组表示不同的等级水平，如“较好、好、一般、差、较差”。

② 等级式的评价尺度：使用一些能够体现等级顺序的字词、字母或数字表示不同的评价等级，如“甲、乙、丙、丁”、“1、2、3、4”等。

③ 数量式的评价尺度：用具有量的意义的数字表示不同的等级水平。数量式的评价尺度包括离散型（使用规定的整数）和连续型（可以在规定的区间内使用小数）两种（如表5-2、表5-3所示）。

表5-2 离散型指标举例

评价指标	指标定义	标度（尺度）				
计划能力	能够有计划、有步骤地完成领导交给的工作，使本业务领域的工作与整个部门的工作目标相匹配	0分	3分	6分	9分	12分

表 5－3　　连续型指标举例

评价指标 ＼ 标志（尺度）	5～4.5	4.4～4	3.9～3.5	3.4～3	3 分以下
协作性	很好	尚可	一般	较差	很差

④ 定义式的评价尺度：用描述性语言文字内容作为标度，即用文字表述各个标度的具体差别。

2. 绩效评价指标的分类

绩效评价指标体系按照不同的标准可以进行不同的分类，常见的分类有根据绩效评价的内容分类的，有根据能否量化分类的，也有以“特质、行为和结果”分类的。

（1）根据绩效评价的内容分类。根据绩效评价内容可把绩效指标分为以下三类。

①工作业绩评价指标。工作业绩就是工作行为所产生的结果，表现为完成工作的质量指标、数量指标、工作效率指标、成本费用指标等。

②工作态度评价指标。工作态度在一定程度上决定了一个员工的实际工作业绩，为了对员工行为进行引导以达到绩效管理的目的，在绩效评价中引入对工作态度进行评价的指标，一般来说，不同的工作态度会产生不同的工作绩效。

③工作能力评价指标。不同的职务对人的工作能力要求是不同的，需要在绩效评价时设计相应的能力指标，并通过能力指标引导、鼓励员工提高与工作相关的能力。

（2）根据是否能够量化可把绩效评价指标分为硬指标和软指标。

硬指标指的是那些可以以统计数据为基础，把统计数据作为主要评价信息，建立评价数学模型，以数学手段求得评价结果，并以数量表示评价结果的评价指标。使用硬指标可以免除个人经验和主观意识的影响，具有相当的客观性和可靠性。借助于电子信息技术，可以有效地提高评价的可行性和效率。不过，当评价所依据的数据不够可靠，或者评价的指标难以量化时，硬指标的评价结果就难以保证客观和准确了。在实践中，硬指标往往表现为缺乏灵活性。

软指标主要是指通过人的主观评价才能得出评价结果的评价指标。实践中，人们用专家评价来指代这种主观评价的过程。所谓专家评价，就是由评价者对系统的输出做出主观的分析，直接给评价对象进行打分或者做出模糊判断（如很好、好、一般、不太好、不好等）。这种评价指标完全依赖于评价者的知识和经验，容易受主观因素的影响。所以，软指标的评价通常由多个评价主体共同进行，以尽量减少主观因素的影响。随着信息技术的发展和模糊数学的应用，软指标评价技术获得了迅猛的发展。

在实践中，通常会把软指标评价与硬指标评价结合使用，以提高绩效评价结果的科学性和实用性。一般在数据比较充足的情况下，以硬指标为主，辅以软指标进行评价；在数据比较缺乏的情况下则以软指标为主，辅以硬指标进行评价。值得注意的是，软指标与非量化指标并非一个概念，软指标和硬指标的区分强调的是评价方式上的差异，而量化指标和非量化指标则强调评价结论的表现方式上的差异。

(3) 根据"特质、行为、结果"分类。在很多理论和实证研究中，采用"特质、行为、结果"这三类指标进行绩效评价体系的设计是一种比较常见的方式。

①特质。适用于对未来的工作潜力做出预测。但特质指标将注意力集中在短期难以改变的人的特质上，不利于绩效改进，因为没有考虑情境因素，预测效度较低，不能有效区分实际工作绩效，员工易产生不公平感。

②行为。适用于评价可以通过单一方法或程序化的方式实现绩效标准或绩效目标的岗位。这类指标需要对那些同样能够达到目标的不同行为方式进行区分，以选择真正适合组织需要的方式，这一点是十分困难的。

③结果。适合于评价那些可以通过多种方法达到绩效标准或绩效目标的岗位。但结果有时不完全受评价对象的控制，因此容易诱使被评价者为了达到一定的结果而不择手段，使组织在获得短期效益的同时丧失长期利益。

5.3.3 绩效评价指标的选择依据和方法

1. 绩效评价指标的选择依据

(1) 绩效评价的目的。绩效评价的目的是选择绩效评价指标的一个非常重要的原则。能够用于评价某一个职位的绩效评价指标往往是很多的，但选择不可能面面俱到，否则就失去了操作性，丧失了评价意义。评价是为目的服务的，不同目的评价的侧重点是不同的。比如绩效评价的目的是为职位晋升提供依据，则评价指标应注重对员工能力和潜力指标的选择，如果评价的目的是为了分配奖金和调整薪酬，则应注重对工作业绩指标的选择。

(2) 工作内容和绩效标准。每个评价对象的工作内容和绩效标准都是通过将组织的总目标分解成分目标落实到各个部门，再进行进一步的分工而确定的。绩效评价指标应该体现这些工作内容和绩效标准，从数量、质量、时间、成本上赋予评价指标一定的内涵，使绩效评价的名称和定义与工作内容相符，指标的标度与绩效标准相符，这样的绩效评价指标方能引导员工的行为，使员工的行为与组织的目标一致。

(3) 取得评价信息的便利程度。为了使绩效评价工作顺利进行，应能够方便地获取与评价指标相关的统计资料或其他信息。因此，所需信息的来源必须稳定可靠，获取的信息方式应简单可行，只有这样，绩效评价指标体系才是切实可行的。由此可见，选择绩效评价指标不得不考虑取得评价所需信息的便利程度。

2. 选择绩效评价指标的方法

(1) 工作分析法。科学的管理必须建立在详尽分析的基础之上。工作分析是人力资源管理的基础职能，是对工作本身基本的分析过程。工作分析是确定完成各项工作所需履行的责任和具备的知识及技能的系统工程，它的主要内容包括职位说明和对人员的要求。在制定绩效评价指标的过程中进行工作分析，最重要的是分析从事某一职位工作的员工需要具备哪些能力和条件，职责和完成工作任务应以什么指标来评价，这些能力和条件及指标中哪些比较重要、哪些不太重要，并对不同的指标完成情况进行定义，这种定义事实上构成了绩效评价指标的评价尺度。

（2）个案研究法。个案研究法是指对某一个体、群体或某一组织在较长时间里连续进行调查研究，并从典型个案中推导出普遍规律的研究方法。常见的个案研究有典型人物（事件）研究和资料研究两种。典型人物（事件）研究是以典型人物的工作情境、行为表现、工作绩效为直接对象，通过对他们的系统观察、分析研究来归纳总结出他们所代表群体的评价要素。资料研究是以表现典型人物或事物的文字材料为研究对象，通过对这些资料的对比分析和总结，归纳出评价要素。

（3）问卷调查法。问卷调查法是由设计者根据需要，把要调查的内容设计在一张调查表上，写好填表说明和要求，分发给有关人员填写，收集和征求不同人员意见的一种方法。问卷调查法按答案的形式可以分为开放式问卷和封闭式问卷两大类。开放式问卷没有标准化答案，被调查者可以根据自己的意愿自由回答。封闭式问卷一般则分为是非法（要求被调查者做出“是”与“否”的回答）、选择法（从并列的两种假设提问中选择一项）、排列法（对多种可供选择的方案按其重要程度排出名次）、计分法（列出几个等级分数，要求被调查者进行判断选择）。

（4）专题访谈法。专题访谈法是指研究者通过面对面的谈话，用口头沟通的方式直接获取有关信息的研究方法。专题访谈的内容应主要围绕以下三个问题展开：

- 你认为担任该职位的员工最基本的要求是什么？
- 该职位的工作特点是什么？
- 检验该职位的工作成效的主要指标是什么？

研究者通过分析汇总访谈资料，可以获取许多极其宝贵的材料。

（5）经验总结法。经验总结法是通过众多专家的经验总结，提炼出规律性的研究方法。一般又可分为个人总结法和集体总结法。个人总结法是根据绩效指标体系制定者的个人经验选择绩效评价指标的方法，而集体总结法则是由绩效管理工作小组或团队根据多人经验和沟通情况选择绩效评价指标的方法。

【阅读案例5-2】　　某公司档案室的KPI设置与绩效提升

某大型企业的档案室管理有一些问题：档案不齐，往往借不到有关档案（问题出在不能及时归档）；提档困难，经常需要等待很长时间才能取出档案；服务质量差、态度差，由于档案室比较偏僻，几个管理人员比较悠闲。工作人员有一定背景，在没出什么大问题的情况下，公司出于各方面考虑，一方面不便于做得太绝，另一方面档案室毕竟是个次要的地方，领导们也没有精力过问它的管理情况。现在，上级进行档案管理升级，公司面临两种选择：一是通过加强内部管理和少量的必要投入，二是按照国家标准进行大的改造，配备专业人员。公司最终通过绩效管理体系设立一项持续系统提升的KPI指标以及办公软件系统的个别模块调整，在几乎没有额外投入的情况下，出乎意料的达到了目的。

这条KPI指标非常简单："平均提档时间"，公司在绩效管理项目组的协助下，首先测定目前档案室的平均提档时间是37分钟，给档案室设定这项KPI（6个月内只有这一项），每个月的目标是降低4分钟。为了便于数据统计和考核中的"放水"，对原来可以自由选择使用的办公自动化中的"网络申请提档模块"，规定为必须使用，并且进行了优化，提交申请的同时，系统自动计时，交接档案签字时自动结束计时。

这条KPI生效后，档案室的管理发生了质的变化，在指标的牵引下，管理人员自发地加强了几个方面的工作：强化了档案催交制度的执行，分部门落实催交责任制，对到期档案主动实施催交；加强档案室的内部5S管理，清理档案柜、档案袋，清扫卫生，完善标签，优化查找和行走路线，完善标志和检索系统等等。在半年时间里，通过有限的投入（3个人的绩效奖），圆满完成了档案管理达标升级的任务，并且大家公认这个效果是稳定的、可持续的，是以往的靠投入和运动式的达标升级所不能比拟的。

资料来源：吴向京，《定义KPI——卓越绩效的基石（二）》，《中国电力企业管理》，2010年第1期。

5.3.4 绩效评价指标权重的确定

绩效评价指标权重的确定过程，就是对系统评价指标进行排序的过程。对于既定的绩效评价指标体系，权重体系不同，其评价的结果往往不同。对决策者来说，权重反应了决策者的偏好、组织的要求及环境的影响。绩效评价指标权重确定的准确与否，直接决定了评价结果的信度和效度。

权重确定的方法有很多种，各自使用不同的基本原理，比如熵值法是根据样本数据自身的信息特征做出的权重判断；模糊聚类分析法则是基于样本模糊数据的相似性，对评价指标群体做出相对重要程度分类。

在绩效评价指标体系的权重确定中，考虑到指标的数量、处理的便利和确定方法的实用性，我们主要使用主观判断和定量处理相结合的方法，即首先由专家根据自己的知识、经验、智慧、信息和价值观对指标重要性做主观判断，然后通过各种方法对判断结果进行定量处理，将重要性量化为具体的权重值，使之能直接应用于指标值的计算。由此可见，主观判断法只是获取指标相对重要性的初步信息的方式，最终的指标权重还需要通过定量处理方法才能便于使用。

1. 主观判断方法

（1）专家个人意见法。专家个人意见法是最简单的主观判断方法，它是熟悉绩效评价的专家决策者个人根据自己的经验和对各项评价指标重要程度的认识，从权重设定的引导意图出发，对各项评价指标的重要性进行主观判断，这种方法基本上是个人经验决策。

（2）专家会议法。专家会议法是通过组成评价专家组来判断，避免由于个人意见带来的弊端。专家组成员包括人力资源管理部门的人员、绩效评估专家以及相关的其他人员。根据不同的评价对象和目的，为保证权重的科学性，专家构成可以不同。专家会议法可靠性较高，集中众人的意见能弥补个人知识、经验、信息的不足，也可减少专家个人价值观的影响，但也存在耗费时间和精力、容易产生从众心理、盲从权威等弊端。另外，这种方法对会议主持人的业务素质、语言引导技能和控制局面的能力要求较高。

（3）德尔菲法（Delphi Method）。德尔菲法是以书面形式背对背地分轮征求和汇总专家意见的一种主观预测方法。首先成立专家小组，向所有专家提出所要征询的问题，要求专家们采用匿名方式进行答复。然后通过中间人或协调员把第一轮预测过程中专家们提出的意见集中起来加以归纳后反馈给他们，这一过程重复进行三四轮，直到每一个专家不再改变自己的意见为止，这时专家的意见也趋于一致，决策过程结束。德尔菲法与专家会议法不同，德尔菲法既能发挥专家会议法的优点，即充分发挥各位专家的作用，集思广益，准确性高，又能把各位专家之间的意见和分歧点表达出来，取各家之长，避各家之短。

（4）名义小组法。所谓名义小组法，就是请相关考绩专家或有经验的现场管理人员构成一个小组，小组成员互不通气，也不一起讨论、协商，小组只是名义上的。管理者首先把要解决的问题的关键内容告诉小组成员，并请他们独立思考，要求每个人尽可能地把自己的想法和意见写下来。然后依次陈述自己的观点和意见。在此基础上，由小组成员对提出的全部备选意见进行投票，根据投票结果，赞成人数最多的备选方案即为所要的结果。

2. 定量处理方法

（1）交互式分析法。交互式分析法，也叫权值因子法，是运用权值因子判断表对设计的各个指标进行比较，并评估分值来确定权重的方法（如表 5－4 所示）。交互式分析法的实施方法如下。

①将行因子与列因子进行比较，采用三分值时，重要的指标为 3，同样重要的指标为 2，不太重要的为 1 分。

②将统计结果折算为权重。

表 5－4　　采用交互式分析法设定指标权重

	指标一	指标二	指标三	指标四	指标五	指标六	指标七	指标八	指标九	指标十	合计（D）	权重＝D/P
指标一	—	1	1	2	1	1	1	2	2	3	14	7.78%
指标二	3	—	2	1	1	1	1	2	2	2	15	8.33%
指标三	3	2	—	2	1	1	1	2	2	3	18	10.00%
指标四	2	3	2	—	1	1	1	2	3	3	18	10.00%
指标五	3	3	3	3	—	1	2	3	3	3	24	13.33%
指标六	3	3	3	3	3	—	2	3	3	3	26	14.44%

续表

	指标一	指标二	指标三	指标四	指标五	指标六	指标七	指标八	指标九	指标十	合计（D）	权重 = D/P
指标七	3	3	3	3	2	2	—	3	3	3	25	13.89%
指标八	2	2	2	2	1	1	1	—	3	3	17	9.44%
指标九	2	2	1	1	1	1	1	1	—	3	13	7.22%
指标十	1	2	1	1	1	1	1	1	1	—	10	5.56%
合计（P）											180	100%

无论采取何种方法确定指标的权重，指标的权重必须符合下列原则：

- 所有指标权重之和为 100%；
- 单个指标或目标的权重不小于 5%；
- 各指标或目标权重比例应该呈现明显差异，避免出现平均分配权重比例的状况。一般而言，对组织战略重要性高的指标或目标权重高，对被评价者影响直接且影响显著的指标或目标权重高，权重分配在同级别、同类型岗位之间应具有一致性，并兼顾各个岗位的独特性。

（2）层次分析法。层次分析法（Analytic Hierarchy Process，AHP）是美国匹兹堡大学运筹学家沙蒂（T. L. Saaty）教授于 20 世纪 70 年代提出的一种多目标决策分析方法。这一方法的基本原理是将决策者的经验判断给予量化，从而为决策者提供定量形式的决策依据，在被评价系统结构复杂且缺乏必要数据的情况下更为实用，是一种定量与定性相结合的分析方法。

应用 AHP 方法计算指标权重系数，实际上是在按照评价指标体系内在的逻辑关系，以评价指标（因素）为代表构成一个有序的层次结构，然后针对每一层的指标（或某一指标域），运用专家的知识、经验、信息和价值观，对同一层或同一域的指标进行两两比较对比，确定层次中诸因素的相对重要性，并按规定的标度值构造比较判断矩阵。再由组织者计算比较判断矩阵的最大特征根，解特征方程，从而确定决策方案相对重要性的总排序。

（3）三维确定法。三维确定法认为决定一个指标权重的主要因素有三个：在现有资源配置和条件下该指标的可实现程度、该指标的重要程度、该指标的紧急程度。只有三者综合考虑才能得出合理的权重系数。其操作步骤是：

- 指标采用“五点打分法”，从三个维度打分；
- 指标在三个维度上的得分相乘，得出该指标的综合分数；
- 指标的综合相加，再计算每个指标综合分数在总综合分数中所占的比例；
- 最终得到每个指标的权重。

三维确定法的示例如表 5－5 所示。

表5-5 三维确定法示例

序号	指标名称	重要程度	紧急程度	可实现性	综合得分	权　重
1	培训规划总经理批准时间	3	4	5	60	0.26
2	核心员工平均培训时间	3	3	5	45	0.20
3	普通员工平均培训时间	2	3	3	18	0.08
4	培训计划达成率	3	3	3	27	0.12
5	培训费用控制率	5	2	4	40	0.17
6	培训考试合格率	3	3	2	18	0.08
7	合格内部讲师数量	2	3	2	12	0.05
8	内部计量费用	1	1	3	3	0.01
9	宣传费用控制率	2	2	2	8	0.03
合　计					231	1

5.3.5 绩效评价指标体系的设计原则

1. 科学性原则

科学性原则主要体现在理论和实践相结合以及所采用的科学方法等方面。绩效评价指标体系是理论与实际相结合的产物，在理论上要站得住脚，同时又能反映评价对象的客观实际情况。设计评价指标体系时，首先要有科学的理论做指导，使评价指标体系能够在基本概念和逻辑结构上严谨、合理，抓住评价对象的实质，并具有针对性。无论采用何种定性或定量方法，建立何种系统模型，都必须是客观的抽象描述，抓住最重要的、最本质的和最有代表性的东西。事实上，对客观实际抽象描述得越清楚、越简练、越符合实际，其科学性就越强。

2. 系统优化原则

绩效评价指标之间往往是互相联系和互相制约的。有的指标之间有横向联系，反映不同侧面的相互制约关系；有的指标之间有纵向关系，反映不同层次之间的包含关系，体现出很强的系统性。绩效评价指标体系的设计应采用系统的方法，统筹兼顾各方面的关系，确定合理的数量关系，达到绩效评价指标体系的整体功能最优。

3. 通用可比原则

通用可比原则是指对不同时期以及不同对象之间的比较，既包括纵向比较，也包括横向比较。纵向比较是指同一对象的不同时期的比较，横向比较则是指不同对象之间的比较。如果评价指标体系不具有通用可比性，那么绩效评价结果将无法区别不同岗位、不同部门之间的绩效差异，这将直接导致绩效反馈及绩效改进难以做到和实现，也使绩效评价失去意义，因此，在绩效评价指标设计过程中一定要体现通用可比原则。要做到评价指标的通用可比，一般要使各项评价指标、各种参数的内涵和外延保持稳定，用以计算各项指标相对值的各个参照值（标准值）也应保持不变。

4. 实用性原则

实用性原则指的是设计的绩效评价指标应具有实用性、可行性和可操作性。要做到实用性原则，首先，设计的评价指标要“少而精”，指标要简化，计算方法要简便，尽量减少或去掉一些对评价结果影响甚微的指标。其次，数据要易于获取。评价指标所需的数据易于采集，无论是定性评价指标还是定量评价指标，其信息来源渠道必须可靠，并且容易取得。第三，整体操作要规范。各项绩效评价指标及其计算方法、各项数据都要标准化和规范化。另外，还要严格控制绩效数据的信度和效度。

5. 目标导向原则

绩效评价的目的不是单纯为了评出名次或优劣程度，更重要的是为了引导和鼓励被评价对象向着组织所期望的方向和目标发展，使员工的行为和表现与组织战略所期望的相一致。因此，绩效评价指标的设计要以组织目标和部门目标为导向，通过设计合理的绩效评价指标体系，并使指标的实现和完成与其薪酬、晋升、发展等挂钩，从而起到引导、控制被评价对象行为的目的，保障组织战略和目标的顺利实现。

5.3.6 绩效评价指标体系的设计步骤

设计并建立组织绩效评价指标体需要以下基本步骤。

（1）通过工作分析和业务流程分析确定绩效评价指标。组织首先要根据组织规模、行业特点和绩效评价目的等，选择适当的提取各个层面的评价指标，建立初步的绩效评价指标库。进行工作分析和业务流程分析是建立健全的绩效评价指标体系的有效方法，但这种方法并不适用于所有的组织。工作分析和业务流程分析需要以健全的组织机构和较高的管理水平为基础展开，同时，因需要较多的资料，对操作者的专业素质要求较高，执行成本比较高，一般适合于规模较大、发展趋于稳定又亟待建立系统绩效指标体系的组织。对于一些组织机构不很健全、规模不大、发展不太稳定的组织或企业，我们可以参考确定通用指标，再加上对组织的整体把握建立初步的绩效指标库。

（2）初步划分绩效评价指标的权重。结合组织的战略目标和各个层次的绩效目标，按照对绩效目标的影响程度对绩效指标进行分档。比如可按照“非评价不可、非常需要评价、需要评价、需要评价程度低、几乎不需要评价”等进行分档，对初步的评价指标库进行筛选。

（3）通过各个阶层的管理者与员工之间的沟通，确定绩效评价指标体系。在确定了绩效指标权重，并对绩效指标库进行初步筛选之后，需要让绩效评价的利益相关者参与确定最终的绩效评价指标体系。让利益相关者参与绩效评价指标体系的设计和建立，可以增强评价主体和评价对象对绩效指标的认可度，有利于绩效管理工作的展开。

（4）进一步修订和完善绩效评价指标体系。为了使确定好的绩效评价指标更趋合理，还应对其进一步修订和完善。修订和完善可分为两种情况，一种是评价前的修订。通过专家调查法，将所确定的评价指标提交给领导、专家及咨询顾问，征求他们的意见，修改和补充指标体系。另一种是评价结束后修订和完善。根据绩效评价及其结果的应用等情况进行修订，使评价指标体系更加理性和完善。

5.4 绩效评价周期的确定

5.4.1 绩效评价周期及其类型

绩效评价周期（performance appraisal cycle），也叫绩效评价期限，就是指多长时间进行一次绩效评价。绩效评价是对员工在绩效周期内工作表现进行的评价，由于是周期性开展的工作，因此包含如何合理设定评价周期的问题。很多时候，评价周期是一个比较容易忽视的问题，很多人认为评价周期就应当是一个会计结算周期。虽然这样做的确存在一定的合理性，但并不是所有人员都适合这一做法。绩效评价周期的确定与评价指标本身、组织特征、职位类型等都有关系，是在综合考虑组织内外诸多影响因素的基础上确定的。

关于绩效评价的周期，理论上能够实时评价是最理想的，但在实践中实时评价是很难做到的。不过，绩效评价的周期越来越短是一个趋势，随着绩效评价理论的成熟、信息技术的发展以及财务统计方法和途径的进步，绩效评价的周期会变得越来越短。

绩效评价周期通常分为定期评价（如每周、旬、月度、季度、半年、年度等）和不定期评价两种。在实践中，较为理想的评价周期为月度评价和季度评价。半年度和年度评价主要是针对一些特定职位或部门（如部门经理、公司副总经理，研发部门等），而如果对一般的岗位或部门采用半年度或年度评价，就会造成评价节点工作量巨大，因时间跨度太长而导致近因效应进一步放大，失去部分激励效果等弊端。

5.4.2 影响绩效评价周期的因素

绩效评价周期的确定，要考虑到以下几个方面的影响因素。

1. 组织的业务特点

组织的性质和所从事的业务特点是确定组织绩效评价周期首先应考虑的因素。对企业而言，业务特点在很大程度上取决于企业所处的行业，不同行业的生产周期不同，这种生产周期会导致企业和员工的绩效随之呈现周期性变化。因此，在确定组织绩效评价周期时应结合组织行业特征和业务特点，比如生产和销售日常消费品的企业，其业务周期一般较短，可以将评价周期确定为一个月，对一些业务周期更短的企业（如计件生产企业）中，甚至每天要对绩效进行检查评价。在一些生产大型设备的企业或提供项目服务的企业，绩效改进很难在短期内见成效，因此绩效评价周期应当长一些，一般可以以半年或一年作为评价周期，特殊情况下评价周期也可适当延长。

2. 职位类型

不同的职位由于工作内容是不同的，绩效评价周期也应当有所不同。一般来说，职位的工作绩效比较容易评价时，绩效评价周期相对可以短一些，比如生产岗位的绩效评价周期相对于管理岗位的绩效周期就要短一些。当职位的工作绩效对组织的整体绩效影响比较大时，其绩效评价周期往往要短一些，这样有助于及时发现问题并进行改进，以免给组织造成严重后果。比如销售岗位的绩效评价周期就应当比后勤岗位的周期要短一些。

3. 评价指标本身的性质

不同的绩效评价指标，其性质是不同的，评价的周期也应当不同。一般来说，性质稳定的绩效评价指标，评价周期相对要长一些；反之，评价周期相对就要短一些。比如员工的工作能力比工作态度相对要稳定一些，因此能力指标的评价周期相对于态度指标就要长一些。

4. 评价标准

在确定评价周期时，还应当考虑到绩效标准及其性质，也就是说评价周期内的时间应当能够保证员工经过努力有可能达到这些标准。一般情况下，绩效评价标准定得比较高或比较苛刻，评价周期就应适当放宽，以便员工有足够的时间来达到标准，完成任务，实现目标。比如“销售额为 50 万”这一标准，按照经验需要 2 周左右的时间才能完成，而组织把评价周期定为 1 周，员工根本就无法完成；如果定为 4 周，又非常容易实现。在这两种评价周期下，对员工的绩效进行评价事实上是没有意义的。

5. 绩效管理实施的时间

绩效管理的实施需要一个过程，绩效管理系统的完善不能一蹴而就，需要经过几个绩效周期的经验积累，不断从以前绩效周期的管理中吸取教训并总结经验。刚开始实施绩效管理时，评价周期不能过长。随着绩效管理实施时间的推进，评价周期应该是越短越好，但绩效周期短又意味着绩效管理成本高，这种情况下，考虑到成本问题，在绩效管理系统成熟后可以逐渐延长绩效评价周期。

5.4.3 绩效评价周期的划分依据

对于绩效评价周期的划分，常用的划分依据主要有以下几种。

1. 按照评价对象的层级来确定

评价对象职位层次高，工作复杂程度高，对能力、智力和素质的要求也高，其相应的绩效反映周期就越长；反之，职务层次低，工作要求相对简单，其绩效反映周期就短。因此，高层领导的绩效评价往往以半年或1年为周期，中层管理人员的绩效评价周期为半年或季度，专业人员的绩效评价周期为季度或月度，操作类人员的一般为月度评价。

这种按照评价对象的层次确定评价周期的办法，优点在于层次分明，针对性强。局限性在于未能顾及组织情境和管理方式，划分太细，不利于评价的统一组织。同时，由于上下级采用不同评价周期，如果操作不当，很可能导致绩效目标难以落实。

2. 按照绩效评价目的和用途确定

绩效管理主要出于战略、管理和开发目的，其用途一是考核评价，即通过评价，客观反映组织、部门和员工的真实绩效状况；二是检查反馈，即通过检查和反馈挖掘组织和员工的潜力，解决绩效管理过程中出现的问题。评价强调的是准确，往往要求对员工在评价期间的表现进行分析，且对照事先确定的标准或要求进行比较。这种评价结果往往是为了薪酬分配的需要，因此，评价周期可能会相对较长一些。而检查则从挖掘员工的潜力人手，着眼在过程管理和问题解决，因此，评价周期相对较短，甚全可能放在每天。一般情况下，高层领导的评价周期一年一次，半年进行回顾；中层、基层员工的评价周期按季度或月度进行检查，年终进行总评；而操作类员工则每月评价一次，年底综合评价。除了绩效管理的周期外，很多组织还有单独的任职能力评价、潜力评价等，这些评价也需要根据不同的评价目的确定不同的评价周期。

3. 按照业绩反映期的长短划分

根据组织的实际情况，也可以设定以业绩评价为本的评价周期。比如，在实行目标管理的组织中，以实现组织阶段性目标的周期作为评价周期，根据实际情况，可以是一年或更长，也可以是半年或者每季每月进行评价。对于实行合同制管理的组织，可以以整个合同期作为评价的周期，也可将合同期划分为若干阶段作为评价区间。对于实行承包制或项目制的组织，则可以将整个承包期或项目周期作为评价的周期，也可将承包期或项目期划分为若干阶段作为评价区间。

另外，在设定评价周期时，还需要考虑到组织自身一直沿用的评价周期，如果组织过去一直沿用的是某一种评价周期而且大家也都非常赞同现有的运作方式，并且评价的信度和效度都不错，那就不一定非要进行改变与调整，这也是考虑到实际操作和成本问题。

5.4.4 不同岗位和不同部门绩效评价周期的确定

通常情况下，岗位和部门不同，绩效评价周期也会不一样的。下面针对组织尤其是企业中不同岗位和不同部门的几类人员的绩效评价周期进行讨论，以便为组织和企业确定这些人员的评价周期提供参考。

1. 中高层管理人员

对中高层管理人员的绩效评价周期，实际上就是对整个组织或部门的经营与管理状况进行全面评价的过程，这种战略实施和改进计划的效果不大可能短期就可以取得成果的。因此，对中高层管理者的绩效评价周期应适当放长一些，一般为半年或一年，并且随着管理人员层级的提高，绩效评价周期也应逐渐延长。另外，对于大型企业的中高层管理人员来说，绩效评价周期一般要比小型企业的中高层管理人员的评价周期长，因为大型企业的 高层管理者无论是制定战略还是实施战略，都会由于组织的复杂性而需要更长的时间。

2. 营销或业务人员

对于营销人员的评价，往往是组织中最易量化的环节，因为其评价指标通常为销售额、回款率、市场占有率、客户满意度等所谓的“硬指标”，这些指标都是经营运作所关注的重要指标，作为组织管理层，需要及时获取这些重要的信息并做出调整或决策。因此，对营销人员的绩效评价周期，可根据实际情况尽可能缩短，一般为月度或季度评价，或者先进行月度再进行季度评价。

3. 生产系统的员工

对于生产系统的员工，出于对质量和交货期的强调，多重视短期激励，因此，采用的绩效评价周期一般都较短。当然，对于生产周期比较长的生产制造系统员工，如大型设备制造等，由于市场周期普遍较长，因此，考虑到评价周期与指标周期的匹配性问题，可以适当延长评价周期，按照生产批次周期来进行评价，年底时再以年为单位进行评价，即每个批次开始的时候制定目标，批次或阶段结束的时候进行评价，年底算总账。

4. 售后服务人员或技术服务人员

售后服务人员的绩效与销售业绩有着密切的关系，因此，服务人员的评价周期应与业务人员一样，尽可能缩短。同样地，车间技术服务人员的评价周期也要与生产系统人员的评价周期挂钩。

5. 研发人员

组织的研发部门普遍存在评价周期与指标周期不匹配的现象，而对研发人员的评价指标，一般为任务完成率和项目效果评估，因此一般采用绩效评价周期迁就研发指标周期的做法，即以研发的各个关键节点（如概念阶段、立项阶段、开发设计阶段、小批试生产阶段、定型生产阶段等）作为绩效评价的周期，年底再根据各个关键节点和项目完成情况进行综合评价。另外，研发工作不能急功近利，组织应当为研发人员尽量创造宽松、稳定的研发环境，而不应增加太多的管制，如果采用常规的绩效评价周期进行考核，有可能造成研发人员的逆 反心理，这样不但分散了研发人员的精力，影响研发进度，还有可能使研发人员疲于应付考核，使得考核效果适得其反。因此，以研发工作的各个关键节点作为评价周期对研发人员进行评价，既有利于让研发人员集中精力于研发工作，又能公平地评价研发人员的工作成果。

6. 行政与职能人员

通常情况下，行政与职能人员的评价指标和评价标准不像业务人员那样容易量化，因此，行政与职能人员是绩效评价工作的难点。针对行政人员工作的特点，重点应该评价工作的过程行为而非工作的结果，因此评价周期应该适当缩短，并采用随时监控的方式，记录业绩状况。实践中，组织对该类人员的绩效评价周期都是以月度评价为主。

5.5 绩效计划书的编制

5.5.1 绩效计划书的内容

绩效计划书是绩效计划的文本形式，是围绕绩效目标和绩效标准而设计的绩效计划的合同文本，也叫绩效合约或绩效合同。绩效计划书类似于个人（部门）的年度工作计划，工作计划的一般构成可以用“5W2H”来表示。

- What（要做什么）——绩效目标是什么？
- Why（为什么要做）——绩效目标是否支撑部门和组织目标？
- When（何时去做、何时结束）——绩效目标的时限。
- Where（在何地做）——在哪里完成？
- Who（由谁来做）——绩效目标的责任人是谁、涉及哪些相关人员？
- How（如何完成）——绩效目标执行的手段或关键措施是什么？
- How much（做到什么程度、需要多大代价）——目标做到什么程度，需要什么资源支持，会有什么障碍或风险？

而作为绩效计划书，则至少应该回答以下四个问题。

- 该完成什么工作？
- 按照什么样的程序完成工作？
- 何时完成工作？
- 花费多少？使用哪些资源？

事实上，绩效计划书的内容就是把绩效计划的内容以协议或契约的方式展现出来，因此，绩效计划书所要回答的上述四个问题如果具体化，就和绩效计划的内容要求基本是一致的，主要包括：本岗位在绩效周期内的工作要项、衡量工作要项的关键业绩指标 、关键业绩指标的权重、工作结果的预期目标、工作结果的测量方法、关键业绩指标的计算公式、关键业绩指标的计分方法、关键业绩指标统计的计分来源、关键业绩指标的评价周期、在达成目标的过程中可能遇到的困难和障碍、拥有的权力和可调配的资源、为员工提供的支持和帮助。

5.5.2 绩效计划书的格式

绩效计划书的格式多好多样，这里列举几个代表性的绩效计划书的内容（如表5-6至表5-10)。无论绩效计划书采用哪种格式，绩效计划的一些基本内容和项目应反映在其中，比如工作要项、绩效目标、权重、完成期限或行动计划等。

表5－6 绩效计划书内容示例一

对应的工作要项	绩效目标	目标的难度等级	潜在的障碍及可能的解决方案	行动计划	实施情况

表5－7 绩效计划书内容示例二

时　间	分阶段目标	行动计划	实施情况	阶段性评语

表5－8 绩效计划书内容示例三

工作要项	目　的	重要性	权　重	潜在障碍	绩效目标	可能的业绩评价指标	行动计划

表5－9 绩效计划书内容示例四

评价项目	项目界定	计算公式	评价指标	配　分	数据来源	评价周期

表5－10 绩效计划书内容示例五

工作要项	主要产出	完成期限	绩效目标	评价来源	所占权重

以表5－10的格式为例，一份完整的绩效计划书如表5－11所示。

表5－11 绩效计划书格式示例

职位编号		职位名称	
所属部门		员工姓名	
评价期限	年　月　日至　年　月　日		

续表

协议内容						
层面	工作要项	主要产出	绩效目标（值）	权重	行动方案（完成期限）	评估来源
财务						
客户						
内部业务流程						
学习与成长						
其他						
备注						
	本部门确认，已理解上述协议内容，并承诺按质量完成绩效任务，以及对自身的工作行为和绩效结果承担相应责任					
本人签字			直接上级签字			
人力资源部盖章			签字日期			

5.5.3 编制绩效计划书的步骤

绩效计划书的格式不同，编制的步骤和环节会有所差异，但基本的步骤是一致的，这里以表5－10的格式为例来说明编制绩效计划书的基本步骤。见图5－2所示。

图5－2 编制绩效计划书的基本流程

1. 通过工作分析明确工作说明书

工作说明书和工作规范是编制绩效计划书的基础，在确定绩效计划书其他内容之前，必须首先梳理和完善已有的工作说明书，尤其是工作内容和工作职责。如果已有的工作说书不能客观地反映当前的工作实际和组织及部门目标的需要，就必须重新进行工作分析，以保证绩效计划书所依据的工作说明书是真实可靠的。

2. 根据工作说明书确定岗位的工作要项

在工作说明书中，岗位工作中所包含的重要工作职责被逐条陈述，这种陈述被称为工作要项。工作说明书中的工作内容和职责是制定工作要项的基础，明确工作要项是为下一步确定工作

（岗位）标准做准备的。表5－12、表5－13是两个提取工作要项的实例。

表5－12　　工作要项提取实例一

职位名称：法律事务管理
工作说明书中列出的工作职责： 1. 负责处理公司内外各项法律事务，处理公司内外法人授权事宜 2. 审查公司对外各种合同、协议，提出修改意见 3. 参与重大经济合同的谈判与签约工作 4. 负责公司法人授权委托书，公司合同印章和用印管理 5. 建立合同统计台账，负责合同文本管理和归档，监督、检查、指导基层单位合同管理 6. 办理公司及其下属单位的工商营业执照、企业代码证的注册登记、年检及相应的法律文书等事宜 7. 指导公司各单位的普法工作，建立并健全法律事务档案
工作要项： 1. 处理法律事务　2. 审查管理合同　3. 参与谈判　4. 办理营业执照　5. 普法

表5－13　　工作要项提取实例二

职位名称：秘书
工作说明书中列出的工作职责： 1. 速记口述文件 2. 撰写日常信件 3. 拆封并整理来信 4. 打电话及接电话 5. 安排会务 6. 安排出差 7. 整理各类公文档案 8. 打印 9. 约会提醒 10. 接待来访客人
工作要项： 1. 笔录　2. 打字　3. 电话　4. 信件　5. 接待访客　6. 档案

3. 把工作要项转化为绩效标准

绩效标准是在管理者和员工双方沟通协调取得认同的基础上制定出来的。让员工参与制定他们的绩效标准不仅有利于避免双方在评价中产生分歧，而且可以通过员工参与来激励他们达到甚至超过标准。表5－14就是一个把工作要项转化为绩效标准的实例。

表 5－14　　秘书岗位的绩效标准的实例

工作要项	绩效标准
打　字	1. 依据听写或手稿打字 2. 打印的文件不得看出涂擦痕迹 3. 无错别字或文法错误 4. 工作能够按时完成
信件、报告	1. 黄色副本一份交撰稿人，绿色副本归档 2. 如他人索取，可打印并向该人提供白色副本
复印资料	1. 复印前由上级主管先校读 2. 打印资料索阅表格
表格，分发资料，请购单	1. 依指示打开此等文件 2. 请购单需亲自送交采购部门，将需用时间交代清楚，并掌握回复的时间

绩效标准的确定是编制绩效计划书的关键，也是编制的难点。为了更好地制定绩效评价的标准，我们还需要对绩效评价指标与绩效标准的关系有准确的把握。一般来说，绩效评价指标强调的是从哪些方面对工作产出进行评价，而评价标准注重的是在各项指标上分别应该达到什么样的水平。指标解决的是评估什么的问题，而标准解决的是要求被评估者做到什么水平、完成多少以及达到什么程度的问题。表 5－15 所示的是绩效评价指标与绩效标准的举例。

表 5－15　　绩效评价指标与绩效标准举例

工作产出	类型	具体指标	绩效标准
销售利润	数量	·年销售额 ·税前利润百分比	·年销售额在 20 万～25 万 ·税前利润率 18%～22%
新产品设计	质量	**上级考核：** ·创新性 ·体现公司形象 **客户的考核：** ·性价比 ·相对竞争对手产品的偏好程度 ·独特性 ·耐用性 ·提出的新观点的数量	**上级考核：** ·至少有三种产品与竞争对手不同 ·使用高质量的材料，恰当的颜色和样式代表和提升公司的形象 **客户的考核：** ·产品的价值超过了它的价格 ·在不告知品牌的情况下对顾客进行测试，发现选择本公司产品比选择竞争对手产品的概率要高 ·客户反映与他们见到过的同类产品不同 ·产品使用的时间足够长 ·提出 30～40 个新观点

从表 5－15 可知，绩效评价标准是对绩效评价指标的进一步明确。绩效评价标准根据程度要

求的不同，又可分为基本标准与卓越标准。所谓基本标准，就是合格标准，是对评价对象的基本期望，是通过努力能够达到的水平。每个工作岗位的基本标准，都可以描述为达到某种限度。设置基本标准的目的是判断员工的工作是否能够满足基本要求。是否能够达到基本标准方面的绩效信息，主要用于非激励性的报酬决策，比如基本的绩效工资等。

卓越标准是指对评价对象没有做强制要求，但是通过努力一小部分人能够达到的绩效水平。卓越标准的描述没有限度，达到卓越标准需要超越常人的能力或者努力，或者两者的结合。所以，卓越标准不是人人可以达到的。设置卓越标准的主要目的是识别角色榜样，提供努力的方向。也许随着技术和管理的进步，今天的卓越标准，会成为明天的基本标准。是否达到卓越标准的绩效信息，主要用来决定激励性的待遇，比如额外的奖金、分红、职位晋升等。

表5－16是关于基本标准和卓越标准的举例。通过设置卓越标准，可以让员工树立更高目标，工作更加努力，并通过提高工作能力获得更好的绩效。

表5－16　　基本标准和卓越标准举例

举例职位	基本标准	卓越标准
销售代表	·正确介绍产品或服务 ·达成承诺的销售目标 ·回款及时 ·不收取礼品或礼金	·对每位客户的偏好和个性等做详细记录和分析 ·为市场部门提供有效的客户需求信息 ·维持长期稳定的客户群
打字员	·速度不低于100字/分钟 ·版式、字体等符合要求 ·无文字及标点符号的错误	·提供美观、节省纸张的版面设置 ·主动纠正原文中的错别字
司　机	·按时、准确、安全地将乘客载至目的地 ·遵守交通规则 ·随时保持车辆良好的性能与运行状态 ·不搭载与目的地无关的乘客或货物	·在几种可选择的行车路线中选最有效率的路线 ·在紧急情况下能采取有效措施 ·在旅途中播放乘客喜欢的音乐或在车内放置乘客喜欢的报刊，以消除旅途的寂寞 ·高乘客选择率

4. 把绩效标准转化为绩效目标

绩效标准是针对工作制定的，是要求员工在工作中应该达到的各种基本要求。而绩效目标则针对个人设定的，是在绩效标准的基础上，考虑员工现有的绩效水平，是体现管理者对员工的具体要求。绩效标准反映了职务本身对员工的要求，而绩效目标反映了组织、部门和管理者对员工的要求，往往与组织当前的实际情况紧密相连。

5. 形成绩效计划书

通过上述各环节，绩效计划书的主要构件工作要项、绩效标准、绩效目标等都已确定，再加上工作要项的主要产出、权重及完成期限，就可以最终编制完成绩效计划书。

5.5.4 绩效计划书范例

下面以某企业市场部的大客户经理岗位为例，给出较为详细的绩效计划书范例。该企业市场部大客户经理岗位的主要工作职责及其工作要项如表5－17所示。

表5－17　　某企业大客户部经理岗位的工作职责及其工作要项

职位名称：大客户部经理　直接主管：市场部总经理　绩效期间：2012年8月1日至2013年1月31日	
工作职责：	工作要项：
1. 部门员工的人事安排	1. 人员的安排
2. 员工的奖金核发	2. 发展客户，提高销售额
3. 发展客户，提高销售额	3. 提高客户服务技术
4. 做好产品和销售情况的反馈	4. 完善管理制度
5. 建立和健全本部门管理制度	
6. 控制成本	
7. 提高客户服务技术	
8. 做好与其他相关部门的协调工作	
9. 培训员工，提高业务能力	

该企业大客户经理岗位的绩效标准如表5－18所示。

表5－18　　某企业大客户部经理岗位的绩效标准

工作要项	绩效标准
人员的安排	1. 调整部门内的组织结构，形成新的团队组织结构 2. 充分发挥组织成员的优势
发展客户，提高销售额	1. 完成对大客户的销售目标，销售额达到2.5亿元 2. 发展大客户，数量超过13个 3. 实现较高客户的保持率
提高对客服务技术	1. 建立大客户数据库 2. 做好该数据库与整个公司信息系统的接口工作 3. 保证数据安全
完善管理制度	1. 修订《大客户管理规范》 2. 形成清晰的大客户管理流程

该企业大客户经理岗位的绩效计划书如表5－19所示。

表5－19　　某企业大客户部经理岗位的绩效计划书

职位编号	SXB－006			职位名称	大客户部经理
所属部门	市场部			员工姓名	王××
评价期限	2011年8月1日至2012年1月31日				
协议内容					
工作要项	主要产出	完成期限	绩效目标	评估来源	所占权重
完善管理制度	修订后的《大客户管理规范》	2010年8月底	·大客户管理的责任明确 ·大客户管理的流程清晰 ·大客户的需要在管理规范中得到体现	主管评估	20%
人员的安排	新的团队组织结构	2010年9月15日	·能够以小组的形式面对大客户 ·团队成员的优势能够进行互补和发挥	主管评估 下属评估	10%
发展客户，提高销售额	大客户的数量；销售额； 客户保持率	2011年1月底	·大客户数量达到30个 ·销售额过2.5亿元 ·客户保持率不低于80%	销售记录	50%
提高对客服务技术	大客户数据库	2010年12月底	·大客户信息能够全面、准确、及时地反映在数据库中 ·该数据库具有与整个公司管理系统的接口 ·保证数据安全 ·使用便捷 ·具有深入的统计分析功能模块	主管评估	20%
备　注	本部门确认，已理解上述协议内容，并承诺按质量完成绩效任务，以及对自身的工作行为和绩效结果承担相应责任				
本人签字			直接上级签字		
人力资源部盖章			签字日期		

要点总结

●绩效计划是指在进行绩效管理的组织中，管理者和被管理者在既有组织战略和目标的指导下，设定统一的阶段性目标和一致的绩效标准，并据此建立包含承诺的计划或契约的过程。绩效计划是一个双向沟通的过程，绩效计划特别重视员工的参与和承诺。绩效计划的制定要经历准备阶段、沟通阶段和制定阶段。

●绩效目标主要来源于组织战略目标或部门目标、部门及岗位职责、客户的需要，它由绩效内容和绩效标准组成。

●绩效评价指标一般包括四个构成要素：指标名称、指标定义、标志和标度。评价尺度（标志和标度）的类型一般有量词式、等级式、数量式和定义式。绩效评价指标体系根据评价内容一般可分为工作业绩、工作态度、工作能力、工作潜力四类。

●绩效评价指标的权重确定主要采用主观判断和定量处理相结合的方法。主观判断方法主要有：专家个人意见法、专家会议法、德尔菲法、名义小组法等。定量处理方法主要有：交互式分析法、层次分析法和三维确定法等。

●绩效评价周期通常分为定期评价和不定期评价两种。在实践中，较为理想的评价周期为月度评价和季度评价。影响绩效评价周期的因素主要有组织的业务特点、职位类型、评价指标本身的性质、评价标准以及绩效管理实施的时间。

●绩效计划书是绩效计划的文本形式，是围绕绩效目标和绩效标准而设计的绩效计划的合同文本，也叫绩效合约或绩效合同。绩效计划书编写的关键环节包括：工作分析→工作要项→绩效标准→绩效目标→形成绩效计划书。

思考题

1. 什么是绩效计划？它有哪些特征？
2. 怎样制定绩效计划？结合实例说明制定绩效计划的关键点有哪些？
3. 请描述绩效目标的制定原则。
4. 什么是绩效评价指标？它由哪些要素构成？
5. 绩效评价指标的选择方法有哪些？试比较之。
6. 怎样确定绩效评价指标的权重？
7. 结合实例谈谈绩效评价指标体系应当如何设计？
8. 影响绩效评价周期的因素有哪些？
9. 请结合自己熟练的岗位编制一份绩效计划书。

案例分析

中州宏达玻璃有限公司的绩效考评权重

中州宏达玻璃有限公司是一家面向中低档玻璃市场，生产压延、平板玻璃为主的小企业，全公司600多人，资产4000万元。其前身是中州市霞山玻璃厂（一家建厂时间很长的集体企业），1997年因经营不善倒闭，1998年山东福达集团经过考察，决定利用已倒闭的霞山玻璃厂的剩余资源实施低成本扩张，因此福达集团总经理联合了几位投资人共同注入资金，盘活了原有资产，以股份制形式重新成立了中州宏达玻璃有限公司，由福达集团实际经营。

宏达玻璃公司成立初期，由于市场需求供不应求，企业一直运作良好，1998～2000年初盈利700万元，但2000年5月市场下滑，企业中存留着计划经济时一些做法，尤其是观念落后，思想僵化，缺乏市场竞争意识等逐渐暴露出来，随着市场需求持续下降，竞争愈来愈激烈，公司存货积压现象越来越严重。看到这种情况，公司领导心急如焚，公司董事长、总经理一致认为必须改善管理以挖掘潜力降低成本，同时加大市场开发的力度，解决库存积压和流动资金紧缺问题。2000年7月康平被任命为新的销售副总经理，对公司销售部进行整顿，以实现公司两个战略目标中的市场开发目标。

康平到任后对从原销售部副总、科级以上干部直至企业各环节的普通职工都进了详细的访谈，同时带领部分业务员对安徽、浙江、上海、山东等部分压花玻璃市场进行了调查，全面了解了压花玻璃的市场状况。他认识到全国压花玻璃市场潜力非常大，还有很大的市场空间可供宏达公司发展，巨大的市场机会和公司严重的库存，反映出了宏达公司存在的一些问题。比如，公司销售政策的调整跟不上市场变化，售后服务较差，遇到问题相互推诿，奖罚不明，人浮于事等等。

康平感到，为了尽快回收流动资金、开发新市场，迫切需要变革原来过粗的销售人员的绩效考评制度，特别是改变原来的只按销售量和销售单价这两项指标考评的传统，将指标再细分并对各指标的权重进行合理设定，建立细致的考评指标体系和指标权重体系，将考评结果和销售员的薪酬、晋升联系起来，调动员工积极性。同时完善销售部下属的仓储、搬运、开票等职能科室的考评制度，改善售后服务。

销售部经过充分的讨论将销售员考评的一级指标定为6项：A品德素养；B工作实践；C智力素质；D推销技巧；E销售量；F信用。其二级指标有：A1事业心和进取心，A2责任心，A3真诚；B1资料准备，B2推销次数及时间运用（心理承受）；C1对产品性能掌握程度，C2知识结构及运用（现金意识）；D1谈吐，D2观察力、联想力，D3对顾客心理掌握情况，D4创新精神；E1产品销售数量，E2顾客对推销员满意程度；F1人际关系，F2顾客对产品的满意度。康平认为，这一指标体系是比较完善合理的，涵盖了一个销售员的各方面素质和业绩。但是如何实施还需要一个指标权重体系与之相配合。他思索了很长时间，为了解决公司的现金流问题，尽快减轻库存压力，鼓励员工多销产品，他将一级指标“E 销售量”的权重由原来的25%提高到35%，并将提高的二级指标“E1 产品销售数量”的权重从45%提高到65%。

事实证明，康平的权重调整是非常有效的，考评制度向销售数量的倾斜对行销人员起了导向作用，销售人员远赴云、贵、川、渝等地，借助于当地潜力巨大的压花玻璃市场，三个月销售10万重箱，回收货款380万元。不仅解了企业流动资金短缺的燃眉之急，同时还在当地建立起一个初步的行销网络。到2000年11月，宏达玻璃有限公司已从危机中摆脱出来，销售稳步增长，生产也趋于正常，同时因为生产内部管理的变革，产品成本也有所下降。似乎一切都好起来了。

但是，康平知道这只是刚刚开始，宏达的市场环境仍然很严峻，平板和压花玻璃是低端产品，生产技术简单，几乎没有什么进入壁垒，众多的竞争者也正不断的降低成本，争夺市场份额，市场的饱和是迟早的事。作为销售副总经理，他考虑的是在2001年如何守住宏达的已有市场，如何正确分析全国各地区市场走势，如何提高顾客满意度、完善售后服务。

康平意识到，只有通过考评制度来激励、引导销售员，销售部的设想才能达到，他又把目光落在考评指标的权重上。上次的目标很简单，只是要求优先考虑销售数量，但这次想达到这么多的目标，他应该怎样调整这6项一级指标和15项二级指标的权重呢？

【问题】

1. 康平怎样调整这6项一级指标和15项二级指标的权重才能实现他确定的新目标？
2. 你认为销售部确定的销售员考评指标体系是否完善？
3. 如果你是康平，下一步将打算怎么做？

资料来源：赵曙明主编，《绩效管理与评估》，高等教育出版社2004年版。

第 6 章

绩效执行

年龄、时间、职位、环境都不是成功与否的决定因素，马上行动才是成功的关键。

——玫琳凯·艾施（Mary Kay Ash）

本章学习目标

- 理解绩效执行的含义及其影响因素
- 掌握绩效执行的内容及其关键点
- 理解绩效辅导的内涵及意义
- 掌握绩效辅导的方式方法
- 熟悉绩效辅导的内容及流程
- 理解理解绩效沟通的重要意义
- 学会应用绩效沟通的原则及方法
- 理解绩效信息收集的目的与意义
- 熟悉绩效信息的来源渠道及其内容
- 掌握绩效信息收集的流程与方法

绩效计划、绩效目标只有付诸行动，通过有效地贯彻、落实和执行才能最终实现。绩效执行是绩效管理的第二个环节，也是绩效管理四个环节中耗时最长的一个环节。绩效执行的过程就是组织的管理者对绩效计划持续跟踪、信息记录、数据收集和分析，并且不断进行沟通的过程。要做到有效实施绩效计划，就必须对绩效实施过程进行监控，因此，这一环节有时也称为绩效监控。

6.1 绩效执行概述

6.1.1 绩效执行及其责任分工

绩效执行是指在绩效周期内对绩效目标和绩效计划内容的贯彻、执行过程。绩效执行作为绩效计划和绩效评价的中间环节，对于绩效计划的实施和绩效的公正评价有着极其重要的作用。绩效执行过程不仅要求管理者与员工进行持续不断的绩效沟通，同时这一环节也是管理者记录员工关键事件的主要时刻。绩效执行旨在通过提高个体绩效水平来改进部门和组织的绩效。一个优秀的管理者必须善于通过绩效执行，采取恰当的领导风格，进行持续有效的沟通，指导下属的工作，提高其绩效水平。

在绩效执行阶段，管理者主要承担两项任务：一是通过持续不断地沟通对员工的工作给予支持和帮助，并及时修正工作任务实际完成情况与目标之间的偏差；二是记录员工工作过程中的关键事件或绩效数据，并监督核实相关绩效信息，从而为绩效评价提供真实可靠的信息。在绩效执行过程中，员工则必须承诺已经确定的目标，主动与自己的上级和管理者进行坦率的、经常性的沟通，向上级及时汇报关于绩效目标的最新进展情况。在绩效执行中，员工需要得到持续不断地绩效反馈和指导。在向其上级和管理者寻求绩效反馈和指导时，员工应当扮演一种积极的角色，而不应该一直等到绩效周期结束时才准备接受绩效反馈，也不能等到已经出现严重问题时才寻求上级的指导。绩效执行阶段员工和管理者各自需要承担的主要责任如表 6-1 所示。

表 6-1　绩效执行阶段员工和管理者各自需要承担的主要责任

员　工	管理者（上级）
对达成目标的承诺	观察并记录绩效信息
主动、持续地寻求绩效反馈和指导	更新目标、标准、关键职能和胜任能力
和上级之间的主动沟通和交流 收集和分享绩效信息	提供必要的绩效反馈和指导 提供完成工作的各种支持性资源
通过自我评价为绩效反馈做好准备	激励和强化员工有效行为和取得的进步

6.1.2 绩效执行的影响因素

要有效执行绩效计划的内容，实现绩效计划的目标，首先应明确影响绩效执行的因素。影响绩效执行的因素主要有技术因素、人的因素、环境因素和组织因素。

（1）技术因素。绩效目标体系的建立、绩效管理程序与方法的选择、绩效评价体系的设计与完善等都是技术性较强的工作，需要懂这方面知识和技术的专业人员介入，或者需要对绩效执行人员进行相关知识和技能的培训，以保证绩效执行过程的有效性。

（2）组织因素。绩效执行需要成立专门的绩效管理机构来推进，并配备相应的精兵强将来组织绩效执行过程，协调绩效执行中出现的各种问题。

（3）人的因素。人的因素主要包括高层领导的充分重视与支持，其他各级管理者对于绩效管理理念与方法的掌握和大力推动，不同层级和不同岗位的管理者对自身角色的认识，以及组织所有员工对于绩效管理的正确认识。其中，组织高层领导的高度重视和支持是绩效执行的首要条件。要通过各种途径让组织上下级都知道组织高层对绩效管理工作的态度，了解组织高层管理者对依照这一工作的决心。各级管理者和员工的积极参与，对于成功实施员工绩效管理工作有关键意义。

（4）环境因素。组织实施绩效管理，推行绩效计划，除了克服技术、组织和人的因素之外，还应创造实施绩效管理的良好环境，如组织文化、组织氛围是否有利于制度的实施和绩效管理的落实。员工的评价结果是否能够落到实处等等。要让员工感受到绩效管理给组织和员工带来的利益，一方面使员工感受到绩效管理对自己的工作有帮助，切实提升了工作能力，从而让员工从内心深处认可它；另一方面在组织人事政策上要有效运用绩效评价结果，在员工发展、任命、升迁及薪酬等方面与绩效评价结果挂钩，让绩效评价结果与员工切身利益联系起来。这样，绩效管理工作才有长久的生命力，才能得到员工的广泛支持，不至于走过场和流于形式。

6.1.3　绩效执行的内容及其关键点

绩效执行是以绩效计划为依据，通过提高个体绩效水平来改进部门和组织的绩效。绩效执行的内容和绩效目标是高度一致的，主要包括在确定的绩效周期内员工对绩效计划的实施和完成情况，以及这一过程中的态度和行为。对于不同性质的组织、不同类型的部门、不同特点的职位、不同层级的管理者而言，绩效执行的内容并不是固定统一的，而是要根据实际工作情况的差异具体确定。

绩效执行是否有效，主要取决于绩效辅导水平、绩效沟通的有效性和绩效评价信息的收集及其有效性这三个关键点。

所谓绩效辅导，是指在绩效执行过程中，管理者根据绩效计划，采取恰当的领导风格，对下属进行持续的指导，确保员工工作不偏离组织战略目标，并提高其绩效周期内的绩效水平以及长期胜任素质的过程。通过绩效辅导，不仅能够前瞻性地发现问题并在问题出现之前予以解决，而且还有利于在管理者与员工之间建立良好的工作关系。绩效辅导把管理者与员工紧密联系在一起，使管理者与员工经常性就存在和可能存在的问题进行讨论，共同解决问题，排除障碍，从而达到共同进步和共同提高，实现高绩效的目的。

【管理拾穗6-1】 管理实践中的“波特定律”

波特定律：英国行为学家莱曼·波特（Lyman W. Porter）指出，当遭受许多批评时，下级往往只记住开头的一些，其余就不听了，因为他们忙于思索论据来反驳开头的批评。

定律启示：在很多时候，当下属犯了错误时，领导者都会严词批评一番，有时甚至将员工骂得狗血淋头。在他们看来，似乎这样才会起到杀一儆百的作用，才能体现规章制度的严肃性，才能显示出领导管理者的威严。其实，有的时候过于关注员工的错误，尤其是一些非根本性的错误，会大大挫伤员工的积极性和创造性，甚至产生对抗情绪，这样就会产生非常恶劣的效果。因此，在管理事务中，我们要学会宽容下属和员工的错误。但宽容并不等于是做“好好先生”，而是要设身处地地替下属和员工着想。在批评的同时不忘肯定下属和员工的功绩，以激励其进取心，并有效避免伤害其自尊和自信。一个懂得如何顾全下属和员工面子的管理者，不仅会使批评产生预期的效果，而且还能得到下属和员工的大力拥戴。

企业案例：美国通用电气公司前总裁杰克·韦尔奇认为：管理者过于关注员工的错误，就不会有人勇于尝试。而没有人勇于尝试比犯错误还可怕，它使员工故步自封，拘泥于现有的一切，不敢有丝毫的突破和逾越。所以评价员工的重点不在于其职业生涯中是否保持不犯错误的完美记录，而在于是否勇于承担风险，并善于从错误中学习，获得教益。通用能表现出很强的企业活力，与韦尔奇的这种对待员工错误的方式有莫大的关系。

资料来源：根据 http：//baike. baidu. com/及相关网络资料整理。

绩效沟通是指管理者与员工在工作的过程中分享各类与绩效有关的信息的过程。绩效沟通是绩效管理的核心，它在整个人力资源管理中占据着非常重要的地位。可以说，缺乏了有效的绩效沟通，组织的绩效管理就不能称之为真正意义上的绩效管理，至少在某种程度上是不完整的绩效管理。通过持续有效的绩效沟通，不仅有助于及时了解组织绩效管理上存在的问题，并及时采取应对之策，防患于未然，降低组织的管理风险，同时也有助于帮助员工优化后一阶段的工作绩效，提高工作满意度，从中推动组织整体战略目标的达成。

收集绩效评价信息并确保绩效评价信息的有效性也是绩效执行过程中的一项关键任务。绩效执行过程是整个绩效管理周期中耗时最长的，在这一过程中持续、客观、真实地收集、积累工作绩效信息，对于评估绩效计划的实施情况，客观、公正地评价员工工作，实现绩效管理的战略目的、管理目的和开发目的具有非常重要的意义。如果绩效执行过程不能确保绩效评价信息的有效收集以及所收集信息的有效性，那么绩效评价将无法真正客观反映组织和员工的实际绩效，绩效反馈的结果也将失去意义，整个绩效管理和评价系统的失败也就不可避免。关于绩效辅导、绩效沟通和绩效评价信息的收集，本章后面将会详细介绍。

6.1.3 绩效执行的有效保障

任何计划的有效执行都离不开必要的保障条件和措施，绩效执行也不例外。绩效执行的有效保障主要包括组织领导保障、绩效管理培训保障、激励措施保障以及投入保障。

1. 组织和领导保障

有效的绩效执行离不开强有力的执行机构和领导参与。组织应有专门的机构负责对绩效计划的贯彻、落实和执行，同时，组织的高层领导者也要参与其中，以身作则，体现对绩效管理工作的重视。组织要明确绩效管理系统中的关键参与者，以及他们在其中所扮演的角色和承担的职责。在绩效管理系统中，关键参与者主要涉及组织中的高层领导者、直线管理者、人力资源管理人员和员工，他们在绩效管理系统实施过程中发挥着各自不同的作用。高层领导者是绩效管理系统实施的领导者，他们的支持和参与能为绩效管理系统的实施提供动力。如果得不到高层领导者的认可与支持，绩效执行就有可能遇到各种各样的障碍，这也是目前绩效管理实践中所存在的主要问题之一。直线管理者和员工是绩效执行的主体，他们是绩效管理系统的直接使用者或具体执行者。直线管理者和员工扮演好自己的角色，正确地履行自己的职责，是有效执行绩效计划的根本源泉。

2. 绩效管理培训保障

为了有效实施绩效管理，绩效执行的主要参与者特别是直线管理者和员工，必须理解和接受绩效计划的目标和内容，熟悉绩效管理过程，具有实现绩效管理目的的责任感，掌握绩效管理的方法和技巧。而直线管理者和员工并不是人力资源管理和绩效管理方面的专家，因此，对他们进行绩效管理培训是绩效执行的重要保障，培训的内容及效果是成功实施绩效管理系统的决定因素。绩效管理培训与一般的组织培训在程序与方法上相类似。从培训内容来看，绩效管理培训首先要使直线管理者和员工理解和接受绩效管理系统。绩效管理是一个复杂的系统，涉及许多方面的内容和各个方面的利益，通过培训使直线管理者和员工理解绩效管理系统各要素之间以及与组织其他系统之间的关系，认识到绩效管理系统的意义和价值，在观念和态度上真正接受绩效管理系统。其次，通过绩效管理培训来培养直线管理者和员工的责任感。直线管理者和员工能否自觉地履行自己的职责是绩效管理系统能否顺利实施的关键，培养他们的责任感是绩效管理培训的重要内容。

为了使绩效管理培训取得好的效果，高层领导者对绩效管理培训的支持至关重要，他们的支持会促使受训者更加重视培训，并使培训所需资源得到保障。

3. 激励保障

绩效执行的有效性在很大程度上取决于绩效管理系统的直接使用者或具体实施者的积极性，因此，在绩效执行过程中必须对管理者和员工进行有效的激励。对于管理者，要把他们的工作绩效以及报酬与他们在绩效执行过程中所履行职责的状况联系起来，激励他们更好地履行自己的职责。对于员工，则要不断地进行沟通，让他们了解绩效管理系统实施状况及对组织整体的作用，扮演好积极地绩效沟通和反馈角色。

4. 投入保障

绩效执行要有相应的投入，这些投入不仅包括在人力、物力和财力上的投入，也包括在时间、精力上的投入。由于实施绩效管理系统会产生机会成本，这导致实践中许多组织在绩效管理上总是表现为投入不够或不作为，使得绩效管理系统没有发挥应有的作用。当然，绩效执行的投入也要考虑投入的成本问题，要充分利用便利的技术手段，尽可能消除不必要的活动，以提高绩效管理系统实施的效率。

6.2 绩效辅导

在传统组织中，管理者往往扮演领导者、决策者和监督者的角色，对下属的工作内容了如指掌。而如今的管理者却遭遇了一个难题，随着组织内部的专业分工日益明细、知识型员工的比重不断增加，对管理者的管理水平与艺术提出了更高的要求，那些掌握了专业技能的员工都是各自领域的专家，管理者从前的示范和监督作用似乎难以发挥。在管理者与员工关系发生巨大变化的今天，管理者应重塑自己的角色，实现从“领导”向“导师”转变，特别是在员工完成工作的过程中，管理者应适时提供有效辅导，帮助员工改变工作方法与技能，纠正工作偏差，保证绩效目标的实现。

6.2.1 绩效辅导及其意义

绩效辅导（performance coaching）是管理者根据绩效计划，采取恰当的方法，对下属进行持续的指导，确保员工的工作不偏离组织战略目标，并提高其绩效周期内的绩效水平以及长期胜任素质的过程。绩效辅导贯穿于整个绩效管理过程，在绩效执行阶段表现得尤为重要。在某种意义上说，绩效执行的过程就是绩效辅导的过程。通过绩效辅导，管理者可以及时发现下属工作过程中存在的问题，帮助下属不断改变工作方法与技能，随时纠正下属可能偏离工作目标的行为，从而保证绩效目标的完成。

在整个绩效管理过程中，与员工保持持续、有针对性的绩效辅导具有非常重要的意义。据国际权威机构欧洲公众人事管理调查显示：企业辅导对企业业绩的提升在30% 以上，培训和辅导技术相结合可以使绩效提高88%。而美国的相关调查显示，在所有实行“辅导”制度的公司中，77% 认为采取有系统的辅导能够降低员工的流失率及改善整体表现。辅导已在欧美企业界广泛运用，美孚石油公司、IBM公司、宝洁公司、爱立信等多家国际著名企业都在内部推行辅导计划。绩效辅导的作用概括起来主要有以下几个方面。

- 通过绩效辅导了解员工工作的进展情况，以便及时进行协调和调整。
- 了解员工工作时碰到的问题和障碍，以便发挥管理者的作用，帮助员工解决困难，提高绩效。

- 通过沟通避免在绩效评价时一些意外的发生。
- 掌握一些必要的绩效评价信息，使绩效周期内的评价更具有目的性和说服力。
- 帮助员工协调工作，从而增强员工做好本职工作的信心。
- 提供员工需要的信息，让员工及时了解管理者的想法和工作环境的变化，以便管理者和员工步调一致。

【阅读案例6-1】 松开的鞋带

有一位表演大师上场表演前，他的弟子告诉他鞋带松了。大师点头致谢，蹲下来仔细系好。等到弟子转身后，他又蹲下来将鞋带解松。有个旁观者看到了这一切，不解地问："大师，您为什么又要将鞋带解松呢?"

大师回答道："因为我饰演的是一位劳累的旅者，长途跋涉让他的鞋带松开，可以通过这个细节表现他的劳累憔悴。"

旁观者又问："那您为什么不直接告诉您的弟子呢?"

"他能细心地发现我的鞋带松了，并且热心地告诉我，我一定要保护他这种热情的积极性，及时地给他鼓励。至于为什么要将鞋带解开，将来有更多的机会教他表演，可以下一次再说啊。"大师回答道。

资料来源：马作宽主编，《组织绩效管理》，中国经济出版社2009年版，第56页。

6.2.2 绩效辅导方式

在绩效辅导过程中，管理者应当扮演"导师"和"教练"的角色，开启员工的能力。在这一过程中，管理者关注的基本问题应当是帮助员工学会发展自己，即通过监控工作过程发现问题，并及时做出修正，以系统的培养带动技巧和能力的提升。作为"绩效导师"，管理者应该发挥三层作用：首先，与员工建立一对一的联系，帮助他们制定具有挑战性的目标和任务，并在他们遇到困难时提供支持；其次，营造一种鼓励承担风险、勇于创新的氛围，使员工能够从过去的经验和教训中学习；再次，提供学习机会，把员工与能够帮助其发展的人联系在一起，为其提供挑战性工作，进而为目标实现和能力提升提供机会。

每个人天生都有一种倾向性的辅导风格，管理者需要了解自己的辅导风格以及应用时机，这样才能使自己对员工的绩效辅导更加有效。

典型的绩效辅导风格分为"教学型"和"学习型"。"教学型"辅导风格侧重于"指导"，即直接告诉员工该如何去做。他们往往具有某种专长，并希望通过向员工传授这些专长使其能够完成一项具体工作。他们凭借自身的经验向员工传授完成工作所必需的技能和知识。这种辅导风格对在一线工作的员工特别有帮助。"学习型"辅导风格则侧重于"引导"，即以提问和倾听为主，而不是直接告诉员工该如何做。这种辅导者将提供给员工广博的专业知识，并相信员工个人有能力自主解决问题。这种辅导风格在一个问题存在多种解决方案的时候非常有效，尤其对那些承担新责任、从事全新或非常规项目的员工有帮助。

在实际中，“教学型”辅导风格和“学习型”辅导风格并不矛盾，而是相辅相成的。为了取得满意的效果，应采用权变的观点“因材施教”，指导与引导的合理结合有助于实现组织目标和员工发展的“双赢”（如图6-1所示）。

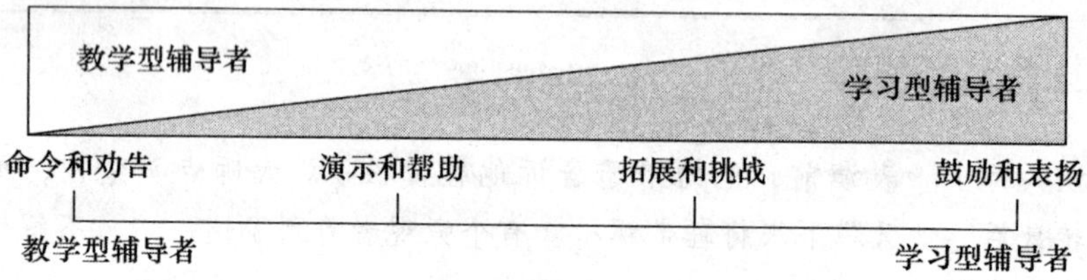

图6-1 绩效辅导风格类型

另外，绩效辅导应建立在信任员工的基础之上，对员工的绩效辅导应是经常性的，也包括对那些绩效优秀的员工。在绩效辅导过程中应将传授和启发相结合，多为员工提供独立工作的机会，注重员工能力的提升。

6.2.3 绩效辅导的内容

绩效辅导是在考核周期中为使部门或员工达成绩效目标而进行的辅导，因此，辅导的内容重点应放在对完成关键绩效指标或已制定的工作目标所需的能力的指导上，放在指导员工能取得绩效的关键方面，从而最大限度地提高部门和员工的绩效。绩效辅导一般可分为日常工作辅导和阶段性回顾。

日常的工作辅导主要包括具体指示、方向引导、鼓励促进等。“具体指示”一般是对于完成工作所需的知识和能力较为缺乏的部门提供的比较具体的指示型指导，帮助其把要完成的工作分解为具体的步骤，并跟踪完成情况；“方向引导”是指对于那些具有完成工作的相关知识和技能，但是遇到困难或问题的部门，需要给予方向性的指引；“鼓励促进”则是对那些具有较为完善的知识和专业化技能，而且任务完成比较顺利的部门，给予鼓励和继续改进的建议。

阶段性回顾主要通过召开阶段性工作回顾会议讨论交流，集思广益，帮助部门和员工改进和提高。阶段性工作回顾会议是由各部门填写《绩效目标××阶段回顾表》，介绍这一阶段总体目标完成情况及主要差距等。被评价者汇报这一阶段的业绩目标完成情况，介绍下一阶段工作计划，通过对各部门进行质询，提出改进意见，并对提出的问题给予答复；对完成情况进行总结，提出对下一阶段工作的期望与要求，最后形成××阶段回顾情况表。

6.2.4 绩效辅导的流程

在绩效管理过程中，绩效辅导是连接绩效计划与绩效评价的重要中间环节。绩效辅导的完整流程可以用 GROW 模型来表示（如图6-2所示）。

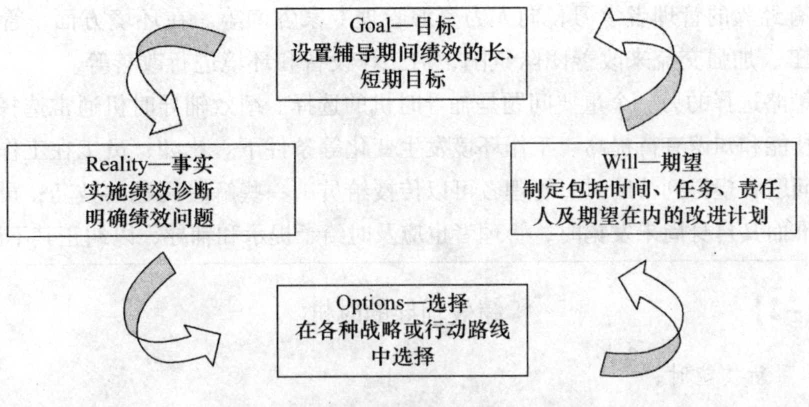

图 6－2 绩效辅导的 GROW 模型

1. 设定目标

管理者必须首先明确员工应该履行或实现的绩效目标，确认其现有行为和工作结果与目标的差距，进而实施绩效诊断和辅导。在明确目标时，应综合考虑组织、岗位及流程（客户）目标，确保目标是科学、合理的。

2. 绩效诊断

绩效具有多因性特征，一个员工的绩效优劣可能取决于多个因素，而且在不同情境下各因素的影响作用也可能不同，所以应从员工、管理者和环境三方面综合分析诊断。在员工方面，如果员工所采取的行动本身不正确，工作过程中努力不够，或者知识、技能不足，都有可能导致绩效不良。而员工对组织或管理者的要求理解有误，或是目标不明确，缺乏激励也可能是造成绩效不良的原因。在管理者方面，一是管理者做了不该做的事情，比如监督过严、施加不恰当压力等；二是管理者没有做该做的事情，比如没有明确工作要求，没有对员工给予及时反馈，不给员工提供辅导、教育和培训的机会等。在环境方面，工作场所、团队气氛等都可能对员工绩效产生影响。这些具体的环境因素包括：工具或设备不良，原料短缺，不良的工作条件（噪音、光线、空间以及其他干扰等）、同事关系、工作方法等。

3. 策略选择

如果发现员工需要改进的地方很多，则最好选取一项重要且容易进行的项目。多个问题同时着手，很可能由于压力过大而导致失败。选择绩效改进的要点，就是综合考虑每个拟定项目所需的时间、精力和成本因素，选择用时较短、精力花费较少以及成本较低的项目，同时争取员工的认可。

选择了绩效改进要点并对影响的因素有了比较清晰地认识后，就要考虑解决问题的途径和方法。员工本人可以采取的行动包括：向管理者或有经验的同事学习，观摩他人的做法，参加组织内外的有关培训，参加相关领域的研讨会，阅读相关的书籍，选择某一实际工作项目，在管理者指导下训练等。管理者可以采取的行动包括：参加组织内外关于绩效管理、人员管理等方面的培训，向组织内有经验的管理者学习，向人力资源管理专家咨询等。在环境方面，管理者可通过适当调整人员分工、加强交流来改善团队氛围，对工作设备和环境进行改善等。

绩效辅导策略选择的另一个重要问题是辅导时机的选择。绩效辅导时机通常选择在员工面临工作困难、工作技能和知识有待提高、工作环境发生变化等条件下。比如，员工在工作中遇到障碍或者难以解决的问题希望得到帮助时，管理者可以传授给员工一些解决问题的技巧；员工的工作行为或结果不合标准而其自身尚未发觉时，管理者也应及时给予提示和辅导，以纠正其不当行为。

【管理拾穗6－2】 绩效辅导的时机

- 正在学习新技能时；
- 正在从事的任务有更好的方法完成时；
- 被安排参加一项大的或非同寻常的项目时；
- 面临崭新的职业发展机会时；
- 未能按照标准完成任务时；
- 弄不清工作的重要性时；
- 刚结束培训学习时。

资料来源：方振邦、罗海元编著，《战略性绩效管理》，中国人民大学出版社 2010 年版，第 201 页。

4. 实施改进

选择好绩效辅导的策略和时机后，绩效辅导就进入实施改进阶段。在这一阶段，首先要对员工的工作方法、工作结果及时进行非正式评价，据此提出这些行为、结果可能的影响与后果，在此基础上制定出包括时间、任务、责任人及期望在内的改进计划，以此进行辅导。实施辅导的程序，通常首先通过管理者的讲授或提供榜样，然后进行演示，再让员工把演示尝试应用于工作实践中，管理者通过观察员工的表现，对员工的绩效提升和改进给出评价，如果取得进步就予以表扬或鼓励，如果绩效提升和改进不明显可给予再辅导，直到满意为止。绩效辅导的实施如图 6－3 所示。

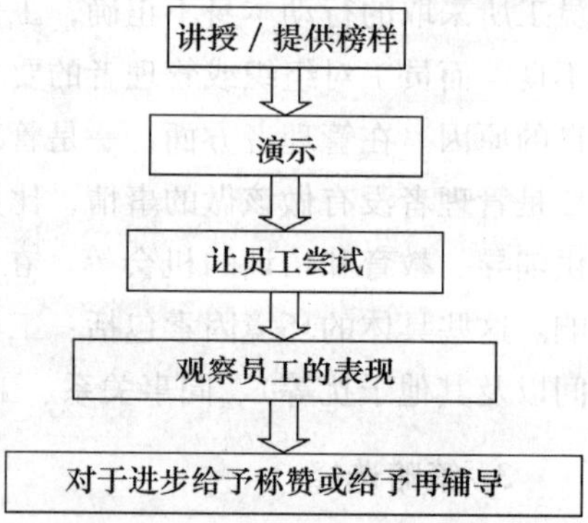

图 6－3　绩效辅导的实施

6.2.5　绩效辅导过程中应注意的问题

（1）绩效辅导应突出重点，重视对员工能力的指导。作为上级，面对众多下属员工，要承担很多的责任，很难去跟踪并指导每位下属员工每一次具体发生的问题或每个需要改进的方面。在这种情况下，管理者应该把精力放在那些对完成关键绩效指标或已制定的工作目标所需的能力的指导上，这样就使管理者的时间能有效地应用在员工能够取得绩效的关键方面，最大限度地提高下属员工的绩效。

(2) 绩效辅导既要关注绩效结果，也要关注绩效完成的过程。在绩效辅导实践中，管理者经常忽视了员工“怎么做”，而只是注重最后的绩效结果。这样会导致一部分下属员工用影响组织整体利益的方式去完成结果。比如只顾自己的目标而影响他人，或者由于自己的某些行为而加剧了部门与部门之间的冲突等。另外，管理者如果对员工做事的方式加以指导，员工今后就会自己独立地运用这种方式去服务于其他情景或解决其他的问题，使绩效辅导得到进一步的延伸，产生更大的效果。

(3) 绩效辅导应注意处理好“问”与“告诉”两种方式的关系。大量的研究表明，在绩效辅导过程中，询问信息、想法或建议比仅仅告诉员工怎么做要有效得多。当管理者采用“问”的方式时，下属通常需要去思考解决问题的方法。如果管理者不重视或不认真倾听下属的想法，下属就会对管理者告诉他应做什么或应改什么持有反感。因此，在绩效辅导中多用“问”的方式对下属日后真正在行动上落实改进的方案较为有效。当然，在某些场合还是要用到“告诉”的方式，比如当管理者要提供一些员工所缺乏的信息、无法积累的经验或者所不具备的想法时，就需要先告诉下属员工，以便让他们在具备这些信息、经验或想法的基础上用自己的思考来处理这些信息，以推导解决问题的方法。

(4) 在绩效辅导中要重视反馈技巧。反馈是绩效辅导中最重要的技能，如何进行反馈决定了管理者绩效辅导是否有效，也直接影响着员工能否接收到管理者的反馈信息并运用到工作中。反馈要有助于和员工建立融洽的关系，不要让员工觉得有压力，要以事实为依据，对事不对人，就事论事，不要伤害员工的人格和尊严。对员工表现好的地方，一定要给予充分的肯定，这有利于增强员工的自信，消除员工的紧张心理。针对不同类型的员工，反馈的重点应该不同，要差别化对待。比如对业绩和态度都很好的员工，要肯定其成绩，给予奖励，并提出更高的目标；对工作业绩好但态度不好的员工，则要加强了解，找出态度不好的原因，并给予辅导；对业绩不好但态度很好的员工，应该帮助分析绩效不好的原因，制定绩效改善计划；而对工作业绩和工作态度都不好的员工，则要重申工作目标，把问题的严重性告之对方，以引起重视。

6.3 绩效沟通

6.3.1 沟通的含义及过程

通俗地讲，沟通就是相互理解，它包括两个方面的问题，一是你知道别人不知道，二是别人知道你不知道。通过有效的沟通，最终使双方都知道并产生共识。由此可见，所谓沟通（communication），就是指为了设定的目标，把信息、思想和情感在个人或群体间传递，并达成共同协议的过程。沟通的这一定义包含了三层含义：一是沟通要有一个明确的目标，要有目的性；二是检验沟通的关键是最终是否达成共同的协议，达成共识；三是沟通的内容既有信息交流，更有思想和情感的交流。

在今天这样一个信息和知识经济时代，沟通能力已经成为个体和组织成功的必要条件。对组织而言，人们越来越强调建立学习型组织，越来越强调团队合作精神，这都离不开有效的组织内部沟通和交流；对外，为了实现组织之间的强强联合与优势互补，人们需要掌握谈判与合作等沟通技巧；为了更好地在现有政策条件允许下实现组织的发展并服务于社会，也需要处理好组织与政府、组织与公众、组织与媒体等各方面的关系，这些都离不开熟练掌握和应用管理沟通的原理和技巧。对个人而言，树立良好的沟通意识，养成良好的沟通习惯，往往能够达到事半功倍的效果，使你在工作、生活中游刃有余。

沟通是一个双向信息传递过程，首先由信息发送者（信源）经过编码，并选择恰当的信息传递媒介（信道），将所要传递的信息发送出去，信息接收者（信宿）通过解码将信息接收下来，对接收不全的信息和已接收到的信息中不理解的部分，再通过反馈环节询问，如此反复，直到信息充分接收并理解为止。在这个沟通过程中，编码、解码、沟通渠道是沟通过程取得成功的关键环节，它始于主体发出信息，终于得到反馈。信息沟通过程模式如图 6－4 所示。

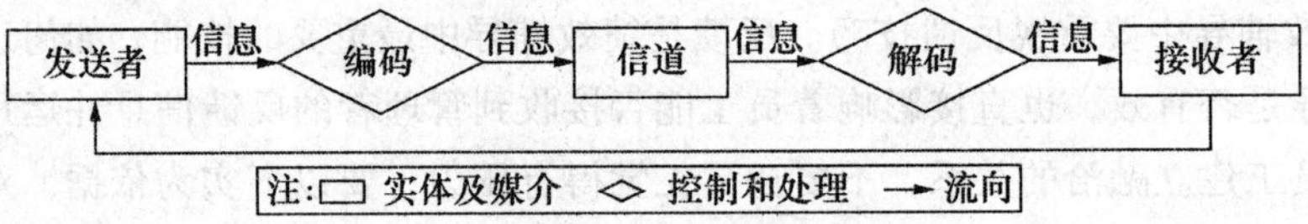

图 6－4　信息沟通的过程模式图

从图 6－4 所示中，我们可以看出沟通过程主要由九个要素构成：沟通目标（目的）、发送者、接收者、编码、解码（或译码）、信息本身、沟通媒介、反馈以及环境。这 9 个要素相互作用，相互影响，共同构成一个信息传递系统，任何一个要素处理不当，都会影响到整个沟通的效果和沟通目标的实现。

6.3.2　绩效沟通的意义

绩效沟通就是管理者与员工在共同工作的过程中分享各类与绩效有关的信息的过程。绩效沟通主要以绩效作为主要的沟通内容，是沟通的一种特殊形式。绩效沟通贯穿于绩效管理的全过程，对绩效管理的成败起着决定性作用，缺乏沟通或沟通不畅，绩效管理就会流于形式。

绩效沟通的重要意义表现在以下几个方面。

（1）绩效沟通有助于制定管理者和员工共同认可的绩效目标。绩效管理是否有效，首先在于能否制定出合理的绩效目标。绩效目标的制定过程就是组织、管理者和员工沟通的过程。真正有效的目标是被执行者和参与者接受的目标。制定的绩效目标要想让大家接受，就必须事先进行充分的沟通交流。通过绩效沟通，双方的利益都能在绩效目标中得到体现，各自的权责利得到进一步明晰，绩效目标的接受度进一步提高，这将使绩效管理的后续工作开展有了广泛的群众基础，同时减少了绩效执行的阻力。

（2）通过绩效沟通，能够不断勘误，提高效率。管理者与员工就工作目标和任务完成情况以及工作中存在的问题进行沟通，对及时发现问题、解决问题、减少工作中的失误具有重要作用。就员工而言，通过绩效沟通，可从管理者那里得到必要的支持和帮助，改进工作方法，提高工作效率；对管理者而言，需要及时了解员工的工作进展情况，了解员工所遇到的障碍，只有通过了解，才能帮助员工清除工作的障碍，提供有效的领导支持和智力帮助，进而提高管理效率。

（3）绩效沟通有助于在管理者和员工之间建立良好的绩效伙伴关系。管理者与员工进行持续地交流和沟通，能及时了解员工的工作状况，并针对员工出现的问题进行相应的辅导支持。而员工又能及时得到自己工作的反馈信息和主管的帮助，不断改进不足。管理者与员工之间的这种真诚合作，有助于在他们之间建立良好的绩效伙伴关系，从而使管理者的工作变得更加轻松，员工绩效也会大幅度提高。

（4）绩效沟通有助于员工接受绩效评价结果，及时得到绩效反馈。通过绩效沟通，能够使绩效管理思想深入人心，绩效管理工具的使用和评价结果才能得到认可。通过绩效沟通，要管理者和员工都意识到，绩效评价不是为了制造员工之间的差距，而是要实事求是地挖掘员工工作的长处，发现其短处，以扬长避短，有所为有所不为，有所改进，有所提高。另外，员工都希望在工作过程中能及时得到关于自己绩效的反馈信息，以便不断地改进自己的绩效和提高自己的能力。通过绩效沟通，员工可以及时了解到自己的长处和不足，了解到哪些方面没有达到组织的期望和要求，这种反馈既是对员工出色工作的肯定，对员工也会产生极大的激励作用，同时又能使绩效不佳的员工及时了解和发现自己工作中存在的缺点和不足，以便及时采取改进措施。

（5）绩效沟通过程也是一个发现人才、开发人才的过程。通过绩效沟通，管理者可对员工在工作中表现出来的能力、态度、性格特点等进行较为全面的审视和判断，从而识别和发现人才。同时，管理者还可根据员工已经表现出来的优点和弱点，有针对性地制定员工的培训、开发计划和个人职业生涯发展规划。

6.3.3　绩效沟通的原则

在绩效沟通过程中，需要重点把握好两个原则，一个是有效原则，另一个是双向沟通原则。

1. 有效原则

有效原则是指通过传接双方的沟通行动取得预期效果的原则。这一原则主要包括沟通的效度和效率两个方面。所谓沟通的效度，是指信息发送者对信息接收者态度变化的影响程度，这里的态度包括正向状态和逆向状态。通常，对态度变化的影响程度越大，沟通就越有效。在组织绩效沟通过程中，发送者都希望接收者的态度能够得到正向强化。沟通的效率主要是指沟通有效的信息数与沟通信息总数之比。

通过贯彻沟通的有效原则，可以不失时机地充分利用信息。信息是一个社会组织发展的源泉，但信息的时效性很强且易过时，信息一旦过时，就失去或减弱了它的价值。因此，在沟通中贯彻有效原则，就是为了不失时机地充分利用信息，使信息更迅速、更广泛、更有效地发挥其作用。另外，坚持有效原则也助于达到最佳的沟通效果，使接受者和发送者在沟通的互动过程中拥有良好的"正向状态"。

2. 双向沟通原则

双向沟通原则是指沟通双方互相传递、互相理解的信息互动原则。双向沟通原则包含三层含义，首先，沟通双方的角色可以互换。在绩效沟通过程中，发送者和接收者的角色是相对的，他们会不断更换自己的角色位置。其次，沟通不仅仅是一种信息的交流，更是人的认识活动的一种反映。参与沟通的双方都是具有主观能动性的人，在整个的沟通过程中，双方的认知总是在不断地扩大和深化，因此，沟通不是在原有水平上的重复，而是一个螺旋上升的认识过程。再次，沟通过程是一个没有终点的循环活动。沟通过程由传递和反馈两个基本阶段构成，如果反馈成功，那么就意味着一次沟通过程的完成和下一次沟通过程的开始，沟通始终是一个没有终点的循环活动。

双向沟通原则提高了信息互动的质量，传递的信息比单向沟通更为准确、完备，同时也大大加速了信息流量和信息的内容。另外，双向沟通原则可最大限度地消除沟通障碍。比如，信息对方没有全部收到或者传出的信息没有被对方理解，通过双向互动和信息反馈最终都能得到圆满解决。

6.3.4 绩效沟通的内容

绩效沟通的最终目的都是为了提高员工的工作绩效。不过，对于管理者和员工而言，通过绩效沟通所要了解的信息却是不同的。由于绩效沟通是管理者和员工共同的需要，因此，沟通的具体内容也要按照管理者和员工的需要来确定。

对于管理者而言，要考虑以下问题：

- 我必须从员工那里得到哪些信息？
- 我必须提供给员工哪些信息和资源，以帮助员工完成工作目标？

而对于员工来说，要考虑以下问题：

- 我必须从管理者那里得到什么样的信息或资源？
- 为保证更好地完成我们的工作目标，我必须向管理者提供哪些信息？

从中可以看出，管理者和员工通过绩效沟通，需要找到与达成目标有关的一些问题的答案。由此可以得出，绩效沟通的主要内容有：

- 工作的进展情况怎么样？
- 员工和团队是否在达到目标和绩效标准的正确轨道上运行？
- 如果有偏离方向的趋势，应该采取什么样的行动扭转这种局面？
- 哪些方面的工作进行得好？

- 哪些方面的工作遇到了困难或障碍？
- 面对目前的情景，要对工作目标和达成目标的行动做出哪些调整？
- 管理者可以采取哪些行动支持员工？

……

上述问题只是给绩效沟通的内容提供了一个思路，在具体情况面前，还要充分考虑工作面临的各种变化和环境，具体问题具体分析，甚至沟通的内容本身就是双方需要沟通的话题。

【阅读案例6-2】 某公司的绩效沟通制度

1. 目的

本文件旨在各级主管定期对其下属进行绩效管理时建立起有效的双向沟通制度。在绩效管理中建立有效的沟通制度，使双方明确绩效管理的目的与要求；清楚工作目标与任务，通过沟通使整个团队向同一目标努力；对工作目标完成情况及工作产出情况做出客观评价，同时分析存在的问题及改进措施，并探讨员工自我发展方面的需求和愿望。

2. 要求

（1）主管在与下属进行沟通时，要与所有下属都单独沟通，员工也可以提出与主管进行沟通。

（2）沟通不同于一般的谈话，主管及员工均应在沟通之间按其内容要求做好相应的准备。

（3）沟通要形成沟通记录并根据情况形成个人发展计划。沟通记录表应由主管填写，一式三份，主管与员工各持一份，并将另一份与绩效评估结果共同上报人为资源部。

（4）个人发展计划指结合员工岗位需要及个人发展意向，双方沟通达成的促使员工自身素质、技能提高的发展计划，可以包括参加培训、特别指导、指派特别项目、岗位转换等。个人发展计划可根据实际情况至少每半年填制一次，一式三份，员工与主管各持一份，并交人为资源部一份存档。

3. 注意事项

（1）沟通之前双方应有充分的准备。

（2）沟通内容可以参考本条款中“沟通内容”部分，主管与员工均应按此内容做相应的准备。

（3）沟通应在坦率、相互信任的气氛下进行，其间要谈及优缺点、改进措施、个人目标与发展计划等。双方应明确哪些内容不能传给第三者，哪些可公开，而写入记录的内容应该是能够公开的。

（4）如果条件不允许直接面谈，可以采取电话沟通的方式。

4. 沟通内容

沟通内容应由三部分组成，即工作目标和任务、工作评估、改进措施（可根据实际情况有所增删）。

(1) 确认工作目标和任务(使本部门或团队思想、行动保持一致)。

(2) 主管与下属讨论计划完成情况及效果,目标是否实现。

(3) 主管阐述部门中、短期目标及做法。

(4) 主管阐述自己的工作目标,双方努力把个人目标和本部门目标结合起来。

(5) 共同讨论并确定下一个绩效期的工作计划和目标及为达此目标应采取的措施。

(6) 员工向主管提出工作建议或意见。

(7) 对员工工作做出评估。

(8) 回顾和讨论过去一段时间工作进展情况,包括工作态度(责任心、敬业精神、团队精神等)、工作绩效、企业文化建设等,什么做得好,什么尚需改进。

(9) 讨论员工工作现状及存在的问题,如工作量、工作动力、与同事合作、与上下级合作、工作环境、工作方法。

(10) 讨论对员工工作的要求或期望。

(11) 讨论员工可以从主管那里得到的支持和指导。

(12) 改进措施(应有相应的个人发展计划)。

(13) 双方讨论前一阶段个人发展计划落实情况(如工作能力、经验的提高)。

(14) 在分析工作优缺点及存在问题的基础上提出改进措施或解决方法。

(15) 制定短期和长期个人发展计划(或需求)。

附:在当前职位上提高工作方法的改进措施可以有:管理培训、技术培训、商务培训、演讲及沟通培训、主管指导、其他人指导、访问其他公司、同事间会议讨论、项目工作、岗位轮换等。

本文件解释、修改权在人力资源部。

本文件自下发之日起执行。

资料来源:中国人力资源开发网。

6.3.5 绩效沟通的方式

绩效沟通的方式多种多样,在不同情境下人们选择的方式是不同的。在这里,我们主要从正式沟通和非正式沟通角度对绩效沟通方式加以介绍。

1. 正式的沟通方式

正式沟通(formal communication),是指事先经过计划和安排,按照一定的预定程序进行的沟通,它是由组织内部明确的规章制度所规定的渠道进行的信息传递与交流。在绩效管理过程中常用的正式沟通方式有:书面报告、会议沟通、面谈会谈。

(1) 书面报告。书面报告是指员工使用文字或图表等形式向管理者汇报工作进展情况,它是绩效管理中比较常用的一种绩效沟通方式。书面报告可以是定期的,也可以是不定期的。定期的书面报告主要有工作日志(表6-2)、周报(表6-3)、月报(表6-4)、季报(表6-5)、年报等。

表6-2　　工作日志（样表）

姓名：	职位：		所属部门：	
序　号	开始时间	结束时间	活动内容	备　注
重大事件说明				

表6-3　　周报（样表）

本周工作任务	工作要点	计划完成时间	时间完成时间

表6-4　　月报（样表）

目标/工作任务	现　状	困难与问题　解决建议	需要的支持	备　注

表6-5　　季报（样表）

姓名：	职位：				
			年　月　日——	年　月　日	
序　号	工作计划（主管和员工共同制定）				
	工作任务描述	关键点/结果输出/衡量标准	完成时限	完成情况及完成时间	备　注
重大事件说明	事件1：				关键事件
	事件2：				关键事件

书面报告中可以根据关键业绩考核指标逐条写明各项工作开展现状并对绩效计划能否完成做简单评价，报告中应说明预期不能完成的绩效计划事项、存在的困难和问题、需要的资源支持以及建议的解决方案等。管理者应该对下属提交的书面报告仔细审阅并及时给予反馈意见。

（2）会议沟通。书面沟通无法提供面对面的交流机会，而会议沟通可以提供更加直接的交流机会，而且可以满足团队交流的需要。当组织战略目标、组织绩效计划等重要信息需要贯彻传达时，会议沟通往往是首要的选择。

（3）面谈沟通。管理者和员工进行一对一的面谈沟通是绩效沟通中采用的最为普遍的一种沟通方式。面谈沟通可以使管理者和员工进行深入的思想交流，谈论一些不易公开的观点。通过面谈，员工会有一种受到尊重和重视的感觉，有利于建立管理者和员工之间的融洽关系，管理者在面谈中可以根据员工的处境和特点，因人制宜的给予帮助，起到绩效辅导的作用。

【管理拾穗6-3】　　如何进行有效的会议沟通

1. 在会议之前必须进行充分的准备

要想成功地召开绩效沟通的会议，必须在会议之前做好充分的准备。作为主管，想要在员工的绩效周期内组织一次会议，对员工的工作进展情况进行回顾，并制定下一阶段的行动计划，必须在会前做好以下几个方面的准备。

（1）会议主题准备：会上主要讨论哪些内容，最后要达到什么目标，需要哪些人参加。

（2）会议程序准备：会议将以怎样的程序进行，采取什么样的措施控制会议按照既定的程序进行。

（3）会议时间准备：了解与会者可能出席的时间，并计划会议各个阶段所需要的时间。

（4）会议场地的准备：安排好适宜的场地，并保证该场地在会议期间不会被占用或打扰。

（5）会议所需材料的准备：准备好与会议内容有关的材料，例如员工的书面报告等。如果必要，可事先从员工那里收集一些信息。

（6）准备会议中可能出现的问题：事先分析与会者的心理状态与需求，考虑他们在会议中可能提出的问题或争议，准备好可选择的解决方案。

（7）让与会者做准备：给予与会者必要的信息，使他们了解会议的主题，并告诉他们应该做哪些准备。这是非常必要但却容易被忽视的一个步骤，很多会议组织者都比较多的重视自己的准备，而忽视其他与会者的准备，其实，只有所有的与会者都做好了充分的准备，会议才能取得良好的效果。

2. 会议过程中的组织

会议过程中的组织主要应该做好以下几个方面。

（1）在会议开始的时候，介绍会议的日程，使与会者了解会议全部的时间安排和规则。

（2）主管人员作为会议的主持人，应该尽量多给员工发言的机会，力争做到真正发挥与会人员的智慧，不应将可能提出重要建议的员工从讨论中排除出去。

（3）当会议的讨论偏离主题时，主管应该及时将与会者的注意力拉回到与会议主题有关的内容上。

（4）不要急于在会议上立刻做出决策。

（5）注意制定会议结束后的行动计划。

（6）在即将结束会议的时候，回顾会议的全部内容，并重申会议上做出的决策，布置会议后应该做的工作。

3. 做好会议记录

（1）会议记录没有必要非常详细地记下每一个细节，只需记录与主题有关的重要内容。

（2）会议记录要在会议结束后比较短的时间内发给相关的与会者。

（3）涉及会议后的行动计划内容的，要注意写明行动的责任人和完成期限。

资料来源：杜映梅编著：《绩效管理》，对外经济贸易大学出版社2003年版，第157～159页。

2. 非正式沟通方式

非正式沟通（informal communication），是指以一定的社会关系为基础的，与组织内部明确的规章制度无关的沟通方式。在绩效沟通中，恰当地使用非正式沟通方式，可以取得意想不到的效果。非正式沟通形式灵活多样，不需要刻意准备，不受时空的限制。采用非正式沟通解决问题非常及时，因为发现问题就及时进行沟通，这样可以使问题得到高效率的解决；非正式沟通也易于拉近管理者和员工的距离，使沟通效果往往更加有效。

非正式沟通的形式也是多种多样的，常见的主要有走动式管理、开放式办公、工作间歇时的沟通和非正式会议等。

（1）走动式管理。走动式管理是指主管人员在员工工作期间不时地到员工的座位附近走动，与员工进行交流，或者解决员工提出的问题。主管人员对员工及时的问候和关心，会使员工减轻压力，感到鼓舞和激励。不过，主管人员在管理过程中应注意，不要对员工具体的工作行为过多的干涉，否则会给员工一种突袭检查的感觉，反而使员工产生心理压力和逆反情绪。

（2）开放式办公。开放式办公是指主管人员的办公室随时向员工开放，在没有客人或开会的情况下，员工可随时进入办公室与主管人员讨论问题。这种方式已被绝大多数组织采用。这种方法使员工处于比较主动的位置，大大提高了沟通的主动性，同时也使整个团队的气氛得到改善。

（3）工作间歇时的沟通。工作间歇时的沟通主要是指主管人员利用双方工作间歇就某些都感兴趣的话题展开的一种非正式沟通，比如与员工共进午餐，在喝咖啡的时候聊聊天等等。这种沟通方式开始往往会选一些较为轻松的话题，从中引入一些工作中的问题，并且应尽量让员工主动提出要谈的问题。

（4）非正式的会议。非正式的会议也是一种比较常用的沟通方法，主要包括联欢会、生日晚会等各种形式的非正式的团队活动。主管人员可以在轻松的气氛中了解员工的工作情况和所需要的帮助。同时，这种以团队形式举行的聚会也可发现一些团队中出现的问题，帮助主管人员更全面地了解员工。

正式沟通和非正式沟通在沟通实践中各有优势和不足，两种方式互为补充，我们应学会根据不同的情景和环境综合使用。许多研究显示，非正式渠道的信息反而容易引起接收者的重视，因为非正式渠道的信息一般采用口头传播，不留证据，不负责任，而且能够传播在正式沟通中不易表达的信息。但在组织管理实践中，一般将非正式沟通的信息称为小道消息，虽然小道消息并不都是错误的，但作为管理者，应该意识到这种信息遭到扭曲和歪曲的可能性较大，易于演化为谎言，破坏组织的正常运作。因此，要对非正式渠道获取的信息进行识别和选择，以便更好地为提升组织和员工绩效服务。

6.3.6 绩效沟通的技巧

沟通的技巧多种多样，因人而异，但是有效沟通的一些基本技能具有普适性。这些基本技能中最核心的主要有换位思考、积极倾听和有效发问。

1. 要学会换位思考

所谓“换位思考”，是指在绩效沟通过程中，管理者和员工发生矛盾时，能站在对方的立场上思考问题。换位思考的核心包括两个方面，一方面是考虑对方的需求，满足对方的需要；另一方面又要了解对方的不足，帮助对方找到解决问题的方法。换位思考要以诚恳为基础，通过换位思考，可以增进管理者和员工的相互了解、相互尊重，增强彼此的信心，在管理者和员工之间建立起信任关系，可以说，换位思考就是绩效沟通的润滑剂。在应用换位思考开展绩效沟通过程中，不要过分强调你为对方做了什么，而要强调对方能获得什么或能做什么，只有这样，沟通才能持续下去，才能真正达成共识。

2. 积极倾听

聆听不仅是听到声音的过程，更是一种情感活动，需要通过面部表情、肢体语言和话语的回应，向对方传递一种信息：我很想听你说话，我尊重和关注你。倾听要适应讲话者的风格，要眼耳并用，与讲话者保持目光交流，并且适当的点头示意，表示认同和鼓励，表现出倾听的兴趣。

具体的倾听技巧主要包括：①倾听回应。当你在听别人说话的时候，一定要有一些回应的动作，在听的过程中适当的点头或者表现出其他的一些表示你理解的肢体语言，这既是一种积极的倾听，也是给对方的一个非常好的鼓励。②提示问题。当你没有听清楚的时候，要及时提问。③重复内容。在听完了一段话的时候，要能简单的重复讲过的内容，这不是简单的重复，而是表示你认真听了，还可以向对方确认你所接受到的信息是否准确。④归纳总结。在倾听过程中，要善于将对方的讲话进行归纳总结，更好的理解对方的意图。⑤表达感受。要养成一个好的习惯，在对方表达结束后及时给对方以回应，表达感受，这也是一个非常重要的倾听技巧。

3. 有效发问

有效发问也是一项关键的沟通技巧。没有发问就没有充分的沟通，发问就是双向沟通过程中的反馈环节。有效发问，既是对已经获取的信息进行确认和验证，也是对未知信息的获取。要做到有效发问，首先要学会选择合适的发问方式和问题类型。发问的种类一般有封闭式问题和开放式问题。封闭式问题有助于获得特定的信息，也有利于人们以问题来控制谈话内容，节省沟通时间，但往往会错过一些重要的信息或资料，也会抑制开放的讨论。开放式问题鼓励交流更多的心得体会，能更加深入地了解人或问题的复杂性，但使用过度也会导致信息太多而失去重点，同时也增加了沟通的时间成本。在沟通实践中，我们要结合封闭式问题和开放式问题各自的特点和适用范围，合理选择发问方式，以达到有效发问的目的。

6.4 绩效信息的收集

【案例导读】 建明公司的绩效考核

建明公司是一家从事茶具制作与销售的公司，公司上下有60多人。大家忙忙碌碌到了年底，领导提出要对员工的绩效进行一番考核。于是人力资源部门的员工费尽力气设计出了考核表，考核表中主要包括了对员工工作业绩、工作能力和工作态度等的考核。但是在主管人员填写考核表时却遇到了困难，因为表中的很多内容，他们感到无法填写。

首先是员工的工作业绩方面，由于事先并没有将员工工作业绩的目标清晰地确定下来，因此，在对业绩进行考核时很难判断做到什么程度算是"基本达到本职位的要求"，做到什么程度算是"超出本职位的工作要求"，只能凭借主管人员的主观感觉了。销售人员尚有一定的销售额标准，其他人员就基本上没有什么客观标准可言了。

对于工作态度方面的考核就更加困难了，由于平常没有注意收集和记录员工的一些工作表现，到了年底的时候，主管人员的印象就只有最近一两个月的一点记忆，前面10个月的工作表现的印象已经十分模糊了，因此对工作态度的考核就更是完全凭借主观印象了。

可想而知，这样填写的考核表，基本上难以提供有帮助的信息，更不用说如何依据它来做一些重要的人事决策了。

资料来源：马作宽主编，《组织绩效管理》，中国经济出版社2009年版，第57~58页。

6.4.1 绩效信息收集的目的与意义

在绩效执行阶段，除了进行持续的绩效辅导和绩效沟通外，还需要进行的另一项重要工作就是对绩效信息的收集与记录。及时、准确、全面地收集绩效信息，对于绩效管理的有效开展是必不可少的。所有组织决策都需要信息，绩效管理也不例外。没有充分有效的信息，就无法掌握员工工作的进度和所遇到的问题，也就无法对员工工作结果进行评价并提供反馈，整个绩效管理的循环也无法进行下去。

收集绩效信息是一种有组织的、系统的收集员工及组织相关绩效信息的过程，其目的是为绩效管理的下一个环节——绩效评价做准备。管理者在日常工作中注意收集员工工作绩效的有关信息，不仅在绩效评价时可以找到充分的事实根据，避免各种主管偏差造成的消极影响，而且在绩效反馈面谈时能够言之有据，有效避免上下级之间因在对绩效评价等级上的分歧而产生的矛盾与冲突。通过平时的绩效信息的收集和记录，还可以积累大量的关键事件，发现绩效优劣背后的原因，从而有针对性地帮助员工提高绩效。概括起来，绩效信息的收集主要有以下目的：

- 提供一份以事实为依据的员工工作情况的绩效记录，作为绩效评价及相关决策的基础；
- 及时发现问题，提供解决方案，为改进绩效提供事实依据；
- 掌握员工的工作行为和态度信息，发现员工的长处和不足，找出绩效问题和优秀绩效的原因，以便有针对性地提供培训和再教育；
- 在有法律纠纷时为组织的决策辩护，保护组织利益。

6.4.2 绩效信息的来源

绩效信息既有来源于组织内部成员的，也有来自于组织外部利益相关者的。但主要的绩效信息来源还是组织内部的相关成员。这些来源中，有员工自身的汇报和总结，有同事的共事和观察，有上级的检查和记录，也有下级的反映与评价。如果一个组织中所有成员都具备了绩效信息反馈的意识，那么，获取绩效信息的渠道就会畅通无阻，这就会给绩效管理带来极大的帮助与支持。目前，从绩效管理实践来看，绩效信息的来源主要有以下几个渠道。

1. 员工本人

员工本人收集并提交有关的绩效信息是最重要的信息收集渠道，因为仅仅依靠主管去收集有关的绩效信息是不现实的，它需要耗费大量的时间和精力，而且在信息的准确性方面也常常会发生分歧。员工可通过提交工作报告和自评报告，提供自己有关工作的主要信息，这样一方面可以节省主管的时间，另一方向也利于员工充分地展示自己的工作业绩。当然，这些信息一般会倾向于报告已经达到进度或实现目标的内容，对于没有实现的目标和没有完成的内容，员工可能会回避或者过多地强调外在因素的影响。这方面的信息可通过格式化的报告要求员工提供。因此，员工本人提供的绩效信息只是信息来源的一部分，还需要来自其他方面的信息来补充和佐证。

2. 管理人员

绩效管理从绩效计划、绩效执行、绩效评价到绩效反馈，整个过程都离不管理人员的参与，员工的工作活动也离不开管理人员的支持和指导。管理人员一般对自己管理的员工还是比较了解的，他们通过直接观察、检查记录等途径也能得到员工工作的一些绩效信息。

3. 财务部门

财务部门是确认员工业绩的主要信息渠道，主要通过客观的财务数据和财务报表来反映。财务部门一般只为那些产出能够形成财务结果的员工提供信息支持，对于基层的员工，主管往往不能从财务部门获取有效的信息。为了保证财务部门提供信息的准确性，一些组织和企业将财务部门直接划归组织一把手领导，一些大型组织和企业集团则建立了垂直管理的财务管理体系，使之忠于最高管理层，以便高层管理者能够及时、准确地掌握组织的真实信息。

4. 客户及外部市场

客户及外部市场的反应也是一条重要的信息渠道。在倡导客户利益至上的今天，通过了解客户的评价可以比较真实、客观地反映员工的绩效状况。在很多组织中，对支持部门都要进行内部客户满意度的调查，征求内部客户对支持部门的工作产出的满意程度，对于对外部门和业务部门则采用对外部客户进行问卷调查、访谈或召开专场座谈会的方式获取相关的绩效信息。

5. 其他员工

员工的同事和下属也是提供其绩效信息的一个重要渠道。在工作过程中，员工总要和自己的同事或下属一起共事，他们也能从各自的角度提供一些员工觉察不到或难以发现的信息，这些信息对于判断一个人实现绩效目标过程中的价值观和行为表现是十分重要的。不过，同事和下属提供的信息有时会受到人际关系的影响，一般要采用匿名的方式来获取。

在绩效信息的收集过程中，为了准确、全面地掌握员工的绩效信息，一些组织和部门对于一些关键岗位或部门采用 360 度考评的方式来获取员工工作业绩、态度以及行为表现方面的信息，提供给主管人员作为绩效评价和决策的参考依据。还有一些组织为了保证绩效信息的真实性和准确性，还要求审计或控制部门对绩效信息进行审核，以确保用于决策和评价的绩效信息是真实、可信的。

6.4.3 绩效信息收集的内容

并非所有的绩效信息都需要收集和分析，也不是收集的信息越多越好，因为收集和分析信息需要耗费大量的时间、精力和金钱，管理人员也不可能对员工工作过程中的所有绩效表现都做记录，再加上收集太多的信息，也会导致抓不住最有价值的信息，因此，在对绩效信息进行收集时必须有选择地进行。收集哪些信息主要取决于组织的目标，同时，还要强调必须是与绩效管理有关的信息。这些内容概括起来主要包括：

- 工作目标或任务完成情况的信息；
- 员工达到或没达到绩效目标和绩效标准的证据；
- 与关键绩效指标密切相关的信息记录；
- 工作绩效突出的行为表现；
- 工作绩效有问题的行为表现；
- 来自客户积极的和消极的反馈信息；
- 与员工就绩效问题进行沟通的记录；
- 对员工找到问题的原因有帮助的信息；
- 对员工找到取得成绩的原因有帮助的信息；
- 绩效执行过程中的关键文档；
- 关键事件的具体描述。

6.4.4 绩效信息收集的流程与方法

对绩效信息的收集，通常由人力资源部门于每个月或季度初给有关职能部门或下一级单位的人力资源部门下达书面通知，对绩效信息和数据的收集提出具体要求，于每个月或季度末将员工绩效计划完成情况的数据资料报送有关业务管理部门审核，然后再报回人力资源部门。人力资源部门负责组织数据收集并汇总，职能部门或相关业务部门负责业务指标的审计确认，保证数据的真实可靠，最后将审定后的数据信息报送人力资源部门。

绩效信息的收集是一项重要的工作，要耗费一定的时间和精力，只有掌握一定的方法和技术，才能做到事半功倍。绩效信息的收集方法主要有观察法、工作记录法、抽查法、他人反馈法、特别事例法等。

观察法是指管理人员直接观察员工在工作中的表现并将其记录下来。

工作记录法是指通过日志或工作记录的方式将员工的工作表现和工作结果记录下来。

抽查法是指定期或不定期地对员工的工作情况进行抽查，并将抽查情况记录下来。

他人反馈法是指管理者通过其他员工的汇报、反映来了解某些员工的工作绩效情况。比如通过调查顾客的满意度来了解售后服务人员的服务质量等。

特别事例法则是指记录特别优秀的行为或结果以及特别不好的行为或结果，这些行为或结果往往都是反映员工绩效的关键信息。

在选择绩效信息的收集方法时，我们提倡各种方法的综合运用，因为单一的方法可能只了解到员工绩效的一个或几个方面而不能做到全面系统。比如，有些员工的态度并不能从每次的检查或表面观察中得知，这时候就需要通过他的同事、服务对象或者客户的反馈获取相关信息。这种情况下，通过他人反馈法得到的结果往往比直接观察法得到的更真实可信。所以说，方法选择和运用的正确与否直接关系到信息质量的好坏，最终也会影响到绩效管理的有效性。

6.4.5 绩效信息收集应注意的事项

为了更加有效地收集绩效信息，在工作中我们还要注意处理好以下问题。

（1）让员工参与绩效信息的收集过程。员工参与收集绩效信息，一方面体现了员工的责任，另一方面也使所收集的信息更易得到员工的认同。事实上，当管理人员与员工就收集到的信息进行沟通时，员工比较容易接受。但是，员工会倾向于选择性地记录或收集情况，比如报喜不报忧，或者故意夸大工作中的困难等。为了避免这一现象，可以采用结构化的方式，将员工选择性收集信息的程度降到最低。

（2）绩效信息收集要有针对性和目的性。收集绩效信息是一项需要耗费大量时间和精力的工作，要收集所有相关的信息，做到面面俱到是不大可能的。因此，在收集绩效信息之前，我们一定要搞清楚收集信息的目的，要有针对性的收集，避免造成人力、时间和财力等方面的不必要的浪费。

（3）要把绩效信息中的事实和推测区分开来。为了尽量避免用于决策和评价的绩效信息客观公正，我们应该把主要精力放在收集第一手资料和事实数据上，而不是对事实的估计和推测。因为只有第一手资料和事实材料才是真正可靠、可信的，其他资料和数据都会或多或少夹杂着人们的一些主观臆断和个人倾向。

要点总结

●绩效执行是指在绩效周期内对绩效目标和绩效计划内容的贯彻、执行过程。绩效执行旨在通过提高个体绩效水平来改进部门和组织的绩效。影响绩效执行的因素主要有技术因素、人的因素、环境因素和组织因素。

●绩效执行的内容和绩效目标是高度一致的，主要包括在确定的绩效周期内员工对绩效计划的实施和完成情况，以及这一过程中的态度和行为。

●绩效辅导是指在绩效执行过程中，管理者根据绩效计划，采取恰当的领导风格，对下属进行持续的指导，确保员工工作不偏离组织战略目标，并提高其绩效周期内的绩效水平以及长期胜任素质的过程。

●绩效沟通就是指管理者与员工在工作过程中分享各类与绩效有关的信息的过程。在绩效沟通过程中，需要重点把握好有效原则和双向沟通原则。

●收集绩效信息是一种有组织的、系统的收集员工及组织相关绩效信息的过程。绩效信息的来源渠道主要有：员工本人、管理人员、财务部门、外部客户以及组织的其他员工。绩效信息的收集方法主要有观察法、工作记录法、抽查法、他人反馈法、特别事例法等。

思考题

1. 什么是绩效执行？管理者和员工在绩效执行阶段是怎么分工的？
2. 影响绩效执行的因素有哪些？
3. 绩效执行阶段关键要解决什么问题？
4. 什么是绩效辅导？它的方式有哪些？各有什么特点？它在绩效执行阶段有何作用？
5. 结合绩效管理实践谈谈绩效沟通的重要意义。
6. 常见的绩效沟通方式有哪些？
7. 简述绩效信息收集的目的意义。
8. 绩效信息收集的方法有哪些？试比较之。
9. 根据下表中的绩效目标，指出这些绩效信息的来源渠道，即反映这些指标的绩效信息应该由谁来提供？从哪儿获取？

工作产出	指标类型	具体指标	绩效目标	资料来源
销售利润	数量	·年销售额 ·税前利润百分比	·年销售额在20万~25万 ·税前利润率18%~22%	
新产品设计	质量	·创新性 ·体现公司形象 ·性价比 ·相对竞争对手产品的偏好程度 ·独特性 ·耐用性	·至少有3种产品与竞争对手不同 ·使用高质量的材料，恰当的颜色和样式代表和提高公司的形象 ·产品的价值超过了它的价格 ·在不告知品牌的情况下对顾客进行测试，发现选择本公司产品比选择竞争对手产品的概率要高 ·客户反映与他们见到过的同类产品不同 ·产品使用的时间足够长	
零售店销售额	数量	·销售额比去年同期的增长	·销售额比去年同期增长5%~8%	

案例分析

情景案例一

你是公司采购部的经理，王星是你部门的骨干，加入采购部的时间与你差不多，你们以前是不错的同事。今年一月你提升为经理后，王星的工作热情好像有不少变化，上班有时迟到，下班到点就走，部门的会上发言也不多。你原本希望王星能把你原来的工作接过一部分，让你能有更多的精力用在部门的管理工作上，现在看起来王星并不支持你的工作。有两个同事也暗示过你，王星对你的提升有些嫉妒，要你小心。

这两个星期，在准备王星的业绩判定时，你发现王星的工作质量还是不错的，各种技能也是部门中比较突出的，王星的各项工作也都能按时完成。你知道王星的能力很强，但是不清楚她为什么不能帮你一把。

你和王星约好今天讨论她的业绩考核。你准备和她怎么谈？

情景案例二

你是公司采购部的业务骨干。在这几年的工作中，你一直工作非常努力，加班加点，使采购部从无到有，并建立了各种流程和供货渠道，你的工作表现也得到了充分肯定。

今年一月，公司决定提升与你同时加入采购部的同事作为部门经理，促使你考虑你的个人发展方向。经过仔细的考虑，你认为你应该准备转到财务方面，因为财务领域是你的个人兴趣，你也有基础，同时今后也有市场需求。从二月份开始，你参加了会计师的培训班，每星期要上三次课。你希望在完成本职工作的前提下，两年内完成这一学业计划。

天有不测风云，三个月前，你母亲生病住院，需要有人陪伴，你每个星期还要有两晚在医院。所以最近一段时间你的压力很大，工作有时做不完，你就只能周末在家里做。到目前为止，还是按时按质地完成了各种工作。

今天你要和经理讨论你的业绩考核，你希望他能了解你的用心，对你的工作也满意。你准备跟他怎么谈？

情景案例三

你是公司销售部经理。王峻是你部门负责东北地区的销售员，三年前由一个小公司加入你们部门。前两年王峻都未能完成销售任务，同时只是把精力用于发展客户关系，对客户的业务需求了解很肤浅，对产品的了解也很有限。根据这些表现，你给王峻的业绩评定连续两年都是及格。

今年，东北地区突然决定做项目A，你和技术部经理立即组织力量投标，经过几轮奋战，最终拿到了合同。作为销售工程师的王峻，在项目期间工作很努力，以建立各种关系为重点，成为项目组的骨干。由于项目A的成功，王峻的销售业绩达到了130%。

但同时，你注意到王峻在与技术工程师合作时，关系处理得非常紧张。工程师们抱怨王峻不能准确提供用户需求，没有计划，也不与大家沟通，造成几次方案重新设计。大家都不愿与他合作。另外，王峻没有在事先预报项目A，目前订货、交货期都有问题。

综合以上考虑，你计划给王峻良好的业绩考核成绩。今天你约了王峻做本年度的业绩考核。你要讨论的关键点是什么？你希望达到的目的是什么？

情景案例四

你是公司销售部销售工程师，负责东北地区的业务，今年是你在公司工作的第三年，前两年，由于东北经济不好，加之自己手生，都没有完成任务，业绩考核只得了及格。然而能得及格已不错了，要是在以前的公司，可能就给炒鱿鱼了。功夫不负苦心人，今年出台的项目A，终于签约，你的销售业绩是130%。做项目的几个月中日日夜夜的辛苦终于有了回报。有这样的成绩，你认为今年的业绩考核非得优秀不可。

今天，你的经理约你做全年的业绩考核，你期待着好消息。你会做哪些准备工作？

第 7 章 绩效评价

"如果你不能正确地评价（考核），你就无法正确地管理。"

——彼得·德鲁克

本章学习目标

- 掌握绩效评价的目标及其评价原则
- 理解绩效评价系统的构成要素及其相互关系
- 掌握绩效评价的主要内容
- 学会选择合适的绩效评价主体
- 熟悉绩效评价方法的分类标准及其选择依据
- 掌握常用的绩效评价方法

绩效评价作为绩效管理系统的重要环节，能够为人力资源管理的各项职能提供重要的决策依据。在整个绩效管理系统中，绩效评价是绩效管理的重点和关键，没有绩效评价，就没有评价结果，也就无法对员工过去的绩效表现进行总结、发现过去工作中存在的问题以及找到改善绩效的方法。同时，绩效评价又是和组织的战略相连的，绩效评价的有效实施将有利于把团队和员工的行为引导到组织的战略目标上来。

7.1 绩效评价的流程

【案例导读】 事业单位绩效管理，如何走出困境

DSG是一家隶属于A省B局的事业单位，下属15个科室、6个工程公司和2个研究院，整个系统员工近1000人。一直以来，该事业单位都以承接国家项目作为主要业务，旱涝保收。在这种情况下，单位整体发展步伐缓慢，员工的工作积极性低下，甚至有些员工主动“买断工龄”，提前退休搞起了其他产业。

2007年1月，年轻有为的王军被调入DSG担任局长，形势有了很大的改变。所谓新官上任“三把火”，刚到DSG，王军便相继点燃了这“三把火”。其中，很重要的“一把火”便是在单位内部推行全员绩效考核。在经历了长达两年之久的运行、调整、再运行、再调整等一系列磨合过程后，2008年12月，DSG拥有了一套较为成熟的绩效考核制度。

然而出乎意料的是，自从2009年1月该项绩效考核制度正式运行以来，多名优秀业务骨干相继离职，整个单位绩效连续几个月出现持续下滑，王军心里隐隐感觉到了不安。他开始对上任以来开展的种种改革举措进行反思，最终发现，在这两年的绩效考核体系试运行中，该体系与DSG未来的长远发展以及战略目标之间其实存在着许多矛盾之处，随着时间推移，这种矛盾越来越显现出来。为了在重大问题出现之前尽快找出现行绩效考核体系的问题所在，及时弥补并加以修正，王军夜以继日地工作、思考着……

经过一段时间的苦苦思索，在反复比较、推敲下，王军终于诊断出DSG绩效考核体系问题的根源，具体如下。

1. 绩效管理体系没有形成闭合循环

完整的绩效管理体系包括五个阶段的闭合循环：绩效计划、绩效实施、绩效考核、绩效反馈和绩效改进。把关键绩效指标层层分解至部门、中层和一般管理人员各岗位，使不同层次不同岗位员工有不同的绩效管理指标和标准，从而有力地支撑绩效管理活动的成功开展，实现从单一的绩效考核管理向有效的绩效管理提升。

实际上，DSG目前仅仅关注了绩效考核这一环节，实行的还是以考核评价为主的绩效考核体系。具体做法是这样的：年初，各部门上报本部门的年度考核指标，职能部门据此整理成考核指标体系。另外，如果单位负责人认为平时某项活动比较重要，也可以将活动情况添加至该年度考核指标中。年底，根据考核指标体系通过直接上级领导评估、部门之间互评和下属评估的方式对各部门进行考核。各部门的年度考核由单位负责人直接负责，各部门及其成员的考核

由职能部门统一实施，考核结果与年终分配挂钩等。其中，各部门年度考核指标中要求每个部门成员撰写一篇管理论文，但对论文的质量没有做出任何明确的要求。一般来讲，在对考核结果汇总后，负责人便会发现，如果依据考核结果进行年终分配，将会产生很大矛盾，因此，只得对考核结果进行平衡调整，考核效果也就不言而喻。

2. 绩效考核管理指标体系欠科学

考核指标体系是绩效考核目标和内容的具体化，是对被考核者岗位职责和工作任务完成情况进行全面检查和科学评估的重要依据。DSG的绩效管理指标基本上是通过上级下达而成，指标设计流程过于简单，存在着许多问题。

首先，考核指标的选择和权重的确定不合理。由于DSG考核指标的选择和权重的确定缺乏科学合理的程序与依据，直接导致了指标与职位工作相关性不强，不同类别指标、大类中的具体指标及针对不同考核目的的指标权重与预期导向存在不一致的现象。

其次，考核指标的针对性较差。在DSG绩效考核体系中，不同层级和类别的工作人员采用相同的考核指标，且每项指标的权重也相同，这不能体现不同工作岗位之间的岗位职责以及对任职者的素质、能力的要求，降低了考核结果的信度与效度。

最后，绩效指标体系分解不够完善。DSG并没有根据单位的战略目标和经营目标对绩效指标进行层层分解。具体做法应该是，通过明确各部门的工作职责和考核目标，将职责和目标合理分解到每个职工身上，环环相扣，层层落实。这样，所有职工的绩效目标实现了，部门目标就可以实现，单位目标也就自然而然实现了。

3. 绩效反馈与沟通机制不健全

反馈与沟通是绩效考核后的重要环节，反馈信息能进一步帮助理解考核，沟通贯穿整个绩效考核的全过程。沟通、考核、反馈、沟通是一个闭合的循环，缺少任一项都不完整，也会造成整个流程的堵塞。

通过绩效反馈与沟通机制，可以使员工了解自己的考核结论、考核结论的原因、工作中存在的问题以及考核人员提出的建设性意见，从而找到改进绩效的方向和措施，提高自身工作绩效及组织绩效，促进责任感的提升。DSG将主要精力集中于绩效考核上，没有把绩效考核的结果进一步用于绩效交流和改进上，在一定程度上造成领导与员工缺乏互动，缺乏良好的沟通与反馈面谈，这使得绩效考核作用不能充分发挥，绩效也将永远得不到提高。

4. 绩效考核结果应用不理想

绩效考核的结果有两种用途——短期性目标和长期性目标。短期性目标主要用于奖金发放、职称评聘、培训机会、晋升机会等，而长期性目标就是指个人、部门以及组织绩效的改进。通过每期绩效的持续改进来提高组织的整体竞争能力，这也是从绩效考核体系向绩效管理体系转型的一个关键出发点。

DSG的绩效考核结果目前主要用在奖金分配这一短期目标方面，忽略了长期性的目标，从而使得绩效考核结果不能充分利用起来，耗费了大量的时间和人力、物力。而且，在短期性目标上，由于单位各种规定和制度对奖励和处罚限制比较死，领导常不以此决定员工的晋升和奖励，考核结果与员工的收入和惩罚经常脱节，这也直接导致了在推行绩效考核的时候管理者和员工均不认真对待，也就谈不上绩效的改善和员工工作能力的不断提升。

此外，由于体系存在种种弊端，DSG现行考核中对于一些从事创造性工作或者在工作中做出较大贡献的员工，绩效结果上往往得不到应有的认可，致使考核结果的准确度也不高。一些员工通过努力实现组织目标的同时，个人目标却无法实现，而真正能做到集体目标与个体目标重合者极少，从而致使绩效考核的激励功能不能充分发挥。

资料来源：节选自《管理@人》杂志2010年第12期。

7.1.1 绩效评价的目标

评价是对人或事物的价值做出判断的一种观念性活动。绩效评价（Performance Appraisal，PA），是指在绩效周期结束时，选择有效的评价方法，由不同的评价主体对组织、群体及个人绩效做出判断的过程。绩效评价是绩效管理的基础，没有绩效评价，就无法对部门和员工过去的绩效表现进行总结，绩效反馈将失去依据，绩效管理的目标也将无法实现。绩效评价包含两个层次，一是对于组织绩效的评价；二是对于员工绩效的评价。在绩效管理实践中，组织绩效往往和组织高层管理者的绩效状况息息相关，因此，对组织绩效的评价，在某种意义上就是对组织高层管理团队和组织“一把手”的考核评价。

绩效评价作为绩效管理系统中的关键子系统，其核心目标是为了改善员工的组织行为，充分发挥员工的潜能和积极性，以求更好地达到组织目标。通过绩效评价，既要有利于员工的成长和发展，如确定如何激励员工，使其有更好的绩效表现，评价员工所存在的、具有改进空间的缺点和短处，帮助员工形成适合自身的职业发展目标；又要有助于实现组织的管理和决策目标，如为薪酬支付、人员晋升等方面的人力资源管理决策提供依据。

美国学者尤金·麦克纳（Eugene McKenna）和尼克·比奇（Nic Beech）把绩效评价区分为评价性评价和发展性评价。他们指出，评价性评价将着眼点放在对评价对象做出判断上。在进行评价性评价时，评价者首先对评价对象在一段时间内的绩效表现进行历史性的回顾和分析，然后将其与预先确定的绩效目标或标准比较，做出最后的评价，这种评价往往与薪酬决定挂钩。发展性评价在系统分析评价对象的发展需要之后，主要关注的是如何对评价对象将来的绩效表现做出预测。因此，发展性评价更加注重如何确定评价对象可以改进的知识和技能，从而达到开发其潜力的目的，这种类型的评价通常会与员工的职业生涯规划相联系。

【管理拾穗7-1】 手表定理

手表定理（Watch Law）是指一个人有一块表时，可以知道现在是几点钟，但当他同时拥有两块表时，却无法确定。因为两块手表并不能告诉一个人更准确的时间，反而会让看表的人失去对准确时间的信心。手表定理在企业经营管理方面，给我们一种非常直观的启发，就是对同一个人或同一个组织的管理，不能同时采用两种不同的方法，不能同时设置两个不同的目标，甚至每一个人不能由两个人同时指挥，否则将使这个企业或这个人无所适从。手表定理所指的另一层含义在于，每个人都不能同时选择两种不同的价值观，否则，你的行为将陷于混乱。

7.1.2 绩效评价的原则

绩效评价的结果直接关系到绩效管理目标的实现和人力资源管理政策的正确性和可操作性。为此，在绩效评价的过程中应遵循以下基本原则。

（1）客观真实原则。绩效评价应该根据明确规定的评价标准，针对客观的评价信息进行，尽量避免掺入主观性和感情色彩，要做到“用事实说话”，评价结果要建立在客观事实的基础上。

（2）明确化、公开化原则。组织的绩效评价标准、程序和责任都应当有明确的规定，而且应当在绩效评价过程中予以遵守。同时，这些规定应当对全体员工公开。只有这样，才能使员工对绩效评价产生信任感，对评价结果持理解和接受的态度。

（3）差别化原则。这里的差别化包含了由评价目的不同导致的差别化和由岗位等级不同导致的差异化。一方面，绩效评价应当根据不同的评价目的有所差别，有所侧重，这样才能使绩效评价具有针对性和激励性。另一方面，绩效评价在等级之间应有鲜明的差别界限，不能“一刀切”，针对不同岗位应制定出不同的评价标准，比如对管理者的评价标准与一般员工的评价标准不能一样，因为对管理者的要求和对员工的要求是不同的。

（4）行为导向原则。绩效评价的内容实际上就是对员工工作行为、工作态度、工作业绩等方面的要求和目标，它是员工行为的导向。绩效评价的内容是一个组织的文化和管理理念的具体化和形象化，在评价内容中必须明确：组织鼓励什么，反对什么，给员工以正确的指引。

（5）可行性和实用性原则。可行性是指任何一次绩效评价方案所需要的时间、人力、物力、财力等都要为参与评价的各方所处的客观环境所允许。这就要求制定绩效评价方案时必须对限制因素、目标效益、潜在的问题等进行可行性分析，以便评价方案更加合理、可行。实用性主要包括两方面含义：一是评价工具和方法应适合不同评价目的的要求，要根据评价目的来设计和选择评价工具；二是绩效评价过程要从行业和部门的实际出发，考虑不同岗位的人员素质特点和要求，据此来设计组织的绩效评价方案。

（6）定期化和制度化原则。员工的绩效评价既是对员工过去和现在的考察，也是对员工未来行为表现的一种预测。因此，只有将员工的绩效评价定期化和制度化，才有可能全面了解员工的潜能，及时发现组织中的问题，从而有利于组织的健康持续发展。

（7）积极反馈原则。在现代人力资源管理系统中，缺少反馈的评价是没有任何现实意义的。没有积极反馈的绩效评价，是无法真正激励和帮助员工改进绩效、提高员工能力的，这也是和现代绩效管理理念相违背的。因此，组织应把绩效评价后的结果及时地反馈给员工，使员工认识到工作中的不足，并加以改善。

除了以上原则之外，还要注意对评价者进行适当的培训，使其能摈弃主观因素，对评价标准有统一、准确的把握，使绩效评价过程真正公正、公平。

7.1.3　构建绩效评价系统

绩效评价作为绩效管理过程中的一个环节，是绩效管理系统中的一个重要组成部分，同时，绩效评价本身也具有相对的独立性，构成一个完整的绩效评价系统。绩效评价系统由许多要素构成，在构建绩效评价系统时主要是要对这些构成要素的相关方面进行决策。绩效评价系统的构成要素主要包括评价内容、评价主体、评价方法、评价周期以及评价结果的应用等五个方面，这些构成要素之间的关系如图 7－1 所示。

在绩效评价系统中，评价内容即要解决“评价什么”的问题。在绩效管理实践中，绩效评价的内容一般包括工作业绩评价、工作态度评价和工作能力（包括潜力）评价，具体内容将根据不同的评价目标或目的有所差异。评价周期即“多长时间评价一次”，评价周期可分为月度评价、季度评价和年度评价等多种类型，评价周期的选择受评价内容、工作岗位、组织特点等多种因素影响，关于绩效评价周期的相关内容在第 5 章已做了详细介绍。评价主体即“谁来评价”，根据掌握的绩效评价信息的不同，评价主体除了评价对象的上级外，也可以选择同级（同事）评价、下级评价、客户评价以及本人自评等方式进行，为了保证评价的公正客观，对评价主体进行事先培训是必要的。绩效评价方法根据绩效评价的对象不同可分为相对评价法和绝对评价法，也可根据绩效评价的内容不同可分为特征法、行为法和结果法。绩效评价系统的最后一个要素是评价结果的应用，在绩效管理实践中，绩效评价结果主要运用于两个方面：一是通过分析绩效评价结果，诊断员工存在的绩效问题，找到产生问题的原因，制定绩效改进计划，以提高员工的工作绩效；二是绩效评价结果为其他人力资源管理子系统（如招聘、晋升、培训与开发、薪酬等）提供决策依据，特别是用于薪酬的决策。

为了使我们所构建的绩效评价系统科学有效，评价系统的设计需要符合以下特点：①战略一致性（目标一致性），即评价内容和评价指标的很好完成能够保证组织目标的实现；②反映组织特点，这里的组织特点主要指组织文化、组织的资源优势和劣势、组织面临的外部发展环境等；③客观性，即绩效评价尽可能采用可验证的资料和数据作为评价依据，以确保绩效评价的客观公正性；④准确性，即评价结果最大可能的反映员工工作的真实绩效水平；⑤可接受性，即绩效评价系统

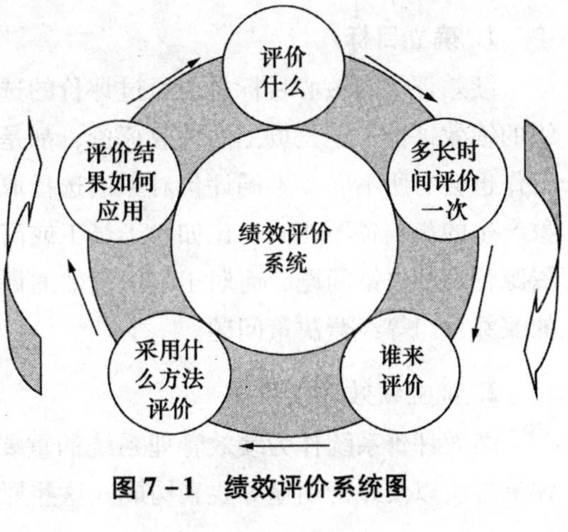

图 7－1　绩效评价系统图

应该尽可能地得到使用者的认同；⑥可控性，即绩效评价系统要素都是可控的，尤其是评价内容（评价指标）应尽可能是可控的；⑦及时性，即绩效信息必须及时获得，滞后的信息可能会导致不适当的反应，甚至误导人们的行为；⑧应变性，即良好的绩效评价系统应该能够根据组织内外环境的变化，及时做出反应，进行相应的调整。

绩效评价系统的各构成要素彼此作用、相互影响，共同构成了一个完整的评价体系。只有处理好这些要素的关系，根据组织、部门和员工实际状况选择好每一个要素，绩效评价的过程才是科学、有效的，评价的结果才能真正帮助员工改进绩效水平，为管理者提供有价值的决策依据。

7.1.4 绩效评价的一般过程模式

绩效评价的一般过程模式主要包括：确立目标、建立绩效评价系统、收集整理数据、分析判断和输出结果（如图7-2所示）。

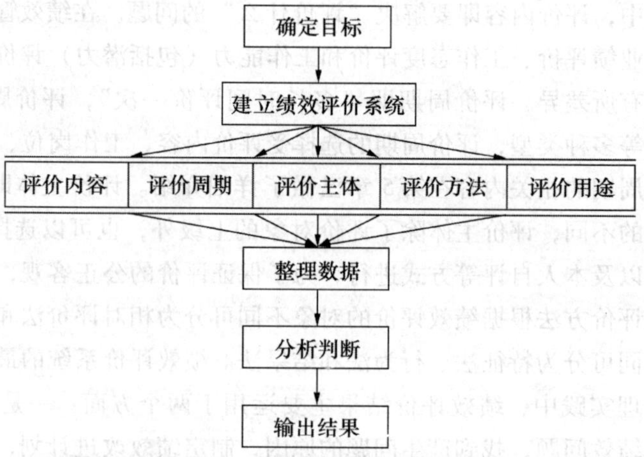

图7-2 绩效评价的一般过程模式

1. 确立目标

绩效评价的核心目标是要通过评价的选择、预测和导向作用实现组织的战略目标，不论是组织的绩效评价，还是员工的绩效评价，都是基于这个共同目标的。绩效评价的对象不同，其评价工作也会有所不同。不同评价对象的选择取决于不同的评价目的，评价的结果对于不同的评价对象产生的影响各不相同，比如对于员工或高层管理者的绩效评价关系到他们的奖惩、升降等人力资源管理的决策问题，而对于组织绩效的评价则关系到组织的发展、业务的扩展与收缩、组织间的兼并重组等经营决策问题。

2. 建立绩效评价系统

绩效评价系统作为绩效管理系统的重要组成部分，主要由评价内容、评价周期、评价主体、评价方法以及评价用途等要素构成，这些要素相互影响、相互作用，共同构成了一个有机的评价系统。关于绩效评价系统的构建本章前面已做了介绍，这里不再赘述。

3. 整理数据

可靠、准确的数据是绩效评价公正、有效的重要保障。在绩效执行阶段收集到的绩效信息往往都是零散的，绩效评价阶段需要对收集到的各类绩效信息进行分析、界定、归类、整理等，把这些零散的数据和资料整理成系统的体系。在数据整理过程中，需要评价者具有较高的职业素养和丰富的经验，评价者对数据和资料的主观判断必须是科学的、反映客观事实的。

4. 分析判断

分析判断就是指针对评价对象，应用具体的评价方法来确定其评价结果的过程。分析判断要结合组织的特点、评价对象的岗位特征以及评价内容和目的，选择合适的评价方法和形式。

5. 输出结果

通过适当的评价方法对评价对象进行评价后，就会得出一个具体的评价结果。评价结果不仅仅是一个绩效高低的简单排序，更重要的是要指出绩效优秀或绩效低下的具体原因。通过输出结果，鼓励取得优秀业绩的员工，百尺竿头，更进一步；鞭策业绩不佳的员工，意识到自身的问题所在，找出差距，主动改进，迎头赶上。总之，只有详尽的绩效评价输出结果，才能为进一步的绩效反馈和绩效结果的应用提供依据。

【寓言启示】 绩效管理的谬误

一群住在森林里的蜜蜂，每天忙碌穿梭在花丛和蜂巢之间，勤奋采集花蜜。

有一天，蜂王为了提升大家的工作绩效，决定导入先进的企业管理制度。每只蜜蜂身上都装了高科技的传感器，用来记录每天接触花朵的数量，作为评估绩效的依据。蜂王相信，蜂群们接触花朵的数量愈多、范围愈广，整体采集到的花蜜就会愈多。

然而新制度实施一段时间之后，却是事与愿违。每天采集到的花蜜总量不但没有增加，反而每况愈下，逼得蜂王赶紧找来最前线的蜜蜂了解原因。

原来在新制度下，每一只蜜蜂都以“接触更多花朵”为目标，反而刻意减少在每一朵花停留的时间，以尽早飞往下一朵。同时，因为身上的蜜越少，可以飞得越快，大家也刻意减少单次的采集量，以降低飞行时的负荷。

更糟糕的是，那些体型较大的蜜蜂，明明搬运了较多的花蜜，但是在新制度下统计出来的绩效，却不如那些搬运量少、到处浅尝辄止的小蜜蜂。

实际贡献没有公平反映在绩效数字上，更是成为压垮士气的最后一根稻草。

在业务单位里，肩负管理责任的业务主管可能也会陷入蜂王的迷思。错误的管理制度不但对提升绩效没有帮助，还会误导团队成员的工作方式，让组织努力的方向迷失。而无法客观反映绩效、公平分配赏罚的制度，对业务人员造成了无形的打击。

其实，在企业的各种功能单位里面，业务人员是最不需要“管理”的一群人。业务人员需要的是明确的目标、充分的授权和适当的激励。这些因子的实现，是透过洞悉人性的“领导”，而非按表操课的“管理”。否则当业务人员失去热情，从积极主动变为消极敷衍，进而用转换跑道、职业生涯规划这些“官方说法”提出辞呈的时候，业务主管永远不会了解真正的原因。

资料来源：《赢周刊·赢生活》，人力资源开发网。

7.2 绩效评价的内容

在绩效评价过程中，首先要解决的基本问题是“评价什么”的问题，即评价内容的问题。因为绩效评价的内容决定了绩效评价系统中的具体评价要素和评价指标。人们对绩效内涵的理解，在很大程度上影响着绩效评价的内容，当你认为绩效就是“结果”的时候，你就不大可能在评价过程中关注绩效产生的“过程”。

在人力资源管理实践中，绩效包含了经过评价的工作行为、方式与结果。传统的绩效主要是为了追述过去、评价历史，而随着绩效边界的扩展，现代组织在绩效界定上越来越关注未来。比如那些创新型组织和知识型岗位的绩效，不仅关注“做了什么”（实际结果），而且关注“能做什么”（预期结果）。基于这种绩效观，我们把员工绩效评价的内容分为工作业绩评价、工作态度评价、工作能力评价和工作潜力评价。下面分别将对这四类评价内容进行介绍。

7.2.1 工作业绩评价

工作业绩是指员工通过工作行为取得的阶段性产出和直接结果，它反映了员工的工作效率及效果。业绩评价的过程不仅要说明各级员工的工作完成情况，更重要的是通过这些评价指导员工有计划地改进工作，达到组织发展的要求。

业绩评价对于管理者和员工都是非常必要的，管理者希望员工能够通过工作行为促进组织完成既定的经营目标，对员工的业绩评价能够直接反映实现组织目标的过程，并对这一过程进行控制。员工则希望通过业绩评价使自己的工作付出和贡献能够得到承认和反映。

业绩评价是相对于评价对象的工作而言的，是对员工担当工作的结果或履行职务的结果进行的评价。事实上，一个人对组织的贡献程度并不单纯取决于业绩评价的结果，同时还要取决于工作本身对于组织的贡献程度。在实践当中，我们应当把对员工的业绩评价和对工作本身的评价区分开来，以免影响员工业绩评价的准确性。

员工的业绩评价通常从数量、质量、时间和成本等方面进行评价，不过，由于业绩评价主要关注的是员工的工作结果，要对员工的绩效进行综合反映，还需要对员工的工作能力和工作态度进行评价。

7.2.2　工作能力评价

工作能力是指个体工作业绩的基础和潜在条件，没有工作能力，创造良好的工作业绩几乎是不可能的。工作能力包括体能、知识、智能、技能等内容。体能是员工工作能力的基础，它取决于员工的年龄、性别和健康状况等因素。知识主要包括专业知识水平、工作经验等，员工在工作中所表现出来的专业知识水平、工作经验等往往和他所受的教育是分不开的。智能主要包括记忆、分析、综合、判断、创新等能力，它反映了一个人认识客观事物、获得知识并运用知识分析决策问题的能力。智能水平的变化一方面表现在人们认识客观事物的深刻、正确和完整程度上，另一方面表现在人们获取和运用知识解决实际问题的速度与质量上。技能则主要包括实际操作能力、表达能力、组织能力等。

与员工的业绩评价相比，员工的能力评价显得格外困难，因为业绩是外在的，可以把握的，而能力是内在的，难以衡量和比较的。在绩效管理实践中，员工的能力评价并不一定要综合评价能力所包含的体能、知识、智能和技能这四个方面，而是根据评价的目的和职位的特征有针对性地进行评价。对于那些不易改变的、可以通过资格审查说明的能力，并不需要在日常的绩效评价中进行评价，而只是在较长的绩效周期结束之后进行一次测评或资格认证。在员工能力评价中，我们注重的是这些能力在工作时集中发挥的状况。

7.2.3　工作潜力评价

潜力，即潜在能力，是指员工所具有的但在工作中并没有发挥出来的能力，它是相对于在工作中发挥出来的能力而言的。潜力评价是指通过各种手段了解员工的潜力，找出阻碍员工潜力发挥的原因，更好地将员工的工作潜力激发出来，将潜力转化为现实的工作能力。在绩效评价实践中，通常有三方面的信息可用于对员工的潜力进行评价，这三方面的信息分别来源于能力评价的结果、相关工作的年限以及相关工作的资格认证等，这方面的信息通常都是比较客观和相对稳定的。由于潜力评价针对的是员工在现任工作中没有机会发挥出来的能力，因此，这种评价可以很好地为工作轮换、职位升迁等人事决策提供有价值的决策依据。

在现实中，对于潜力的评价是很难和能力评价相脱离的，通过能力评价对员工潜力进行推断是最为常见的做法。日本学者提出的“能力开发卡”的概念，实际上就是把能力评价和潜力评价相结合的一种方式。其基本思路是：将员工的工作年限、学历、资格证书等资料与日常的能力评价结果记录下来，并进行动态修正；结合员工工作中的薄弱环节和个人职业生涯设计的需要，提出员工个人的能力开发目标，有针对性地提出阶段性的努力目标；通过个人与直接上级、人力资源管理专家的沟通，不断交换意见，对个人的能力发展目标进行动态修正；结合能力评价的结果和绩效反馈中各方面的意见与建议，对能力开发的状况进行评价并进一步提出新的目标。

7.2.4　工作态度评价

工作态度是影响员工工作能力发挥的个性因素，主要包括纪律性、协作性、积极性、主动性、服从性、执行性、责任心、归属性、敬业精神、团队精神等。人们通常会认为，能力强的人能够取得更高的工作业绩，但现实情况并不总是如此，有时好的工作能力并不一定产生高的工作业绩。好的工作能力首先必须要在个体良好的工作态度下，并且具有内部和外部条件的支持才能取得，不同的工作态度将产生不同的工作结果。因此，绩效评价中还要对员工的工作态度进行评价，以鼓励员工充分发挥现有的工作能力，最大限度的创造优异的工作业绩，并通过日常工作态度评价，引导员工增强工作热情，避免“出工不出力”的情况发生。

工作态度是影响工作能力向工作业绩转化的重要调节变量。通过对工作态度的评价引导员工改善工作态度，是促进员工达成绩效目标的重要手段。关于工作能力、工作态度和工作业绩三者之间的关系，如图 7-3 所示。

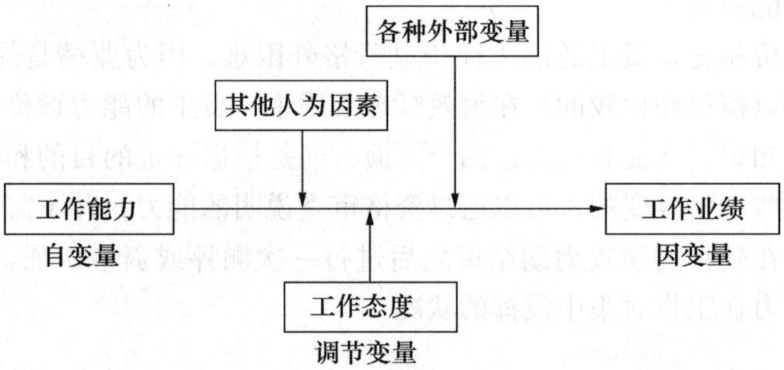

图 7-3　工作能力、工作态度和工作业绩的关系简图

态度评价和能力评价的内容不同，态度评价不论员工的职位高低，也不管员工的能力大小，而只是评价员工是否努力、认真地工作，工作中是否有干劲、有热情，是否遵守各种规章制度等。一般情况下，对工作态度的评价往往采用过程评价的方式进行，而工作能力评价则可以是过程评价，也可以是结果评价。

【阅读案例 7-1】　通用电气——考核要有利于员工成长

通用公司这艘企业界航空母舰的管理之道，一直被人们奉为管理学的经典之作，而 GE 的考核制度则是其管理典籍中的重要篇章，从通用（中国）公司的考核制度可以发现 GE 考核的重点所在。

通用（中国）公司的考核内容包括“红”和“专”两部分，“专”是工作业绩，指硬性考核部分；“红”是考核软性的东西，主要是考核价值观。这两个方面综合的结果就是考核的最终结果。

1. 年终目标考核的四张表格

前三张是自我鉴定，其中第一张是个人学历记录；第二张是个人工作记录（包括在以前公司的工作情况）；第三张是对照年初设立的目标自评任务的完成情况，根据一年中的表现、取得的成绩，对照通用公司的价值观、技能要求等，确定自己哪方面是强项，哪些方面存在不足，哪些方面需要通过哪些方式来提高，需要得到公司的哪些帮助，在未来的一年或更远的将来有哪些展望等。原总裁韦尔奇在当年刚加入通用公司时就在他的个人展望中表达了他要成为通用公司全球总裁的愿望。第四张是经理评价，经理在员工个人自评的基础上，参考前三张员工的自评，填写第四张表格。经理填写的鉴定必须与员工沟通，取得一致的意见。如果经理和员工有不同的意见，必须有足够的理由来说服对方。如果员工对经理的评价有不同的意见，员工可以与经理沟通但必须用事实来说话；如果员工能够说服经理，经理可以修正其以前的评价意见；如果双方不能取得一致，将由上一级经理来处理。在相互沟通、交流时，必须用事实来证明自己的观点，不能用任何想象的理由。

2. 考核的时间

全年考核与年终考核结合，考核贯穿在工作的全年，对员工的表现给予及时的反馈，在员工表现好时及时给予表扬肯定，表现不好时及时与其沟通。

3. 考核结果的应用

考核的目的是为了发现员工的优点与不足，激励与提高员工有效地提高组织效率；考核的结果与员工第二年的薪酬、培训、晋升、换岗等利益联系。

考核能够取得预定的目的有多方面因素，在所有因素中，最重要的不是通用（中国）公司的考核方法、考核制度有多复杂、有多高深，而是通用（中国）公司的员工能够把简单的事情做好、做到位——而这正是通用（中国）公司的价值观——“确立一个明确、简单和从现实出发的目标，传达给所有人员”所要求的。

4. 通用（中国）公司的考核工作是一个系统的工程

包括目标与计划的制订，良好的沟通，开放的氛围，过程考核与年终考核结合，信息的及时反馈，考核与员工的利益紧密联系，强调通用（中国）公司的价值观，领导的支持，管理层与一般员工的积极参与，有一个制度来保证等。

5. 目标与计划的制订

目标计划是全年考核的基础，目标计划必须符合五个标准——“SMART”：S代表的是specific，意思是“具体的”；M代表的是measurable，意思是“可度量的”；A代表的是attainable，意思是“可实现的”；R代表的是realistic，意思是“现实的”；T代表的time-bound，意思是“有时限的”。目标计划的制订必须与公司、部门的目标一致，制订目标计划必须与员工反复沟通、推敲，在执行时如发现有不妥之处，必须立即修正。

6. 过程考核与年终考核

考核是为了激励与提高完善员工，所以信息要及时给予反馈，员工表现好时要及时给予肯定表扬，在员工表现不好时及时提醒。到了年终考核时，所有的评价都是根据平时的表现，不仅有说服力，而且人力资源部的工作也不繁杂，因为全年不断地积累素材，平时已把工作做到位了。

7. 良好的沟通

包括各部门的上下级之间、人力资源部与其他部门之间保证无阻碍的沟通，这样员工和经理才能得到比较全面的信息。通用（中国）公司的环境是开放的，员工可以很轻松地与经理甚至总裁交流。良好的沟通也是通用（中国）公司的价值观所要求的，乐于听取各方的意见，致力于群策群力。良好的沟通不仅包括面对面的交流，员工的自我评定也是一种沟通渠道，员工有什么想法、有什么要求、希望得到公司哪些帮助等，都可以在考核时写清楚。

8. 视6个西格玛为生命

管理人员、公关人员的考核不易量化，是考核中的难点。通用（中国）公司一开始就给管理人员、领导人员确立一个行为准则，这些行为准则不仅面对领导、管理人员，而且也是面对员工的。管理人员根据这些行为准则，对照自己的行为，知道自己哪些方面做得好、哪些方面有差距。同时，员工也可以根据行为准则，评价管理人员或领导。这样对管理人员和领导的考核就可以很具体、清楚，如领导必须具备的4个“E”，不管是自评还是他评，都能心中有数。能量化的尽可能用6个西格玛标准量化，如公关人员的工作量化可以用接了多少个电话、回了多少个电话、用多少时间来回答、安排了多少采访等。

9. 用事实来考核软性因素

价值观等软性因素的考核也是不好量化的，通用（中国）公司解决这一难题的有效方法是把工作放在事前，凡是加入通用（中国）公司的员工，首先被告知的是通用（中国）公司价值观的内容，然后会有与价值观有关的各种培训，员工对价值观的感悟会不断地得到强化。培训不是叫员工背诵价值观的内容，而是用发生在公司的事实行为来说明价值观。在考核时每个结论都必须用事实来证明，绝不能凭空想象。

10. 考核的结果与员工的个人利益及职业生涯发展密切联系

考核的结果与员工第二年的薪酬、培训、晋升、工作调动等挂钩，同时考核也是为了提高和完善员工自身的素质。公司会尽可能满足员工的一些想法和要求，鼓励员工写下自己的真实想法，并且尽最大可能帮助员工实现。

11. 360度考核

360度考核并不普遍地使用，一般是在考核领导和员工为了自我发展、自我提高时使用，参与考核评价的是上级、下级、同事、客户，由被考核者自己在这些人中各选择几个人来作评价。对于考核的结果，由外面的专业机构来分析，这样可以保证结果的客观性与科学性，在这种考核中不用担心员工在选择考核者即评价他的人时只选择与他关系好的人，而导致考核结果的不客观、不真实，因为这种考核是为了发现员工自己的不足、找到提高完善自己的方式，员工为了自己的发展前途不会去找一片赞扬声。

资料来源：付亚和、许玉林主编，《绩效管理》，复旦大学出版社2008年版，第11～14页。

7.3 绩效评价主体的选择

7.3.1 绩效评价主体选择的依据

绩效评价主体指的是对被评价者做出评价的人。在绩效评价过程中，能否选择合适的评价主体对于保证评价结果的公正有效至关重要。选择什么样的评价主体，在很大程度上与所要评价的内容相关，因此，评价主体与评价内容相匹配是一个非常重要的选择依据。一般情况下，选择绩效评价主体要把握好以下原则。

（1）绩效评价主体所评价的内容必须基于他可以掌握的情况。评价主体必须熟悉和掌握他所要评价的内容，如果要求评价者对于他不能观察到或感知到的情况做出评价，那么这种评价一定是不准确的，必将对整个绩效评价的准确性和公正性产生不良影响。比如对于客服人员的服务态度进行评价，客户是最能感受到其服务态度的优劣，客户就比客服人员的主管更有发言权，因此，评价主体选择客户要比其主管或其他人员更合理、更有效。

（2）绩效评价主体应对所评价职位的工作内容有一定的了解。绩效评价主体不仅要了解所评价的内容，而且对于所评价的职位及其工作内容也应该有一定程度的了解。员工的任何职位行为都是以实现一定职责任务为目的的，并不是孤立的行为，如果评价主体缺乏对该职位的全面了解，就可能会做出以偏概全的判断。

（3）所选择的评价主体应有助于实现一定的管理目的。绩效管理通过设定评价指标来引导员工关注组织所强调的方面，引导员工表现出企业期望的行为。在这一过程中，员工的直接上级是绩效管理的实施者，他要对员工的职务工作履行监督和指导的职能，他对组织绩效管理负有不可推卸的责任，因此员工的直接上级往往是最重要的评价主体。直接上级可以通过绩效评价者的身份更好地监督、了解并控制员工的绩效表现，更好地整合全部下属员工的工作，从而更好地实现团队或部门的整体工作目标。

【阅读案例7－2】 谁是绩效考核的主体

凯达公司是一家集碳酸、果汁饮品生产销售于一体的中型企业。公司王老板最近很苦恼，原来公司销售部、市场部和人力资源部经理因为营销人员绩效考核问题较上了劲儿，并且还在部门经理例会上吵了起来，影响很不好。

事情的起因是这样的，原来销售部所属的一名送货业务员由于早晨交通拥堵的原因送货迟了一些，进而导致商场断货，商场于是打来了投诉电话。结果人力资源部经理知道了这件事，他坚持要从重处罚这名送货员，而销售部经理则认为这是客观原因造成的，不应处罚送货员。在凯达公司，这类事情已经发生过很多次，按照公司的考核标准这会影响到整个销售部的业绩，销售经理自然不服气。由于销售部和市场部作为营销系统两大部门，两位经理的关系很好，并且市场部也不满意人力资源部制定的所谓绩效考核模式。于是，导致他们“联手”抵制人力资源部。

更严重的是，销售部、市场部经理还找到了王老板，扬言如果人力资源部经理不“走人”，那他们就走。面对这些曾经在商场上和自己“出生入死”的兄弟们，王老板没了辙。人力资源部经理倡导绩效考核，自然没错，不能打击他的积极性，可是销售部经理所言也有道理，市场是不能乱。如此“内耗”下去企业怎么办？王老板百思不得其解，陷入极度困惑之中。

资料来源：马作宽主编，《组织绩效管理》，中国经济出版社 2009 年版，第 72 页。

7.3.2 不同绩效评价主体的选择与比较

传统的绩效管理强调员工完成上级布置的工作的重要性，在这种情况下，员工工作的目的在很大程度上是为了获得上级的认同，员工工作绩效的评价主体也主要是他的上级。但是，上级并不是唯一重要的人，也不是对员工进行绩效评价的唯一主体。根据评价主体选择的依据，评价主体必须熟悉和掌握他所要评价的内容，但在有些情况下直接主管并不能观察到被评价者工作的一些重要方面，而他的同事、下级甚至外部客户可能更了解员工这方面的信息。比如一个企业的销售人员可能会到不同的区域去推销产品，其直接主管就不能观察到他们推销过程中的主要情况；客户服务人员为处于不同地点的客户提供服务时，其直接主管也难以观察到他们的主要工作过程。在这样的情况下，如果只是由直接主管或上级作为评价主体，就很难对员工的绩效进行充分有效地评价。因此，为了使员工的绩效评价公平、有效，还必须要有其他的人员作为评价者，与员工的上级或主管一起对员工的绩效进行评价。通常情况下，参与员工绩效评价的主体主要包括员工的直接上级或主管、同事、下级、员工本人、外部客户以及外聘专家等。

由于不同的评价主体具有不同的特点，因此，各类评价主体在绩效评价过程中所承担的评价和管理责任也各不相同。选择不同评价主体不仅仅是绩效评价的需要，同时也是实现绩效管理目的的需要。从这一点上看，绩效评价主体的选择并不仅仅是为了更好地落实绩效评价的工作，也是为了更好地对员工绩效进行管理。

1. 直接上级或主管人员评价

员工的工作绩效评价在多数情况下都是由员工的直接上级或主管人员做出的。研究表明，目前大约有 98% 的组织将绩效评价视为员工直接上级的责任。直接上级或主管人员之所以能作为主要的评价主体，主要原因在于以下几点。

（1）直接上级或主管人员了解下属员工的工作情况。作为直接上级或主管人员，通常处在最有利的位置来观察下属员工的工作情况，对下属员工的工作表现会有更全面的了解，能更容易地收集到有关下属员工工作绩效的相关信息。

（2）直接上级或主管人员对下属员工的工作负有责任。直接上级或主管人员对下属员工的工作负有责任，因此，一方面直接上级或主管人员会更加熟悉工作绩效评价的内容，知道应该对下属员工工作的哪些方面进行评价；另一方面直接上级或主管人员也能更加负责地对下属员工的工作绩效进行评价，增强评价的客观性。

（3）直接上级或主管人员作为评价主体符合逻辑。直接上级或主管人员对下属员工具有奖惩权，对工作表现良好的下属员工可以进行奖励，对工作表现不佳的可以进行惩罚，因此，由直接上级或主管人员作为评价者更加符合逻辑。另外，拥有对下属员工进行评价的权力，也增强了直接上级或主管人员的管理权威。

由于以上原因，直接上级或主管人员通常都是作为主要的评价主体，工作绩效评价往往都是由直接主管人员做出的。不过，直接上级或主管人员在评价时，有时也会因为个人偏见或与下属员工私人关系等原因而影响评价的客观性和公正性，甚至也可能出现为了给职位和薪酬调整提供决策依据而操纵绩效评价的情况。要解决这些问题，可以考虑由更高一级的主管对直接主管人员所做出的评价进行复核和补充，这样就可以抵消评价中的部分偏见，更好地把握绩效评价标准，使评价结果客观有效。

2. 同事评价

由于直接上级或主管人员在许多情况下并不能直接观察到下属员工的工作情况，而在一起工作的同事却能相互了解对方，所以同事可以作为评价主体参与员工的绩效评价。事实上，许多组织和企业都在绩效评价主体中增加了同事评价，用于补充甚至取代直接上级或主管人员所做的评价。

这里讲的同事既包括在同一个团队或部门一起工作的同事，也包括与评价对象有业务关系的其他部门的同事。同事考评与直接上级或主管评价在角度上会有所不同，同事能以一种与直接上级或主管不同的、更为直接的视角来看待员工的绩效，从而能对员工工作绩效中更真实的一面做出评价。同事在一起共同工作，能够更容易地观察到相互之间的领导能力和人际交往能力等方面的内容，同事评价在预测员工未来能否在管理工作上取得成功更加有效。

在同事考评时，对同一员工可能会形成不同的观点，但综合起来得出的评价结果则是比较客观的。虽然采用同事评价具有许多优点，但同时它也有一定的局限性。采用同事评价时，最主要的问题是由于要相互进行评价，同事之间可能会达成默契，相互给对方评为较高的等级，这也符合博弈论中多次博弈所要遵循的原则。在竞争的环境中，如果同事们所构成的工作团体并不成熟，同事评价就会引起相互猜疑、关系紧张，从而可能会使同事之间失去信任，降低工作团体的凝聚力。因此，同事评价的适用范围是有限的，它的结果通常只能作为员工工作绩效评价的一个部分或补充，而不能单独作为员工的评价结果。

【管理拾穗7-2】　同行互评的策略问题及其排除

假定有甲、乙、丙三个人组成的班组，现在由他们三个人进行同事互评，评分标准是满分10分；同时假定各自评分也不存在明显的“策略扭曲”（比如乙知道甲是自己的竞争对手而故意给甲很低的分数），他们的评价结果基本符合实际情况，即甲最好，乙次之，丙最差。其评价结果如表7-1所示。

表7-1　不存在“策略扭曲”时的评价得分情况

评价者＼被评价	甲	乙	丙	总分
甲	9	8	7	24
乙	6	5	4	15
丙	9	8	7	24
原评价总分	24	21	18	
排己后总分	15	16	11	

因此，正确计分法应该得出甲领先，乙次之，丙最后的排序。如果用简单总分计算，甲得24分、乙得21分、丙得18分，这属于符合实际情况的合理排序。如果采用自评分数去掉后的总分来计算，则甲得15分、乙得16分、丙得11分，乙反而成为最优者。

出现上述不合理结果的原因在于：乙给各被评价者的评分明显比其他人的评分低。这样一来，在计算乙的排己总分时，所排除的分数是最低分数5分；而计算甲的排己总分时，排除的分数则是最高分数9分。

为了避免此类问题，可以采用如下应对办法：继续排除自评分数，但在计算排己总分时先行调整，调整的基本准则是各评价者对所有被评价者的评分平均数与所有被评价者的平均得分数相等。例如，以表7-1的数据为例，甲与丙给个人的总分为24，乙给各人的总分为15，平均总分为21分，即（24+15+24）/3；为了取得平衡，甲与丙给个人的分数应乘以21/24，而乙给各人的分数应乘以21/15，经过平衡调整后的分数如表7-2所示。

表7-2　调整后的评价得分情况

评价者＼被评价者	甲	乙	丙	总分
甲	7.875	7.000	6.125	21
乙	8.400	7.000	5.600	21
丙	7.875	7.000	6.125	21
原评价总分	24.150	21.000	17.850	
排己后总分	16.275	14.000	11.725	

经过以上平衡后，用排己总分也会得出甲优秀、乙中等、丙居末的合理排序。这种计分方法在没有策略扭曲的情形下，既可以避免自评分数的不合理提高，也能避免出现不合理的排序问题。

资料来源：李宝元编著，《绩效管理：原理·方法·实践》，机械工业出版社2009年版，第113～114页。

3. 下级评价

现在越来越多的组织中都采取了下级对其直接上级或主管人员进行评价的方式，即自下而上的评价。事实上，下级具备了作为其直接上级或主管人员工作绩效评价主体的基本条件，因为下级要经常与上级接触，对上级的管理工作情况（如领导风格、管理力度、组织协调能力、信息沟通能力等）和对下属的关注程度等都有直接的了解，因此，这种下级评价既能较好地反映管理人员的实际工作情况，又有利于促进管理人员的工作改进和个人发展。

不过，也有很多管理者担心他们的一些不受欢迎但是必要的行为（如批评员工）会导致下属对他们进行评价时实施报复，这就是所谓“民主评议”削弱了组织管理的原因所在。下级评价有时会使管理者陷入困境，有可能导致管理者在工作中总是设法去迎合下级的需要，更加注重员工的满意程度而不是他们的工作效率。同时，尽管在下级评价时通常都会采取匿名形式，但下级还是会担心自己所做的评价被上级察觉而招致相关的后果，在上级所管辖的人数较少时更是如此。另外，下级由于不承担管理工作而不了解管理者工作的必要性，也很难对“事”进行评价。因此，要做好下级评价，关键在于上下级之间要真正做到相互信任，下级评价也只能作为对上级工作绩效进行考评的一个部分，并且更多的是用于管理发展的目的。

4. 员工自我评价

有些组织在进行工作绩效评价时采用员工自我评价法。自我评价的理论基础是班杜拉（Bandura）的社会认知理论，这一理论包括自我目标设定、对目标执行的自我监控、自我实施奖励和惩罚等。该理论认为，许多人都了解自己在工作中哪些做得好、哪些事需要改进，如果给他们机会，他们就会客观地对自己的工作业绩进行评价，并采取必要的措施进行改进。

员工可以对自己的工作绩效进行评价，这种自我评价一般采取在其他评价主体实施评价之前，先由员工就自己的工作绩效填写一份自我评价表，如果员工理解了对自己期望的目标及评价标准，他们则处在评价自己的最佳位置上。更重要的是，自我考评给予员工参与评价鉴定的机会，当这种自我评价与个人工作目标制定结合在一起时，这种参与就变得非常重要。同时，自我评价也有利于减少人们对工作绩效评价的抵触情绪。

选择任何主体都不是十全十美的，自我评价也不例外。自我评价所存在的主要问题是，人们往往对自己更加宽容，倾向于给自己做出更高的评价。大多数研究都表明，员工对他们自己的工作绩效做出的评价一般总是比他们的上级或同事所做出的评价结果要高。因此，对自我评价要慎重地使用，主要把它用于发展目的。

5. 客户评价

在一些组织中，了解员工工作情况的外部利益相关者也可以成为绩效评价的主体之一，最常见的做法就是将外部客户纳入评价主体之中。这种做法主要是为了了解那些只有特定外部人员才能感知到的绩效状况，或者通过引入这类外部评价主体达到引导评价对象行为的目的。

客户可以作为员工工作绩效的评价主体，特别是在那些大量接触公众的服务性组织中，往往把客户服务标准作为绩效评价的一项重要参考数据。由于服务性工作或岗位在时间和空间上的特点，决定了客户往往能观察到提供服务的员工工作的一些重要方面，因此客户评价能获得从其他渠道难以获得的信息。进行客户评价就是要获得更加客观的评价结果，使客户能够满意，并促进员工把工作做得更好。因此，客户评价的结果在人力资源管理决策和员工个人发展方面都能起到积极的作用。

采用客户评价存在的主要问题是，顾客在进行评价时与组织所进行的工作绩效评价在目的上可能会有所不同，客户考评往往是不全面的，并且有可能忽视员工工作的一些重要方面。因此，在利用客户进行评价时，要慎重地选择适合的客户作为评价人员。此外，采用客户评价的形式也有可能导致员工与客户的关系发生扭曲，可能发生串通一气的情况，这些都是需要注意解决的问题。

6. 外部专家评价

在有些组织中，有时也会聘请外部专家来帮助进行评价。外部专家作为评价主体具有一些明显的优势，主要体现在他们拥有高超的专业评价技能和丰富的评价经验；同时，由于他们置身组织之外，与被评价者没有人际关系的纠葛，在评价结果的客观性上能够得到认可。因此，管理者和员工双方都愿意接受外部专家作为评价者。但是，利用外部专家来进行评价也存在缺陷，主要是外部专家没有机会观察被评价者的工作情况，对工作的许多方面理解有限。同时，与其他评价主体相比，外部专家的评价成本较高。

通过对以上几种主要评价主体所进行的分析可以看出，每一种评价主体都具有自身的优势和不足，它们的优缺点如表 7 –3 所示。

一般的，在绩效评价系统中，评价主体的选择通常是以直接上级或主管人员为主，同时还要根据其他各种评价主体的优缺点，结合被评价者所从事的工作性质、所处的层次和组织其他方面的具体情况，从众多评价主体中进行选择。因此，最终所形成的考评主体往往是多重的，形成了以直接上级或主管人员为主体的 360 度评价，其主要特点就是所有与被评价者有关的方面（利益相关者）都可作为评价主体来进行全方位的评价。

7.4.3 绩效评价主体的培训

评价主体在绩效管理过程中扮演着重要的角色，而评价主体的培训对于实现绩效评价的目的以及绩效管理的目标都是非常重要的一个环节。通过对评价主体的培训，主要达到以下几个方面的目的。

表7-3　几种主要评价主体的优缺点

评价主体	优　点	缺　点
直接上级	1. 熟悉被评价者的工作情况 2. 对评价的责任心强 3. 符合逻辑	1. 个人偏见和私人关系有可能影响评价的公正性 2. 容易出现操纵评价结果的情况
同事	1. 有充分的机会观察被评价者的工作情况 2. 熟悉被评价者所从事的工作	1. 容易出现相互之间达成默契，把对方评为较高的等级 2. 可能会造成同事关系紧张，降低团体的凝聚力
下级	1. 有充分的机会观察被评价者的工作情况 2. 熟悉被评价者所从事的工作	1. 可能削弱管理者的权威 2. 担心所做的评价被上级察觉而做出有利的评价
被评价者本人	1. 给予员工参与评价鉴定的机会 2. 有利于减少对工作绩效评价的抵触情绪	人们对自己更加宽容，倾向于做出更高的评价
外部客户	能获得其他渠道难以获得的信息	1. 评价目的不同 2. 可能会忽视被评价者的一些重要方面
外部专家	1. 拥有高超的评价技术和丰富的评价经验 2. 客观程度高	1. 对被评价者及其工作了解有限 2. 成本高

- 使评价主体认识到绩效评价在人力资源管理中的地位和作用，认识到自身在绩效评价过程中的作用；
- 统一各个评价主体对于评价指标和评价标准的理解；
- 使评价主体理解具体的评价方法，熟悉绩效评价中使用的各种表格，并了解具体的评价程序；
- 避免评价主体误区的发生，使评价主体尽可能地消除误差与偏见；
- 帮助管理者学习如何进行绩效反馈和绩效指导。

在评价主体中，员工的直接上级或主管是最常见的评价主体，因此，对于员工的直接上级或主管人员的培训就显得格外重要。对于上级管理者作为评价主体的培训，其内容主要包括以下六个方面。

（1）评价主体的主观误区培训。绩效评价是一个对客观绩效进行主观评定和估价的过程，在这一过程中，评价主体的主观判断准确与否非常重要，这就要求评价者必须尽可能地避免绩效评价的各种主观误区和主观错误。通过评价主体的误区培训，可使评价者对各类评价误区有了更加深刻的认识和理解，找到克服或防止这些主观误区的方法和措施，减少由此造成的评价误差。

（2）关于绩效信息收集方法的培训。如何收集绩效信息也是评价主体培训的一项重要内容。为了使评价结果更有说服力，并且为评价后的绩效反馈提供充分的信息，评价主体必须充分收集各种与员工的绩效表现相关的信息。员工的职位和工作性质不同，能够获取有关工作绩效信息的渠道就会有所不同，因此，根据评价对象的不同情况有针对性地进行绩效信息收集方法的培训，对于评价主体收集到真正有价值的评价信息和反馈信息至关重要。

（3）绩效评价指标的培训。绩效评价指标的培训是指通过培训，使评价者熟悉在评价过程中将使用的各个绩效指标，了解它们的真正含义。只有评价者真正理解这些指标的内涵和价值，他们才能够将绩效评价体系所要传达的信息传达给员工，因此，对与评价主体有关的绩效评价指标进行培训是必要的。

（4）关于如何确定绩效标准的培训。关于确定绩效标准的培训是指通过培训，向评价者提供评价时的比较标准或者参考的框架。评价主体如何理解绩效标准，将在很大程度上影响他们对每位评价对象的评价结果，因此，对评价主体进行绩效标准的培训是实现绩效管理中的程序公平的前提。

（5）绩效评价方法的培训。绩效评价过程中可供选择的评价方法多种多样，有定性评价方法与定量评价方法之分，也有主观评价方法与客观评价方法之别，每一种评价方法都有各自的优点和缺点，应当通过培训使评价主体对各类评价方法尤其是在评价过程中可能会用到的方法有一个比较全面的认识和充分的掌握，对所选的评价方法产生认同感和信任感，以便在实际操作过程中做到扬长避短，充分发挥各种评价方法所具有的优势。

（6）绩效反馈培训。绩效反馈是评价主体与评价对象之间的沟通过程，通过把绩效信息反馈给评价对象，可帮助评价对象认识到自己的绩效状况和存在的问题，纠正自己的绩效不足。通过开展绩效反馈方面的培训，可使评价者掌握绩效反馈的方法和技巧，更好地帮助员工提高能力，改进绩效，实现绩效管理系统的预期目标。

评价主体的培训内容要根据组织的不同情况来确定，并没有统一的模式，每一次培训可针对不同的问题进行。另外，对于其他类型的评价主体进行培训时，也可参考对上级管理者进行培训的相关内容有针对性的开展。

7.4.4 绩效评价主体应避免主观误区

绩效评价是一项复杂的工作，而且是要通过评价主体的主观判断最终形成评价结果的，因此，在实际操作中难免会出现许多主观误差。只有认识到这些主观误区的存在，掌握它们的规律和特点，才能有的放矢地避免或克服这些评价误区，减少评价误差。在绩效评价过程中，评价主体要避免的主要评价误差有以下几种。

1. 晕轮效应

晕轮效应是指当认知者对员工的某种特征形成好的或坏的印象后，他会倾向于据此推论该员工其他方面的特征。晕轮效应意味着，如果对下属某一绩效要素的评价较高，会导致对此人的其他绩效要素的评价也会较高。晕轮效应反映的是“以偏概全”的评价倾向。

2. 宽大化倾向

宽大化倾向是最常见的评价误差行为。受这种行为倾向的影响，评价者对评价对象所做的评价往往高于其实际成绩。这种现象产生的原因主要有：①评价者为了保护下属，避免留下不良绩效的书面记录，不愿意严格地评价下属；②评价者希望本部门员工的业绩优于其他部门员工的业绩；③评价者对评价工作缺乏自信心，尽量避免引起评价争议；④评价要素的评价标准不明确；⑤评价者想鼓励工作有所提高的员工。

3. 严格化倾向

严格化倾向是与宽大化倾向相对应的另一种可能的评价者行为倾向，是指评价者对员工工作业绩的评价过分严格的倾向。严格化倾向产生的原因主要有：①评价者对各种评价因素缺乏足够的了解；②惩罚顽固的或难以对付的员工；③促使有问题的员工主动辞职；④为有计划的裁员提供依据；⑤减少凭业绩提薪的下属的数量；⑥遵守组织的规定。

4. 中心化倾向

中心化倾向是指评价者对一组评价对象做出的评价结果相差不大，或者都集中在评价尺度的中心附近，导致评价成绩拉不开差距。造成中心化倾向的原因主要有：①人们通常不愿意做出“极好”或“极差”之类的极端评价；②对评价对象不甚了解，难以做出准确评价；③评价因素的说明不完整，评价方法不明确；④评价者对评价工作缺乏自信心。

5. 首因效应

首因效应也叫第一印象效应，是指员工在绩效评价初期的表现对评价者评价其以后的绩效表现会产生延续性影响。首因效应会对绩效评价工作带来消极的影响，往往会使评价结果不能正确地反映评价对象的真实情况。

6. 近因效应

近因效应是指评价者只凭员工近期行为表现，即员工在绩效评价期间的最后阶段绩效表现的好坏进行评价，导致评价者对其在整个评价期间的业绩表现得出相同的结论。近因效应的存在，往往会使员工在评价之前的几天或几周里表现积极，工作效率明显提高，这使得评价者对近期行为的记忆要比过去行为的记忆更加清晰，由此得出的评价结论往往是不恰当的。

7. 评价者的个人偏见

评价者的个人偏见是指评价者在进行各种评价时，可能在员工的个人特征，如种族、民族、性别、年龄、性格、爱好等方面存在偏见，或者偏爱与自己的行为或人格相近的人，造成人为的不公平。评价者的这种偏见在其脑海里形成所谓的“刻板效应”，会导致评价者对与自己关系不错、性格相投的人给予较高的评价，反之，则给予很低的评价。

8. 溢出效应

溢出效应是指因评价对象在评价周期之前的绩效失误而降低其当期的评价等级。溢出效应意味着如果员工在非评价周期发生的工作失误，在评价周期内即使并没有再犯过类似的错误也同样会受到过去失误的影响而在评价中给出较低的评价等级。在评价中出现溢出效应对评价对象来说是很不公平的，它会极大地挫伤员工继续提高工作绩效的积极性。

避免上述评价者的误区，首要的途径就是通过培训使评价者认识到各种评价误区，从而使评价者有意识地避免这些误区的发生。通过培训使评价者学会如何收集资料作为评价依据，以避免首因效应、近因效应和溢出效应；也可通过清晰地界定绩效评价指标，以避免晕轮效应的发生；还可通过让评价者正确认识绩效评价的目的或者必要时结合使用比较法（如排序法、强制分配法等），以避免宽大化倾向、严格化倾向或中心化倾向。

7.4 绩效评价方法比较

7.4.1 绩效评价方法的分类

绩效评价方法有许多种，划分绩效评价方法的标准也是多种多样，常见的分类标准有以下三类：一是按照绩效评价标准的类型划分，可以分为特征导向的评价方法、行为导向的评价方法、结果导向的评价方法；二是按照绩效评价的系统性，可把绩效评价方法分成“系统的绩效评价方法”和“非系统的绩效评价方法”两大类；三是按照绩效评价的相对性或绝对性，可分为相对评价法和绝对评价法。

1. 特征导向型、行为导向型和结果导向型评价方法

特征导向型评价方法的评价重点是评价对象的个人特质，即评价员工是一个什么样的人。所选的评价内容主要是那些抽象的、概念化的个人基本品质，比如对组织的忠诚度、工作的主动性、创造性、沟通技巧等。

行为导向型评价方法的评价重点主要是评价对象的工作方式和工作行为，即对员工工作过程的评价。这类方法关注完成任务的行为方式是否与预定要求一致，当工作输出成果难以量化或者强调以某种规范行为来完成工作任务时适合采用此类绩效评价方法，比如对行政管理人员、服务人员的工作态度、待人接物方式的评价等。

结果导向型评价方法的评价重点是评价对象的工作内容和工作质量，如产品的产量和质量、劳动效率等，这类方法侧重于评价员工完成的工作任务和生产的产出。这类评价方法在员工工作的产出成果客观、具体以及可量化等条件下适用，比如在一线从事具体工作的生产人员、销售人员等。

特征、行为及结果导向的评价方法之间的比较如表7-4所示。

表7-4 特征、行为、结果导向的绩效评价方法之比较

	优 点	缺 点	适用范围
特征导向的评价方法	1. 成本较低 2. 绩效指标比较有意义 3. 利于导向员工注重潜能的开发 4. 利于员工进行有计划地长期培养	1. 产生评价错误的可能较大 2. 对于员工的指导效用较小 3. 不适合用于奖励的分配	1. 适用于能力等个性特征指标的考核 2. 适用于以员工开发为目标的绩效考核和对高级管理人员的绩效考核
行为导向的评价方法	1. 提供确切的事实证据 2. 利于提供绩效反馈 3. 利于引导并规范被考核者的工作行为 4. 员工和主管都比较容易接受	1. 考核标准的制定难度大 2. 成本较高 3. 对基础管理要求较高	1. 适用于考核难以量化、主观性的行为 2. 适合于事务管理、行政管理等行为态度直接影响绩效效果的员工的考核
结果导向的评价方法	1. 简单、易操作 2. 成本低 3. 利于做出奖励和晋升决策 4. 便于员工之间进行比较 5. 员工和主管都比较容易接受	1. 可能会鼓励只看短期的行为 2. 对于工作行为、个人特征等难以量化的指标无法进行考核	1. 适用于考核可量化的、具体的绩效指标 2. 适合于企业操作工人、销售人员等工作相对简单，工作结果易于比较的员工的考核

2. 系统的绩效评价方法和非系统的绩效评价方法

系统的绩效评价方法是指从组织战略目标到部门绩效目标以及员工个人绩效目标逐级进行系统评价的方法，比如前面讲到的目标管理法、标杆管理法、关键绩效指标法和平衡计分卡等都是系统的绩效评价方法。事实上，系统的绩效评价方法已不再是简单的绩效评价方法，而是一种系统的绩效管理工具。非系统的绩效评价方法，也被称为一般性的绩效评价方法，是指针对具体的工作任务，对员工个体层面的绩效进行评价的方法，传统的绩效评价方法多属于非系统的绩效评价法。本章后面将会对各种主要的非系统的绩效评价方法及其应用问题进行深入探讨。

3. 绝对评价方法和相对评价方法

绝对评价法是针对每一个员工自身的工作绩效进行评价，而不是在员工之间相互比较的基础上得出员工的绩效结果。这种评价方法通常要制定统一的绝对标准。按照所使用绝对标准的性质不同，绝对评价方法又可以分为两类：一类是以客观的工作标准作为绝对标准的评价方法；另一

类是以客观的工作目标作为绝对标准的评价方法。绝对评价法使用绝对标准，不以评价对象为转移，这使得绝对评价法在实践中的使用变得越来越普遍。不过，在有些情况下，绝对标准往往很难制定，而有时出于特定的评价目的，只需要能区分出被考评者的绩效状况就可以了，这时就可以使用相对评价法。所谓相对评价法，是指在对员工的绩效进行相互比较的基础上对员工进行排序，提供一个员工工作的相对优劣的评价结果。相对评价法并不需要预先制定统一的评价标准，而是通过对被评价者进行相互比较来完成考评，因此，相对评价法也被称为比较法，所得出的评价结果只是反映被评价者绩效状况好坏的顺序或排列，而不能体现绩效的绝对水平。

绝对评价法和相对评价法之间的比较如表 7－5 所示。

表 7－5　　绝对评价法和相对评价法之比较

	绝对评价法	相对评价法
成　本	高	低
使用便利性	低	高
被评价者满意程度	高	低
评价性目标	高	低
发展性目标	高	低
绩效区分度	不确定	低
对合作的影响力	不利	有利
客观性	低	高
晕轮效应	高	低
过宽倾向	低	高
集中趋势	低	高
近因效应	低	高

按照评价标准进行分类，除了把绩效评价方法分成绝对评价法和相对评价法外，还有一种评价方法——描述法。所谓描述法，是指用文字的形式对被评价者工作绩效的各个方面进行描述，由此得出被评价者工作绩效的综合评价结果。描述法属于一种特殊的评价方法，在使用时往往作为其他评价方法的辅助方法。

本章对绩效评价方法的介绍主要从相对评价、绝对评价和描述法三类进行介绍（如图 7－4 所示）。

7.4.2　绩效评价方法的选择

绩效评价方法的选择是一个权变且灵活的过程，在具体的选择过程中应该考虑以下主要因素。

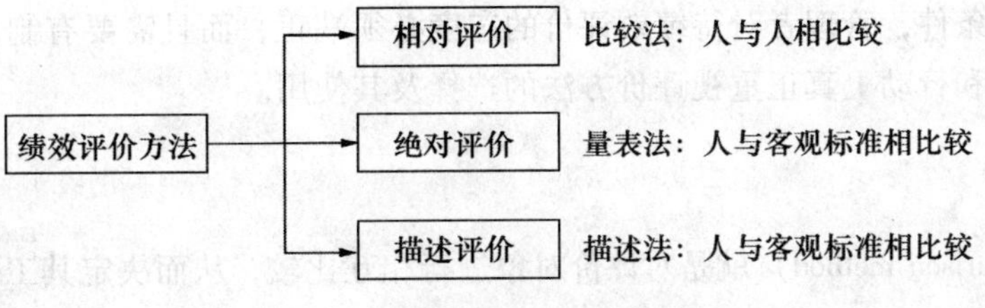

图 7－4 绩效评价方法的类别

1. 组织管理和文化特征

不同的组织管理和文化特征必然会对组织的人力资源管理文化产生关键性的影响，从而对绩效评价方法的选择和实施产生重要影响。每一种绩效评价法都反映了一种具体的管理思想和原理，都具有一定的科学性和合理性，同时不同的方法又都有自己的局限性与适用条件范围，要选择那些适应组织管理风格和组织文化特征的绩效评价方法，绩效评价过程才会顺畅，绩效评价目标才易于实现。

2. 评价目的和评价对象

绩效评价是为组织战略和人力资源管理服务的，因此，评价方法的选择要考虑与评价目的的适应性。同时，不同的评价对象对评价方法的适应性也是不同的，如常规工作强调对程序、规范、工作纪律服从等的评价，对技术和创新岗位人员的评价则强调对基本素质和创造性的评价，对组织的管理人员则强调管理技能的评价等。所以，选择的评价方法还要与评价对象相适应，能为评价对象所理解和接受。

3. 评价成本和前提条件

绩效评价体系的价值在于通过绩效评价所产生的经济收益高于投入的成本。绩效评价的成本主要包括管理运作成本、组织成本以及评价信息收集与管理成本。一般情况下，定量评价方法的成本要高于定性评价方法的成本，但定性评价又会因为信息传递过程中的失真而增加成本，组织在选择评价方法时需要对此加以权衡。

另外，评价成本与评价的前提条件也有密切关系。在缺乏评价前提条件时选择相应的评价方法，不仅会增加评价成本，而且无法有效地进行评价。绩效评价的关键前提条件主要有：评价要素必须选自关键职责领域和目标领域；评价要素必须具有明确的标准标准；评价必须具有有效的衡量手段；评价必须具有可靠的信息来源；评价必须具有随时纠偏的手段；必须能够公正地使用评价结果。

4. 管理者的能力和态度

管理者的能力和态度也是影响绩效评价方法选择的主要因素。绩效评价方法的难易程度差异很大，它对管理者的能力和素质要求各不相同，所以无论采取什么评价方法，都需要对各级管理者进行必要的培训，以提高评价方法的使用效果。同时，管理者对待绩效评价的态度也是能否有效进行评价的关键条件，管理者对待绩效评价的态度必须端正，而且需要有制度上的保障，这样管理者才能从观念和行动上真正重视评价方法的选择及其使用。

7.4.3 比较法

比较法（comparison method）就是对评价对象进行相互比较，从而决定其工作绩效相对水平的评价方法。常见的比较法主要有简单排序法、交错排序法、配对比较法、人物比较法和强制分布法。

1. 简单排序法

简单排序法是指评价者经过通盘考虑后，以自己对评价对象工作绩效的整体印象为依据，结合自己的经验认识和主观判断，对相同职务的员工的工作状况进行整体比较和排序。简单排序法的例子如表 7－6 所示。

表 7－6　简单排序法

要素一的排名		要素二的排名		总排名	
排序名次	员工姓名	排序名次	员工姓名	员工姓名	排序名次
1	员工 B	1	员工 A	员工 A	3
2	员工 A	2	员工 D	员工 B	4
3	员工 D	3	员工 B	员工 C	8
4	员工 C	4	员工 C	员工 D	5

2. 交错排序法

交错排序法的原理和简单排序相同，只是在排序方法上进行了一些技术上的改进。一般来说，从员工中挑出最好的和最差的比逐一排序要容易得多，交错排序法就是据此克服了简单排序法的缺点。交错排序法的具体操作步骤是：①把绩效最好的员工列在名单之首，把绩效最差的员工列在名单末尾；②从剩余员工中挑出绩效最好的列在名单第二位，相应的绩效最差的员工列在名单倒数第二位；③按照上述步骤不断挑出剩余的员工中绩效最好和绩效最差的员工，直到所有被评价员工都被排列到名单中为止。交错排序法适合员工数量多、评价要素也多的情况，这种评价方法简单实用，结果一目了然，但采用这种方法也容易对员工造成心理压力，情感上不易接受。

3. 配对比较法

配对比较法就是将员工两两配对并依据某一评价因素进行比较。基本做法就是：将每一个被评价的员工按照所有的评价要素（工作数量、工作质量等）与其他所有员工进行比较，根据配对比较的结果，排列出绩效名次。比如，要对某组织中的 4 名员工采用配对比较法进行绩效评价，首先要设计出一张如表 7－7 所示的表格，在表中要标明所有被评价的员工姓名，然后将所有员工根据评价要素进行逐一比较，绩效水平高的一方记“＋”号，绩效水平差的一方记“－”号，最后将每一名员工得到的“＋”号相加，根据“＋”号的数量排序。

表 7-7 配对比较法

	A员工	B员工	C员工	D员工	"+"号合计（排序名次）
A员工	——	+	——	+	2
B员工	——	——		+	1
C员工	+	+	——	+	3
D员工	——	——	——	——	0

4. 人物比较法

人物比较法，也叫标准人物比较法，就是所有的评价对象都与某一个特定的"标准人物"进行比较，从而得出评价结果。这种比较方法设计和使用容易，成本低，比其他比较法更能提高员工的工作积极性，同时，这种方法还能够有效地避免宽大化倾向、中心化倾向以及严格化倾向。人物比较法的例子如表 7-8 所示。

表 7-8 人物比较法

评价项目：业务知识　　标准人物：员工H

员工姓名	1. 非常优秀	2. 比较优秀	3. 相同	4. 比较差	5. 非常差
A员工					
B员工					
C员工					
D员工					

5. 强制分布法

强制分布法是指按照事物"两头小、中间大"的正态分布规律，先确定好各绩效等级人数在被评价总数人中所占的比例，然后按照每个被评价者绩效的相对优劣程度，将其强制分配到其中的相应等级。强制分布法最初是美国部队为考核军官的绩效而设计的，它伴随着 GE 公司的"活力曲线"（vitality curve）进入中国企业视野的，现在企业界已经得到了广泛的应用。这种方法是基于这样一个假设：所有的组织、部门中都有优秀、一般、较差表现的员工，他们的比例基本服从正态分布。在符合这一个假设前提下，可以按照正态分布制定被评价员工的绩效分布比例。强制分布法的例子如表 7-9 和图 7-5 所示。

表 7-9 强制分布法

等级	杰出	优秀	良好	需要改进	不令人满意
比例	10%	20%	40%	20%	10%

强制分布法适合被评价员工人数较多的情况，评价过程简单易行，可以有效避免评价者的宽大化倾向、中心化倾向以及严格化倾向，有利于管理控制，特别是在引入了淘汰机制的组织中，

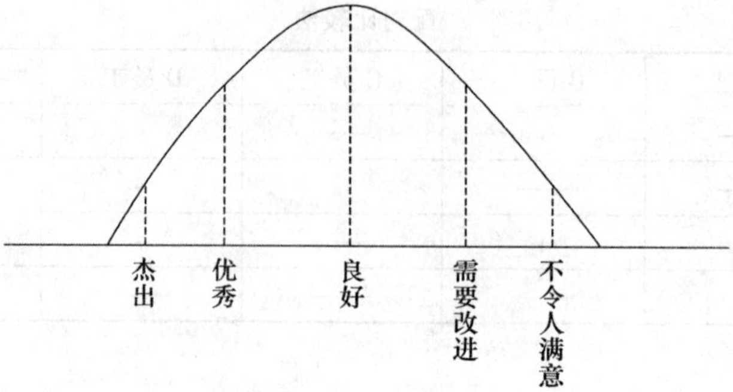

图 7-5　正态分布的"强制分布"示意图

强制分布法能明确筛选出淘汰对象，具有强制激励和鞭策员工的功能。不过，如果一个部门的员工整体绩效都比较优秀，而强制进行正态分布进行比例分配，也会带来多方面的弊端。另外，被评价员工数量不够大或者群体绩效明显不服从正态分布时，采用强制分布法也会严重影响评价结果的客观公正性。

【管理拾穗 7-3】　活力曲线

活力曲线，亦称末位淘汰法则、10%淘汰率法则，指通过竞争淘汰来发挥人的极限能力，由 GE 公司前 CEO 杰克·韦尔奇提出，其实质就是"末位淘汰"。活力曲线是以业绩为横轴（由左向右递减），以组织内达到这种业绩的员工的数量为纵轴（由下向上递增）。活力曲线通常呈正态分布。利用活力曲线，将很容易区分出业绩排在前面的20%的员工（A 类）、中间的70%的员工（B 类）和业绩排在后面的10%的员工（C 类）。A 类是激情满怀、勇于负责、思想开阔、富有远见的一批员工，他们不仅自身充满活力，而且有能力带动自己周围的人提高企业的生产效率。是否拥有这种激情，是 A 类员工与 B 类员工的最大区别，GE 投入大量精力提高 B 类员工的水平，部门经理的主要工作之一就是帮助 B 类员工成为 A 类员工，而不仅仅要任劳任怨地实现自己的能量和价值，这就是绩效管理的魅力。C 类员工是不能胜任自己工作的人，他们更多是打击别人，而不是激励，是使目标落空，而不是使目标实现，作为管理者，不能在 C 类员工身上浪费时间。这种评估组织内人力资源的方法，韦尔奇称之为"活力曲线"。韦尔奇所推崇的"活力曲线"，被认为是给 GE 带来无限活力的法宝之一。

GE 公司每年会对各事业单位的主管打分数，区分出 A、B、C 三个不同等级的绩效表现。最杰出的 A 级员工必须是事业单位中的前20%，B 级员工是中间的70%，C 级员工约10%，A 级员工将得到 B 级员工2~3倍的薪资奖酬，而 C 级员工则有遭到淘汰的危机，活力曲线是年复一年、不断进行的动态机制，以确保企业向前迈进的动能。

资料来源：http：//baike. baidu. com/view/564982. htm。

7.4.4 量表法

量表法（scaling method）是指将绩效评价的指标和标准制作成量表，并据此对员工的绩效进行评价的方法。量表法是应用最为广泛的绩效评价方法之一。应用量表法进行评价，通常应先进行维度分解，再沿各维度划分出等级，通过设置量表来实现量化考核。

作为一种绝对评价方法，量表法所采用的评价标准一般都是客观的职位职能标准，因此，评价结果更客观、准确，并且可以在不同员工之间进行横向比较。绩效评价指标有四个构成要素：指标的名称、定义、标志和标度。实际上量表法就是根据评价指标的这四个构成要素来设计量表的。不同量表法之间的区别主要反映在所使用的评价指标如何定义其具体的评价尺度上。常用的量表法如表 7－10 所示。

表 7－10　　常见的量表法

平均尺度的类型		量表法的名称
非定义式的评价尺度	量词式的评价尺度	图尺度量表法 等级择一法
	等级式的评价尺度	
	数量式的评价尺度	
定义式的评价尺度	行为导向的量表法	行为锚定量表法 混合标准量表法
	结果导向的量表法	—
	综合行为和结果的量表法	综合尺度量表法
其　他		行为对照表法 行为观察量表法

1. 图尺度量表法

图尺度量表法（Graphic Rating Scale，GRS），也称为图解式评价法，它列举出一些组织所期望的绩效评价要素（如质量、数量或个人特征等），不同的评价要素被赋予不同的权重，并对这些评价因素分别规定从非常优秀到很差的等级标志，对每一个等级标志都进行必要的说明并赋予不同的得分。在进行绩效评价时，首先针对每一位评价对象从每一项评价要素中找出最符合其绩效状况的分数，然后将每一位员工所得到的所有分值进行加权汇总，即得到其最终的工作绩效评价结果。图尺度量表法的例子如表 7－11、7－12 所示。

表 7－11 **图尺度量表法示例 1**

<table>
<tr><td colspan="3">员工姓名：__________</td><td colspan="2">职　　位：__________</td></tr>
<tr><td colspan="3">部　　门：__________</td><td colspan="2">员工薪资：__________</td></tr>
<tr><td colspan="5">绩效评价的目的：□ 年度例行评价　□ 晋升　□ 绩效不佳
□ 工资调整　□ 试用期结束　□ 其他</td></tr>
<tr><td colspan="5">员工到现职时间：__________
最后一次评价时间：　正式评价日期时间：__________</td></tr>
<tr><td colspan="5">说明：请根据员工所从事工作的现状要求仔细地对员工的工作绩效加以考核。请核查各代表员工绩效等级的小方框。如果绩效等级不合适，请以 N 字样说明。请按照尺度表中所标明的等级来核定员工的工作绩效分数，并将其填写在相应的用于填写分数的方框内。最终的工作绩效结果通过将所有的分数进行加总和平均得出</td></tr>
<tr><td colspan="5">评价等级说明：</td></tr>
<tr><td colspan="3">O：杰出（outstanding）——在所有各方面的绩效十分突出，并且明显地比其他人的绩效优异得多
V：很好（very good）——工作绩效的大多数方面明显超出职位的要求。工作绩效是高质量的并且在考核期间一贯如此
G：好（good）——是一种称职的和可信赖的工作绩效水平，达到了工作绩效标准的要求</td><td colspan="2">I：需要改进（improvement needed）——在绩效某一方面存在缺陷，需要进行改进
U：不令人满意（unsatisfactory）——工作绩效水平总的来说无法让人接受，必须立即加以改进。绩效考核等级在这一水平上的员工不能增加工资
N：不做考核（not rated）——在绩效等级表中没有可利用的标准或因时间太短而无法得出结论</td></tr>
<tr><td>员工绩效评价要素</td><td colspan="2">评价尺度</td><td colspan="2">评价的事实依据或评语</td></tr>
<tr><td>1. 质量：所完成工作的精确度、彻底性和可接受性</td><td>O □
V □
G □
I □
U □</td><td>100～91
90～81
80～71
70～61
60 及以下</td><td>分　数
□</td><td>__________
____
__________</td></tr>
<tr><td>2. 生产率：在某一特定的时间段中所生产的产品数量和效率</td><td>O □
V □
G □
I □
U □</td><td>100～91
90～81
80～71
70～61
60 及以下</td><td>分　数
□</td><td>__________
____
__________</td></tr>
</table>

续表

3. 工作知识：时间经验和技术能力以及在工作中所运用的信息	O □ V □ G □ I □ U □	100～91 90～81 80～71 70～61 60 及以下	分 数
4. 可信度：某一员工在完成任务和听从指挥方面的可信任成都	O □ V □ G □ I □ U □	100～91 90～81 80～71 70～61 60 及以下	分 数
5. 勤勉性：员工上下班的准时程度、遵守规定的工间休息、用餐时间的情况以及总体的出勤率	O □ V □ G □ I □ U □	100～91 90～81 80～71 70～61 60 及以下	分 数
6. 独立性：完成工作时不需要监督和只需要很少监督的程度	O □ V □ G □ I □ U □	100～91 90～81 80～71 70～61 60 及以下	分 数

表 7－12　　图尺度量表法示例 2

评价要素	评价尺度	权重	得分	事实依据及评语
专业知识：经验以及工作中的信息知识	30 24 18 12 6 s a✓ b c d	30%	a	（略）
计划能力：对完成工作的有效设计	15 12 9 6 3 s a b✓ c d	15%	b	（略）
沟通能力：以书面和口头方式清晰明确地表达思想、观念或者事实的能力	10 8 6 4 2 s a✓ b c d	10%	a	（略）
…	…	…	…	…

续表

s：极优 a：优 b：良 c：中 d：差	最终得分：62 分 最终档次： s　a　b√　c　d	档次划分	s：80 分以上 a：65～79 分 b：49～64 分 c：33～48 分 d：16～32 分

2. 等级择一法

等级择一法是指在事先规定各等级标准的基础上，由评价者根据评价对象的实际状况对属于某一等级做出决定，等级择一法是一种既简单又实用的评价方法，其原理与图尺度量表法完全相同，只是在规定评价尺度时没有使用图示，而是采用了一些有等级含义的短语来表示。等级择一法的例子如表 7－13 所示。

表 7－13　等级择一法

评价指标	评价尺度				
	优秀	良好	满意	尚可	不满意
专业知识	5	4	3	2	1
沟通能力	5	4	3	2	1
判断能力	5	4	3	2	1
管理技能	5	4	3	2	1
工作质量	5	4	3	2	1
团队合作能力	5	4	3	2	1
人际关系能力	5	4	3	2	1
主动性	5	4	3	2	1
创造性	5	4	3	2	1
解决问题能力	5	4	3	2	1

3. 行为锚定量表法

行为锚定量表法（Behaviorally Anchored Rating Scales，BARS）是将某一职务工作可能发生的各种典型行为进行评分度量，建立一个锚定评分表，表中有一些典型的行为描述性说明词与量表上的一定刻度即评分标准相对应和联系。然后以锚定评分表为依据，对员工工作中的实际行为进行测评给分。行为锚定量表法实际上是运用量表评分的方法对关键事件进行考核打分，在某种程度上，它与前面所提的图尺度量表法有相似的地方，但重点不在绩效的结果上，而是落在员工的职能行为上。行为锚定量表法的前提是假设员工的职能行为将产生有效的工作绩效。

采用行为锚定量表法进行绩效评价的关键，在于所制定的锚定评分表是否合理。锚定评分表的制定，通常应由组织的领导层、直接绩效评价人员（直线经理或主管）、人力资源管理专业人员、被评价者代表共同研究，民主协商完成。采用行为锚定量表法通常应遵循以下五个步骤。

（1）记录关键事件。由员工本人及其直接上级对一些代表各个等级绩效水平的关键事件进行描述。

（2）建立绩效评价等级。再由上述人员将所收集的关键事件合并为几个绩效评价要素或指标（通常是5~10个），并对这些绩效评价要素或指标的内容加以界定或给出定义。

（3）对关键事件进行重新分配。由另外一组同样对工作比较了解的人员对原始的关键事件进行重新排列，将这些关键事件分别放入他们认为最合适的绩效要素中。一般来说，如果第二组中某一比例的人（通常是50%~80%）将某一关键事件归入的绩效评价要素与第一组是相同的，那么就能确认这一关键事件应归入的评价要素。

（4）对关键事件进行评定。由第二组人员对关键事件中描述的行为进行评定，以判别它们是否有效地代表某一工作绩效要素所要求的绩效水平。对行为的评定大多选择7级或9级尺度进行评定（既可以是连续尺度，也可以是非连续尺度）。

（5）建立最终的行为锚定评价体系。对每一个绩效要素而言，都将会有一组关键事件作为其“行为锚”，每组中通常会有6~7个关键事件。表7-14是关于工作计划和编制文件的锚定评分表。

表7-14　　关于“工作计划和编制文件”的锚定评分表

锚	分值
制定综合的工作计划，编制好文件，获得必要的批准，并将计划分发给所有相关人员	7优秀
计划、沟通并观察重大事件，每星期陈述有关计划的执行情况。编制最新的工作计划完成图及累计待办的工作，采用这些方法使任何要求修改的计划最优化。运行中偶尔会有一些小的操作问题，但能够有效地沟通	6很好
列出每项工作的所有组成部分，对每一部分的工作做出时间安排。努力提早完成计划，以留出富裕时间。满足顾客的时间要求，超时和超支现象很少发生	5好
制定了工作日期，并随工作进展的情况修改日期，经常增加不可预见事件，经常激起顾客的抱怨。可能制定一个不错的计划，但没有记载工作进展的重大事件，也不报告时间安排中的疏漏或者发生的其他问题	4一般
没有很好地制定计划，编制的时间进度表通常是不现实的。不能提前一两天制定计划，对于实际工作的到期日一无所知	3低于平均水平
对将要从事的工作没有计划或安排，对分配的任务不制定计划或者很少做计划	2很差
因为没有计划，且对制定计划漠不关心，所以很少完成工作。由于缺少计划且不查明如何改进，所以常常失败	1不能接受

行为锚定量表法是量表法与关键事件评价法综合运用的产物，其优点主要有：①绩效评价尺

度更为精确。由于行为锚定量表法是由那些对工作要求最为熟悉的人来编制行为等级体系，因此，这种方法能够比其他评价法更准确地对工作绩效进行评价；②绩效评价标准更为明确。等级尺度上所附带的关键事件有利于评价者更清楚地理解各种绩效等级上的工作绩效到底有什么关系，它们之间有哪些具体差异；③具有良好的反馈功能。关键事件可以使评价者更为有效地向评价对象提供反馈；④各种工作绩效评价要素之间有着较强的相互独立性；⑤具有较好的连贯性。由不同评价者采用行为锚定量表法对同一个人进行评价时，其结果基本上都是前后一致的，具有较好的连贯性和较高的评价信度。

行为锚定量表法在应用过程中也存在一些不足，主要有：①行为锚定的文字描述耗时比较长，同时会动用较多的人力和物力；②对于不同的工作岗位必须使用不同的表格，这不便于绩效评价和管理；③经验性的描述有时也容易出现偏差。图 7－6 是一个关于行为锚定量表法的例子。

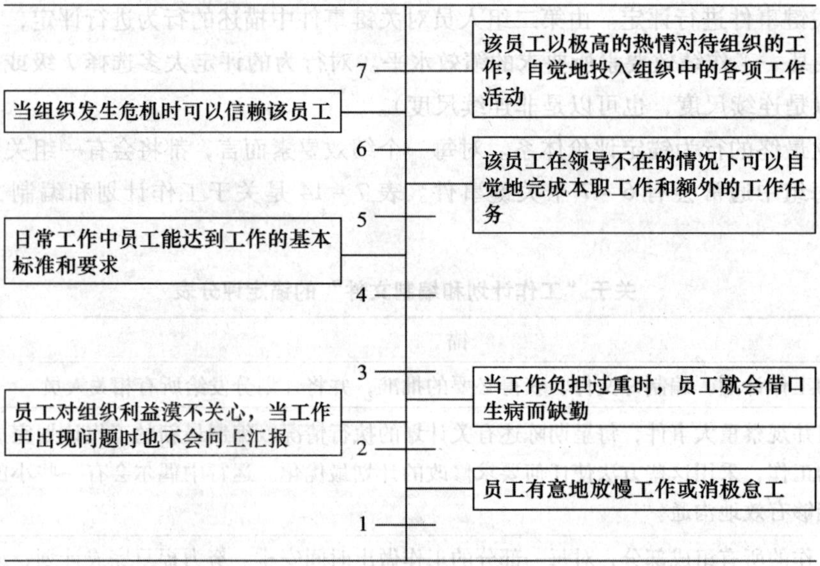

图 7－6　行为锚定量表法：员工在工作中的行为表现考评表

4. 混合标准量表法

混合标准量表法（Mixed Standard Scales，MSS）是美国学者布兰兹（Blanz）于 1965 年提出的。这种评价方法最初是作为特征导向的量表法而开发的，但它也被用在以行为导向描述的绩效评价中，并作为一种减少绩效评价误差的手段。混合标准量表法最主要的特征在于，所有评价指标的各级标度被混在一起随机排列，而不是根据评价指标的一定顺序排列。在评价过程中，评价者要注明被评价者的实际情况是高于（+）、等于（0）还是低于（－）所描述的水平，并填写评价表格，然后再根据一个特定的评分标准来确定每一位被评价者在每一种绩效维度上的得分。其具体做法是：①对相关的绩效维度进行界定；②分别对每一个维度的“好”、“中”、“差”的绩效内容与标准进行阐明或界定；③在实际评价表格的基础上，将这些说明与其他维度中的各种绩效等级说明结合在一起，形成一种混合标准尺度供评价者选择。

混合标准量表法与其他评价方法相比，其适应度强，易于操作，既适用于对一般工作人员的评价，也适用于对管理人员的评价，而且混合标准量表一旦制定出来，今后的评价都可以依此操作。混合标准量表法打乱了各评价指标的各级标度，使人们能够避免受到等级规定的影响而不能客观地根据标度的描述进行评价。同时，混合标准量表法采用了特殊的评分方式，这使得在合理编排标度的前提下，可以通过寻找评价结果中是否有自相矛盾的情况来判断评价者是否认真地进行了评价。另外，量表在中间的位置将评价对象的排列顺序进行了变更，在一定程度上避免评价者受惯性思维的影响。混合标准量表法的例子如表 7－15 所示。

表 7－15　　　　混合标准量表法

被评价的三个维度			绩效等级说明
主动性；智力；与他人的关系			高；中；低
说明：请在每一项陈述后面标明员工的绩效是高于陈述水平的（填“＋”）、相当于陈述水平的（填“0”），还是低于陈述水平（填“－”）的			
主动性	高	1. 该员工确实是个工作主动的人，他/她一贯都是积极主动地做事，从来不需要上级来督促	＋
智　力	中	2. 尽管这位员工可能不是一个天才，但是他/她确实比我认识的许多人都更聪明	＋
与他人的关系	低	3. 这位员工有与别人发生不必要冲突的倾向	0
主动性	中	4. 通常来说这位员工工作还是积极主动的，但是有时候也需要由上级来督促其完成工作	＋
智　力	低	5. 这位员工在理解问题的速度方面比某些人慢一点，在学习新东西也比别人要花更长的时间，具有一般的智力水平	＋
与他人和关系	高	6. 这位员工与每一个人的关系都不错，即使是与别人意见相左的时候，他/她也能够与其他人友好相处	－
主动性	低	7. 这位员工有点儿坐等指挥的倾向	＋
智　力	高	8. 这位员工非常聪明，他学东西的速度非常快	0
与他人的关系	中	9. 这位员工与大多数人相处都比较好，只是在少数情况下也会与他人在工作上产生冲突，且这些冲突通常都是很小的	－
赋分标准：			

续表

	陈述			得分
	高	中	低	
	+	+	+	7
	0	+	+	6
	–	+	+	5
	–	0	+	4
	–	–	+	3
	–	–	0	2
	–	–	–	1
根据上述评估等级确定分数的过程举例：				
	陈述			得分
	高	中	低	
主动性	+	+	+	7
智 力	0	+	+	6
与他人的关系	–	–	0	2

5. 综合尺度量表法

综合尺度量表法是将结果导向的量表法和行为导向的量表法相结合的一种评价方法，其评价指标的标度规定了行为和结果相结合的方式，这种方式既能够有效地引导员工的行为，又能够对结果进行直接控制。由于设计与职位相关的指标尺度比较困难，因此，使用这种评价方法需要较高的设计成本。表 7 – 16、表 7 – 17 是两个用于评价工作态度指标的综合尺度量表法的例子。

表 7 – 16　　综合尺度量表法例一

要素名称：协作性	**职位等级**：中层管理人员	**职务类别**：职能管理
要素定义：在工作中能否充分认识本部门在工作流程中所扮演的角色，考虑他人的处境，主动承担责任，协助上级、同事做好工作		
等级	定 义	评 分
S	正确认识本部门在流程中所扮演的角色，合作性很强，自发主动地配合其他部门的工作，积极地推动公司总体工作的顺利进行	20
A	愿意与其他部门进行合作，在其他部门需要的时候，能够尽量配合工作，从而保证公司总体工作的正常进行	16

续表

B	大体上能够按规定配合其他部门的工作，基本上能够保证公司总体工作的正常进行	12
C	有时候有不配合其他部门工作的现象，存在部门本位主义倾向，从而导致公司总体工作有时会遇到困难	8
D	根本不与其他部门进行沟通和协调，部门本位主义倾向明显，在工作中经常与其他部门发生冲突，导致公司总体工作陷入僵局	4

表7－17　　综合尺度量表法例二

要素名称：自律性	**职位等级：**中层管理人员	**职务类别：**职能管理
要素定义：本人以及本人所管理的部门能否严格遵守公司的各项规章制度和工作纪律，有无违反规定的现象发生		
等级	定　义	评分
S	本人清正廉洁，严于律己，很受大家尊重，同时能够严格约束下属。本人及所属部门能够严格遵守公司的各项规章制度以及工作纪律，从来没有违反公司规定的现象出现	20
A	本人对自己的要求比较高，受到大家的尊重，同时对下属人员的纪律要求也比较严。本人及所属部门能够遵守公司的各项规章制度以及工作纪律，基本没有违规记录	16
B	本人有一定的自律性，总体上能够获得大家的认可，同时对下属人员也注意约束。本人及所属部门基本上能够遵守公司的各项规章制度以及工作纪律，违规事件较少	12
C	本人的自律性不够，周围的人对其有一定的意见，同时（或者）对下属人员不注意纪律约束。本人及所属部门有时不遵守公司的规章制度和工作纪律，违规事件时有发生	8
D	本人的自律性非常差，周围的人对其意见很大，同时（或者）对下属人员根本不加以约束。本人及所属部门不遵守公司的规章制度和工作纪律，违规事件屡屡发生	4

6. 行为对照表法

行为对照表法，也叫普洛夫斯特法，是由美国圣保罗人事局的J. B. 普洛夫斯特在1920年创立的一种评价方法。评价者只要根据人力资源部门提供的描述员工行为的量表，将员工的实际工作行为与表中的描述进行对照，找出准确描述了员工行为的陈述（即评价者只要做出“符合、不符合”二选一的决定），评价者选定的项目不论多少都不会影响评价的结果。这种方法在很大程度上避免了因评价者对评价指标的理解不同而出现的评价偏差。制作行为对照表是一项十分繁杂的工作。由于行为对照表中列举的内容与评价对象的工作内容密切相关，因而必须由熟悉评价对象工作内容的人员逐项进行核定。

行为对照表法操作简单，执行成本很小，只需对项目和事实进行一一核实，并且可以回避评价者不清楚的情况，不易发生晕轮效应等评价者误差，评价标准与工作内容高度相关，评价误差小，有利于进行行为引导。此外，行为对照表法可以进行员工之间的横向比较，较好地为发放奖金提供依据。

当然，行为对照表法在应用当中也存在一些不足，主要表现在：①评价因素/项目所列举的都是员工日常工作中的具体行为。无论如何，这种列举都不可能涵盖工作中的所有行为。②设计难度大，成本高，需要借助专家的力量才能完成。③由于评价者无法对最终结果做出预测，因而可能降低评价者的评价意愿。④能够发现一般性问题，但无法对今后员工工作绩效的改进提供具体明确的指导，所以不是特别适合用来对员工提供建议、反馈和指导。行为对照表法的例子如表7－18所示。

表7－18　　行为对照表法

评　价	评价项目	项目计分（不公开）
√	懒惰	－2
□	对自己的工作十分熟悉	1
□	行动迟钝	－1/－2
√	值得信赖	1
□	语言粗鲁	－1/－2
□	声音、态度十分明朗	1
√	人际关系良好	1
…	…	…

表7－18的例子中，左边的“评价”栏中打钩的项目就是评价者认为评价对象的行为与项目描述的内容一致。右边的“项目计分”栏在实际的评价表中是不公开的，这是为了避免评价者由于了解评价项目的加分或减分情况而影响判断。

7. 行为观察量表法

行为观察量表（Behavioral Observation Scales，BOS）是由美国人力资源专家拉萨姆和瓦克斯雷（Latham & Wexley，1981）在对行为锚定量表法和传统绩效评定表法进行不断发展和演变的基础上提出的一种评价方法。这种方法使用统计分析（如因素分析或项目分析）选出评价指标，再据此将建立在事件基础上的行为清单进行汇总，评价者有时只要把那些表示员工具体行为发生频率的数字简单相加就可以得到评价结果。行为观察量表法适用于对基层员工工作技能和工作表现的考察。

行为观察量表法运用行为观察量表，并不是要先确定员工工作表现处于哪一个水平，而是确定员工某一个行为出现的频率，然后通过给某种行为出现的频率赋值，从而计算出得分。设计行为观察量表的步骤如下。

（1）将内容一致或相似的事件归为一组，形成一个行为指标。

（2）将相似的行为指标归为一组，形成一个评价标准。

（3）检查每个评价标准的内部一致性，对评价标准一致性差的行为项重新分类或改写。

（4）检验行为观察量表各评价标准的相关性或内容效度。

（5）将行为观察量表各评价标准的每个行为指标划分为五级频率标度。

（6）对行为观察量表的每个行为指标与其他所有行为指标进行相关性分析，排除那些区分度不符合要求的行为指标。

（7）根据行为指标之间的相关程度分析将行为指标分组，形成不同的评价标准，保证评价指标相互独立，而且在此基础上所包含的评价指标数目也最少。

表7－19是应用行为观察量表法考核机关中层管理人员示例。

表7－19　　行为观察量表法示例（部分）

岗位名称：机关中层管理人员

说明：通过指出员工表现出下列每个行为的频率，用下列评定量表在指定区间打分。

5＝总是　　4＝经常　　3＝有时　　2＝偶尔　　1＝从不

1. 克服改革中阻力的能力

（1）向下属说明改革的细节	5 4 3 2 1
（2）解释改革的必要性	5 4 3 2 1
（3）与员工讨论改革会给他们产生什么影响	5 4 3 2 1
（4）倾听员工所关心的问题	5 4 3 2 1
（5）在推进改革的过程中寻求下属的帮助	5 4 3 2 1
（6）如果需要，制定下一次会议的日期以便为员工所关心的问题做出答复	5 4 3 2 1

总分：__________

6～10分：不合格　　11～15分：合格　　16～20分：中等

21～25分：良好　　26～30分：优秀

行为观察量表法的使用简便，员工参与性强，容易被接受。由于能将组织发展战略与它所期望的行为结合起来，因此，行为观察量表法能够向员工提供清晰、明确的信息反馈，管理者也可以利用量表中的信息有效地监控员工的行为。行为观察量表法明确说明了对给定工作岗位上的员工的行为要求，所以其本身可以单独作为职位说明书或作为职位说明书的补充。另外，该方法也有助于减少评价者的偏见，使评价者对评价对象做出更为全面的评价。

行为观察量表法存在的主要缺陷在于，评价者需要投入大量的精力和时间用于开发行为观察量表，而且因岗位和工作不同，所要开发的行为观察量表也不同。行为观察量表法主要适用于行为比较稳定、不太复杂的工作，因为只有这类工作才能够准确、详细地找出相关的有效行为，从而设计出相应的量表。另外，行为观察量表在使用中受评价者主观性影响较大，不同的评价者对“几乎没有”、“几乎总是”、“有时”、“偶尔”等的理解有差异，导致评价结果的稳定性下降。

7.4.5 描述法

描述法（essay method）就是指评价者用描述性的文字对评价对象的能力、态度、业绩、优缺点、发展的可能性、需要加以指导的事项和关键事件等做出评价，由此得到对评价对象的综合评价。描述法一般作为其他各类绩效评价方法的必要补充，适合对任何人的单独评价，但难以对多个对象进行客观、公正的评价。

根据所记录事实的内容不同，描述法一般可分为关键事件法、态度记录法、工作业绩记录法。

1. 关键事件法

关键事件法（Critical Incident Method，CIM）是由美国学者福莱·诺格（Flanagan）和伯恩斯（Baras）在1954年共同创立的。关键事件法是以记录直接影响工作绩效优劣的关键性行为为基础的绩效评价方法。所谓关键事件，是指被评价者在工作过程中做出的对其所在部门或组织有重大影响的行为。这种影响包括积极影响和消极影响。比如一个制衣厂的保安员在工厂下班后发现一个熨斗没有断电，将熨斗断电，避免了可能引发的火灾，这就是一件对所在部门或组织具有特别积极影响的关键事件。又比如负责收发快件的文员，忘了将一份紧急文件及时发出，而对工作造成了很大影响，则是一件对工作具有特别消极影响的关键事件。

采用关键事件法对员工进行评价，要求评价者必须将员工日常工作中非同寻常的好行为或非同寻常的坏行为认真记录下来，然后在一定时期内，由管理人员和员工根据所做的记录来讨论员工的工作绩效。对于关键事件，一般要从以下四个方面来记录：

情境（situation）——这件事情发生时的情境是怎么样的；

目标（target）——他为什么要做这件事；

行动（action）——他当时采取什么行动；

结果（result）——他采取这个行动获得了什么结果。

这四个方面也被称之为STAR法或星星法，构成了关键事件所要记录的主要内容。关键事件法一般有以下三种具体方法。

（1）年度报告法。这种方法的一种方式是一线管理人员针对考核期内员工的关键事件进行连续记录。管理人员每年要报告每一个员工的记录，其中特别好的或特别差的事例代表了员工在考核期内的绩效。在考核期中没有或很少有记录的员工所做的工作可视为令人满意，因为他们的绩效既不高于也不低于预期的绩效水平（即达到标准或平均绩效水平）。

年度报告法的优点是它特别针对工作，工作联系性强。而且，由于评价是在特定日期针对特定事件进行的，评价者很少或基本不受偏见的影响。这种方法的主要缺点是很难保证对员工表现的精确记载。由于管理人员的偏见或缺乏时间和努力，他们常常更优先地考虑其他事情，因此，往往不会为记录员工表现而付出充足的时间。另外，年度报告法由于缺乏关于员工的比较数据，很难用关键事件的记录来比较不同员工的绩效。不过，组织内部如果能够对承担绩效评价工作的管理人员进行必要的培训，使他们能客观、全面地记录员工的关键事件，这种评价方法也可以用于人力资源的开发性目标。

（2）关键事件清单法。关键事件法也可以通过开发一个与员工绩效相联系的关键行为的清单来进行绩效评价。这种评价方法对每一项工作都要给出20～30个关键项目，评价者只需要简单地检查员工在某一项目上是否表现出众，出色的员工将得到很多检查记号，这表明他们考核期表现很好。一般员工将只得到很少的检查记号，因为他们仅在某些情况下表现出众。

关键事件清单法一般给不同的项目以不同的权重，以表示某些项目比其他项目重要，通常权重不让评价者知道。将员工关键事件清单上的检查记号汇总以后，就可以得到这些员工的数量型的评价结果。由于这种方法产生的结果是员工绩效的总分数，因此，必须为组织内每个不同岗位制定一个考核清单，这使得采用这种方法花费的时间和费用都很高。

（3）行为定位评级表。这种量表把行为评价与评级量表结合在一起，用量表对绩效做出评级，并以关键行为事件对量表值做出定位。这种方法使用起来很容易。这种量表既可以用于评价性目标，也可以用于开发性目标。如果用于评价性目标，很容易获得与绩效增长和提升可能性相联系的数字型评价结果。用于开发性目标，则是因为它与工作紧密相连，而且用代表好的工作成绩的关键事件作为评价事项。

总的来说，关键事件法是对其他评价方法，尤其是各种量表法的补充，它在认定员工的良好表现和不良表现方面十分有效，而且有利于制定改善不良绩效的规划。其突出优点表现在：①对关键事件的记录为评价者向被评价者解释绩效评价结果提供了事实依据。②采用关键事件法可以确保在对员工进行评价时，所依据的是员工在整个评价周期内的工作表现，而不是员工在近期内的表现，即可以减少近因效应所带来的评价偏差。③通过对关键事件的记录，可以使管理者获得一份关于员工通过何种途径消除不良绩效的实际记录。

2. 态度记录法

态度记录法就是由评价者通过对评价对象日常工作情况的观察，将其在工作中表现出来的工作态度记录下来的绩效评价方法。记录的内容不仅包括评价对象在态度方面表现出来的优点，也包括其不足。工作态度记录卡的样表如表7－20所示。

表7－20　　　　工作态度观察记录卡

员工姓名：________	所属部门：________	职位名称：________
观察期间：________		记录人：________
项　目	具体事实	
	长　处	短　处

续表

积极性		
服务意识		
责任意识		
自我开发意识		
…	…	…
指导意见		
评价对象意见栏	你是否同意上述记录及对你的评价？为什么？ 若无其他意见，请在相应位置签字表示认可。 被评价人（签字）：　　　日期	

3. 工作业绩记录法

工作业绩记录法要求评价者填写工作业绩记录卡，观察并记录评价对象在工作过程中的各种事实，分段记录所达到的工作业绩。工作业绩记录卡的样表如表 7－21 所示。

表 7－21　　　　　工作业绩记录卡

员工姓名： 观察期间：	所属部门：	职位名称： 记录人：
任务内容	进　度	结　果
任务一：…	1月： 2月： …	…
任务二：…	…	…
…	…	…
缺勤记录		
迟到或早退情况		

4. 评价中心法

现代人才测评理论认为，人的行为和工作绩效都是在一定的环境中产生和形成的。对人的行为、能力、绩效等素质特征的观察与评价，不能脱离一定的环境。所以，要想准确地测评一个人的素质，应将其纳入一定的环境系统中，观察、分析、评定被试人的行为表现以及工作绩效，从而考察其全面素质。基于这种理论，人们逐步形成和发展了评价中心这种现代人才测评的新方法。评价中心法（assessment center）是以评价管理者和员工素质及操作能力为中心的测评活动，往往采用多种评价技术，其表现形式多种多样。

一般情况下，评价中心法针对特定的岗位来设计、实施相应的测评方法与技术。通过对目标岗位的工作分析，在了解岗位的工作内容与职务素质要求的基础上，事先创设一系列与工作高度相关的模拟情景，然后将被评价者纳入该模拟情景当中，要求其完成该情景下多种典型的管理工作和活动，如主持会议、处理公文、商务谈判、处理突发事件等。在被评价者按照情景角色要求处理或解决问题的过程中，评价者按照各种方法或技术，观察和分析被评价者在模拟的各种情境压力下的心理、行为表现，测量和评价被评价者的能力、性格等素质特征。评价中心法的评价流程如图 7－7 所示。

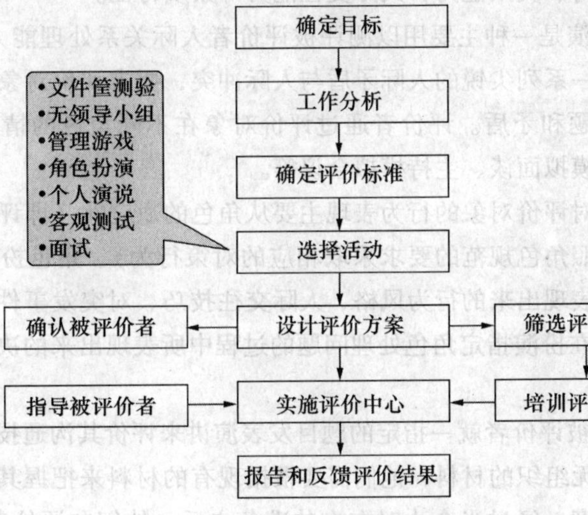

图 7－7　评价中心流程图

评价中心是多方法、多技术的综合体。在应用评价中心法过程中，用到的比较典型的评价和情景模拟技术包括文件筐测验、无领导小组讨论、管理游戏、角色扮演、个人演说、客观测试、面试等。

（1）文件筐测验（in-basket）。在模拟活动中，文件筐中装有各种文件和手稿：电话记录、留言条、办公室的备忘录、公司正式文件、客户的投诉信、上级的指示、人事方面的信息（如求职申请或晋升推荐信等）……这样的资料一般有 10～25 条，有日常的琐事，也有重大的紧急事件。要求被评价者在一定时间内处理完毕，并要通过文字或口头报告他们处理的原则和理由，据此判断被评价者分析、决策、分派任务的能力以及对工作环境的理解与敏感程度。

（2）无领导小组讨论（Leaderless Group Discussion，LGD）。由多个被评价者组成一个临时小组，依据给定的某个问题或议题，在规定时间内进行充分讨论，并最终得出统一的结论；而评价者（主考官）会依据每个小组成员在讨论过程中的行为表现，为成员在各个维度上进行评分。讨论小组的成员之间是平等、合作的关系，他们自己来决定和组织整个讨论的过程，自发产生一个领导者来组织整个讨论，也有人主动承担秘书的工作，记录讨论的结果和控制讨论的时间等。该方法可用于考查被评价者的人际互动能力和特性（如人际敏感性、社会性和领导性）、计划组织能力、分析问题和创造性地解决问题的能力、主动性、坚持性和决断性等。

（3）管理游戏。它是一种以完成某项或某些"实际工作任务"为基础的标准化模拟活动，通过活动观察和测评被评价者实际的管理能力。因为模拟的活动大多通过游戏的形式进行，并且侧重评价被评价者的管理潜质，管理游戏因此得名。在管理游戏测评中，评价对象将被置身于一个模拟的工作情境中，面临一些管理中常常遇到的各种现实问题，要求想方设法加以解决。管理游戏中涉及的管理活动范围也相当广泛，可以是组织中的各类管理活动。在评价过程中，评价者常常会以各种角色参与游戏，给被评价者施加工作压力和难度，使矛盾激化、冲突加剧，目的是全面评价被评价者的应变能力、决策能力、人际交往能力等素质特征。

（4）角色扮演。角色扮演是一种主要用以测评被评价者人际关系处理能力的情景模拟活动。在这种活动中，评价者设置一系列尖锐的人际矛盾与人际冲突，要求评价对象扮演某一角色并进入角色情景，去处理各种问题和矛盾。评价者通过评价对象在不同角色的情景中表现出来的行为，测评其相关素质。比如模拟面谈、主持模拟会议等。

在角色扮演中，评价者对评价对象的行为表现主要从角色的适应性（即评价对象是否能迅速地判断形势并进入角色，按照角色规范的要求采取相应的对策行为）、角色扮演的表现（包括评价对象在角色扮演过程中所表现出来的行为风格、人际交往技巧、对突发事件的应变能力、思维的敏捷性等）以及评价对象在扮演指定角色处理问题的过程中所表现出来的决策、问题解决、指挥、控制、协调等能力。

（5）个人演说。通过让被评价者就一指定的题目发表演讲来评价其沟通技能和说服能力。被评价者拿到了一些零乱的、无组织的材料，他们需要根据现有的材料来把握其中的主要问题，尽力去了解问题进展到什么程度。经过半个小时左右的准备之后，他们向评价者陈述自己的想法。当被评价者表达了尽可能多的信息，明确提出材料中存在的问题及其解决方案之后，评价者可以针对性地提一些问题。

这种活动对被评价者的智能、社会技能和意志力都有特定的要求，比如分析问题的能力、口语表达能力、计划组织能力、综合能力以及压力下的坚定性等。

（6）客观测试。各种类型的纸笔人格测试、智力测试、兴趣测试和成就测试也可以作为评价中心的一部分。

（7）面试。多数评价中心法要求至少有一名评价者对每一位评价对象进行面试，并对评价对象当前兴趣、背景、过去表现和动机等进行评价。

【阅读案例7-3】　　向古代"CEO"学习如何考核下属

研究报告显示，有着高效的绩效评价体系的公司比其他公司的业绩要好。可是，大部分的员工都会认为自己的绩效表现高于平均水平，而实际上这是不可能的。所以，绩效评价工作必须要做，但又常常导致评价双方以及其他利益相关者之间产生激烈冲突，使管理者身陷“绩效门”危机。如何采取正确的方法推行绩效评价工作，一直是组织管理者关注的问题。下文取材既有传说，也有历史，但都围绕着如何开展绩效评价工作这个话题展开，这些历史故事和案例或许能够对今天的组织管理者产生启示。

1. 从宋江巧妙回避“梁山泊英雄绩效排序难题”说起

在《水浒传》中，有段著名的“梁山泊英雄排座次”的故事。宋江在指挥了几场胜仗之后，认为时机已经成熟，有必要总结一下工作，按照自己的招安思路进行组织建设。可是，如何根据好汉们的绩效贡献来排座次呢？虽然前几位的次序大致可以确定，但后面的排序要想理论个清楚，恐怕就会惹来诸多纷争。如果操作失措，就会造成组织的动荡。这个典型的绩效评价问题，想必是让宋江非常棘手。于是，才有了书中“忠义堂石碣受天文，梁山泊英雄排座次”的一幕。有了这“天书”撑腰，宋江才为这次绩效排序定调子，“众头领各守其位，休再争执，不可逆了天言!”各路英雄也连忙表态，“天地之意，物理数定，谁干违拗?”但我们更相信，宋江是这场戏的幕后策划者，他一定是认识到绩效评价是如此之难，所以才巧妙地回避了它。既然说不清楚，就让老天爷去定吧，大家也就不好再说什么，这个棘手问题也就算是解决了。

《水浒传》毕竟是戏说历史，可以凭借作者的丰富想象力来解决绩效评价难题。但在史书记载的历史事件中，无论是半信史，还是信史，我们都看到组织管理者在绩效评价方面付出了巨大的心力。其中，既有充满智慧的光芒闪烁，又有力不从心的局促和危机。

2. 尧舜禅让的背后，一段漫长的绩效评价历程

据《史记·五帝本纪》记载，尧开始和下属探讨接班人问题的时候，距离他真正让出帝位的时间长达 28 年。在当时，部落联盟首领选择接班人是一个可以开放探讨的问题，与这一决策有利益相关的人都可以表达自己的观点，但最终要由首领来决定。这一问题是如此之重要，以至于要提前许多年就提出这个议题进行探讨。而且，对候选者的资格没有严格限制，尧的说法是“悉举贵戚及疏远隐匿者”。

在尧连续否定了多个人选之后，他的手下推荐了“平民，单身汉”身份的舜。大臣们对舜的初步评价是，虽然他的父亲愚昧、母亲顽固、弟弟傲慢，但舜仍然能够孝顺、友爱的与他们相处且不让他们走向邪恶。这种评价方法是基于事实的描述法，而不是简单地说他“好”，或者“不好”。而且，也没有说他如何的精通天文、地理等知识技能，而是更为关注“做人”的基本面的能力。这个理由显然是打动了尧，尧随即将自己的两个女儿嫁给了舜，以此来考核舜的“德行”。从此，尧对舜这位“未来的接班人”开始了漫长的绩效评价过程，可谓是用心良苦。

首先，考核“基本能力素质”，即“齐家”的能力，看他是否有能力管理自己的家族，使其健康、良性的发展。这个问题是如此之重要，以至于首领要将自己的女儿嫁给候选者。舜在对这两位有着高贵背景的妻子做了训教、告诫之后，就让她们去自己的老家伺候公婆。在舜的教导下，她们都能够按照舜的要求恪守妇道。通过这种完全基于事实的考核方式，舜的“齐家”能力完全得到了尧的认可。

其次，考核“定制度”能力、尧让舜去健全、完善以“父义、母慈、兄友、弟恭、子孝”这五种伦理为核心的道德制度体系，并付诸实施。在这里，我们可以把它理解为是一种类似制定人力资源管理政策方面的“职能工作”。事实证明，作为一名职能部门的负责人，舜的工作是成功的，因为，这套制度体系都得到了“员工”的认可和服从，取得了较好的效果。

第三，考核“带队伍”的能力。尧让舜去负责管理百官，明确百官的岗位职责，理顺他们的工作关系，使他们各司其职。舜的干部管理工作也获得了成功。

第四，考核“外部协作”的能力。尧让舜负责管理、协调与各诸侯、使臣的关系。在舜的努力下，政府与他们都建立了和睦、稳定的外交关系，并赢得了尊重。

第五，考核“现场管理”能力。舜又奉命去实地考察、巡视国家的山川地貌。即便是风雨雷电，舜却从未迷失方向，总能完成任务。

通过以上种种绩效评价，尧对舜的绩效表现是完全肯定的，“汝谋事至而言可绩”，并最终确定他为自己未来的接班人。但绩效评价至此还没有结束，尧只是退居二线而未完全退出，舜并没有立即被任命为“总裁”，而只是担任“常务副总裁”的工作，而且在这个岗位上一干就是11年。尧虽然在选择接班人方面开展了一系列必要的绩效评价工作，但尧仍认为这个决策还需斟酌，因为这只是基于自己作为直接上级的绩效评价而制定的决策，还不够完整。所以，尧对舜做了最后一步的考核。

第六，360度考核。尧让其他所有重要的利益相关者来表达自己的观点、进行评价，进一步提高决策的质量。当然，这也会进一步强化舜担任“总裁”的合法性，使政权更为稳固。结果是，“诸侯朝觐者不之丹朱而之舜，狱讼者不丹朱而之舜，讴歌者不讴歌丹朱而讴歌舜。舜曰“天也”。

尧在选择接班人的过程中，采用了多角度、苛刻的绩效考核方法，前后历时20余年。他选择候选人的范围并没有限于现有的核心层人员，即直接下级，而是广泛地征求意见，扩展选择对象，并最终确定了平民、单身汉舜；尧对舜的绩效评价是全方位的，既包括对基本能力素质的考核，又包括对“定制度、带队伍、外部协作、现场管理”等关键绩效指标的考核；最终制定决策时，又充分征求了各方的意见，提高了决策质量，降低了政权交接的风险。

3. 廉颇蔺相如将相不和，管理者赵惠王的绩效评价败笔

“负荆请罪”是著名的历史事件，我们在这里关注的是廉颇、蔺相如这两位绩效管理中的被评价者和作为评价者的赵惠王。在《史记·廉颇蔺相如列传》中，司马迁用关键事件描述法对蔺相如的绩效表现进行了说明。首先，从和氏璧说起，这是一件奢侈品，“价值连城”，但秦昭王“愿以十五城请易璧”的报价是明显缺乏诚意和契约约束的，这个交易也未真正发生。蔺相如的业绩是，运用自己的勇气和智慧使赵国保住了和氏璧，让国家免受攻击。第二件事，在一次外交场合，蔺相如使自己的老板保住了颜面，维护了国家的尊严。就这样，蔺相如“坐直升机”成为赵国的“上卿”。而另外一位被评价者——廉颇，是著名的攻城掠寨的高手，享有国际声誉。从一个例子可以说明他在赵国的地位举足轻重。秦王邀请赵惠王访问秦国，赵国内部的判断是，这次会面风险很高，赵惠王很可能有去无回，但不去又恐招人耻笑，最终决定赴会。廉颇送行的时候说，“王行，度道里会遇之礼毕，还，不过三十日。三十日不还，则请立太子为王，以绝秦望”。能够与现任领导探讨领导继承人问题的人，必然是重臣。但这样一位重臣，经过一系列的关键事件的绩效评价之后，他的地位却排在了蔺相如的后面。

赵惠王在如何评价廉颇和蔺相如的绩效贡献和确定职位排序方面，想必是缺乏明确的绩效评价和职位任职资格标准，而且显然与绩效评价决策的关键利益相关者廉颇的沟通不足，否则，廉颇也不会抱怨“我为赵将，有攻城野战之大功，而蔺相如徒以口舌为劳，而位居我上，且相如素贱人，吾羞，不忍为之下”。而且，“将相不合”的事情闹得沸沸扬扬，蔺相如的手下甚至认为他过于懦弱而要求辞职。

这个时候，赵惠王作为领导者，作为造成将相不合的关键责任人，是否有所作为？如果不是自己的手下胸怀坦诚，这件事情如何收场？

赵惠王作为领导者，应考虑：上卿的任职标准是什么，这些标准是否与下属充分沟通并达成共识；“舍人”能不能做“上卿”；如何衡量蔺相如的外交绩效贡献与廉颇的国防绩效贡献的差别和大小；对于蔺相如的两次卓越的绩效表现，应如何奖励，是适合提供物质奖励，还是该提供职业发展机会的奖励；面对绩效管理过程中出现的将相不合的冲突，自己该如何解决。

这些也都是组织管理者在推行绩效评价中应该关注的问题，以避免“将相不和”在自己的组织中发生。

4. 庆功宴后，汉高祖刘邦如何开展绩效评价

西汉建国之后，刘邦为了尽快稳定这来之不易的大好局面、避免再起战火，立即根据将士们的绩效贡献进行封赏。首先，他对在打败项羽的战争中具有突出贡献的、相对独立的各路军事统帅进行分封，给予最高封赏，即所谓的“封异姓王”。因为这个群体功劳最大，也是最不稳定的因素。然后，是分封爵位。这个过程充满了争议，焦点是“一线业务人员”与“二线的支持与管理人员”的绩效贡献大小问题。刘邦认为，萧何的功劳最大，所以得到的封赏应该最多。而一线的功臣们则认为，自己在战场上出生入死，却没有一个舞文弄墨的行政后勤官员得到的多，大呼不公。这样争争吵吵持续了一年，才封了20多位功臣，其余的人仍然没有得到封赏。舆论导向开始对刘邦不利，未被分封的大臣们开始抱怨刘邦“所封皆萧、曹故人所亲爱，而所诛者皆生平所仇怨”。中国历史上颇具领导人格魅力的刘邦身陷“绩效门”危机。

为摆脱困境，巩固国家政权，刘邦针对绩效评价的各关键环节采取应对措施。

第一，明确绩效标准，区分战略绩效与执行绩效。

由于在绩效评价过程中，对绩效评价的标准存在较大的争议。焦点问题是文官萧何的绩效评价高于所有武官的决议，这遭到了武官们的集体反对。面对大臣的质疑，刘邦举了个不是很恰当，但很能说明问题的例子，有效地区分了战略绩效与执行绩效的差别。刘邦说："你们知道打猎是怎么回事吗?"大臣们说："知道。"刘邦又问："那你们也知道猎狗吧?"大臣们说："也知道。"刘邦说："这个打猎呢，追杀野兽、兔子的，是猎狗；指明野兽、兔子的，是猎人。你们这些能够抓到野兽的，只不过是功狗罢了。而萧何能够指出野兽的位置、适时放出猎狗，则是功人!"这样一来，大家就不敢再说什么了。

第二，注重绩效沟通，适时传递评价信息。

刘邦是一位注重沟通的领导，能够利用各种机会与大臣们交换关于绩效评价的看法，以减少偏差。在一次请大臣们饮酒的场合，刘邦要求他们如实地分析为什么他能够得到天下而项羽却没有。大臣们的分析更多的关注刘邦本人的行为，即"陛下使人攻城略地，所降下者因以予之，与天下同利也"，对刘邦的激励手段给予了高度的称赞。而高祖却华丽转身，避而不谈自己的领导才能，借机会将张良、萧何、韩信三位取得卓越绩效的功臣推向前台，表达自己对绩效评价的观点，为自己的分封行赏决策奠定舆论基础，减少冲突的发生。刘邦还向自己的重臣了解其对各官员的看法，拓宽绩效评价的角度，减少偏差。例如，"韩信带兵，多多益善"就发生在刘邦与韩信的一次绩效面谈的过程中。

第三，关注绩效评价反馈，保持绩效评价策略的灵活性。

刘邦在办公室的楼梯间里看见外面有一些将领在一起窃窃私语，就问顾问张良："这些人在嘀咕什么呢?"张良说："陛下，您还不明白么，他们是在谋反啊。"刘邦说："天下马上就要安定下来了，为什么还要造反呢?"张良说："陛下您原来就是个老百姓，靠着这帮人得到了天下，而您现在给跟您关系比较近的萧何、曹参都封了大官，把跟您结仇的人都给杀了。现在朝廷在搞绩效评价，大家都知道，您就是把天下都送出去，恐怕也不够这些人分的，所以，这些人担心不但得不到封赏，反而担心自己因以前得罪过您而被您杀掉，所以，他们就商量着要造反。"刘邦忙问："那怎么办?"张良说："陛下现在最憎恨的人是谁，而且，得让大家都知道这事儿。"刘邦说："雍齿跟我有过节，曾经有几次都让我很没面子，我很想杀了他，但考虑到他还有些功劳，所以有些下不了手。"张良说："那你就先封他吧，这样大家看到陛下封了自己的仇人，心里就不会担心自己没有封赏和被杀了。"刘邦听了，马上着手落实有关部门为雍齿确定绩效成绩并封侯。没有被封的大臣们听到这件事后，高兴得喝酒庆祝。

5. 回到现实，关注绩效评价的关键环节

无论是传说，还是史实，都证明，做好绩效评价，要注意以下问题：绩效评价是一把手工程，制定评价体系和对关键岗位的绩效评价需要领导者亲历亲为；绩效评价的内容需要涵盖多个角度，进行综合评价，既包括业绩，也包括能力与态度；绩效评价决策的制定要听取多方利益相关者的意见，保证决策的质量。

资料来源：中国人力资源开发网（http：//www. chinahrd. net）。

要点总结

● 绩效评价的核心目标是为了改善员工的组织行为，充分发挥员工的潜能和积极性，以求更好地达到组织目标。绩效评价应遵循的基本原则有：①客观真实原则；②明确化、公开化原则；③差别化原则；④行为导向原则；⑤可行性和实用性原则；⑥定期化和制度化原则；⑦积极反馈原则。

● 绩效评价系统主要由评价内容、评价主体、评价方法、评价周期以及评价结果的应用等五个方面构成。绩效评价的一般过程模式主要包括：确立目标、建立绩效评价系统、收集整理数据、分析判断和输出结果。

● 绩效评价主体是指对被评价者做出评价的人。选择绩效评价主体要把握好以下原则：①绩效评价主体所评价的内容必须基于他可以掌握的情况；②绩效评价主体应对所评价职位的工作内容有一定的了解；③所选择的评价主体应有助于实现一定的管理目的。通常情况下，参与员工绩效评价的主体主要包括员工的直接上级或主管、同事、下级、员工本人、外部客户以及外聘专家等。

● 绩效评价方法按照评价标准的类型可分为特征导向的评价方法、行为导向的评价方法、结果导向的评价方法；按照评价的系统性可分为“系统的绩效评价方法”和“非系统的绩效评价方法”；按照评价的相对性可分为相对评价法和绝对评价法。

● 比较法（comparison method）是对评价对象进行相互比较，从而决定其工作绩效相对水平的评价方法。常见的比较法主要有：简单排序法、交错排序法、配对比较法、人物比较法和强制分布法。

● 量表法（scaling method）是指将绩效评价的指标和标准制作成量表，并据此对员工的绩效进行评价的方法。常用的量表法主要有：图尺度量表法、等级择一法、行为锚定量表法、混合标准量表法、综合尺度量表法、行为对照表法和行为观察量表法。

● 描述法（essay method）是指评价者用描述性的文字对评价对象的能力、态度、业绩、优缺点、发展的可能性、需要加以指导的事项和关键事件等做出评价，由此得到对评价对象的综合评价。描述法一般作为其他各类绩效评价方法的必要补充，适合对任何人的单独评价。根据所记录事实的内容不同，描述法一般可分为关键事件法、态度记录法、工作业绩记录法。

● 评价中心法（assessment center）是以评价管理者和员工素质及操作能力为中心的测评活动，往往采用多种评价技术，其表现形式多种多样。比较典型的评价和情景模拟技术包括文件筐测验、无领导小组讨论、管理游戏、角色扮演、个人演说、客观测试、面试等。

思考题

1. 绩效评价的目标是什么？在绩效评价过程应把握好哪些基本原则？
2. 绩效评价系统有哪些构成？举例说明如何构建绩效评价系统？
3. 绩效评价的内容有哪些？各自具有哪些特征？

4. 常见的绩效评价主体有哪些？试比较之。

5. 特征导向型、行为导向型和结果导向型评价方法各有何特点，它们各自在什么情况下适用？

6. 绝对评价方法和相对评价方法各自有何特点？试比较之。

7. 在选择绩效评价方法时应考虑哪些因素？

8. 试述常见的比较法、量表法和描述法及其它们之间的区别。

案例分析

主管人员的绩效考评

某酒店集团后勤部新上任的李经理，针对集团后勤工作管理不善、员工热情不高、大家对整个后勤部意见大等问题，进行了充分的调查研究，制定了“严格管理，促进后勤工作转变”的工作方针，并将主管人员绩效考评作为整个方针落实的第一步。李经理的意见在部办公会议一表露，便引来各种意见。

负责业务的副经理老王认为：后勤工作千头万绪，关键要稳住顶在第一线的主管们。考评工作是很重要，但在全集团尚未全面实行管理人员考评之前我们自搞一套，主管们压力一定很大，一旦影响了情绪，工作会更糟的。

负责行政人事的副经理老肖认为：后勤工作繁重琐碎，能维持现况已属不易，再折腾，搞乱了管理人员的思想，局面更难。

李经理再次强调管理人员考评的意义，他认为只有做奖惩分明，打破大锅饭，并把管理人员的奖金、提拔和晋升工资与工作好坏挂起钩来，后勤工作才可能根本改观。在李经理的坚持下，部办公会议同意了对主管进行考评的意见，并让肖副经理拿出具体考评细则交由全体主管会议讨论。

经过几次部办公会议的争论，李经理也听取了老王、老肖的意见，意识到主管能否理解考评的意义将成为整个考评工作成败的关键。因此在几天后的主管会议上，李经理把解决主管的认识问题列为会议的重点。主管会议开得不错，在李经理阐明考评工作意义之后，不少主管纷纷发言表态，支持领导决定，气氛相当热烈。李经理看到原先的担忧基本解除了，便给每位主管一份《考评细则》，并当众宣布下一季度试行，第一个月的奖金将按考核后的实际得分发放。

第一个月的考评工作顺利进行着，主管们比过去忙多了，后勤工作多少有些起色了。每当全体主管召开会议时，到场的人多了，平时不记录的主管也带上了小本本，各部门挂起了行踪留言黑板。各科应上报的一个月工作计划和工作汇报都早早收到了。后勤部办公室也整整忙了一个月，记录着各种反馈信息。

第二个月的5日，李经理收到了主管们送上的自评表，出乎意料，主管们几乎都给自己打上满分；员工评议表和其他科的打分又带有很浓厚的个人成见。如物资科主管工作负责、原则性很强，得罪了一些人，被其他科打了个最低分；只有部领导的评分才恰如其分，可以公布。

在第二天的主管会议上，李经理公布了部领导对主管的考评结果，宣布奖金获得数。6位得分少的主管当场要求部领导说明原因和理由，会议难以进行下去。当天下午他们还联合起来到集团办公室和人事部告状。由于6位主管接连几天没有主持工作，闹得不可开交，直接影响了整个后勤部的正常工作秩序。

一周之后，经集团领导调节，后勤部10位主管的奖金仍按最高等级发放。面对这一切，李经理陷入了苦闷的深思。

附：《考评细则》

1. 有强烈的事业心；不计个人得失；不以权谋私；工作任劳任怨（以上4点满分为20分）。

2. 参加部召集的会议活动；迟到或早退一次扣1分；缺席1次扣2分（满分10分）。外出情况：一月中无交代外出，查到1次扣2分（满分10分）。

3. 精通岗位业务知识；不断改进业务工作（满分10分）。

4. 善于发动群众；善于识人用人（满分10分）。

5. 每月按时上交工作计划，全科人员职责明确；工作有条不紊；有考核标准和要求（满分20分）。

6. 按期按质完成部交办的任务；工作成效明显或群众反映良好（满分20分）。

本考评细则由个人自评，本科员工、其他科及部领导分别测评，相加数平均后得出总分。

【问题】

1. 导致这次绩效考评失败的主要原因是什么？

2. 应如何解决此次的绩效考评问题？

资料来源：王怀明编著，《绩效管理》，山东人民出版社2004年版，第220～222页。

第 8 章 绩效反馈

理论上，绩效反馈过程可以被视为一位“教练”与一位员工之间展开的积极的互动，双方通过这种互动来努力达成最优的绩效。在现实中，这就好比你在自家的院子里发现了一只死松鼠，然后你意识到最好的解决办法就是把它扔到你邻居家的房顶上。

——斯科特·亚当斯（Scott Adams）（呆伯特法则）

本章学习目标

- 理解绩效反馈的含义及其重要性
- 掌握绩效反馈的原则和内容
- 学会应用 360 度绩效反馈
- 理解绩效反馈面谈的目的和意义
- 熟悉绩效反馈面谈的内容及过程
- 理解绩效诊断的含义
- 掌握绩效诊断的方法和过程
- 掌握绩效改进计划的制定、实施与评估
- 掌握绩效评价结果的具体应用

看不到成绩的地方，一定能看出问题。绩效反馈是绩效管理过程中的最后一个环节，也是最为重要的环节。绩效管理的目的是要实现组织和员工绩效的改进与提高，因此，在绩效评价环节之后必然要进行绩效反馈，这既是完整地进行绩效评价的要求，又是对绩效管理过程进行有效地反馈控制的需要。同时，绩效反馈也是绩效沟通最主要的形式，管理者在很大程度上依赖于绩效反馈来与员工进行绩效沟通。员工通过反馈知道主管对他的评价和期望，从而根据要求不断提高；而主管通过反馈指出员工的绩效水平和存在的问题，可以有的放矢地对员工进行激励和指导。

8.1 绩效反馈概述

【案例导读】 一次离职面谈

人力资源部在与行政部员工小刘的离职面谈中了解到，小刘最近的一次绩效考核发生在各部门上报考核结果的前一天下午。小刘抱怨说："我当时正参加一个客户会议，被主管王经理叫了出来，当场就做绩效面谈。面谈中他列举的几个关键事件都是不利于我的，明显是给我'穿小鞋'嘛，而且我根本就没有再申辩的机会，就给我打了 2 分，这样的主管根本不了解下属。"

人力资源部随后走访了行政主管王经理，王经理解释说："那天下午我突然想起是公司经理考核的最后一天，就马上找他过来了。但前一周实际已经通知他了。等我找他时，他先是说没有时间准备，可公司布置的事怎么能不做呢？然后就是态度不好，我刚说了他几句，他就反驳，说他在这一个季度里没做过那几件事。平时我都记录在案的，怎么可能没做。再对他讲几句他平时的工作失误，他就只是愤怒和沉默，我想至少他应该给我一些积极的回应才对。平时他还挺不错的，但是这次考核中似乎很不高兴。最后我说给你打 2 分？他说 2 分就 2 分！还签了字，所以，他达不了标，就只好离开公司。"

资料来源：马作宽主编，《组织绩效管理》，中国经济出版社 2009 年版，第 156 页。

8.1.1 绩效反馈及其重要性

反馈是人们产生优秀表现行为的最重要的条件之一，如果没有及时、具体、有效的反馈，人们往往会表现得越来越差。美国哈佛大学教授戴维·麦克利兰（David McClelland）早就指出，高成就型的人员最突出的品质之一就是经常需要明确的、不间断的关于进展的反馈。由此可见，缺乏具体的反馈往往会造成组织和员工绩效不佳。

所谓绩效反馈，主要是指通过评价者与被评价者之间的沟通，就被评价者在评价周期内的绩效情况进行面谈，在肯定成绩的同时，找出工作中的不足并加以改进。绩效反馈的目的是为了让员工了解自己在本绩效周期内的业绩是否达到所定的目标，行为态度是否合格，以便让管理者和员工双方达成对评价结果一致的看法，并共同探讨绩效未合格的原因所在并制定绩效改进计划。

由于绩效反馈在绩效评价结束后实施，而且是评价者和被评价者之间的直接对话，如果不将评价结果反馈给被评价的员工，绩效评价将失去极为重要的激励、奖惩和培训的功能，而且其公平和公正性也将难以得到保证。因此，有效的绩效反馈对绩效管理起着至关重要的作用。其重要作用具体表现在以下几个方面。

（1）绩效反馈是绩效评价公正的基础。由于绩效评价与被评价者的切身利益息息相关，评价结果的公正性就成为人们关心的焦点。而绩效评价过程是评价者对客观绩效进行主观评定和估价的过程。在这一过程中，评价者不可避免地会掺杂自己的主观意志，导致这种公正性不能完全依靠制度的改善来实现。绩效反馈较好地解决了这个矛盾，它不仅让被评价者成为主动因素，更赋予了其一定权利，使被评价者不但拥有知情权，更有了发言权；同时，通过程序化的绩效申诉，有效降低了评价过程中不公正因素所带来的负面效应，在被评价者与评价者之间找到了结合点和平衡点，对整个绩效管理体系的完善起到了积极作用。

（2）绩效反馈是提高绩效的保证。绩效评价结束后，被评价者接到评价结果通知单，但对评价结果的来由并不了解，这时就需要评价者就评价的全过程，特别是被评价者的绩效情况进行详细介绍，指出被评价者的优缺点。评价者还需要对被评价者的绩效提出改进建议。通过这个环节，被评价者可充分了解到自身存在的不足，以便在日后的工作中不断完善，最终达到提高绩效的目的。

（3）绩效反馈可以排除目标冲突，有利于增强组织竞争力。在一个组织中总是存在组织目标和个体目标，当这两个目标一致时，就能够促进彼此不断进步；反之，则会产生负面影响。有效的绩效反馈可以通过对绩效评价过程及结果的探讨，发现个体目标中的不和谐因素，借助组织或团队中的激励手段，促使个体目标朝着组织或团队目标方向发展，达成两者目标的一致性，从而增强组织的竞争力。

8.1.2 绩效反馈的原则

通过绩效反馈，一方面要把绩效评价情况反馈给员工，另一方面要与员工一起建立关于未来的计划，即确定员工下一步要达到的绩效目标。要实现这些目标，在绩效反馈过程中就应坚持以下基本原则。

（1）相互信任原则。绩效反馈和绩效沟通有效的首要条件就是双方都要做到开诚布公，坦诚面对，建立起彼此相互信任的氛围。同时也要注重选择有助于反馈和沟通的良好环境，比如最好选择一些轻松的场合，在没有工作的压力、没有上级的威严的氛围中达成共识。

（2）经常性原则。绩效反馈应当是经常性的，而不应当是一年一次。管理者只有意识到员工在绩效中存在缺陷，就有责任立即去纠正它。如果管理者已经发现员工的绩效低于标准要求而不立即给予纠正，非要等到绩效周期末再去评价和反馈，就会给组织带来较长时期的绩效损失。另外，绩效反馈过程有效性的一个重要决定因素是员工对于评价结果的基本认同，因此，评价者应当向员工提供经常性的绩效反馈，使他们在正式的评价过程结束之前就基本了解和掌握自己的绩效评价结果。

（3）对事不对人原则。在绩效反馈面谈中，双方应该讨论和评价的是员工的工作行为和工作绩效，即工作中的一些事实表现，而不是讨论和评价员工的个性特点。员工的个性特点不能作为评价绩效的依据。在谈到员工的主要优点和不足时，虽然可以谈论员工的某些个性特征，但要注意这些个性特征必须是与工作绩效有关的。

（4）多问少讲原则。在绩效反馈过程中，管理者要扮演“帮助者”、“伙伴”、“教练”的角色，而不是“发号施令者”、“指挥者”。按照20/80法则，管理者应当把80%的时间留给员工，20%的时间留给自己，而管理者在自己这20%的时间内，将80%的时间用来发问，20%的时间才用来“指导”、“建议”、“发号施令”，因为员工往往比管理者更清楚本职工作中存在的问题。因此，管理者要多问少讲，要多提好问题，引导员工自己思考和解决问题、自己评价工作进展，而不是发号施令，居高临下地告诉员工应该如何做。

（5）着眼未来的原则。绩效反馈的很大一部分内容是对过去的工作绩效进行回顾和评估，但这并不等于绩效反馈要集中于过去。讨论和评估过去的目的并不是要停留在过去，而是从过去的事实中总结出一些对未来发展有用的东西。因此，任何对过去绩效的讨论和评估都应着眼于未来，核心目的是为了制定员工的改进计划和未来发展计划。

（6）正面引导原则。绩效反馈对于员工而言应该是建设性，不管员工的绩效评价结果是好是坏，都要多给员工一些鼓励和正面引导，至少让员工意识到虽然自己的绩效评价成绩不理想，但自己得到了一个客观认识自己的机会，找到了应该努力的方向，并且在自己前进的过程中会得到主管人员的帮助。这对于实现绩效反馈目标、改善和提高组织与员工绩效都具有重要意义。

（7）制度化原则。为了更好地发挥绩效反馈的作用，组织必须针对绩效反馈建立相应的制度，只有将其制度化，才能够保证绩效反馈持久的发挥作用。

8.1.3 绩效反馈的内容

绩效反馈的内容概括起来主要包含以下四个方面的内容。

（1）通报员工当期绩效评价结果。通过对员工绩效评价结果的通报，使员工明确其绩效表现在整个组织中的大致位置，激发其改进现在绩效水平的意愿。在给员工通报当期绩效评价结果时，主管人员要多关注员工的长处，耐心倾听员工的声音，以便在制定员工下一期绩效评价指标及标准时进行必要的调整。

（2）分析员工绩效差距并确定改进措施。绩效管理的目的是通过提高员工的绩效水平来促进组织整体绩效水平的提高。因此，每一位主管人员都负有协助员工提高其绩效水平的职责。改进措施的可操作性与指导性来源于对绩效差距分析的准确性。所以，主管人员在对员工进行过程指导时要记录员工的关键行为，按类别整理，分成高绩效行为记录与低绩效行为记录。通过表扬与激励，维持与强化员工的高绩效行为；通过对低绩效行为的归纳与总结，准确地界定员工绩效差距。在绩效反馈时反馈给员工，以期得到改进与提高。

（3）沟通协商下一个绩效评价周期的工作任务与目标。绩效反馈既是上一个绩效评价周期的结束，同时也是下一个绩效评价周期的开始。通过绩效反馈，在回顾过去绩效表现的同时，更要为下一个评价周期的工作任务和绩效目标的完成做好准备。下一个绩效评价周期的工作任务与目标需要各主管人员与员工共同制定。主管人员的参与可以防止绩效指标的方向性偏差，而员工的参与则有助于绩效目标的明确。另外，在确定绩效目标时一定要紧紧围绕关键指标内容，同时考虑员工所处的内外部环境变化，而不是僵化地将季度目标设置为年度目标的1/4，也不是简单地在上一期目标的基础上累加几个百分比。

（4）确定与任务和目标相匹配的资源配置。绩效反馈不是简单地总结上一个绩效周期员工的表现，而是要着眼于未来的绩效周期。在明确绩效任务的同时确定相应的资源配置，对主管人员和员工来说是一个双赢的过程。对于员工，可以得到完成任务所需要的资源。对于主管，则可以积累资源消耗的历史数据，分析资源消耗背后可控成本的节约途径，还可以综合有限的资源情况，使之发挥最大的效用。

8.1.4 绩效反馈的形式

1. 根据沟通方式分类

根据沟通方式，可把绩效反馈分为语言沟通、暗示以及奖惩等方式。

语言沟通是指评价者将绩效评价结果通过口头或书面方式反馈给被评价者，对其良好的绩效加以肯定，对不好的绩效给予批评。采用语言沟通方式的反馈效果与绩效反馈双方的情感、思想、态度、观点的交流有关，这种反馈方式可满足被评价者一定的精神需要，而且在负激励时可起到一定的缓冲作用，同时沟通能使双方彼此了解对方的意图，从而避免了激励不对称。语言沟通主要包括口头方式和书面方式两种，口头方式比较灵活，速度快，更易于交流情感、思想、态度等，而书面方式则更加正式，可以长期保存，接受者可以反复阅读。

暗示方式是指评价者以间接的形式对被评价者的绩效给予肯定或否定，比如可以通过与下属接近或疏远的方式暗示对下属的工作绩效的评价。暗示方式是一种间接反馈方式，采用这种反馈可使评价对象保持一定的自尊心，以促使其自觉改正。不过采用暗示方式有时也容易引起误解，如果当事人对暗示视而不见，反馈效果就会很弱。

奖惩方式是指通过货币（如加薪或罚款等）及非货币（如晋升或降级等）形式对被评价者的绩效进行反馈。奖惩方式采用物质的或非物质的手段刺激和强化被评价者的行为，这种方式对于评价对象的影响最为直接。

2. 根据反馈对象的参与程度分类

根据反馈对象的参与程度，绩效反馈可分为指令式、指导式和授权式。

指令式是最接近传统的反馈模式，大多数管理者习惯于这种方式。其主要特点是以管理者为中心，员工更多的是倾听和接受。

指导式是以教和问相结合，这种方式同时以管理者和员工为中心，管理者与员工之间有较为充分的互动沟通过程。

授权式则是以问为主，以教为辅，完全以员工为中心，管理者主要对员工的回答感兴趣，而很少发表自己的观点，而且注重帮助员工独立地找到解决问题的方法。

3. 根据反馈信息的内容分类

根据绩效反馈的内容，可把绩效反馈分为负面反馈、中立反馈和正面反馈。负面反馈和中立反馈主要针对错误的行为，而正面反馈则是针对正确行为进行的反馈。

对错误行为进行的反馈就是人们通常所说的批评。批评的目的是通过让员工了解自身存在的问题而引导其纠正错误。这里讲的批评应该是积极的和建设性的，美国加州大学洛杉矶分校的心理学家亨德里·温辛格（Hendry Wensinger）对批评进行了大量的研究，发现七个要素能够有效地促成建设性批评。这七个要素分别是：①建设性的批评是战略性的，即有计划的对错误行为进行反馈，如事前要明确反馈目的、组织好思路、选好语言、注意谈话氛围等。②建设性的批评是维护对方尊严的。自尊是每个人在进行人际交往时都应试图维护的，消极的批评容易伤害自尊，要学会换位思考。③建设性的批评发生在恰当的环境中。绩效反馈也要讲究天时、地利、人和，选择合适的反馈环境和时机，比如私下里批评可以最大限度维护对方的自尊心，但在团队工作中，公开化的批评则更有力，甚至可以通过头脑风暴法给出问题的员工提供建设性意见和建议。④建设性的批评是以进步为导向的。批评并不是目的，而是促使员工改进、提高的手段。绩效反馈应着眼于未来，而不应该抓住过去的错误不放。⑤建设性的批评是互动式的，是一种双向沟通过程。⑥建设性的批评是灵活的，即根据不同的对象、不同情况采用不同方式，并且根据对方的反应及时调整方式。⑦建设性的批评是能够传递帮助信息的。

管理人员通常倾向于关注对错误行为的训导，而对正确行为的反馈往往容易被忽视。对正确行为的反馈与对错误行为的反馈同等重要，两者的最终目的都是为了提高员工的绩效。对正确行为的反馈应遵循以下四个原则：①用正面的肯定来认同员工的进步；②明确指出受称赞的行为；③当员工行为有所进步时，应给予及时地反馈；④反馈应包含这种行为对团队、部门乃至整个组织的整体效益的贡献。

4. 360 度绩效反馈

360 度绩效反馈是 20 世纪 80 年代由美国学者爱德华兹和艾文（Edwards & Ewen）等在一些企业组织中不断研究发展而成的。所谓 360 度绩效反馈，就是指帮助一个组织的成员（主要是管理人员）从与自己发生工作关系的所有主体那里获得关于本人绩效信息反馈的过程。360 度绩效反馈如图 8－1 所示。

360 度绩效反馈作为一种全方位的绩效信息反馈机制，其优势在于强调付出的行动（过程）甚于得到的结果，能够向评价对象提供全面而有价值的信息，且有利于提高员工对绩效反馈信息的认同程度。但是 360 度绩效反馈也容易削弱绩效目标的意义，收集处理信息的成本高，反馈过程也过于机械化。

360 度绩效反馈最重要的价值在于开发，而不是评价。大多数专家都认同，用 360 度评价法的结论来决定提升或薪酬是一种冒险的做法。

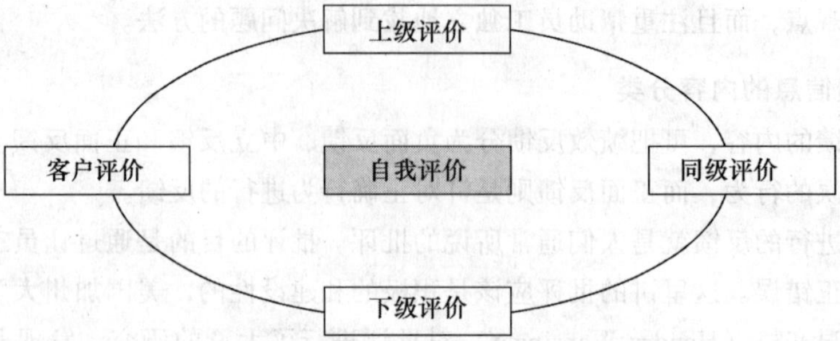

图 8-1 360 度绩效反馈示意图

【管理拾穗 8-1】 破窗效应

美国斯坦福大学心理学家菲利普·辛巴杜（Philip Zimbardo）于 1969 年进行了一项实验，他找来两辆一模一样的汽车，把其中的一辆停在加州帕洛阿尔托的中产阶级社区，而另一辆停在相对杂乱的纽约布朗克斯区。停在布朗克斯的那辆，他把车牌摘掉，把顶棚打开，结果当天就被偷走了。而放在帕洛阿尔托的那一辆，一个星期也无人理睬。后来，辛巴杜用锤子把那辆车的玻璃敲了个大洞。结果呢，仅仅过了几个小时，它就不见了。以这项实验为基础，政治学家威尔逊和犯罪学家凯琳提出了一个"破窗效应"理论，认为：如果有人打坏了一幢建筑物的窗户玻璃，而这扇窗户又得不到及时的维修，别人就可能受到某些示范性的纵容去打烂更多的窗户。久而久之，这些破窗户就给人造成一种无序的感觉，结果在这种公众麻木不仁的氛围中，犯罪就会滋生、繁荣。

"破窗效应"告诉我们，任何一种不良现象的存在，都在传递着一种信息，这种信息会导致不良现象的无限扩展，同时必须高度警觉那些看起来是偶然的、个别的、轻微的"过错"，如果对这种行为不闻不问、熟视无睹、反应迟钝或纠正不力，就会纵容更多的人"去打烂更多的窗户玻璃"，就极有可能演变成"千里之堤，溃于蚁穴"的后果。因此，在工作和生活中，"勿以善小而不为，勿以恶小而为之"。

资料来源：毛世英，《"破窗效应"对企业管理的启示》，《人力资源》2008 年第 13 期，第 34~35 页。

8.2 绩效反馈面谈

8.2.1 绩效反馈面谈的目的与意义

所谓绩效反馈面谈，是指管理者就上一绩效管理周期中员工的表现和绩效评价结果与员工进行正式面谈的过程，是管理者与员工针对绩效评价结果所做的总结与讨论。作为现代绩效管理区别于传统绩效评价的主要特征，绩效反馈面谈是各级主管人员阐明管理意志、调查员工思想、增进上下级感情的有效工具。

绩效反馈面谈主要有四个目的：①使员工认识到自己在本阶段工作中取得的进步和存在的缺点，了解主管对自己工作的看法，促进员工改善绩效；②对绩效评价的结果达成共识，分析原因，找出需要改进的方面；③制定绩效改进计划，共同协商确定下一个绩效管理周期的绩效目标和绩效计划；④为员工的职业生涯规划和发展提供必要的信息。

绩效反馈面谈作为一种正式的绩效沟通方法，是绩效反馈的主要形式。正确的绩效反馈面谈是保证绩效反馈顺利进行的基础，同时，也是绩效反馈发挥作用的保障。通过绩效反馈面谈，可以让被评价者了解自身绩效状况，强化优势，改进不足；同时也可将企业的期望、目标和价值观进行传递，形成价值创造的传导和放大，从而实现组织和员工的双赢。比如通过绩效反馈面谈，企业可以提高绩效评价的透明度，突出以人为本的管理理念和传播企业文化；员工可以增强自我管理意识，充分发挥员工的潜在能力等。

8.2.2 绩效反馈面谈的内容及策略

1. 绩效反馈面谈的内容

绩效反馈面谈的内容应围绕员工上一绩效周期内的工作展开，一般主要包括四个方面的内容。

（1）工作业绩。工作业绩的综合完成情况是管理者进行绩效反馈面谈时最为重要的内容。在绩效面谈时，管理者应将评价结果及时反馈给员工，如果员工对评价结果有异议，管理者应给出合理的解释和说明。通过对绩效结果的反馈，总结绩效达成的经验，找出绩效未能有效达成的原因，为以后更好地完成工作任务、实现工作目标奠定良好的基础。

（2）行为表现。除了绩效结果的反馈外，管理者还应关注员工的工作行为表现，比如工作态度、工作能力等。对工作态度和工作能力的关注，可以帮助员工更好地完善自己，提高自身的技能，同时也有助于帮助员工进行职业生涯规划。

（3）改进措施。绩效管理的最终目的是为了改善、提高组织和员工的绩效水平。在绩效反馈面谈过程中，针对员工未能有效完成的绩效计划，管理者和员工应该一起分析绩效不佳的原因，并设法帮助员工提出具体的绩效改进措施。

（4）新的目标。绩效反馈面谈作为绩效管理流程中的最后环节，在回顾上一绩效周期的同时，还要为下一个绩效周期提出新的绩效目标和绩效标准。管理者应结合上一绩效周期的绩效计划完成情况，结合员工新的工作任务提出新的目标，帮助员工一起制定新的绩效计划。

在实践中，绩效反馈面谈的内容通常都是以面谈记录表的形式被保存和记录下来。绩效反馈面谈记录表的格式如表 8－1 所示。

表 8－1　　　　　　　　　　　　绩效反馈面谈记录表

部门/处室		时　间	
被评价者	姓名：	岗位：	
评价者	姓名：	岗位：	
工作业绩要点：			
改进措施：			
行为表现要点：			
新的目标：			
双方确认签字：______		日期：______	

资料来源：付亚和、许玉林主编，《绩效管理》，复旦大学出版社 2008 年版，第 131～132 页。

2. 绩效反馈面谈的策略

在绩效反馈面谈中，管理者应针对不同类型的员工选择不同的面谈策略，只有这样才能做到有的放矢、取得良好的反馈效果。根据员工的工作业绩和工作态度不同，通常可把员工分为以下四种类型（如图 8－2 所示）。

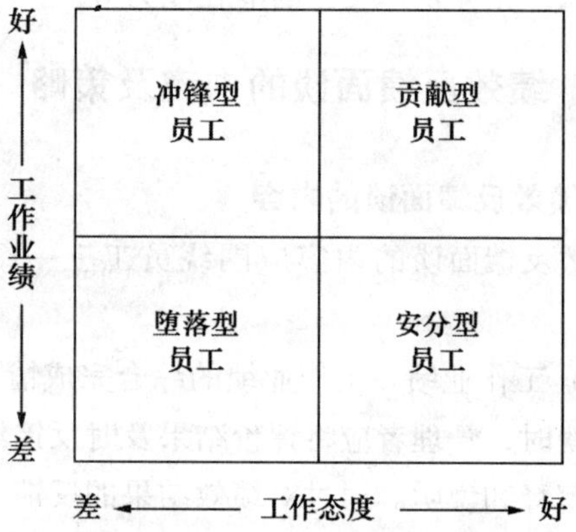

图 8－2　绩效反馈面谈中的员工分类

（1）贡献型员工（好的工作业绩＋好的工作态度）。贡献型员工是为组织和部门创造良好业绩的主力军，是最需要维护和保留的。对于这类员工的面谈策略，应该是在了解组织激励政策的前提下予以奖励，提出更高的目标和要求。

（2）冲锋型员工（好的工作业绩＋差的工作态度）。冲锋型员工的工作忽冷忽热，态度时好时坏，这种情况既可能是员工的性格使然，也可能是沟通不畅所致。对于这类员工，既不能过分放纵，也不能管得过死，应当主要通过良好的沟通和绩效辅导改善员工的工作态度，在管理者和员工之间建立起信任关系，尽量不要把问题留到下一次绩效面谈。

（3）安分型员工（差的工作业绩＋好的工作态度）。安分型员工的工作态度端正，对工作认真负责，兢兢业业，对上级和组织有很高的认同度，但工作业绩上不去。对于这类员工的面谈策略，应当是以制定明确的、严格的绩效改进计划作为绩效面谈的重点，严格按照绩效评价办法给予评价，不能用工作态度代替工作业绩，更不能用工作态度掩盖工作业绩。

（4）堕落型员工（差的工作业绩＋差的工作态度）。堕落型员工通常会想尽办法为自己辩解，或者寻找外部客观因素为自己工作业绩差开脱。对于此类员工的面谈策略，应强调或重申工作目标，通过面谈使之澄清对工作成果的看法。

8.2.3 绩效反馈面谈的步骤及过程

绩效反馈面谈过程主要包括面谈准备、面谈过程和提出改进计划三个阶段。面谈准备阶段包括管理者的准备工作、员工的准备工作以及绩效反馈面谈的内容准备等；面谈过程阶段主要确认绩效反馈面谈的原则和要求、创造有利于绩效反馈面谈的环境、设计面谈过程以及实施面谈等；提出改进计划阶段主要是围绕面谈过程中提出的问题制定相应的改进计划。绩效反馈面谈的步骤和过程如图8-3所示。

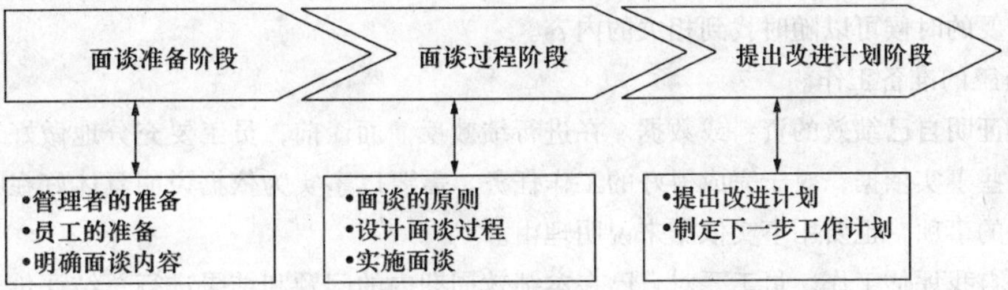

图8-3 绩效反馈面谈的步骤和过程

资料来源：林泽炎、王维编著，《执行绩效管理》，中国发展出版社2008年版，第55页。

1. 绩效反馈面谈准备

（1）管理者的准备工作。

①选择合适的面谈时间。管理者应根据工作安排确定一个面谈双方都有空闲的时间，尽量不要将绩效反馈面谈安排在接近上、下班的时间。除非得到员工的充分认同，否则千万不要试图利用非工作时间进行绩效面谈。确定的面谈时间不应是一个时间点，而应当是一个合适的时间段，时间段的长短要适宜，面谈时间过长会引起疲倦、注意力不集中；而面谈时间过短则可能导致沟通不充分。管理者一定要在征得员工认可的情况下，再对绩效反馈面谈的时间做出最终的决定，这既是对员工的尊重，也是为了便于员工统筹安排工作时间，为面谈做好充分的准备。

②选择合适的面谈地点和环境。在办公环境下，主要的反馈地点有管理者的办公室、会议室、接待室等，其中小型会议室或者接待室是比较理想的面谈地点，因为这些地方不易被电话、传真、办公人员等干扰，能为面谈创造相对安静、轻松的环境。面谈的场所最好是封闭的，因为开放的办公区域比较容易受周围环境的影响。管理者还应注意安排好双方在面谈时的空间距离和位置，因为管理者和员工之间不同的空间距离和位置关系往往会营造出不同的面谈氛围（如图8-4所示）。

③准备面谈的材料。在进行绩效反馈面谈之前，管理者还必须准备好面谈所需的各种材料。这些资料包括绩效计划表和绩效计划变动表、员工的绩效评价表、员工日常工作表现的记录、员工的岗位说明书及其历史绩效档案等。在与员工进行绩效反馈面谈之前，管理者必须熟悉这些资

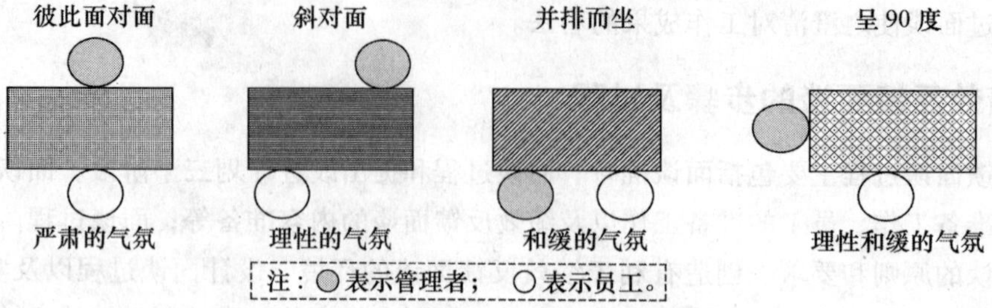

图8－4　绩效面谈的距离和位置

料，以便需要的时候可以随时找到相关的内容。

（2）员工的准备工作。

①收集证明自己绩效的资料或数据。在进行绩效反馈面谈前，员工要充分地做好表明自己工作状况的一些事实依据，对于完成得好的工作任务，需要以事实为依据说明具体好在哪里；对于完成得不好的事项，也要用事实依据来说明理由。

②做好自我评估工作。员工要对自己在本绩效周期内的问题和结果进行总结评价，并对自己在下一阶段的发展做出初步规划，特别是针对本期存在的绩效不足提出改进和提高计划。要学会自己提出计划，而不是等待管理人员为自己制定计划。

③准备好需要向管理者提出的问题。绩效反馈面谈是一个双向沟通过程，员工也可以主动向管理者提出自己关心的问题。提出的问题可以涉及组织发展战略、组织的绩效目标、部门绩效目标以及工作中的困惑等，也可向管理者提出在业务上提供辅导支持的要求及其他资源支持的要求等。

④安排好自己的工作。由于绩效反馈面谈需要一定的时间，所以事先应把工作安排妥当，以免使绩效面谈受到干扰，重要工作受到影响。比如，在绩效反馈面谈期间，若有非常紧急的事情发生，就需要事先安排同事帮助处理一下，以防止给组织造成损失。

（3）明确反馈面谈的内容。绩效反馈面谈的一般内容主要包括工作业绩、行为表现、改进措施和探讨新的目标等。具体的反馈面谈内容还要根据具体情境来定，并没有固定的模式。在进行正式面谈之前，应明确反馈面谈的主要内容和侧重点，面谈开始时，首先应就绩效现状达成一致，达成共识，为面谈的顺利进行奠定基础。管理者应当毫不吝啬地表达对员工绩效亮点的赞扬，但是面谈的重点应当放在不良业绩的诊断上。经过探讨，员工明确绩效改进的方向和需要提升的知识、技能，并了解提升的办法。

2. 绩效反馈面谈过程

（1）绩效反馈面谈的原则。在绩效反馈面谈过程中，为了保证面谈的效果，除了要遵循绩效反馈的原则外，还应着重把握好以下几个原则。

①相互信任原则。缺乏信任的面谈会使双方感到紧张、焦躁，充满冷淡和敌意。相互信任是

交流和沟通顺利进行的前提。

②实效性原则。绩效反馈面谈需要做大量细致的工作，要力求实效，通过绩效反馈面谈切实对双方今后的工作产生促动作用和改善提高。

③开放性原则。绩效反馈面谈应以开放性话题为主，设计的面谈问题要留有思考空间，要顾及员工当时的情绪，让员工按照个人的体会回答，而不应增加限制和约束。

④畅所欲言原则。要创造宽松的面谈环境和气氛，提供足够的时间让员工诉说，双方都应认真倾听和记录，实现相互间的充分沟通，真正做到畅所欲言。

（2）设计面谈过程。事先设计一套完整而合理的绩效面谈过程，是成功实现绩效反馈面谈的保证。在进行面谈前，人力资源管理部门可能会提供一个面谈用的提纲，但是具体进行面谈的管理人员要在其基础上对面谈的内容进行详细的计划。在设计面谈过程计划时，可以从以下几方面入手。

①要计划好如何开始。绩效反馈面谈的开场有各种形式，采取什么样的方式开始面谈取决于具体的谈话对象和情境。在绩效反馈面谈中，如果管理者从一个轻松的话题入手，帮助员工放松心情，以使员工在下面的面谈中更好地阐明自己的看法。当然，如果员工能够很好地了解面谈的目的，并已经为面谈做好了充分的准备，那么开门见山也许是最好的选择。

②明确面谈目的与预期效果。管理者要明确通过此次面谈要达到什么样的效果，期望的效果可能是员工就如何改进绩效与管理者达成共识，并在下一个绩效周期成功实现改进的计划；也可能是管理者想通过面谈表达对员工的信任并期望他们保持目前好的绩效水平；或者是使员工接受更高的目标或者绩效标准；还可能要达到使员工接受职务变化的目的；等等。

③确定面谈顺序。在明确了面谈的主要目的之后，就要确定面谈的顺序，即先谈什么、再谈什么的问题。通常情况下，首先要列出被评价者的所有关键工作要项，然后分别根据重要性、有效性以及员工的初步评价结果，对这些工作要项进行排列，最后再综合以上因素确定面谈顺序。一般考虑到员工的心理承受能力，先谈员工表现好的工作要项，再谈有待改进的地方。另外，根据工作要项的重要性，一般先谈重要的，后谈次重要的，最后谈不太重要的。这样逐项进行沟通，一旦双方意见一致，就可以进入下一个话题；如果双方的意见不一致，则可经过讨论争取达成一致，若实在无法达成一致，可以求同存异，暂时搁置难以达成共识的问题。

（3）实施面谈。实施面谈是绩效反馈面谈的实质性阶段，主要包括：按照绩效反馈面谈的目标、评价标准和方法，与员工共同回顾员工的工作表现；说明具体的评分依据及评分结果；充分肯定绩效周期内取得的成绩和优点，同时也要明确指出其中不足。绩效反馈面谈要做好必要的记录，并提供绩效改进的建议和途径。通常情况下，面谈从双方无异议的话题谈起，然后逐渐进入有异议的内容，平等地加以讨论，并留有充分时间让对方陈述、申辩或补充，其间管理者需认真倾听，并努力与员工达成共识。

3. 提出绩效改进计划

绩效反馈面谈的一个重要内容就是确定下一阶段的改进重点和改进计划。面谈结束后，双方需要认真汇总所做的面谈记录，比如评估面谈记录表中的内容，对有强烈不同意见的面谈对象进行仔细、客观的分析，并划定具体的协调方法或对策；及时报告上级或与上级保持沟通，获得支持和批准；整理有关资料和表格等。双方一定要将达成共识的结论性意见或经双方确认的关键事件或数据，及时予以整理、记录并填写在绩效评价表中，作为人力资源管理档案。对于达成共识的下一期绩效目标，也要进行整理，形成下期的评价指标和评价标准。同时，管理者对自己履行的评价工作也要进行回顾与反思，保持和发扬做得好的方面，改进存在的不足，不断提高自身管理水平和能力。

关于绩效改进计划的制定、实施及评估，将会在本章 8.3 节详细介绍，这里不再赘述。

8.2.4 绩效反馈面谈过程中应注意的问题

为了更好地发挥绩效反馈面谈的作用，促进员工和组织绩效的提升，在绩效反馈面谈过程中，还应注意以下几个方面的问题。

（1）建立轻松愉快的谈话气氛。实行什么样的开场白，往往取决于谈话的对象与情景，设计一个缓冲带，时间不宜太长，管理者可先谈谈工作以外的其他事情，以便和员工拉近距离，消除紧张，再进入主题，明确说明这次面谈的主要目的和内容。实际上，最初的几分钟谈话往往决定了面谈的成功与否。

（2）把重点放在解决问题上。反馈面谈的最终目的是改进绩效，因此分析不良绩效产生的原因并探讨解决方案才是面谈的核心。

（3）自始至终坚持双向交流。绩效反馈是一个双向沟通过程，即使采用指示型方式，也需要了解员工的真实想法与心理。管理者应当特别注意倾听员工的想法。面谈中主管常犯的错误是喋喋不休，指责和命令充斥其中，这样只会使面谈成为领导一个人的演讲，而没有信息的交流。调查表明，即使管理者倾听了员工的谈话，也只能记得对方不到30%的内容，因此，管理者应尽量撇开自己的偏见，控制情绪，耐心地听取员工讲述并不时地概括或重复对方的谈话内容，鼓励员工继续讲下去，这样往往能更全面地了解员工绩效的实际情况，帮助分析原因。

（4）管理者应学会“换位思考”。管理者在绩效反馈面谈过程中应学会“换位思考”，要多站在员工角度思考问题，比如巧用“你们”与“我们”——称赞员工多用“你们”、批评时则多用“我们”，这样的沟通方式很容易让人接受，激起员工的兴趣，排除戒备心理，逐步调动起员工的主动性。另外，也要善于给员工台阶下。面谈中员工有时已清楚自己做得不好，在管理者给出了具体的事例与记录后，却不好意思直接承认错误，此时管理者就不要进一步追问，而应设法为对方挽回面子，这样，一方面给员工搭了个“台阶”，使其对管理者心存感激，同时又引导员工承认自己的不足。

（5）鼓励员工积极参与到反馈过程中。管理者应当与员工在一种相互尊重的氛围中共同解决绩效中存在的问题。由管理者一方主导的绩效面谈，很可能会导致绩效面谈的效率低下。

（6）恰当把握“正面反馈”与“负面反馈”。通常情况下，员工的绩效表现有正反两个方面

——有表现优良、值得鼓励的地方，也有不足需加以改进之处。管理者应当采取赞扬与建设性批评相结合的方式，在肯定员工表现的同时，指出其可改进之处，避免员工产生抵触情绪。

对于正面反馈，管理者要特别注意做到以下三点：一是真诚。真诚是面谈的心理基础，不可过于谦逊，更不可夸大其词。要让员工真切地感受到管理者确实是满意他的表现，管理者的表扬确实是一种真情流露，而不是“套近乎”，或做表面文章。这样，员工才会把管理者的表扬当成激励，在以后的工作中更加努力。二是具体。在表扬员工和激励员工的时候，一定要具体，要对员工所做的某件事有针对性地加以表扬，而不是笼统地说员工表现很好。三是建设性。要让员工知道自己的表现达到或超过了组织的期望，得到了组织和管理者的认可，要强化员工的正面表现，使之在以后的工作中不断发扬，继续优秀的行为表现。同时，要给员工提出一些建设性的期望或意见，以帮助员工获得更大提高和改进。

对于反面的反馈，同样也要注意做到以下三点：一是具体描述员工存在的不足，对事不对人，描述而不做判断；二是客观、准确、不加指责地描述员工行为所带来的后果；三是耐心听取员工本人的看法或解释，探讨问题解决的方法和途径。

(7) 形成书面的记录和双方认可的备忘录。绩效反馈面谈过程要有完整的书面记录，在面谈结束之后管理者一定要和员工形成双方认可的备忘录，就面谈结果达成共识。对暂时还有异议的问题，可以和员工约好下次面谈的时间，就专门的问题进行二次面谈。

(8) 以积极的方式结束面谈。如果面谈中的信任关系出现裂痕，或由于其他意外事情打断，管理者应立即结束面谈，不谈分歧，而多肯定员工的工作付出，真诚希望员工的工作绩效有提高，并在随后的工作中抽空去鼓励员工，给以应有的关注。如果面谈实现了其目标，管理者要尽量采取积极的令人振奋的方式结束。事实上，无论绩效反馈面谈以何种方式进行，过去的行为都已不能改变，而未来的绩效与发展才是努力的目标。面谈反馈应尽量传递给员工鼓励、振奋的信息，使员工摆脱信息劣势，与管理者一道以平等、受尊重的心态制定下一个绩效周期的发展目标和可行方案，实现组织目标与员工个人发展，这才是绩效反馈面谈的最大成功。

8.3　绩效诊断与改进

8.3.1　绩效诊断的含义

所谓绩效诊断（performance diagnosis），就是指管理者通过绩效分析和绩效评价，判断组织不同层面的绩效水平，识别低绩效的征兆，探寻导致低绩效的原因，找出可能妨碍评价对象实现绩效目标的问题及症结的过程，它是一项复杂、多维度的活动。我们可以把绩效诊断看做一个界定问题和寻找机会的方法，通过这种方法，一方面可以确认组织各个层面的现实绩效与期望绩效之间的差距，另一方面可以制定出改进绩效的具体干预措施。

绩效诊断和分析是绩效改进的第一步，也是绩效改进最基本的环节。在绩效反馈面谈中，管理者和员工通过分析和讨论评价结果，找出关键绩效问题及其产生的原因，这是绩效诊断的关键任务。

8.3.2 绩效诊断的方法

1. 三因素法

所谓三因素法，就是从员工、主管和环境三个方面来分析和诊断绩效问题的方法。在员工方面，造成有些绩效问题的原因可能是员工所采取的行动本身就是错误的，或者是员工应该做而没有去做，这既可能是员工知识和技能不足，也可能是员工缺少动机等。在主管方面，可能是主管做了不该做的事情，比如监督过严、施加不当的压力，也可能是主管没有做该做的事情，比如主管没有明确工作要求，没有对下属的工作给予及时、有效的反馈，对下属的建议不予重视，不授权给下属，不给下属提供教育和培训的机会等。在环境方面，对绩效产生影响的主要是下属的工作场所和工作气氛因素，比如工具或设备不良、原料短缺、工作条件不良、人际关系紧张、工作方法或设备的改变给下属带来的困难等。

2. 四因素法

四因素法是指从知识、技能、态度和环境四个方面分析诊断绩效不佳的原因。知识既包括员工所具有的从事某方面工作的理论知识，也包括经验和实践知识。技能主要指运用知识和经验的能力和技巧。态度则反映了员工对工作的评价和行为倾向，是员工表现的心理和价值观基础。环境则更多的反映了造成绩效问题的外部不可控因素和障碍。

在绩效诊断实践中，为了更加透彻、全面地分析绩效问题，通常把上述两种方法结合起来使用，在管理者和员工充分交流的情况下，对产生绩效不良的原因达成一致意见。把三因素法和四因素法结合进行绩效诊断的诊断表如表 8－2 所示。

表 8－2　　绩效诊断表

影响绩效的维度		绩效不良的原因	备　注
员　工	知　识		
	技　能		
	态　度		
主　管	辅　导		
	其　他		
环　境	内　部		
	外　部		

8.3.3 绩效诊断的过程

绩效诊断过程一般包括五个步骤：确立初始目标；考量绩效变量；细化绩效考评；确定绩效需求；拟定绩效改进方案。如图 8－5 所示。

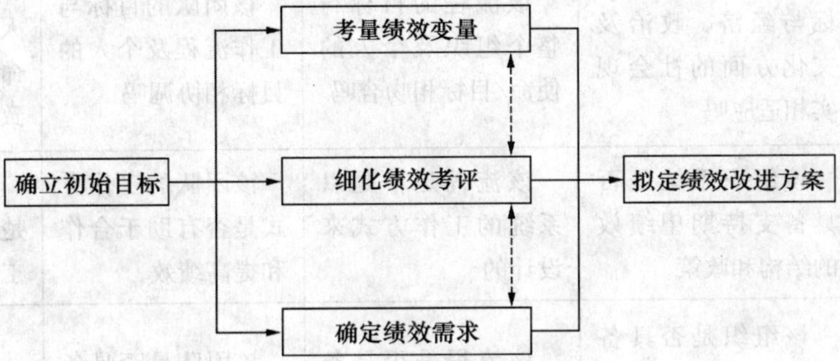

图 8－5 绩效诊断过程

1. 确立初始目标

确立初始目标就是要明确绩效诊断的目标，把绩效问题转化为与组织绩效类型、绩效层次相吻合的绩效诊断目标。要确立初始目标，首先要确定绩效问题的初始征候。绩效问题的最初征候往往来源于某组织的负责人，也就是这个问题的发起人，这些初始绩效征候的形成最典型的是围绕着某个关键事件、某个人或某种外部条件的变化。其次，确定绩效问题的类型。绩效问题的类型可以划分为三种：当前的绩效问题；对当前绩效问题的改进；将来的绩效需求。将绩效问题归纳为三种类型中的某一种，有助于分解多维的绩效问题，并且有助于使组织诊断的目的变得更加清晰。再次，确定绩效目标的层面。明确绩效诊断的目标所需要考虑的另一个问题就是绩效目标的层面，绩效层面一般分为组织层面、流程层面、团队层面和个人层面。最后，在确定组织绩效类型和绩效层次的基础上明确绩效诊断的目标。

2. 考量绩效变量

所谓绩效变量，就是指一种能从根本上作用于系统绩效的因素。绩效问题通常可能由以下五个绩效变量中的一个或多个引起，它们是：使命/目标、系统设计、产能、激励和专业技能（Swanson，1999）。考量绩效变量，首先就是要通过扫描各个绩效变量的现有数据来了解各个绩效变量在所诊断的组织中目前的运作状况，这就要求分析人员运用有关绩效的层面、绩效需求以及绩效衡量的所有相关知识，来探寻这些数据与五个绩效变量之间可能的关联。贯穿四个绩效层面（组织、流程、团队、个人）的五个绩效变量为绩效诊断提供了一个非常有效的绩效诊断矩阵框架，绩效诊断矩阵如表 8－3 所示。

表 8-3 绩效诊断矩阵

绩效层面 绩效变量	组织层面	流程层面	团队层面	个人层面
使命/目标	该组织的使命/目标与经济、政治及文化方面的社会现实相适应吗	该流程的目标与整个组织及个人的使命/目标相吻合吗	该团队的目标与工作流程及个人的目标相协调吗	该组织员工专业人士的个人目标/使命与组织目标相一致吗
系统设计	该组织系统是否具备支持期望绩效的结构和政策	该流程是不是以系统的工作方式来设计的	该团队的工作方式是否有助于合作和提高绩效	个体员工是否清楚可能遇到的阻碍工作绩效的障碍
产　能	该组织是否具备完成其使命/目标的领导力、资本及基础设施	该流程是否具备足够的产能（数量、质量、时限）	该团队是否具备快速高效地完成绩效目标的综合能力	个体员工是否具备工作所需要的智力、体力和情商
激　励	该组织的政策、文化及奖惩体系是否支持期望的绩效	该流程是否具备持续运作所需要的信息及人力因素	该团队是不是在彼此尊重、相互支持的原则下工作	个体员工是否在任何条件下都愿意工作
专业技能	该组织是否建立并保持了员工遴选和培训制度及其相关资源	专业技能开发的流程是否能满足该流程不断改进不断变化的需求	该团队是否具备团队运作流程的相关技能	个体员工是否具备工作所需要的专业知识和技能

3. 细化绩效考评

在绩效诊断中，具体的绩效考评包括三个步骤：首先，要确定组织相关层面的绩效系统产出；其次，选择适当的可衡量的绩效考评单位，一般可选择“时间”、“数量”、“质量”和“成本”指标作为绩效单位；最后，对这些绩效单位的适合性给出确认。

4. 确定绩效需求

对绩效需求的确定，首先要根据绩效层面和类型进行绩效需求的分类。查理德·A·斯旺森（Richard A. Swanson，2007）根据系统理论把绩效分为五个层次：理解、操作、排疑解难、改进、创新（如图 8-6 所示）。这种分类通常被划分为两个系统：维持系统和变革系统。绩效要么表现为维持组织系统的运作，要么表现为变革组织系统。其次，确认绩效层面和类型的划分，形成关键问题矩阵。最后，根据绩效层面和类型细化绩效需求，找出绩效差距。

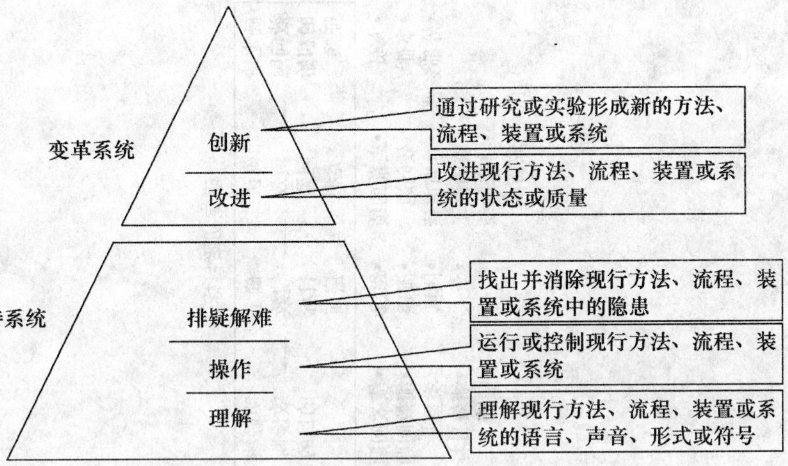

图 8-6　查理德·A·斯旺森的绩效分类

5. 拟定绩效改进方案

前四个绩效诊断步骤提供了绩效改进方案所需的诊断信息。拟定绩效改进方案的流程主要包括草案拟定、预测绩效收益和提交方案并待批。一份完整的绩效改进方案至少应包括绩效差距、绩效诊断、措施推荐和收益预测等四个要素。

绩效诊断五个步骤的详细过程和每一步的关键点可用图 8-7 表示。该图是对绩效诊断全过程的一个完整、直观的总结。

【阅读实例】　艾克米国际股份有限公司绩效改进方案

日期：年/月/日

送达：配送部总监

来自：绩效改进经理、货运处经理

主题：货运处绩效改进方案

绩效要求：公司层面

过去 4 个月公司出现了大量的混乱现象，成本指标上升。包括退货率增加了 7 个百分点（从 5% 到 12%），库存差错率增加了 3 个百分点（从 3% 到 6%）。绩效分析已经清楚地表明了各部门、各管理团队及本公司的具体绩效需求。该方案是针对货运处的，该部门需要增加项目管理和培训，以改进整个公司的绩效。

绩效目标：货运处层面

未来 6 个月货运处的目标是：（1）减少货运处 10% 的员工加班，以加班的小时数计算；（2）减少 3% 的库存差错率，以被处罚的单个订单的差错来计算。

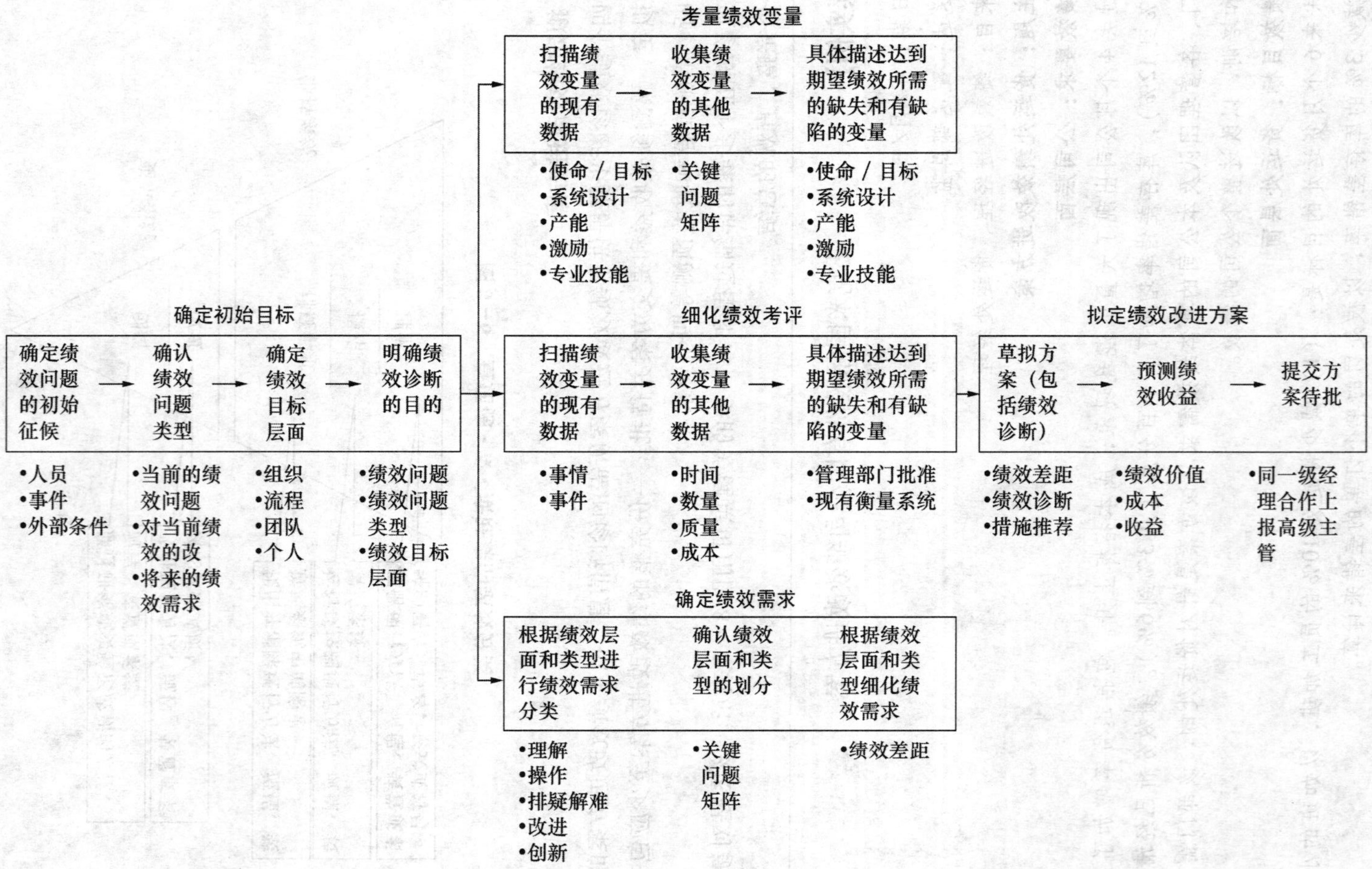

图 8－7　绩效诊断的全过程

绩效诊断：货运处

1. 使命/目标：公司和个人都很关心生存和发展问题。当这些目标需要平衡时，个人的生存目标似乎占了上风，并对公司产生了负面影响。通过全面质量管理方案来解决这些绩效问题，近来已经获得了本公司总裁的认可。

2. 系统设计：货运处的人手不够，两个主管目前在职的只有一个，另一个因重病离岗已经5个月，有可能不会重返工作岗位。此外，货运处的工作无规律并经常加班，货运处的工作角色和职责已经被重新界定、削减或分离。

3. 产能：员工潜能利用不足。大多数发货工具备对货运系统的理解能力和完成货运单据的工作能力。

4. 激励：部门之间的敌对关系使他们很难承认自己的不足和局限。员工虽然想把工作做好，但又要小心被当做替罪羊。

5. 专业技能：只要生病住院的那位主管具备完成订单的技能。发货工缺乏对公司或本部门的系统观和全局观。坐垫替换工作经常不符合规定，而且很复杂，需要有条理的问题解决技巧。

备选的干预措施：货运处

在管理层面：

1. 替换货运主管。
2. 具体明确发货工的工作角色和责任（四种类型）。

在开发层面：

3. 培训两位货运主管的沟通、任务分工和指导技能。
4. 培训所有24位货运处人员对货运系统的理解。
5. 培训20名发货工如何完成坐垫订单。
6. 培训货运处经理和两位货运主管的团队问题解决方法。

推荐的绩效改进措施/项目

项目描述：

推荐实施以上全部的六项措施。所有的培训都应是结构化培训。公司要对主管培训负责。公司培训协调人应促进该开发项目并提供货运交付系统、货运订单以及坐垫替换选择等问题解决的培训项目。所有发货工的培训都应在工作时间以外进行。

1. 替换货运主管：配送事业部总监和货运处经理在随后30天内聘用货运主管。

2. 具体明确发货工的工作角色和责任：货运处经理和货运主管在随后14天写出和确认工作岗位说明书。

3. 培训两位货运主管的沟通、任务分工和指导技能：培训协调人与人力资源开发人员商定满足这些要求的服务。主管培训在公司内进行。新任主管应在岗位上工作一周后参加公司培训，之后再返回工作岗位与现任主管一起工作一周，之后现任主管将参加公司培训。本措施会涉及旅行及相关费用。

4. 培训所有24位货运处人员对货运系统的理解：培训协调人员开发1～2个小时的培训项目，由部门经理和培训师来讲授。

5. 培训20名发货工如何完成坐垫订单：培训协调人员开发2～4个小时的培训项目，由主管和培训师来讲授。

6. 培训货运处经理和两位货运主管的团队问题解决方法：培训协调人员开发一个2小时的培训项目，由主管和培训师来讲解。

项目评估：

确认完成管理层面的工作；确定受训者满意而且从每个培训项目中学有所用；而且在12个月后开展一次关于加班和库存差错率的检查。

财务分析（细目分类）

绩效价值（项目12个月产生的绩效价值）	28500美元
－成本（项目花费）	－7750美元
收益（项目完成2个月后的收益）	20750美元

资料来源：［美］查理德·A·斯旺森著，《绩效分析与改进》，中国人民大学出版社2010年版，第84～85页。

8.3.4 绩效改进

绩效改进是绩效管理的后续应用阶段，是连接绩效管理和下一个循环计划目标制定的关键环节。在绩效管理过程中，绩效评价只是从反光镜中往后看，而绩效改进则是往前看，以便在不久的将来能获得更好的绩效。事实上，绩效管理的目的不仅仅是作为确定员工薪酬、奖惩、晋升或降级的标准，员工能力的不断提高以及绩效的持续改进才是其根本目的，而实现这一目的的途径就是绩效改进。绩效改进目标的实现形式多种多样，通常都是通过制定并实施绩效改进计划来实现。

1. 绩效改进计划的制定

绩效改进计划的制定通常有以下几个步骤。

（1）确定绩效改进要点。通过绩效诊断，可以找出员工绩效方面存在的问题以及需要改进的地方。由于员工绩效需要改进的地方往往比较多，需要找出主要的改进方面。选择绩效改进要点时，要综合考虑每个拟选定项目所需的时间、精力和成本因素，通常会选择用时较短、精力花费少以及成本低的项目最先执行。

（2）选择解决问题的途径和方法。确定了绩效改进要点之后，就需要考虑选择什么样的途径和方法解决问题，可采用三因素法——从员工、主管和环境三个方面采取行动。

员工方面可采取的措施和行动包括：向主管和有经验的同事学习，观摩他人的做法，参加组织内外的有关培训，参加相关领域的研讨会，阅读相关的书籍，参与某一实际工作项目，在主管的指导下训练等。

主管方面可采取的措施和行动包括：参加组织内外有关绩效管理、员工管理方面的培训，向组织中有经验的管理人员学习，向人力资源管理专家咨询等。

环境方面可采取的措施和行动包括：管理者适当调整部门内的人员分工或进行部门间的人员交流，以改善部门内的人际关系氛围；在企业资源允许的条件下尽量改善工作环境和工作条件等。

（3）制定具体的绩效改进计划或方案。绩效改进计划是关于改善现有绩效进展的计划。制定绩效改进计划，实际上就是具体规划应该改进什么、应该做什么、由谁来做、何时做以及如何做的过程。

制定一个行之有效的绩效改进计划，一般要符合下列几个要求：①切合实际。比如，容易改进的优先列入计划，不易改进的列入长期计划，不急于改进的暂不列入计划；②计划要有时间性。比如，制定一个具体的时间表，注明每一阶段要改进的绩效项目，这样可以使员工行为有了时间对照标准，也可防止改进计划流于形式；③计划的内容要具体。什么时候应该做什么事情必须说清楚，切忌提一些空泛的目标；④计划要获得认同。绩效改进计划的制定应当建立在管理者和员工充分沟通的基础上，要得到双方的一致认同，只有这样，绩效改进的目的才能真正有效地实现。

绩效改进计划的内容主要包括四个方面：①员工和直接上级的基本情况、改进计划的制定时间及实施时间；②根据绩效评价结果和绩效反馈情况，确定该员工在工作中需要改进的方面；③明确需要改进和发展的原因，通常会附上该员工在相应评价指标上的得分情况和评价者对该问题的描述或解释；④明确员工现有的绩效水平和经过绩效改进之后要达到的绩效目标。

表8－4提供了一个绩效改进计划的样表，供读者参考。

表8－4　　绩效改进计划样表

<table>
<tr><td>部　门</td><td></td><td>时　间</td><td>年　月　日</td></tr>
<tr><td>被考核人</td><td colspan="3">姓名：　　　　　　　　职位：</td></tr>
<tr><td>直级上级</td><td colspan="3">姓名：　　　　　　　　职位：</td></tr>
<tr><td colspan="4">1. 待改进绩效的描述：（含业绩、行为表现和能力目标，请用数量、时间、成本/费用、客户满意度等标准进行描述）</td></tr>
<tr><td colspan="4">2. 原因分析：</td></tr>
<tr><td colspan="4">3. 绩效改进措施/计划：

直接上级：　　　　被考核人：　　　　年　月　日</td></tr>
</table>

续表

4. 改进措施/计划实施记录： 直接上级：　　　　　　　　被考核人：　　　　年　　月　　日
5. 期末评价： ☐ 优秀：出色完成改进计划　　　　☐ 符合要求：完成改进计划 ☐ 尚待改进：与计划目标相比有差距 评价说明： 直接上级：　　　　　　　　被考核人：　　　　年　　月　　日
期末签字：被考核人：________ 直接上级：________ HR 专员：________

2. 绩效改进计划的实施与评估

在完成绩效改进计划的制定之后，管理者还应通过绩效监控，实现对绩效改进计划实施过程的控制。这个控制过程就是监督绩效改进计划能否按照预期的计划进行，并根据被评价者在绩效改进过程中的实际工作情况，及时修订和调整不合理的改进计划。管理者应主动与员工沟通，了解员工在绩效改进过程中遇到的困难和障碍，并为员工克服这些困难和障碍提供必要的帮助。

绩效改进计划作为绩效计划的补充，始于上一个绩效评价周期的结束，结束于下一个绩效评价周期的开始。绩效改进计划的完成情况常常反映在员工前后两次绩效评价结果的比较当中，如果员工前后两次绩效评价中得到的评价有显著提高，在一定程度上说明绩效改进计划取得了一定的成效。

8.4 绩效评价结果的应用

绩效评价作为人力资源管理职能的核心环节，与人力资源管理的其他职能之间存在着非常密切的关系，绩效评价的结果也可广泛应用于人力资源管理系统中的招聘与甄选、培训与开发、职位变动与调整、薪酬福利管理等各个环节，是这些环节发挥作用的基础或决策依据。

8.4.1 绩效评价结果的应用原则

1. 以人为本，促进员工发展的原则

绩效评价的根本目的在于调动员工的工作积极性，促使员工改进和提高绩效水平，进而提高组织整体绩效水平，实现组织目标。为此，评价者必须向员工个人反馈评价的结果，让员工明确掌握已达到或未达到预定目标的反馈信息，了解自己绩效的不足。只有这样，员工才能更加清楚自己的努力方向和改进工作的具体方式，从而促进员工的发展。绩效评价结果的反馈要坚持“以人为本”，以诚恳、坦诚的方式与员工沟通，尽可能采取让员工乐于接受的方式进行。

2. 员工成长与组织发展相结合的原则

组织的发展离不开员工个人的成长。组织不能单方面要求员工修正自己的行为和价值观等来适应组织发展的需要，组织应当参与到员工的职业生涯规划和管理中，将员工成长与发展纳入组织管理的范围，从而实现组织与个人的共同成长。因此，绩效评价结果的应用要有助于增强员工的全局观念和集体意识，使员工意识到个体的高绩效与组织的高绩效紧密相关，个人的目标及成长与组织的目标与成长是联系在一起的，个人在为组织目标的实现做出贡献的同时，自己也在组织发展中得到成长与发展。

3. 统筹兼顾，综合应用的原则

员工的绩效评价结果可为组织对员工的合理使用、培养、调整、薪酬发放、职务晋升、奖励惩罚等提供客观依据，从而规范和强化员工的职责和行为，促进组织人力资源开发与管理工作，完善员工的竞争、激励和淘汰机制。从组织和员工发展视角考虑，绩效评价结果的应用要坚持统筹兼顾，综合应用。组织中的人力资源开发与管理是一个系统工程，只重视绩效评价结果在员工管理的某一方面的应用，并不能从根本上促进员工和组织的共同成长与发展，因此，必须系统考虑绩效评价结果对组织人力资源开发与管理工作的影响和作用，综合应用于组织发展的各个方面和人力资源管理系统的各个环节。

8.4.2 绩效评价结果的具体应用

1. 用于员工薪酬奖金的分配及调整

绩效评价结果用于员工薪酬奖金的分配及调整，是绩效评价结果最主要的一种用途。在大多数组织中，把员工的绩效评价结果与其报酬挂钩也是一项普遍的人力资源管理策略。研究表明，尽管影响员工绩效的因素有很多，但报酬仍然是最重要的因素之一，将绩效评价结果与报酬联系起来，建立一种付出与回报之间的条件关系，能够增强员工对工作的投入程度，可以大幅度提高员工的绩效。同时，绩效评价结果与薪酬奖金的联系也提高了物质利益分配的客观性和逻辑性。薪酬奖金的增减是组织对绩效水平最真实的反馈。

绩效评价结果中目标可量化的部分更多地与奖金挂钩，实现组织对员工的承诺，而有关行为或技能部分的评价结果则更多的与薪酬联系在一起。绩效评价结果与薪酬挂钩体现了组织对员工的长期激励，而绩效结果用于奖金的分配，则体现了组织对员工的短期激励。具体情况因职位不同，绩效评价结果与薪酬奖金联系的紧密程度及其在总薪酬中所占的比例也会有所不同。

【管理拾穗 8－2】 绩效评价结果与报酬挂钩的条件

· 员工必须认为报酬是有价值的；
· 报酬必须与工作的所有重要方面联系起来；
· 员工必须看到报酬与绩效评价结果是联系在一起的；
· 员工必须知道报酬量与他们的努力付出是相称的；
· 在期望的绩效目标实现时，必须立刻兑现报酬承诺，不要失约；
· 员工必须信任管理层能够公正地分配报酬。

资料来源：朴愚、顾卫俊著，《绩效管理体系的设计与实施》，电子工业出版社 2006 年版，第 150 页。

2. 用于员工的招募与甄选

绩效评价结果是组织做出招募计划的主要依据。绩效评价结果可以暴露组织内的员工是否满足组织所需的职位技能，当员工不能满足职位需要而又无法在短期内通过培训解决或是员工数量不足以完成工作任务时，组织就应当考虑通过招聘来替换原有职位的人员或填补职位空缺。另外，在研究招募与甄选效度时，通常选择绩效评价结果作为员工实际绩效水平的替代，在人员招募和甄选过程中担当重要的“效标”作用，即如果选拔是有效的，那么选拔时表现很好的人员实际的绩效评价结果也应该很好；反之，则有两种可能，要么是选拔没有效度，要么评价结果不准确。

3. 用于职务的晋升调配

员工的历史绩效记录为员工的职务晋升和人员调配提供了基础依据。人员调配不仅包括纵向的升迁或降职，还包括横向的工作轮换。通过分析员工历史绩效记录，可以发现员工工作表现与其职位的适应性问题，查找出原因并及时进行职位调配。如果员工在某方面的绩效突出，则可以让他（她）在这方面承担更多的责任或得到晋升；如果员工在某方面的绩效表现不佳，则可以通过职位的调整，使之从事更加适合的工作。

4. 用于员工培训与开发决策

员工培训与开发是组织通过培训和开发项目提高员工能力和组织绩效的一种有计划的、连续性的工作。通常情况下，培训的主要目的是为了让员工获得目前工作所需的知识和能力，帮助员工更好地完成当前工作，而开发的主要目的则是为了让员工获得未来工作所需的知识和能力。通过对绩效评价结果的分析，可以及时发现员工与组织要求的差距，帮助培训部门有的放矢地做好下一步的培训计划，开展有针对性的培训，即做到“缺什么，补什么”，以提升员工队伍的整体素质。

5. 用于员工个人发展计划的制定

个人发展计划，是指根据员工有待提高的方面所制定的一定时期内完成的有关工作绩效和工作能力改进和提高的系统计划。绩效评价结果反馈给员工个人，揭示出员工工作的优势和不足，使得员工改进工作有了依据和目标。在组织目标的指导下，员工可以据此制定个人的发展计划，不断提高自身工作能力，开发自身潜能，改进和优化工作，这不仅有助于员工实现个人职业目标，也有助于员工个人职业生涯的发展，同时还可以实现员工发展与部门发展的有机结合，为组织创造一个高效率的工作环境。

除此之外，绩效评价结果还有其他应用，如开发员工潜能，为组织人力资源规划提供决策支持，为人员选拔录用和员工培训效果评估过程中发挥重要的效标作用等。

要点总结

• 绩效反馈是指通过评价者与被评价者之间的沟通，就被评价者在评价周期内的绩效情况进行面谈，在肯定成绩的同时，找出工作中的不足并加以改进。

• 绩效反馈主要包含四个方面的内容：①通报员工当期绩效评价结果；②分析员工绩效差距并确定改进措施；③沟通协商下一个绩效评价周期的工作任务与目标；④确定与任务和目标相匹配的资源配置。

• 360度绩效反馈是指帮助一个组织的成员（主要是管理人员）从与自己发生工作关系的所有主体那里获得关于本人绩效信息反馈的过程。360度绩效反馈最重要的价值在于开发，而不是评价。

• 绩效反馈面谈是指管理者就上一个绩效管理周期中员工的表现和绩效评价结果与员工进行正式面谈的过程，是管理者与员工之间共同针对绩效评价结果所做的检视与讨论。绩效反馈面谈的内容主要包括工作业绩、行为表现、改进措施和新的目标。绩效反馈面谈过程主要包括面谈准备、面谈过程和提出改进计划三个阶段。

• 绩效诊断是指管理者通过绩效分析和绩效评价，判断组织不同层面的绩效水平，识别低绩效的征兆，探寻导致低绩效的原因，找出可能妨碍评价对象实现绩效目标的问题及症结的过程。绩效诊断和分析是绩效改进的第一步，也是绩效改进最基本的环节。

• 绩效改进是绩效管理的后续应用阶段，是连接绩效管理和下一个循环计划目标制定的关键环节。绩效改进目标通常都是通过制定并实施绩效改进计划来实现。制定绩效改进计划的步骤包括：①确定绩效改进要点；②选择解决问题的途径和方法；③制定具体的绩效改进计划或方案。

• 绩效评价的结果可广泛应用于人力资源管理系统中的招聘与甄选、培训与开发、职位变动与调整、薪酬福利管理、职业生涯规划等各个环节，是这些环节发挥作用的基础或决策依据。

思考题

1. 什么是绩效反馈？如何理解绩效反馈的重要性？
2. 什么是360度绩效反馈？采用360度绩效反馈计划要注意哪些问题？
3. 举例说明怎样设计一套完整有效的绩效反馈面谈计划？
4. 什么是绩效诊断？常见的绩效诊断方法有哪些？
5. 结合实例分析绩效诊断的过程。
6. 如何制定、实施和评估绩效改进计划？
7. 绩效评价结果在人力资源管理中有哪些具体的应用？

案例分析

360度测评风波

大腾煤炭设计院有限公司为了选拔储备干部，最近在搞360度测评。几个环节过后，测评结果终于出来了，谁知公司却炸开了锅。

公司建筑所所长钟一凡给本所H项目组组长曹秋林做测评反馈，两人都弄得很不愉快。曹秋林是建筑所的业务骨干，钟一凡平时很器重他，想让他锻炼两年当副所长，所以这次报了他当储备干部候选人，参加测评。他怎么也没想到曹秋林的综合得分居然会很低，要是照这个分数，曹秋林根本进不了第一梯队，连第二梯队都没戏。

钟一凡发现，曹秋林在“团队贡献”和“人际沟通”两项标准上得分尤其低，便指出可能是因为曹秋林平时跟大家沟通太少，使大家对他有些误会，劝他以后得多加注意。谁知这话激怒了曹秋林，曹认为大家的评估太不公平，他说自己把时间用来钻研业务，还给所里揽了很多活儿，对所里对组里都做出了很大贡献，难道要把时间浪费在讲八卦上才行吗？最后，曹秋林愤懑而去。

其实，钟一凡一直不看好这次评估，第一次开管理会讨论时，他就提醒过人力资源总监于小溪，因为他不相信参加测评的人能诚实作答，只要有人不诚实作答，那么真相就会被扭曲。所以，他对360度测评的公正性、客观性、有效性和可操作性提出了强烈质疑。除了钟一凡，其他几个部门的头儿也纷纷表示出同样的疑虑。

但于小溪对钟一凡的挑战早有准备。她解释说，360度测评和反馈工具是从国外成功企业和世界500强企业那里引进的，实践证明这个工具在绩效管理和人才培养方面成效卓著。大腾设计院经过改制和这些年的发展，人员结构发生了大调整，由新生代构成的主力军带来了新的企业文化，这种文化较之以往，更加开放也更加坦诚，这为360度测评提供了群众基础。其次，360度工具是管理专家和学者多年研发实验而成，理论基础厚实。第三，公司这次是与有国际声望的管理咨询公司合作，而且他们会为大腾量体裁衣。于小溪的话似乎无可辩驳，而且还有公司总经理谢涛支持她，360 度测评就这样在公司展开了。

现在，测评结果出来了，郁闷的不只钟一凡和曹秋林，于小溪那里也很不安生，不少人找到了她那里。没入选干部梯队的有抱怨，入选的也有抱怨，嫌发展计划把人分成三六九等。面对这些捕风捉影的消息，于小溪一边惊讶于消息的泄密和传播，一边还得做解释安抚工作。她又回顾了一遍，认为整个计划是缜密的，而且直到反馈之前都可以说是顺畅的，各位中高层干部似乎也很配合。可是，为什么到了反馈环节就跑偏了呢？

测评风波也惊动了公司总经理谢涛。先是钟一凡找到他，要求公司慎重考虑选拔计划，对曹秋林这种业务尖子有所变通。随后热力工艺所所长朱强找上门来，抱怨自己所这次无人入选一二梯队，是因为不懂潜规则。有个大所的所长还透露给谢涛一个消息，说他底下的人，不管进梯队的还是没进梯队的，都要联名上书，要求公司将培养储备干部的钱拿出来，进行全员培训，他们的口号是：人人享有被培训的权利。

真没想到一个 360 度测评会引起如此轩然大波，这完全背离了谢涛做这件事的初衷。他本来是想给大家创造一个好的发展环境，为公司规划一个可持续发展的未来。谁知事到如今，方方面面冒出了这么多不同的声音。一个测评弄得全公司士气低落、飞短流长，乱成了一锅粥。

【问题】

1. 你认为造成 360 度测评背离初衷的原因是什么？
2. 应用 360 度测评和反馈工具时应注意哪些问题？
3. 请为案例中存在的问题提出改进措施或方案。

资料来源：中国人力资源开发网。

第 9 章

团队绩效管理

在成为经理人之前，每个人的成功只与自身的成长有关；而成为经理人之后，成功则与他人的成功有关。

——杰克·韦尔奇（Jack Welch）

本章学习目标

- 深刻理解团队的内涵及特征
- 了解常见的团队类型及特点
- 理解团队绩效的含义及其影响因素
- 掌握高绩效团队的特征及其成员的典型表现
- 熟悉团队绩效测评的流程
- 理解团队目标确定的原则
- 掌握团队绩效测评的方法
- 学会分析团队绩效管理过程中的几个环节
- 掌握应对团队绩效管理的策略

著名管理学大师彼得·德鲁克指出："明天的组织是趋于扁平化，以信息为基础并且是围绕着团队组建起来的。"在国外许多知名企业中，团队已成为它们主要的运作模式。当今社会，组织采用团队方式工作已经变得越来越普遍了。由于团队既能充分利用员工的才干，又能增强组织中的民主气氛、提高员工积极性，因此，对团队绩效的讨论就变得非常重要了。组织绩效往往不是员工个人绩效的简单叠加，而主要表现为具有乘数整合效应的团队绩效，如果绩效评价和管理仅仅注重个人层面的绩效，而忽视对团队绩效的评价、提升和管理，那将会对组织战略和目标实现带来灾难性后果。

就管理者而言，决定管理者成败的绝不仅仅是个人的业绩表现，更重要的是他所领导和管理的团队的绩效。团队的绩效决定着组织的成败。

9.1 团队的界定

最早的团队出现在那些著名的跨国公司，如通用电器、沃尔沃、丰田、摩托罗拉等，它们的成功使“团队”这种工作方式很快风靡全球。实践证明，当一项任务需要多种技能和经验才能完成时，团队工作能够实现“1+1>2”的协同效应。

【寓言启示】 蚂蚁军团

在非洲的草原上如果见到羚羊在奔跑，那一定是狮子来了；如果见到狮子在躲避，那就是象群发怒了；如果见到成百上千的狮子和大象集体逃命的壮观景象，那是因为来了一支特殊军团——蚂蚁军团。

启示一：蚂蚁是何等的渺小微弱，任何人都可以随意处置它，但它的团队，就连兽中之王也要退避三舍。

启示二：个体弱小，没有关系，与伙伴精诚协作，就能变成巨人。

启示三：蚂蚁的精神值得我们永远铭记。蚂蚁是最勤劳、最勇敢、最无私、最有团队精神的动物。势如卷席，勇不可当，团结奋进，无坚不摧——这就是由一个个弱小生命构成的团队力量。

启示四：蚂蚁只是小小的低级动物，其团队却如此威猛无敌。我国古代春秋时期著名的思想家管子说过，“一人拼命，百夫难挡，万人必死，横行天下。”这正是团队的价值所在。

资料来源：张云德、田中禾主编，《现代企业绩效管理：策略与应用》，兰州大学出版社2006年版，第218～219页。

9.1.1 团队的定义

关于团队，美国著名管理咨询专家史蒂夫·布赫和托马斯·罗夫的话非常耐人寻味：“并非穿着同样的衬衫就能够形成团队。”然而，仍然有很多企业热衷于搞服装统一等丝毫无益于团队合作的形式主义。

很多管理者眼中的团队其实并非真正的团队。首先，团队不是一些人聚在一起工作，如果聚集在一起的人不能够相互协调、朝着同一个目标努力奋斗，他们也只是一个群体而已。当群体中的人能够进行明确分工、各司其职，并建立起大家共同遵循的各类规则，这时的群体就发生了本质的改变，变成了团体。但做到这一点还远远不能称其为团队。真正的团队是所有成员都聚焦于共同的目标，在没有要求和监督的情况下积极主动地投入工作，人人勇担责任，并且富有激情。面对困难和挫折时，他们毫不退缩，而是群策群力寻求解决方案，他们注重分享、协同、相互尊重。真正的团队拥有某种特殊的气质，这种气质展现在团队成员的每一个人身上。

团队是一种特殊的工作群体。当两个或两个以上的人相互依存，彼此之间存在动态的相互作用，并且共同珍视短期目标、长期目标或者使命时，他们就形成了一个团队。

组织是由个人组成的，但是人们越来越强调组建团队，以帮助个人有效地工作，这是为什么呢？究其原因，团队能够带来不同的技能和经验，而这些集中起来的技能和经验要远远超过任何个人的技能和经验。因此，团队能够对各种挑战做出更迅速而有效的反应，提升组织的运行效率，如改进过程、开发产品或客户服务等。另外，随着组织变得扁平化和行政层级的减少，采用团队工作方式也给组织带来了更大的灵活性，增强组织的民主气氛，促进员工参与决策的过程，使决策更科学、更准确。

9.1.2 团队的特征

团队是由一群不同背景、不同技能、不同知识的人所组成的一种特殊类型的群体，团队强调成员高度的互补性、知识技能的跨职能性和信息的差异性。团队的具体特征主要有以下几点。

（1）团队成员人数不多，更接近于经验法则。一般来说，人员规模应当在 2 ~ 25 人之间，最好在 8 ~ 12 人之间，规模过大的团队由于成员过多，造成管理和协调困难。

（2）团队成员的技能、知识或经验互补。真正的团队必须具备互补的、完成团队目标所必需的技能，这些技能要求通常有三类：①技术性或智能性的专业技能；②解决问题的技能和决策的技能；③人际关系的技能。

（3）为了共同的目的和业绩目标。团队目的和业绩目标是相互联系的。一个共同的有意义的目的能够确定团队的基调和方向，而具体的业绩目标则是这个目的的构成部分，并有助于团队成员之间的沟通和交流。同时，团队业绩目标的可实现性也促使团队保持持续的、高昂的士气。

（4）团队成员共同承担团队成败的责任。团队成员共同承担责任是团队区别于个人和工作群体的重要特征。当顺利完成团队目标时，全体成员将分享成果，共同接受组织激励和奖励。同样的，当团队无法顺利完成特定任务时，全体成员则将共同承担失败的责任，而非单独由团队领导者或管理者来承担。

（5）营造充分沟通和互相信任的团队氛围。真诚、平等的内部沟通是创造和谐的团队氛围的基础。只有营造出一个充分沟通、互相信任和整合智慧的协作平台，团队成员才能相互协作，坦诚相待，真正发挥团队 1 + 1 > 2 的协同效应，为团队目标的实现提供环境保障。

“三个臭皮匠，顶个诸葛亮。”团队集结了各种不同技能、专业知识和经验的人员，一起为组织解决问题。团队在组织中的功能上优于个人。因此，我们可以这样理解团队：一小群具有不同技能的人相互依存在一起。这群人认同于某一共同目标，为了达到这一目标，他们扮演好自己的角色，贡献自己的能力，彼此分工合作，沟通协调，为完成任务而齐心协力，并为此目标的实现与否共同承担责任。

9.1.3　团队与群体的区别

团队与传统的部门或稳定性的群体相比，有三个主要方面的优势：①它可以使不同的职能并行进行，而不是顺序进行，从而大大节省了完成组织任务的时间；②它可以迅速地组合、重组和解散；③它可以由团队成员自我调节、相互约束，促使员工参与决策过程，增强组织的民主气氛，并且削减组织中的某些中层管理职能。

团队与群体相比，主要区别在以下方面。

（1）目标不同。团队是为了获得协同效应，即团队追求的是大于个体成员绩效总和的绩效，而群体只是个体成员绩效的简单加总。

（2）互动性质不同。团队是有创造性的互动配合，群体只是例行公事性的配合。

（3）责任不同。团队的责任既具体到每个成员身上，又是团队共同的责任，而群体的责任是个体化的。

（4）技能不同。团队强调各成员技能的高度互补，而群体中成员的技能则是随机的（见图 9－1）。

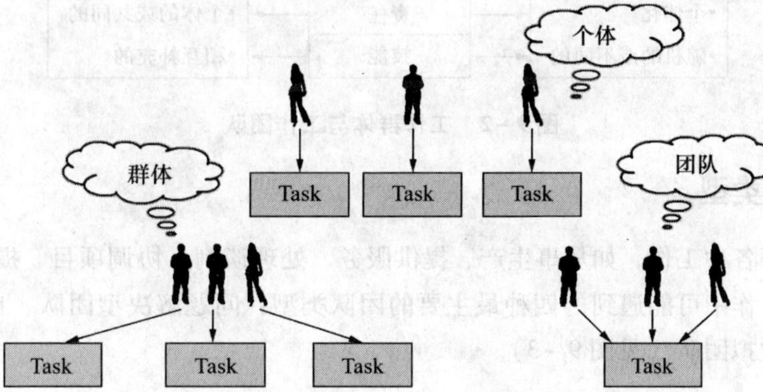

图 9－1　个体、群体与团队

资料来源：Karen Unwin. High Performance from Teams (and other groups). Published by the ICFAI Universite Press, 2004.

图 9－2 显示了工作团队与工作群体的区别。为了便于比较，群体与团队在一些主要特征上的差异总结出来如表 9－1 所示。

表 9－1　群体与团队的比较

	一般的工作群体	有效的工作团队
合作方式	共享信息	协作配合
责任承担	个体责任	共同的责任和个体的责任
工作目标	不明确或个人化的	成员有共同的目标
培　训	个人技能的培训	个人培训和团队训练
交　流	个人感受不需要交流	公开表达感受，交流看法

续表

	一般的工作群体	有效的工作团队
成员关系	各自为政，有限的信任	相互间充分的信任和支持
成员技能	符合其职位要求	相互补充的技能
工作结果	个人绩效	集体绩效

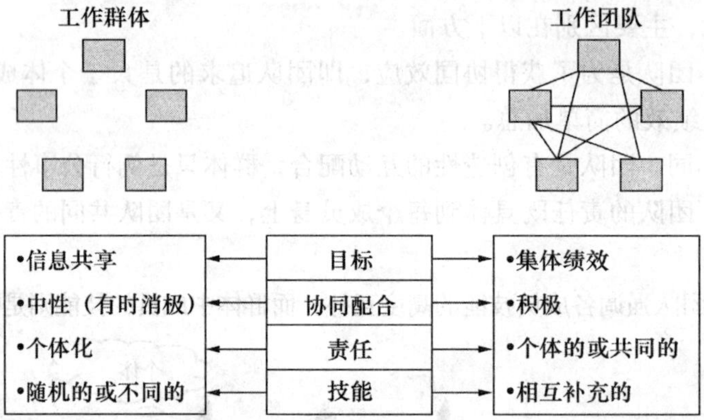

图 9－2　工作群体与工作团队

9.2.4　团队的类型

团队可以从事各种工作，如从事生产、提供服务、处理谈判、协调项目、提出建议以及做出决策。下面介绍工作中可能遇到的四种最主要的团队类型：问题解决型团队、自我管理型团队、多功能型团队和虚拟团队（见图9－3）。

1. 问题解决型团队（problem-solving teams）

这种团队一般由来自同一部门的5～12个钟点工组成，他们每周用几小时的时间聚在一起，讨论诸如提高产品质量、生产效率和改进工作环境等问题。

2. 自我管理型团队（self-managed work teams）

它通常由10～15人组成，他们承担着以前自己的上司所承担的一些责任。其责任范围包括控制工作节奏、决定工作任务的分配、安排工作休息等，是一种真正独立自主的团队。

3. 多功能型团队（cross-functional teams）

这种团队由来自同一等级、不同工作领域的员工组成，成员之间交换信息，激发新的观点，解决所面临的一些问题。他们来到一起的目的是完成某一项任务，任务完成后又回到各自的部门。

4. 虚拟团队（virtual teams）

这种团队是利用电脑技术把实际上分散的成员联系起来，以实现一个共同目标的工作团队。

虚拟团队可以完成其他团队完成的所有任务，但这种团队由于缺乏面对面的直接沟通，而使得沟通交流效果和互动过程受到影响。信息技术的迅速发展为虚拟团队的良好运行奠定了基础，在虚拟团队中经常运用到的三大类信息技术是：桌面视听会议系统、合作软件系统和网络系统。

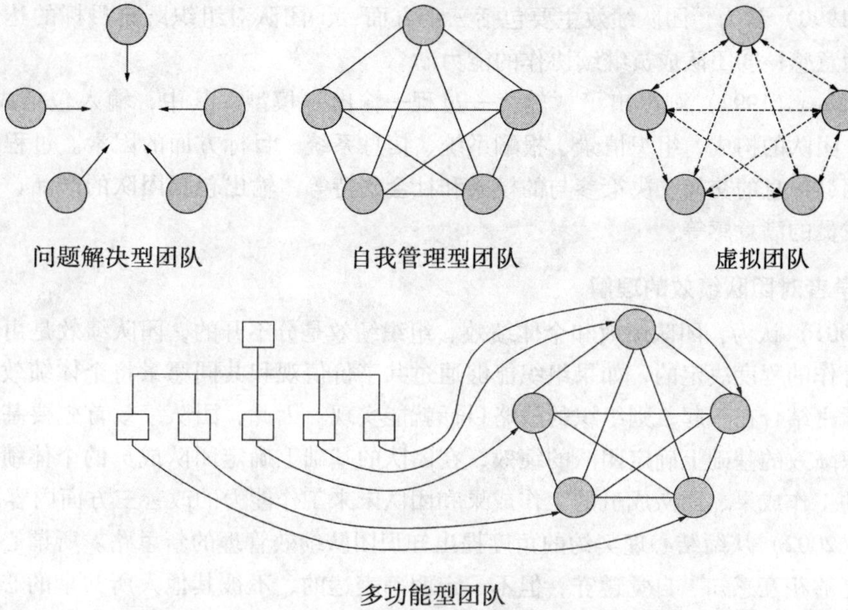

图9－3 团队的几种类型

9.2 团队绩效与高绩效团队

9.2.1 团队绩效的含义

乔恩·卡曾巴赫（Jon R. Katzenbach）与道格拉斯·史密斯（Douglas K. Smith）（1993）认为，团队要有效工作就需要一个基本的原则，他们同时认为团队与良好的绩效不可分割；你不可能只有团队而没有良好的绩效，反之亦然。由此可见，了解团队、组建团队都离不开对团队绩效的理解和认识。关于对团队绩效的理解，国内外许多学者由于研究角度不同，产生了许多不同的理解和定义，下面我们介绍一些国内外学者对团队绩效内涵的理解和定义。

1. 国外学者对团队绩效的理解

Hackman（1987）和Sundstrom（1990）对团队绩效进行了广义的定义。他们认为，团队绩效是指团队实现预定目标的实际结果，主要包括三个方面：①团队生产的产量（数量、质量、速度、顾客满意度等)；②团队对其成员的影响（结果)；③提高团队工作能力，以便将来更有效地工作。

在至今众多的有关团队绩效的研究中，Nadler（1990)、Guzzo & Shea（1992）等关于团队绩效的定义最为流行。

Nadler（1990）认为，团队绩效主要包括三个方面：①团队对组织既定目标的达成情况；②团队成员的满意感；③团队成员继续协作的能力。

Guzzo & Shea（1992）则提出了“输入—过程—输出”模型。其中，输入包括成员的知识、技能和能力，团队的构成，组织情景、报酬系统、信息系统、目标方面的因素。过程包括团队成员的相互作用、信息的交换、决策参与的模式和社会支持等。输出包括团队的产品、团队的发展能力、团队成员的满意感等。

2. 国内学者对团队绩效的理解

徐芳（2001）认为，团队绩效和个体绩效、组织绩效是分不开的，团队绩效是由团队核心素质以及团队合作的程度决定的，如果组织能够通过共享价值观和共同愿景将个体绩效、团队绩效与组织绩效紧密结合在一起，则组织的战略目标就能实现。因此，团队绩效首先要基于组织的绩效，要在组织绩效的基础上确定团队的绩效，在团队的基础上确定团队成员的个体绩效。团队绩效包括团队的工作成果、团队成员的工作成果和团队未来工作能力的改善三方面内容。

张体勤（2002）从缔结心理契约的角度提出知识团队绩效管理的新思路。所谓心理契约，是指契约各方能够相互感知、自觉遵守，但不一定明确表达的、不被其他人所共享的心理协定。他认为，要通过缔结心理契约满足知识团队价值观的需要，从而形成内在激励，提高知识团队的绩效。缔结心理契约的要素主要包括：树立共享而有意义的团队目标，营造信任、关怀和相互支持的团队氛围，建立符合知识工作者价值观的回报机制，选择具有人格魅力的团队领导等。

综上所述，团队绩效应当是由团队成员共同努力取得的业绩贡献，这种贡献既包括团队成员对个人的业绩贡献（任务绩效)，也包括对团队绩效做出的业绩贡献（周边绩效)，以及所有团队成员间相互协作为团队做出的业绩贡献（团队整体绩效)。团队绩效应以团队整体表现为主，个人表现为辅，综合考虑团队整体绩效与个人绩效。团队是一个整体，团队成员一荣俱荣，一损俱损。对团队整体绩效的评价有助于确定团队发展的短板，判断影响团队效率的因素，从而对症下药，制定提升团队整体绩效的解决方案。而对团队成员个人层次的绩效评价，则有助于确定团队成员个人发展方向，从而帮助成员量身定做适于成员发展的培训及学习计划，同时，也可以作为成员绩效与薪酬奖励挂钩的依据。一般的绩效评估其实是对结果的评价，而目标和过程并重的管理，才是团队产生高绩效的保障。

4.2.2 影响团队绩效的因素

影响团队绩效的因素众多，主要因素如下。

1. 团队规模

事实表明，小群体完成任务的速度比大群体快，且善于完成生产性任务。但如果群体的目标是调查事情的真相，大群体则更有效。有关团队规模的研究，可以得出两个结论：第一，成员数量为奇数优于成员数量为偶数，因为成员总数为奇数可以降低投票时发生僵局的可能性。第二，5～7 人的团队在执行任务时比更大一些或更小一些的团队更有效，因为这样的群体足以形成大多数，允许发表各种不同意见，同时又可避免与大群体相关的一些弊端，如多数人占据绝对支配地位，形成小帮派，禁止某些成员参与决策，决策时拖延时间等。因此，最好的工作团队一般都比较小。一般来说，如果团队成员很多，就难以形成凝聚力、忠诚感和相互信赖感。所以，管理人员要想塑造富有成效的团队，就应该把团队成员人数控制在 12 人以内。

2. 能力

要想让一个团队有效运作，团队成员需要三种不同技能类型的人。第一，需要具备技术专长的成员。第二，需要具有解决问题和决策的技能，能够发现问题，提出解决问题的建议并权衡这些建议。第三，团队需要若干善于聆听、反馈，具有解决人际关系问题技能的成员。如果一个团队不具备以上三类成员，就不可能充分发挥其绩效潜能。对不同技能的人进行合理搭配是极其重要的。一种类型的人过多，另外两种类型的人自然就少，团队绩效就会降低。

3. 角色互补

人格特质各有不同，如果员工的工作性质与其人格特质一致，其绩效水平容易提供。就工作团队内的位置分配而言，也是如此。团队有不同的需求，挑选团队成员时，应该以员工的人格特点和个人偏好为基础。高绩效团队能够给员工适当的分配不同的角色。一系列研究已经证明，在团队中人们通常扮演以下 9 种潜在角色。

（1）创造者——革新者。一般来说，这种人富有想象力，善于提出新观点或新概念，独立性较强，喜欢自己安排工作时间，按照自己的方式、节奏进行工作。

（2）探索者——倡导者。他们乐意接受、支持新观念。在创造者——革新者提出新创意之后，他们擅长利用这些新创意，并找到资源支持。

（3）评价者——开发者。他们分析决策方案，通常有很高的分析技能。

（4）推动者——组织者。他们会设定目标，制定计划，组织人力，建立起种种制度，以保证按时完成任务。

（5）总结者——生产者。他们坚持按时完成任务，保证所有的承诺都能兑现。他们引以为荣的是：自己生产的产品合乎标准。

（6）控制者——核查者。他们善于核查细节，并保证避免出现任何差错。

（7）支持者——维护者。他们在支持团队内部成员的同时会积极地保护团队不受外来者的侵害。他们能够增强团队的稳定性。

（8）汇报者——建议者。他们在鼓励团队做决策之前充分搜集信息，而不是匆忙决策。

（9）联络者。联络者倾向于了解所有人的看法，他们是协调者，是调查研究者。他们不喜欢走极端，而是尽力在所有团队成员之间建立起合作关系。

通过把个人的偏好与团队的角色要求适当匹配，可以使团队成员和睦共处。开发团队角色的研究者认为，团队不成功的原因在于具有不同才能的人搭配不当，导致在某些领域投入过多，而在另一些领域投入不够。

4. 对目标的认同

有效的团队有一个大家共同追求的、有意义的目标，它能够为团队成员指引方向、提供推动力，让团队成员愿意为它贡献力量。成功团队的成员通常会用大量时间和精力来讨论、修改、完善一个在集体层次上和个人层次上都被大家接受的目标。这种共同目标一旦为团队所接受，就像航海学知识对船长一样——在任何情况下，都能起到指引方向的作用。

5. 管理者协调

在团队中，对于谁做什么和保证所有成员承担相同的工作负荷的问题，团队成员必须要有一致的意见。还有如何安排工作日程、需要开发什么技能、如何解决冲突、如何做出和修改决策……所有这些，都需要团队的管理者协调团队结构来发挥作用。这些事情可以由管理者直接来做，也可以由团队成员通过扮演探索者——倡导者、推动者——组织者、总结者——生产者、支持者——维护者、联络者等角色自己来做。

6. 责任心

成功的团队必须使其成员在集体层次和个人层次上都承担责任，并各自和共同地为团队的目的、目标和行动方式承担责任。团队成员彼此应该明确：哪些是个人的责任，哪些是大家共同的责任。那些不成功的团队的一个共同症状就是：团队成员只关注自己所在的专业领域和自己在该领域的表现，却不关注团队整体的表现。这导致了团队成员只是热衷于那些有助于提升自己形象的事情，却无视团队的整体利益。

7. 公平的绩效评价

管理人员要想提升团队的绩效，就必须提供有效地衡量个人努力程度的手段，在此基础上进行公平的绩效评价、利润分享和奖酬等。团队绩效既包括成员对自己个人绩效的贡献，也包括成员给团队其他成员的绩效做出的贡献，还包括团队整体的绩效。只有公平、客观地评价团队各方面的绩效，才能有助于团队成员间的协作与配合，提高团队成员的满意度，促进团队整体绩效的提升。

8. 相互信任

高绩效团队的一个特点就是团队成员之间高度信任。要维持一种信任关系，就需要管理人员处处留意。最近的研究把信任这个概念区分为5个维度：①正直：诚实、可信赖。②能力：具有技术技能和人际关系知识。③一贯：可靠，行为可以预测；在处理问题时，具有较强的判断力。④忠实：愿意为别人维护和保全面子。⑤开放：愿意与别人自由地分享观点信息。

管理人员和团队领导对于团队的信任气氛具有重大的影响。因此，管理人员和团队领导之间应当首先建立起信任关系，然后才是团队成员之间的相互信任关系。在团队中培养成员之间信任感的方法主要有：①表明你既是为自己的利益工作，也是为别人的利益而工作；②成为团队的一员，用言语和行动来支持你的工作；③开诚布公；④公平；⑤说出你的感觉；⑥表明指导你进行决策的基本价值观是一致的；⑦保密；⑧表现出你的才能。

【阅读案例】 松下电器的团队精神

“经营之神”松下幸之助在1945年就提出：公司要发挥全体员工的勤奋精神。他不断地向员工灌输“全员经营”、“群智经营”的思想。

所谓“全员经营”、“群智经营”，就是指松下电器的经营，靠的是集公司全体员工的智慧、体力以及公司资本于一体的综合力量。松下电器非常强调团队精神，为了打造坚强的团队，直到20世纪60年代，松下电器还在每年正月的某一天，由松下幸之助带领全体员工戴着头巾、身着武士上衣、挥舞着旗帜，把货物送出去。别小看了这个举动，在目送几百辆货车浩浩荡荡地驶出厂区的过程中，公司上上下下的每个人都会由衷地产生自豪感，为自己是这个团队的一员而感到骄傲，从而凝聚成一股力量，使公司在商业战场上成为战无不胜的战斗团队。

下者用己之力，中者用人之力，上者用人之智。松下电器的成功并不只是松下幸之助一个人的成功，因为单个人的力量总是有限的，团队合作对管理者的最终成功有着举足轻重的作用。

资料来源：余世维著，《打造高绩效团队》，北京大学出版社2009年版。

9.2.3 高绩效团队的特征

团队和绩效是分不开的，高绩效团队才是成功的团队。那么，一个高绩效团队应该具备哪些特征呢？从管理实践来看，一个高绩效团队通常具备以下6个典型特征。

(1) 效率至上。尽管效率不等于绩效，但是要取得高绩效，高效率是根本。今天的企业面对的是一个竞争异常激烈的商业时代，在这个时代，商业经营最重要的因素便是速度，唯有速度才可以使你的企业获得成功。速度首先意味着效率。没有高效率，就不可能获得高速度。高绩效团队一旦确定好目标之后，决定团队成败的最关键因素便是效率。因此，他们将精力集中寻求更加有效、更为快捷的方法去解决问题。他们绝不墨守成规，如果不能够创造出新的工作方式，便意味着可能将被淘汰。

(2) 结果导向。高绩效团队中的每一个成员，每时每刻思考的都是如何实现当初的目标，他们知道结果决定一切，结果象征着团队所创造的价值，企业的发展正是依靠每一个团队所创造出来的价值。同样，结果决定着客户的态度。无论你抱有多么好的态度，或是提供多么便捷的服务，如果生产出来的最终产品无法令客户满意，你就只能遭遇失败。

(3) 各司其职。管理学大师彼得·德鲁克在他的《卓有成效的管理者》一书中将团队成员的取长补短视为团队取得高绩效的关键因素。的确如此，只有团队中的每一个成员都能够充分发挥自身的特长和技能，并且产生一种高度的协同，才能够取得真正的高绩效。真正高效的团队总是如此，每个人都非常明确自身的职责，同时对自身有着很高的要求。

（4）目标一致。如果说团队是有灵魂的，那么这个灵魂必定是团队的目标。只有抱着共同的目标，才能够将一个由多人组成的群体凝聚为息息相通的团队。目标是否一致是评价一个团队是否具备凝聚力的核心标准，只有团队中的每一个成员都异常明了团队的目标，并且深刻理解自身在实现这一目标过程中所承担的职责，团队才能够取得高绩效。

（5）高度协同。高效协同是一支团队能否实现目标的基础要求之一。研究显示，众多失败的团队虽然最终也实现了目标，而失败的原因不外乎两种：一是超出了预定的时间，错过了良好的市场机会，最终处于被动地位；二是消耗的成本和资源过多，尽管实现了目标，却因此使企业陷入了严重的财务危机。这两种原因的产生往往正是因为内部的协同性不够。很多团队领导者将大量的时间花费在内部沟通和协调上，他们无法将目标清晰地传达给每一位团队成员，也无法使团队成员保持良好的协同去实现目标。

（6）快速反应。“机不可失，失不再来”。成功的企业通常有一个重要的特征，那就是在外界市场环境发生变化时，迅速采取措施，把握市场机会，成为市场之中的领先者。只有一个具备快速反应能力的团队，才能在激烈的市场竞争中有效地把握机会，获取竞争优势。一个具备快速反应能力的团队往往具备以下一些特点：对企业自身所处的环境异常敏感，能够及时把握行业的变化，并结合企业实际情况采取行动；在确定了新的任务和目标之后，能够迅速使团队每一位成员都全身心地投入其中；在面对问题时，团队所有成员群策群力，寻求解决方案。

【管理拾穗9-1】 受欢迎的与不受欢迎的团队成员

在团队中，受欢迎的员工有4种类型：

黄牛型：尽职尽责，任劳任怨，沉默寡言，但工作效率高。

老虎型：具有主见，积极主动，富有创造力。

海豚型：知道如何在做好工作的同时处理好同事间的关系。

蜜蜂型：勤勤恳恳，不多说废话。

不受欢迎的员工有5种类型：

孔雀型：骄傲自满，目中无人，好大喜功，过分张扬，其结果是“失道者寡助”。

黄蜂型：阴险狡猾，搬弄是非，爱打小报告，冷不丁还会“蜇”人。

泥鳅型：投机取巧，大事做不来，小事又不愿做，能懒就懒，能躲就躲。

鹦鹉型：有主见，善于思考，能说会道，但做事不主动，执行能力差。

懒熊型：被动，懒惰，缺少主见。

资料来源：http：//data. book. 163. com 网易读书书库。

9.2.4　高绩效团队成员的典型表现

当我们评价一支团队时，除了关注团队本身外，还应该关注团队中的成员。他们的行为表现也直接影响团队目标的实现和团队绩效的提升。高绩效团队中的成员通常具有以下 8 种典型的表现。

(1) 人人保持诚实与正直。高绩效建立在团队成员高度协同的基础上，而协同的根本在于大家能够相互信任和理解。信任则建立在诚实和正直之上。事实上，无论是谁，都希望自己置身于一个值得信任和公平、公正的团队之中。在取得成功的团队之中，几乎所有的成员都是值得信赖的，他们能够按照计划完成自己分内的工作，同时严格要求自己履行每一个承诺。

(2) 始终保持积极沟通。良好的协同来自于积极有效的沟通，很多团队因为沟通不畅，导致内部争执不休，最终错过良好的市场机遇；也有一些团队因为始终没能取得一致的方向和目标而碌碌无为。沟通主要包括两个方面：积极主动地表达和耐心细致地倾听。高绩效团队之中，成员们总是能够做到这两点。他们在获得一个实施目标的方法之后，总是会主动与团队中的其他成员进行沟通，而其他人会以一种耐心而客观的态度倾听，一旦发现这是一种有益的方式时，所有的人都会全力投入其中。

(3) 人人勇担责任。团队的绩效取决于所有成员的责任意识。许多情况下，一个人的疏忽会造成整个团队的失败。因此，要取得高绩效，团队中的每一个人都必须保持高度的责任心。

(4) 时刻散发激情和自信。激情和自信是一个人取得成功的根本，同样的，团队成员们是否具备激情和自信，也决定着团队的成败。那些成员对自身工作充满激情的团队通常都能够将工作做好，而那些成员表现得非常疲惫、气氛沉闷、从工作中获取不到一丝丝乐趣的团队通常无法取得预期的结果，更别说取得高绩效了。

(5) 人人积极主动完成任务。几乎所有的企业都在强调员工的主动性，每一位管理者都在向员工们灌输“积极主动”的重要性。要使员工保持积极主动的心态投入工作，必须拥有一套完善的激励机制。高绩效团队通常拥有完善的激励措施，高绩效团队的领导者将每一次成功视为团队协作的杰作，使团队的每一位成员都能够感受到成功的喜悦，而团队中的佼佼者则成为无可争议的榜样。一旦如此，每一位成员都期望成为最受尊重的那个人，主动性因此成为团队成员固有的特质。

(6) 人人乐于分享。著名咨询公司麦肯锡有一个重要的工作法则：不要重新发明车轮。意思是当资料库内拥有相同或类似的资料时，应该拿来应用，而不要再浪费时间和资源重新创造。这一方式适合于所有追求高绩效的团队。要做到这一点，最好的方式是分享。分享将使得团队减少大量的摸索时间和成本，无论分享的是失败的还是成功的经验，团队都能从中获益。

(7) 绝不轻易放弃既定目标和方向。高绩效团队的成员们总是勇敢面对失败和挫折，而绝不轻言放弃。任何问题都会有解决的办法，只不过一些团队因为缺乏出色的意志力而过早地选择放弃。成功总是属于那些坚持到底的团队和个人。

（8）互相尊重并团结互助。尊重是合作的基础。没有尊重就谈不上沟通，而没有沟通就根本无法达成一致。这是团队的致命问题。在高绩效的团队之中，人与人之间始终保持尊重，而且在某一位成员遭遇挫折和困难时，其他人会主动地伸出援助之手。

9.3 团队绩效测评

对于任何团队来说，目标都是不可缺少的。取得高绩效的团队通常都拥有清晰的目标。要对团队绩效进行测评，首先必须明确团队的绩效目标。因此，打造高绩效团队的第一项任务是设立一个合理的目标。

9.3.1 团队目标的确定

目标代表着团队行动的方向，任何一个团队都不能够失去方向。如果没有目标，团队就像是在大海中失去方向的航船，一旦如此，团队的人心将迅速涣散，团队将丧失凝聚力。

很多团队因为目标确定的不切实际、似是而非，或者偏离重心而导致团队失败。如何为团队确定一个合理、科学、有效的团队目标呢？通常，团队目标的设立应遵循以下原则。

（1）战略导向原则。即依据组织战略目标设立团队绩效目标。

（2）SMART原则。即明确的（Specific）、可衡量的（Measurable）、可实现的（Attainable）、相关的（Relative）、限时的（Time-bound）。

（3）弹性原则。业绩目标应该是可以改变的，当外界环境发生重大变化时，或者在进行一个循环过程后，允许对原有的目标进行调整。

（4）协商、承诺原则。团队目标应当由主管和团队成员协商后共同确定，并形成书面绩效目标合同。

【管理拾穗9－2】 三个石匠的故事

有个人经过一个建筑工地，问那里的石匠们在干什么？三个石匠有三个不同的回答。

第一个石匠回答："我在做养家糊口的事，混口饭吃。"

第二个石匠回答："我在做最棒的石匠工作。"

第三个石匠回答："我正在盖一座雄伟的大教堂。"

三个石匠的回答给出了三种不同的目标，第一个石匠是短期目标导向的人，只考虑生理需求，没有大的抱负；第二个石匠是职能思维导向的人，做工作时只考虑本职工作，只考虑自己要成为什么样的人，很少考虑组织的要求；而第三个石匠是经营思维导向的人，他的回答说出了目标的真谛，他思考目标的时候会把自己的工作和组织的目标关联起来，从组织价值角度看待自己的发展，这样的员工才会获得更多的发展。

这个故事最早出现在管理大师彼得·德鲁克于1954年出版的《管理的实践》一书中。德鲁克认为，第三个石匠才是一个管理者，因为他用自己的工作影响着组织的绩效，他在做石匠工作的时候看到了自己的工作与建设大楼的关系，这种人的想法难能可贵。

资料来源：[美] 德鲁克著，齐若兰译，《管理的实践》，机械工业出版社2009年版。

9.3.2 团队绩效测评的流程

团队绩效测评是在团队绩效的基础上，对其进行量化的处理，以更加直接、有效的方式体现团队工作的有效程度。在如何对团队绩效进行测评方面，存在许多具体问题让组织管理者和团队领导大伤脑筋。比如，对不同类型的团队如何测评，团队绩效与组织绩效以及组织整体战略究竟是什么关系，应该由谁来负责测评，面向流程的绩效如何测评，对团队绩效数据采用何种收集与反馈方法等。

团队通常有多种类型，比如在企业中，常见的团队有项目团队、固定工作团队（包括管理团队、生产团队、服务团队、研发团队等）、功能团队（包括质量圈、临时解决问题团队等）、网络化团队（即虚拟团队）。这些团队并不在组织结构之外，它们是组织结构的一部分。对这些不同类型的团队，既要考虑团队层面的评估，也要考虑个体层面的评估；既要考虑对工作过程的评估，也要考虑对工作结果的评估；既要有管理层评估，也应有相关业务伙伴评估。对不同类型的团队进行绩效测评时的差异如表9-2所示。

表9-2 不同类型的团队的绩效评价

团队类型	评价谁	谁来评价	评价什么			
			成果	行为	能力	提高
工作和服务团队	团队成员	管理者	√	√	√	√
		其他团队成员		√	√	√
		顾客		√		√
		自己	√	√	√	√
	整个团队	管理者	√	√	√	√
		其他团队		√		√
		顾客	√	√		√
		自己	√	√	√	√

续表

团队类型	评价谁	谁来评价	评价什么			
			成果	行为	能力	提高
项目团队	团队成员	管理者	√		√	√
		项目领导者		√	√	√
		其他团队成员		√	√	√
		顾客		√		
		自己	√	√	√	√
	整个团队	顾客	√	√		
		自己	√	√	√	√
网络化团队	团队成员	管理者		√		√
		项目领导者		√	√	√
		其他团队成员		√	√	√
		同事		√	√	√
		顾客		√	√	√
		自己	√	√	√	√
	整个团队	顾客	√			

资料来源：Susanne G. Scott and Walter O. Einster. Strategic performance appraisal in team-based organizations：one size does not fit all. Academy of Management Executive，2001（5）。

虽然不同类型的团队在绩效测评方面存在不同的关注点，但研究显示，团队绩效的测评也存在一般的评价流程。首先，要明确团队的绩效目标，任何成功的团队都需要建立明确的、以结果为导向的绩效目标。没有目标，团队绩效的测评就失去了方向和依据。其次，要确定团队绩效测评的维度。团队绩效的测评维度包括两个方面，一是团队层面，二是个体层面。在具体确定团队层面和个体层面之前，我们还需要事先考虑团队类型对团队绩效的影响。比如，通常情况下，工作或服务团队更适合采用同事互评；项目团队既要对结果进行衡量，更要对项目过程进行评价；虚拟团队则应关注未来绩效的评价，关注个人胜任能力的开发等等。在确定了团队层面和个体层面的绩效测评维度之后，需要划分团队和个体绩效所占的权重比例，并在测评维度的基础上，分解测评的关键要素，最后再考虑如何用具体的测评指标来衡量这些要素。团队绩效的测评流程如图 9－4 所示。

在团队绩效测评流程中，如何确定团队层面的绩效测评维度是团队绩效评价的关键和难点。通常情况下，团队中个体层面的绩效主要包括两类：一类是个人的任务绩效，这是一个人的工作要求他们完成的具体工作活动，另一类是个人的周边绩效，这是指能够对团队绩效做出贡献的具体活动。

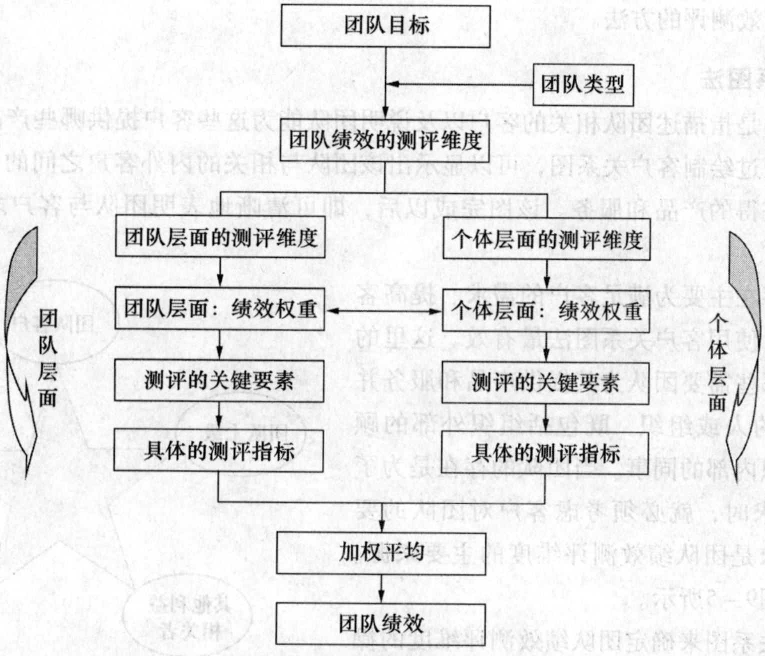

图 9-4 团队绩效的测评流程

团队层面的绩效就内容而言同个人层面的绩效是一样的，也包括结果和行为两方面的内容，但具体的评价维度和衡量指标则不同。对于团队层面的绩效评价，我们通常利用效果、效率、学习与成长、团队成员满意度四个维度来衡量。团队层面的绩效评价维度如表 9-3 所示。

表 9-3 团队层面的绩效评价维度

团队绩效的评价维度			
效 果	效 率	学习与成长	团队成员满意度
质 量 数 量 成 本 时 间	沟 通 协 调 合 作 决 策	创 新 有记录的学习 最优实践 流程改进	团队成员对团队合作促进个人成长与增进个人福利的程度的感知

Macbryde, J., & Mendibil, K. (2003). designing performance measurement systems for teams: Theory and practice. Mangagement DECISION, 41, 722-733.

9.3.3 团队绩效测评方法

Bates 和 Holton（1995）指出，“绩效是一个多维建构，测量的因素不同，其结果也会不同”。因此，为了客观、公正的对团队绩效进行考评，选择正确的评估工具显得很重要。下面我们介绍几种用于团队绩效测评的方法。

1. 客户关系图法

客户关系图是指描述团队相关的客户以及说明团队能为这些客户提供哪些产品和服务的一幅清晰的图示。通过绘制客户关系图，可以显示出该团队与相关的内外客户之间的关系，以及客户需要从团队所获得的产品和服务。该图完成以后，即可清晰地表明团队与客户之间的价值创造关系。

当团队的存在主要为满足客户的需求、提高客户的满意度时，使用客户关系图法最有效。这里的客户主要是指那些需要团队为其提供产品和服务并帮助他们工作的人或组织，既包括组织外部的顾客，也包括组织内部的同事。当团队的存在是为了满足客户的需求时，就必须考虑客户对团队的要求。客户的需求是团队绩效测评维度的主要来源。客户关系图如图9－5所示。

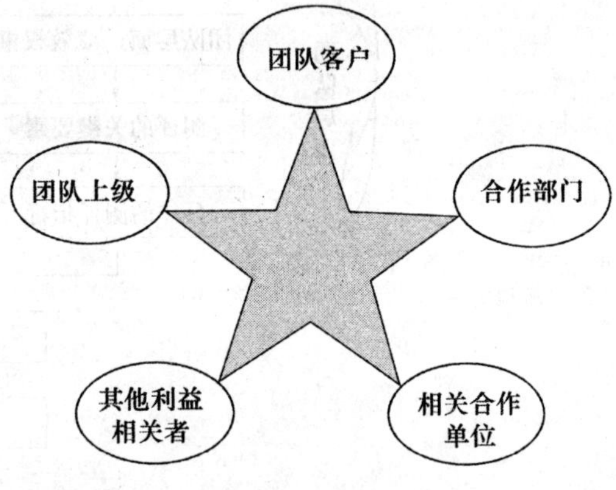

图9－5 团队客户关系图

利用客户关系图来确定团队绩效测评维度的操作步骤如下。

（1）运用客户关系图确定团队的客户及其需从团队获取的产品或服务。

（2）确保所列出的每一个项目都是客户所需要的业绩成果，去掉那些不值得测评的项目。

（3）从组织的角度考虑“哪些成果是组织希望从团队获得的?”，用来回答问题的关键词就是团队给组织创造的价值。

（4）把列出的业绩成果重新规范命名，用简练、准确的词语来描述团队应完成的工作。

2. 组织绩效目标法

组织绩效目标是指根据组织的战略与经营计划确定的任务和努力方向。该种方法最适用于那些为帮助组织改进绩效目标而组建的团队。组织的绩效目标体现在压缩运转周期、降低生产成本、增加销售额、提高客户的忠诚度等方面。组织绩效目标的设定模型如图9－6所示。

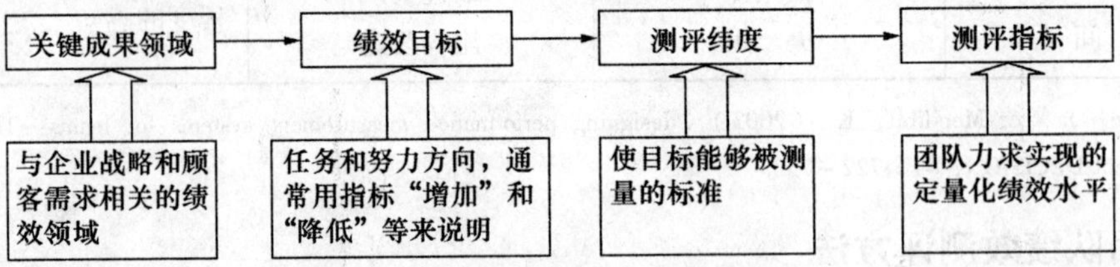

图9－6 组织绩效目标的设定模型

利用组织绩效目标确定团队绩效测评维度的操作步骤如下。

（1）了解组织的绩效目标。

（2）确定团队可以对哪些组织绩效目标产生影响。

（3）如果团队能够影响这些组织绩效目标，接下来就要回答这样一个问题："团队要做出什么样的业绩才能有助于组织达到自己的目标？"

（4）把这些成果作为团队绩效的测评维度并把它们添加到业绩考核表内。

3. 业绩金字塔法

业绩金字塔的出发点首先是要明确业绩的层次。组织必须创建这些绩效维度，并选择那些能够把团队和组织目标紧密联系起来的绩效维度。因此，把团队业绩和组织绩效紧密联系起来就能保证团队的成功将会有利于整个组织。那么，该怎样建立一个工作业绩金字塔呢？你将通过回答以下有关工作成果的问题来构筑业绩金字塔。

（1）整个组织（团队是其中的一个组成部分）的宗旨或功能是什么？组织要达到什么样的业绩目标？

（2）需要哪些业绩成果来帮助组织达到绩效目标？（不断重复提出这个问题，直到所有的业绩成果都得到确定为止）

（3）界定在这些业绩成果中哪一项应该是由该团队负责创建的？

如果创建的业绩金字塔是为整个组织而建立的，那么，只有金字塔内的某些部分才是你的团队需要对此负责的。通过对金字塔的观察，团队可以确定它应当对此负责的几项成果。

4. 工作流程图法

工作流程就是贯穿交叉于各道工序之间，向客户提供一些有价值的产品或服务的一系列步骤。当团队的工作具有清楚、明确的工作流程时，可以使用工作流程图确定团队绩效的测评维度。

利用工作流程图确定团队绩效测评维度的优势在于：能够把质量、流程再造计划与绩效管理联系起来；那些有清晰工作流程的团队能够对它们在工作流程方面的有效性进行评估；对工作流程进行规划可以把握简化和重新设计流程的时机，从而形成更合理的工作流程和更好的团队绩效。

工作流程图中含有三个测评维度：①向客户提供的最终产品；②整个团队应负责的重要的工作移交；③整个团队应负责的重要的工作步骤。

总之，上述各种团队绩效测评的方法各有其适用条件和环境。一般情况下，当客户满意度是团队的主要驱动力时，最常采用的方法是客户关系图方法；当重要的组织绩效目标必须得到团队的支持时，最常采用的方法是支持组织绩效的业绩方法；当团队和组织之间的联系很重要，但团队和组织之间的关系却不甚明了时，最常采用的方法是团队业绩金字塔方法；而当团队的工作具有清楚明确的工作流程时，最常采用的方法是工作流程图方法。

9.4 团队绩效管理

9.4.1 团队绩效管理的目的及其面临的挑战

团队绩效管理（Team Performance Management，TPM）是指在团队运行过程中围绕团队的使命和目标，组织、协调团队内外部关系，营造良好的团队发展的环境和氛围，从而提高团队工作成果、团队成员满意度和团队生命力，使团队绩效和成员个人绩效都取得较好结果的一种管理过程。

绩效管理系统所关注的无论是个人绩效还是团队绩效，其绩效管理的目的都是一致的，即战略目的、管理目的和开发目的。只不过在针对团队绩效的管理体系中还有一个额外的目的，这就是要让所有团队成员都认真负责，激励他们勇于承担对团队绩效应负的责任。

团队绩效管理需要关注三种类型的绩效：一是个人绩效；二是对团队绩效做出贡献的个人绩效；三是团队绩效。因此，一个组织一旦把团队因素纳入组织的绩效管理体系之中，它就必须考虑以下几个方面的问题。

（1）如何评价相关个人对团队的贡献？我们如何才能知道某个特定的个人为团队结果的达成做出了多大的贡献？与其他团队成员相比，他或她的贡献是更大还是更小？每个人对团队所做出的贡献程度相同吗？某些团队成员的额外努力是否弥补了其他成员对团队所做贡献的不足？

（2）如何在个人绩效与团队绩效之间找到平衡？我们如何对团队成员进行激励，以使他们致力于达成集体的使命和目标？我们又应该如何激励每一位团队成员对自己的工作负责，切实承担起自己应负的责任？

（3）如何确定个人绩效衡量指标和团队绩效衡量指标？我们应该怎样分别确定代表个人绩效和代表团队绩效的绩效衡量指标呢？从哪个地方开始就不应当再注重衡量个人绩效，而是要衡量团队绩效？我们又应当如何根据这些绩效衡量指标将报酬分配给个人或团队呢？

9.4.2 团队绩效管理过程

团队绩效管理的过程与个人绩效管理过程相类似，主要包括确定团队使命和目标、团队绩效计划、团队绩效执行、团队绩效评价和团队绩效反馈等环节。团队绩效管理流程图如图 9－7 所示。

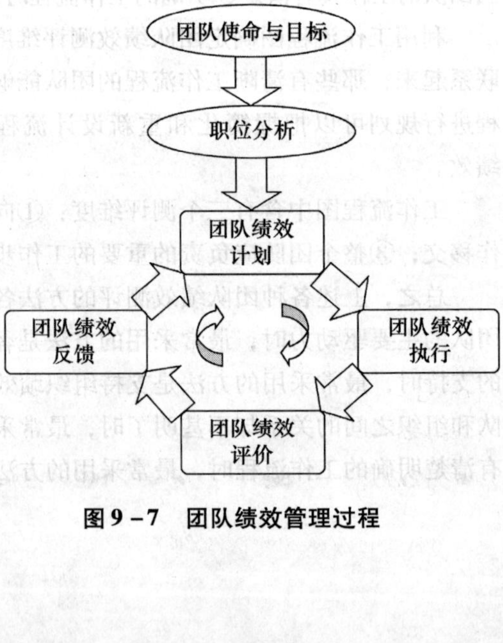

图 9－7 团队绩效管理过程

1. 确定团队使命

对组织使命和团队使命的了解是团队绩效管理的前提条件。对团队使命的认识，使员工能够做出对团队和整个组织具有积极影响的贡献。使命提供了一个组织或团队存在的目的及其活动范围等方面的信息。一个好的团队使命应当能够很好地回答下面的问题：

- 团队为什么要存在？
- 团队的活动范围是什么？
- 团队要为哪些客户提供服务？
- 团队要提供哪些产品和服务？

2. 职位分析

对于任何绩效管理体系来说，职位分析也是一个重要的前提条件。因为通过职位分析，使我们清楚地知道一个团队要做什么以及如何做，这就很容易为团队建立起一种成功的标准。这些标准可能关注行为（即如何执行），也可能关注结果（即执行后应该产生什么样的结果）。

除了把团队作为整体来考虑，我们还需要了解哪些知识、技能和能力能够使个人为团队做出积极的贡献。这其中既包括与当前工作任务直接相关的知识、技能和能力，也包括对团队绩效特别有用的知识、技能和能力（如沟通、决策、合作等）

3. 团队绩效计划

团队绩效计划主要包括期望团队达成的成果，期望团队成员表现出来的行为，以及团队及其成员所要达到的开发目标。期望的团队成果包括团队关键职责、每一项职责所对应的具体目标以及绩效标准。期望的团队成员行为主要包括胜任能力，开发计划则主要包括对需要改进的领域以及在每一个领域中需要达到的开发目标的描述。这些开发目标既包括团队的开发目标，也包括有利于团队绩效改善的个人绩效开发目标。比如，团队的开发目标是改善内部决策过程，而一些团队成员的开发目标则可能是改善倾听技巧，因为改善倾听技巧有助于改善团队的决策过程。

4. 团队绩效执行

自主性团队是独立负责绩效执行的。当有团队主管人员时，绩效执行的责任就由主管人员和团队共同承担。团队成员需要承诺达成的目标，并积极主动地从其他成员和团队主管人员那里寻求反馈。团队应当定期同它的主管人员进行公开沟通。团队还应通过定期的、实事求是的同事互评为绩效评价做好准备。团队主管人员承担的责任主要包括：观察和记录团队的绩效以及团队成员对团队做出的相对贡献；当组织目标发生变化时及时对团队进行更新；通过提供资源和支持来激励团队成员努力取得成功。团队绩效执行阶段，团队成员和团队主管人员各自需要承担的主要责任如表9－4所示。

5. 团队绩效评价

所有的团队成员都必须对其他团队成员的绩效和团队整体绩效进行评价。在绩效评价阶段，

表9－4　　团队成员和团队主管人员各自需要承担的主要责任

团队成员	团队主管人员
·对达成目标的承诺 ·持续性绩效反馈和指导 ·和团队主管或上级之间的交流 ·收集和分享绩效信息 ·为绩效反馈做好准备	·观察并记录 ·更新 ·反馈 ·资源 ·强化

资料来源：赫尔曼·阿吉斯著，刘昕等译，《绩效管理》，中国人民大学出版社2008年版：第44页。

团队同事互评是一个关键组成部分。这是因为同事互评可以带来更高水平的工作负荷共担、更高水平的合作以及更高水平的绩效。事实上，当团队成员需要监控所有其他团队成员的绩效时，团队的协作和反馈水平会得到改善。这反过来又会导致对误差的认识以及在随后采取相应的行动尽快修正这些误差。此外，主管人员也要对每一位团队成员和整个团队绩效进行评价。当然，其他团队成员也可以对团队的总体绩效进行评价，不过这取决于他们是否掌握了被评价团队绩效的第一手资料。

让团队中的每一位成员都参与到绩效评价过程中的做法，能够增强他们对绩效管理体系的认同感和承诺度。团队绩效评价中，自我评价也很重要，它为绩效评价面谈阶段所要讨论的问题提供了重要的信息。如果没有自我评价，团队的主管人员就无法确切知道团队和团队成员是否真正理解了组织对他们的期望。

6. 团队绩效反馈

团队绩效反馈发生在团队成员与团队的主管人员或上级管理人员面对面讨论团队的工作状况时。如果是自主性团队，有可能不存在主管人员或上级管理人员，这时可由团队领导或者一位团队代表来与一个绩效反馈小组面谈，这个小组中包括来自各团队的代表。

团队的绩效反馈面谈至少需要召开两次会议。第一次是团队主管人员与所有的团队成员会面，面谈的焦点在于讨论团队的整体绩效，其中包括团队所有达成的结果。在这次会议上所使用的信息来自三个方面：①本团队成员对他们团队整体绩效所做的评价；②其他团队对该团队所做的评价；③主管人员所做的评价。第二次会议是主管人员与每一位团队成员单独会面，讨论的焦点是每一位团队成员的个人行为会为团队的绩效做出怎样的贡献。这次会上所使用的信息来自团队成员的自评、团队成员之间的同事互评和主管人员的评价。

两次绩效反馈面谈都强调了过去、现在和未来。所谓过去，是指绩效反馈涉及对员工在整个绩效周期内的绩效所做的讨论。所谓现在，是指绩效反馈会涉及根据当前绩效结果对员工做出的报酬调整。所谓将来，则是指在绩效反馈中会讨论团队及其成员在下一个绩效周期中需要达成哪些目标以及完成怎样的绩效开发计划。

7. 团队绩效计划的修订与完善

团队绩效计划的修订与完善与团队绩效计划制定阶段基本是相同的，只不过绩效计划的修订与完善阶段所使用的信息主要来自绩效反馈阶段所获取的，当然根据需要也会对绩效计划做适当的调整。比如，一些新的关键职能和胜任能力可能会被增加进来，一些目标也可能需要调整。

9.4.3　团队绩效管理的策略

团队绩效管理虽然在绩效管理过程上与传统的以个人为主的绩效管理相似，但其关注点和侧重点都有很大不同，团队绩效管理更注重在目标实现过程中的团队内部成员的沟通、协调和辅导，强调目标一致，责任共担，技能互补，关注的是组织的战略要求。因此，要提升团队绩效管理的水平，我们需要注重以下策略。

1. 明确团队使命，制定清晰目标

组建团队之前，必须明确“团队为什么存在”，描述团队使命，以清晰阐述团队存在的意义。通常情况下，团队使命来源于组织的要求，可以通过理顺组织或上级领导对团队的要求来确定团队使命。根据团队使命，制定团队目标。根据目标制定具体的策略，明确其主要内容、目的、实施计划与时间表、组织方式和资源配置、负责人、考核方式等。同时，目标应有效地宣传，让团队内外的成员都知道并接受团队目标，以此激励所有的人全力工作。

2. 选择合适成员，实现技能互补

目标是通过人员具体实现的，所以人员的选择是团队中非常重要的一项任务。联想集团总裁柳传志提出“搭班子、定战略、带队伍”的战略，“搭班子”处于首位，由此说明团队成员选择的重要性。团队成员的选择一般应遵循如下原则：①要选最适合的人，而不是选学历最高或工作经历最丰富的人；②要选有团队精神的人，不要选喜欢单打独斗的明星；③要选诚信务实的人，而不要选夸夸其谈的人；④尽可能选择价值趋同、性格和能力互补的成员。

3. 界定成员职责，实行主副分工

目标与策略明确后，细分每项职责，分别确定一名主要负责人，全权负责相应工作的计划与组织实施，对团队集体负责。同时团队中应确定一名“代理人”，当主要负责人因故暂不能履行职责时，由代理人履行。这一策略应遵循如下两个原则：①成员需要并且必须了解他们真正的工作职责。②帮助每一位成员明确界定他们在实现目标过程中的增值角色。

4. 重视过程沟通，强调阶段管理

建立定期和不定期的团队沟通机制。团队中的每一位成员不仅有责任将自己的工作进展随时反馈给团队其他成员，还有义务尽可能地去了解其他成员的工作进展。过程沟通是实施阶段管理的重要手段，也为绩效考核提供重要信息。

通过过程沟通来加强阶段管理。阶段管理的目标是保障团队计划按序进行。通常，在阶段管理中对每位成员询问四个问题：①有正确的态度和自信心吗？②有相关工作的知识和经验吗？③有应用知识和经验的相关技能吗？④有不可控制的外部障碍吗？由此来诊断团队阶段中出现的问题，然后有针对性地进行调整解决。

5. 注重细节培养，提升成员技能

细节对于团队成败的影响也是同样重要，要让团队成员的价值观趋同是很难或不可能的事，但是让团队成员注重相应的细节比较容易，通过细节培养，让成员间形成一种团队习惯。一位哲人说过：行为决定习惯，习惯决定性格，性格决定命运。细节培养应随时随地进行，应使团队成员都养成随时与人分享知识和经验的习惯。一次谈话交流、一次会议沟通都是培养和提升成员技能的大好时机，当然，团队也应该有系统培养和提升员工技能的计划。

6. 重视人际协调，避免关系冲突

团队冲突一般体现在三个方面：与工作内容和目标有关的目标冲突，与如何完成工作有关的过程冲突，集中在成员之间的关系冲突。研究表明，比较少的过程冲突和比较适度的目标冲突对团队绩效有积极的作用，因为这些冲突会刺激团队内的一些讨论，从而使团队做得更好。而关系冲突对工作没有多大的好处。因此，培养和谐的人际关系是团队通往成功的桥梁。

要建立有效的人际关系，不仅在工作中需要让成员有更多的接触，还应在生活中创造更多的机会让大家交流，如周末郊游、聚餐、联欢等。同时，还要展现令人依赖的团队愿景，建立开放、即时和有针对性的双向沟通，培养团队协作精神，在保证完成本职工作的前提下，能主动、积极帮助他人，鼓励、支持他人，让每个人感觉到自己在团队中的价值。

7. 实施团队考核，坚持赏罚分明

清晰的标准导航团队前进，严明的赏罚保障目标实现。任何一个团队，在明确使命、愿景的同时，必须对团队业绩的考核有严格的赏罚制度。考核必须兼顾团队和个人，设立考核个人的指标，让团队成员之间形成竞争；设立考核团队的指标，又让成员之间形成协作。通常情况下，团队强调协作多于竞争，因为团队绝不宜过多鼓励内部竞争。

团队绩效考核可采用“过程控制点，结果控制面”的方式进行。所谓“过程控制点”，是指平时以直接奖励或扣罚金额的形式，奖励团队或成员在过程中的优秀表现或处罚其犯下的错误。过程控制具有高度的不确定性，同时也能收到强有力的警示效果。“结果控制面”，则是指从目标的达成率、时效性、质量、难易程度和对组织的影响程度等五个方面，来进行系统考核。团队的考核结果直接影响团队总体的奖金，然后结合团队业绩和个人业绩的考核结果，将奖金分配到个人。

要点总结

● 团队是由一群不同背景、不同技能、不同知识的人所组成的一种特殊类型的群体。团队强调成员高度的互补性、知识技能的跨职能性和信息的差异性。常见的团队类型主要有：问题解决型团队、自我管理型团队、多功能型团队和虚拟团队。

● 团队绩效是由团队成员共同努力取得的业绩贡献，这种贡献既包括团队成员对自己个人的业绩贡献（任务绩效），也包括对团队绩效做出的业绩贡献（周边绩效），以及所有团队成员间相互协作为团队做出的业绩贡献（团队整体绩效）。团队绩效应以团队整体表现为主，个人表现为辅，综合考虑团队整体绩效与个人绩效。

● 影响团队绩效的因素主要因素有：①团队规模；②团队成员的能力；③角色互补；④对目标的认同；⑤管理者协调；⑥责任心；⑦公平的绩效评价；⑧相互间信任。

● 团队目标的设立应遵循以下原则：①战略导向原则；② SMART 原则；③弹性原则；④协商、承诺原则。

● 常用的团队绩效测评方法主要有：客户关系图法、组织绩效目标法、业绩金字塔法和工作流程图法。这些方法各有各的适用条件和环境。

● 团队绩效管理是指在团队运行过程中，围绕团队使命和目标，组织、协调团队内外部关系，营造良好的团队发展的环境和氛围，从而提高团队工作成果、团队成员满意度和团队生命力，使团队绩效和成员个人绩效都取得较好结果的一种管理过程。

● 团队绩效管理的过程与个人绩效管理过程相类似，主要包括确定团队使命和目标、团队绩效计划、团队绩效执行、团队绩效评价和团队绩效反馈等环节。

思考题

1. 什么是团队？它有哪些特征？
2. 如何区分工作团队和工作群体？
3. 什么是团队绩效？影响团队绩效的因素有哪些？试分析之。
4. 高绩效团队具有哪些典型特征？
5. 怎样确定团队绩效目标？
6. 团队绩效测评的方法有哪些？试比较之。
7. 结合团队绩效管理的过程，谈谈如何提升团队绩效管理水平？
8. 找出一个你身边熟悉的团队，为它设计一套团队绩效诊断、测评和管理的方案。

案例分析

新任经理人的困惑

刘虹是一位异常出色的销售精英，2008年度个人的销售业绩占据了公司整体业务的27%，春节过后，由于出色的销售业绩，她被提拔为销售部门的负责人。

对于一位刚刚毕业4年的大学生来说，成为管理近60名销售人员的部门经理，自然满怀激情。在任命书下达的第一个星期，刘虹便编写了销售部门2009年的整体销售计划书，并详细地分解到每一个区域市场，同时，根据往年淡季与旺季的销量进行了预测，设计了销售进度表。原本她以为只要将这一计划书公布在部门内，便会获得大家积极的反馈。

谁料计划书分发到销售人员手中之后，如石沉大海，既没有人提出建议，也没有人表示认可。为了弄清楚原因，刘虹举行了一次销售部门的全员会议，最终得到了一系列的质问：

"今年是经济危机影响最为严重的一年，能够保持去年的销售业绩就已经相当不容易了，又如何能够获得增长？"一位销售人员首先发难。

"我们所在的区域市场已经饱和，而且几乎所有的竞争对手都加大了促销力度，你制订的目标根本不可能实现。"另一位销售人员表现得义愤填膺。

"计划制订得非常好，目标也很明确，但是我们应该如何去实现呢？我看这计划书只是一堆废纸罢了。"一位资深的销售人员慢悠悠地说。这也是一名很优秀的销售人员，原本也有机会成为部门经理。他的这一问题无疑表明了自身的态度：幸灾乐祸。

几乎所有的人都提出了反对的意见，没有一个人认为刘虹的计划是可行的。

刘虹感觉到很意外："为什么当初征询大家意见时，没有一个人提出意见呢？"尽管如此，刘虹还是十分冷静，谦逊地接受了大家的"意见"。

会后，根据自身的销售经验，刘虹分别针对各个区域市场设计了促销方案，并将目标进一步细分到每一个人身上。一个星期之后，她再次召开了会议，经过翔实的分析和市场论证，这一次她赢得了一些人的支持。当然，也遭受了一些人的冷笑。

刘虹为自己设定了一个难以置信的目标：2009年度个人销售业绩占据公司整体业务的35%。销售工作就像是战斗，当刘虹将改进后的计划书分发给大家，并确定每个人都在目标责任书上签过字之后，她投入了自身的销售战斗。

时光飞逝，很快半年就过去了。刘虹召开了销售部门的半年度工作总结会议，这次会议使她感到震惊：除了她本人以及五六个公司的重点市场实现了目标之外，其余市场全部没有完成目标，一些市场连一半的销售目标都没有实现。整个上半年的销售业绩相比2008年不但没有丝毫增长，还下滑了6个百分点。

在参加完公司的部门经理会议之后，刘虹很快收到了公司董事会的警告：如果不能够迅速提升销售业绩，公司将不得不考虑换人。推荐她担任部门经理的副总也私下对刘虹说："千万不要让我失望，我还从没有看错过人。”

刘虹便是在这样一个状况下，找到了专家：“我知道您在企业管理方面有着丰富的经验，恳请您一定要帮帮我。”

“你个人上半年度的业绩如何?”

“我的个人业绩基本上按照年初的计划得以实现，由于其他人没有达到当初的目标，我个人的业绩在整个公司上半年的业绩中占到了近43%。已经突破了公司销售史上最佳销售精英的纪录了，但是公司对我丝毫不留情面。”刘虹有些自得，但这种自得很快就被苦恼所代替。

从刘虹的语气中，专家深深地体察到一位新经理人受到打击之后的意志消沉。可以肯定，如果刘虹不能够从这种状态中走出来，一位杰出的销售精英从此将不复存在。

“事实上，摆在你面前的问题很简单。如果你换位思考一下，你就会明白公司董事会的真正意图……”接下来的几个小时内，专家对刘虹进行了“如何做一名称职的经理人”的课题辅导。而这一辅导需要一个前提：刘虹要意识到，成为部门经理之后，对于公司来说，部门的整体业绩比自身的业绩更加重要。

现实中存在着很多像刘虹一样的新任经理人，他们有着出色的个人业绩，却无法保证部门的业绩。然而，一旦成为部门的负责人，个人的业绩就已经不再是最重要的了，最重要的是部门整体的业绩。

【问题】

1. 作为销售部门负责人的刘虹，目前面临的主要问题是什么？造成这些问题的原因是什么？

2. 刘虹下一步应该怎么做才能改变当前销售部门所面临的问题?

3. 如果你是刘虹的直接上级，你会怎么处理？你会给她提供哪些建议？

资料来源：邵雨、朱宪著，《打造高绩效团队——经理人提升团队活力必备》，机械工业出版社2010年版。

第 10 章

企业绩效管理工具的发展

世界上最实际的东西，莫过于一个好的理论。

——库尔特·勒温（Kurt Lewin）

本章学习目标

- 理解 EVA 绩效评价的内涵及特征
- 熟悉 EVA 指标的核算与实施
- 理解作业成本法的特点
- 掌握作业成本法的基本原理与运算步骤
- 理解 6σ 管理的基本思想和原理
- 掌握 6σ 管理的主要内容和实施步骤
- 理解企业社会责任的内涵
- 熟悉社会责任认证标准及其认证过程
- 了解基于企业社会责任的战略绩效评价体系
- 理解高绩效工作系统的内涵及特征
- 掌握高绩效工作系统的设计

自美国于 20 世纪 70 年代在企业引入绩效管理体系之后，学术界就长期处于争议的状态，以管理大师彼得·德鲁克为代表的推崇派认为，没有评估，就没有管理，他在代表作《管理实践》中提出了“评估，否则放弃”的观点，强调了绩效评价对企业的重要性；反对派的代表人物当数著名质量管理专家戴明（W. Edwards. Deming），他在著作《质量管理》中则抨击了绩效考核，列举了诸多绩效考核的“罪状”，认为绩效考核有可能使企业员工误入歧途，使管理偏离方向。

尽管如此，绝大多数企业还是不遗余力地建立、完善绩效管理体系，并被证明绩效管理是有效和重要的。任何管理方法都有其局限性，绩效管理工具也不例外。随着管理理论和管理实践的发展，绩效管理体系也处于不断地自我完善、自我发展之中，绩效管理技术和工具也在不断的创新和发展。本章将主要介绍 EVA 绩效评价、作业成本法、6σ 管理法、基于企业社会责任（CSR）的绩效战略、高绩效工作系统以及绩效文化等一些前沿的绩效管理技术、方法和思想，为企业绩效管理实践拓展思路，提供借鉴。

10.1　EVA 绩效评价

EVA 是在 20 世纪 90 年代末期在中国得到广泛传播的一种绩效评价方法。被《财富》杂志称为“当今最热门的财务观念，并将越来越热”。EVA 评价体系被可口可乐、西门子等诸多世界 500 强企业采用并取得了非凡的财务业绩。著名管理大师德鲁克曾经对 EVA 评价体系做出过非常肯定的评价：“……你一定要赚到超过资本成本的钱才算有利润。A1fred Marshall 早在 1896 年就说过这句话，我在 1954 年和 1973 年也这么说过，感谢上帝，现在 EVA（经济增加值）使得这个理念得以系统化。”EVA 绩效评价方法是以经济增加值理念为基础的财务管理系统、决策机制及激励报酬制度，它强调了全部资本的成本。EVA 绩效评价指标在企业的应用，有利于对我国国有企业的绩效进行监测和评估，规范上市公司的经营行为，加快企业管理制度创新和技术进步，以及建立起调动全体员工的激励和约束机制。

10.1.1　EVA 的内涵

EVA（Economic Value Added），即经济增加值，这个词是美国斯特恩·斯图尔特咨询公司（Stern Stewart & Co.）于 1990 年首先公开提出的，并于 1991 年创立了 EVA 绩效评价系统。按照斯特恩·斯图尔特咨询公司的定义，EVA 是指企业税后净经营利润减去投入的全部资本（主要包括计息债务资本和股东投入的资本）成本后的余额。EVA 的指标含义如图 10－1 所示。

EVA 计算公式为：

EVA＝税后净经营利润－资本成本＝投资资本×（投资资本回报率－加权平均资本成本）

从公式可以看出，EVA 可以用来衡量企业的经营利润是否足以补偿所投入的全部资本成本。

当 EVA＞0，表明公司管理者在经营中为股东创造了价值，股东获得了比其投入资本所要求的最低风险报酬高的价值。

当 EVA＜0，显示了公司管理者没有创造出股权资本所要求的最低报酬，尽管在这种情况下，损益表上可能显示出利润为正数，也可能为负数，但不管怎样，都表明公司管理者并没有创造出真正的利润，而是在毁灭股东的价值。

当 EVA＝0，表明公司管理者只为股东创造出了所需要的最低的风险报酬。

从上面的分析可以看出，EVA 这个指标与股东财富最大化紧密相连，因此，它比其他任何指标都能体现企业财务状况。

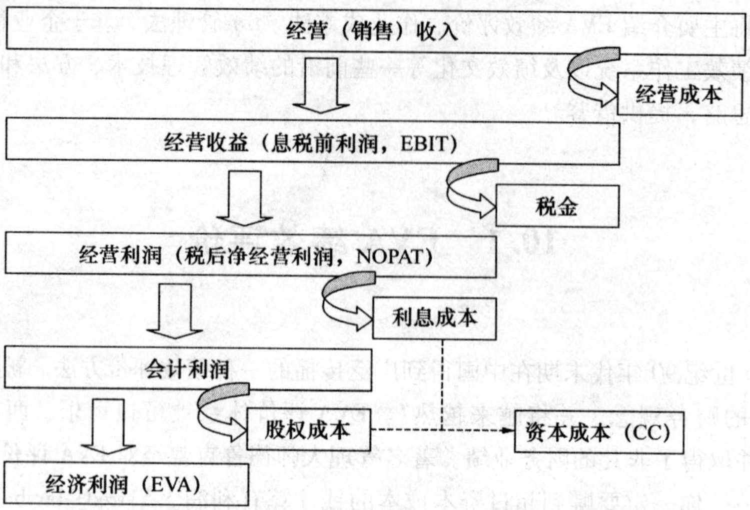

图 10－1 EVA 指标的含义

另外，EVA 指标还具有预测的功能，它与市场价值增值（Market Value Added，MVA）具有密切的关系，预示着企业 MVA 的升降和涨跌。当公司的 EVA 为正值且呈不断上升趋势时，该公司的市场价值就上升；如果公司的 EVA 为负值或呈下降的趋势，即使财务报表和有关的分析考核指标所显示的获利状况良好，则该公司的市场价值也会下跌。

10.1.2 EVA 绩效评价的特点

EVA 理论最明显的特征是注重资本费用，管理人员在运用资本时，必须为资本付费，就像对劳动者付工资一样。只有收回资金成本之后的“经济增加值”才是真正的利润，公认的会计账面利润不是真正的利润；若“经济增加值”为负数，即便是会计报告有盈利，仍是亏损，也被认为是企业在侵蚀股东的财富。EVA 理论认为，企业利用现有资源创造的财富只有超过资源占用的成本及其机会成本时才会产生财富增值；企业的经营并不只是财务资本的简单应用，它还是组织、管理生产以及使用智力资本和其他无形资产的过程。与传统财务业绩指标相比，使用 EVA 指标能够较好地从结果上衡量企业所实现的财富增值，更好地揭示企业使用的包括财务资本、智力资本等要素在内的全要素生产率。

美国斯特恩·斯图尔特咨询公司认为，无论是会计利润还是经营现金流量，指标都具有一定的缺陷，应该予以抛弃；会计利润未考虑企业权益资本的机会成本，难以正确反映企业的真实经营业绩；而经营现金流量虽然能正确反映企业的长期业绩，却不是衡量企业年度经营业绩的有效指标。而 EVA 能够将这两方面有效地结合起来，它反映了信息时代财务业绩衡量的新要求，因此是一种可以广泛用于企业内部和外部的业绩评价指标，其主要特点如下。

（1）用经济利润代替会计利润。会计核算过程由于受到公认会计原则的约束，使会计利润与反映企业创造财富真实情况的经济利润产生了偏差。如无论企业研究与开发项目结果的收益对象是否是今后的产品，均应将研究与开发费用列为当期费用。诸如此类，就使得会计利润的计算不准确。而 EVA 的做法是先将费用予以资本化，并在其可预期的有效生命期内分期摊销。当然，在计算 EVA 时，要对营业利润和权益资本进行调整，以纠正会计惯例所造成的失真。可见，EVA 能够更全面和准确地反映企业的获利能力，这种方式也更接近实际。

（2）经济增加值最直接的与股东财富的创造联系起来。追求更高的经济增加值，就是追求更高的股价。对于股东来说，经济增加值越多越好，在这个意义上说，它是唯一正确的业绩计量指标，它能连续地度量业绩的改进。相反，销售利润率、每股盈余，甚至投资报酬率等指标有时会侵蚀股东财富。

（3）将业绩评价与企业决策相联系。由于 EVA 指标的设计着眼于企业的长期发展，而不是像会计利润一样仅仅是一种短视指标，因此，应用该指标能够鼓励经营者进行能给企业带来长期利益的投资决策，如新产品的研制与开发、人力资源的开发等，这样就能杜绝企业经营者短期行为的发生，促使企业经营者不仅要注意所创造的实际收益的大小，而且还要考虑所运用资产的规模以及使用该资产的成本大小。同时根据国外的经验，EVA 不仅可以作为度量企业绩效的指标，还可以作为一种财务管理模式，用以指导企业的每一项决策，包括经营预算、资本预算、企业目标确立的分析、收购兼并或出售的决策等。

（4）能够建立有效的激励报酬系统。由于 EVA 是站在股东的立场上重新定义企业的利润，因此将管理者的报酬与 EVA 指标相挂钩，可以使经营者和股东的利益更好地结合起来，使经营者像股东那样思维和行动，正确引导经营者的努力方向，促使经营者充分关注企业的资本增值和长期经济效益，这也正是 EVA 的精髓所在。

（5）企业的行为受到了一定的约束。企业作为一个法人实体，既要考虑债权人的利益，更要考虑投资人的利益。而现行的会计制度则是更多地考虑债权人的利益，相对忽视了投资人的利益。推行 EVA 理论，在一定程度上约束了企业的行为，维护了投资者的利益。

10.1.3 EVA 指标的核算与分析

企业每年创造的经济增加值等于税后营业净利润与全部资本成本之间的差额，即：

经济增加值（EVA）= 税后营业净利润 - 全部资本 × 加权平均资本成本 = NOPAT - Kw × C

其中：NOPAT 为税后营业净利润；Kw 为加权平均资本成本率，既包括债务资本的成本，也包括股本资本的成本；C 为企业投入的全部资本。计算中关键是税后营业净利润、资本总额和加权平均资本成本的计算。

1. 计算税后营业净利润

税后营业净利润，这是个很重要的概念。它实际上是指在“不区分资本来源”的情况下，企业投入的全部资本在“正常经营”条件下所获得的税后利润，即全部资本的税后投资收益，反映了全部资本的盈利能力。它不等同于利润表中的“营业利润”、“净利润”。因此，我们不能直接套用会计报表上的数据，而需要在利用会计报表数据的基础上进行一些调整。这种方法称之为正推法。正推法是从利润表中的“主营业务收入”出发，逐项调整利润表各个项目，将不符合EVA指标的计算口径的数据剔除，将需要补充的数据增加，最后计算出“税后营业净利润”。

正推法的基本思路如下：①将利润表中会计制度确认为费用，而EVA体系不确认的费用金额，从相应的费用项目中扣减，并调增相应的所得税影响数；②将利润表中会计制度不确认为费用，而EVA体系确认的费用金额，增加相应的费用项目，并调减相应的所得税影响数；③将利润表中会计制度确认为收入，而EVA体系不确认的收入金额，从相应的收入项目中扣减，并调减相应的所得税影响数；④将利润表中会计制度不确认为收入，而EVA体系确认的收入金额，增加相应的收入项目，并调增相应的所得税影响数。下面的公式就是根据该思路设计的，它包括了常见的调整项目。

税后营业净利润 = 主营业务收入 - 销售折扣和折让 - 主营业务税金及附加 - 主营业务成本 + 其他业务利润 - 管理费用 - 营业费用 - 财务费用 + 各项债务的利息费用 + 当年各项准备的增加数 - 当年各项准备冲销数 + 本年已计入管理费用的研发费用 - 本年应分摊的研发费用 + 本年商誉摊销额 + 投资收益 - EVA 所得税调整

EVA 所得税调整 = 利润表上的所得税 + 税率 ×（各项债务的利息费用 + 当年各项准备的增加数 - 当年各项准备冲销数 + 本年已计入管理费用的研发费用 - 本年应分摊的研发费用 + 本年的商誉摊销额 + 营业外支出 - 营业外收入 - 补贴收入）

主要调整事项说明如下：

（1）利息费用的调整。因为税后营业净利润是全部资本的净利润，所以债务的利息费用本质上是债务资本的收入，所以不能从收入中扣减，应该加回。

（2）营业外收支、补贴收入的调整。因为税后营业净利润是“正常经营”创造的，营业外收入、补贴收入属于非正常经营收入，营业外支出属于非正常经营支出，所以要将剔除，不体现在税后营业利润的计算中。

（3）计入管理费用的研发费用的调整。现行会计制度规定，公司必须在研究发展费用发生的当年将期间费用一次性予以核销。这种处理方法实际上否认了该种费用对企业未来成长所起的关键作用，而把它与一般的期间费用等同起来。在EVA体系中，研究发展费用被视为是公司的一项长期投资，应在几年之中对其进行摊销，因此在调整时应首先将当年已经全部计入“管理费用”科目的研发费金额从“管理费用”中扣除，然后再将在EVA体系下当年应摊销的研发金额加入“管理费用”中，抵减利润。

（4）商誉摊销额的调整。根据我国《企业会计准则》的规定，商誉作为无形资产列示在资产负债表上，在一定的期间内摊销。商誉摊销作为期间费用，会抵减当期的利润，影响经营者的短期业绩，这种情况在收购高科技公司时尤为明显，因为这类公司的市场价值一般远高于净资产。但实际上，经营者并没有出现经营失误，利润的降低只是由于会计处理的问题而造成的。其结果就会诱使管理者在评估购并项目时首先考虑购并后对会计净利润的影响，而不是首先考虑此购并行为是否会创造高于资本成本的收益，为股东创造价值。在 EVA 体系中，商誉之所以产生，主要是与被收购公司的产品品牌、声誉、市场地位等有关，这些都是近似永久性的无形资产，不分期摊销。由于会计中已经对商誉进行摊销，在调整时就将以往的累计摊销金额加入到资本总额中，同时把本期商誉的摊销额加回到税后净营业利润的计算中。

（5）准备项目的调整。对于该项目的调整，有观点认为不应该调整。因为根据我国企业会计制度的规定，公司要“合理”预计未来发生的损失，准备金的计提一方面减少了对应的资产项目，另一方面形成当期费用冲减利润。其目的也是出于稳健性原则，使公司的不良资产得以适时披露，以避免公众过高估计公司利润而进行不当投资

2. 计算资本总额

资本总额是指所有投资者投入公司经营的全部资金的账面价值，包括债务资本和股本资本。其中，债务资本是所有计息负债，如短期和长期借款，不包括短期免息负债，如应付账款、应付工资等。股本资本为全部的所有者权益。同样，计算资本总额时也需要对部分会计事项的处理结果进行调整，如商誉、研发费用的调整（有关的调整说明见上），以纠正对公司真实投入资本的扭曲。在实务中，既可以采用年初的资本总额，也可以采用年初与年末资本总额的平均值。

债务资本 = 所有计息负债 = 短期借款 + 一年内到期长期借款 + 长期负债合计

股本资本 = 全部股东权益 + 各种准备金（坏账准备、存货跌价准备等） + 累计商誉摊销 + 研究发展费用的资本化金额

调整说明：有观点认为在计算股本资本的过程中还要加上累计税后营业外支出减去累计税后营业外收入以及累计税后补贴收入。这样调整实际上是想实际控制的股本资本数调整为剔除了以前营业外收支以及补贴收入对资本的影响数后的正常经营条件下所应该形成的资本数。本文不赞成这种调整，因为这里计算的目的就是要计算出投入的实际股本资本，而并不需要关心资本是怎么形成的，所以不需将以前非正常项目对资本的影响数进行调整。

资本总额 = 债务资本 + 股本资本 − 在建工程

调整说明：在建工程项目对应的资本金额之所以被扣除，是因为该部分占用的资本与本期的经营业绩无关。在建工程要待完工后才会与当期的经营业绩有关。有观点认为还应该将现金和银行存款扣除。本文不赞成这种观点。之所以不扣除，是因为这部分资本是维持企业运转的必需资本，虽表面上没参与本期的经营，但实质上它是资金不断周转所形成的一定时点的余额，与本期的经营有关。

3. 计算加权平均资本成本

加权平均资本成本是指债务资本的单位成本和股本资本的单位成本根据债务和股本在资本结构中所占的权重计算的平均单位成本。

加权平均资本成本率 = 债务资本利息率 ×（1 − 税率）（债务资本/总资本） + 股本资本成本率 ×（股本资本/总资本）

股本资本成本率 = 无风险收益率 + BETA 系数 ×（市场风险溢价）

无风险收益率计算可以以上海证券交易所交易的当年最长期的国债年收益率为准；BETA 系数计算，可通过公司股票收益率对同期股票市场指数（上证综指）的收益率回归计算得来；市场风险溢价 = 中国股市年平均收益 - 国债年平均收益。

10.1.4 EVA 绩效评价的实施与应用

EVA 不仅是一种财务衡量指标，更是一种管理模式和激励机制。EVA 模式取得成功的关键在于它将 EVA 的改善与员工业绩挂钩，建立一种独特的奖励制度，激发管理人员和员工的想象力和创造性。EVA 真正把经理和员工的收益及其所作所为最大限度地结合了起来，从而培养出真正的团队、主人翁意识和分享精神，给管理者以强有力的动力。

近年来，EVA 的应用在西方国家逐渐兴起，管理者和投资者将它作为衡量公司经营状况的重要指标之一，部分投资者还将它作为奖励管理者工作业绩的度量标准。美国斯特恩·斯图尔特咨询公司已与美国《财富》杂志合作，连续 8 年发布了美国上市公司财富创造与毁灭排行榜。在欧洲，他们与英国《金融时报》合作发表欧洲上市公司财富创造与毁灭排行榜。世界性的大公司，如西门子、索尼、可口可乐等已在运用 EVA 的管理体系，并在实际运作中收到了很好的成效。可口可乐公司自从 1983 年开始采用 EVA 管理模式后，公司连续创造惊人业绩，到现在可口可乐公司已成为世界上首屈一指的价值创造者，其中 EVA 财务管理模式和薪酬的极力集中起了重要作用。

在我国，EVA 理念于 20 世纪 90 年代末陆续被引入。2001 年，美国斯特恩·斯图尔特咨询公司（Stern Stewart & Co.）也开始进入中国，先后在上海成立了中国公司总部，在北京开设了办事处。其后，斯特恩·斯图尔特咨询中国公司开始与中国《财经》杂志合作，推出每年一度的“中国上市公司价值创造和价值毁灭排行榜”，以完全不同于传统财务观念的视角，用 EVA、MVA 等指标对中国上市公司的绩效进行评价，引起了理论界和实践界的关注。之后，青岛啤酒股份有限公司、中化国际贸易有限公司、宝钢股份有限公司、东风汽车公司等中国企业陆续成为斯特恩·斯图尔特咨询中国公司的客户。

目前，EVA 这一系统在我国的应用才刚刚起步，但是随着越来越多的公司实施 EVA，市场越来越接受用 EVA 指标来评价企业，这一绩效考核体系，必将对我国企业的强化管理、规范运作，完善公司法人治理结构等方面发挥更大的作用。

10.1.5 应用 EVA 绩效评价方法应注意的问题

（1）会计信息失真问题在我国企业中普遍存在。在国有企业面临业绩考核压力，上市公司面临信息公开披露及配股、增发新股的业绩要求的时候，企业往往采用调整会计政策、债务重整、资产重组、获得政府税收优惠、利润补贴等手段来粉饰会计报表。由于 EVA 对企业未来成长的估算是建立在既有的产品、技术和市场的基础上，同时其计算对资本成本高度敏感，而资本成本的确定又依赖于历史数据分析。

（2）EVA 评价方法的可操作性还有诸多问题需要解决。EVA 需要对公认的财务会计准则做出调整，而这种调整不是一般的外部财务信息使用者可以完成的，再加上股东投入资金的成本较难确定等，这就在一定程度上限制了企业的外部信息使用者。到目前为止，计算 EVA 可做的调整已达到200 多种。这样就大大增加了计算的复杂性和难度，并且妨碍了 EVA 的广泛应用。

(3) EVA 指标的运用有其局限性。如前所述，EVA 虽然可以作为一种绩效评价方法用以指导企业的诸多决策，但对于资产的处置、营运资本的管理等决策，还需借助传统的会计分析方法。

(4) EVA 无法解释企业内在的成长性机会。一个企业的股票价格反映的是社会公众对企业的客观评价，反映的是市场对这些成长性机会价值的预期。但由于 EVA 在计算过程中对会计信息进行了调整，这些调整可能删掉了企业经营者用来向市场传递有关企业未来发展机会的信息。因此，这些调整虽然使 EVA 更接近企业真正创造的财富，同时也降低了 EVA 指标与股票市场的相关性。

(5) EVA 关注企业有形资产，而忽略了无形资产在企业价值创造中的作用。EVA 关注企业的有形资产、可辨认资产，并以现金流的形式综合与价值创造相关的风险和市场预期，同时 EVA 在很大程度上忽略了无形资产、非财务因素在企业价值创造中的巨大作用。

【阅读案例 10 -1】　　H 公司 1996 年度 EVA 核算案例

H 公司是美国一家采矿设备、纸浆和制纸机器制造商。1996 年其会计年度资产负债表（1996 年 10 月 31 日）如下：

资产（千美元）		负债和股东权益（千美元）	
流动资产		**短期负债**	
现金及现金等价物	36 936	短期应付票据	49 633
应收账款（净值）	667 786	应付交易账款	346 056
存货	547 115	雇员薪酬和福利	160 488
待售商品	26 152	预付款支付	155 199
其他流动资产	132 261	应付质量保证金	50 718
总额	1 410 250	其他短期负债	315 033
不动产、厂房和设备		总额	1 077 127
土地与修整工程	48 371	长期负债	657 765
房屋	301 010	**其他负债**	
机器设备	776 332	应付退休金	78 814
总额	1 125 713	应付养老金及相关费用	39 902
累计折旧	(491 668)	其他负债	14 364
总额	634 045	延付所得税款	54 920
投资及其他资产		总额	188 000
商誉	512 693	少数股东权益	93 652

续表

资产（千美元）		负债和股东权益（千美元）	
无形资产	39 173	股东权益	
其他资产	93 868	普通股	51 407
总额	645 734	权益溢价	615 089
		未分配利润	148 175
		累积转移调整	(37 584)
		减：雇员薪酬基金	(61 360)
		减：国债	(42 242)
总资产	2 690 029	总额	673 482
		总额	2 690 029

H 公司 1996 财年总销售收入为 288 800 万美元，如果在运营期内公司需要相当于总销售额 1% 的经营现金，那么，经营现金为 2888 万美元。该公司生产经营周期总投资为：

66 778.6（应收账款）+54 711.5（存货）+15 841.3（其他流动资产）+2 888（经营现金）=140 219.4（万美元）

WCR=140 219.4－［34 605.6（应付账款）+52 623.9（应付工资）+15 519.9（消费者预付款）］=37 470（万美元）

剩余现金=3 693.6（现金及现金等价物）－2 888（经营现金）=805.6（万美元）

固定资产=63 404.5（不动产、厂房及设备）+64 573.4（投资及其他投资）=127 977.9（万美元）

这样，按经营法计算的该公司资本投入总量为：

IC=805.6（剩余现金）+37 470（WCR）+127 977.9（固定资产）=166 253.5（万美元）

如果按照资金来源法核算，该公司 1996 财年末资本投入总量则为：

IC=269 002.9（总资产）－102 749.4（短期免息负债）=166 253.5（万美元）

或 IC=4 963.3（短期负债）+65 776.5（长期负债）+13 308（养老金储备及其他长期负债）+549.2（递延税款）+9 365.2（少数股东权益）+67 348.5（股东权益）=166 253.5（万美元）

而 1996 年年初（1995 年末）IC 为 134 026.6 万美元，因此，1996 年平均资本投入总量为（134 026+166 253.5）/2=150 140.1（万美元）

H 公司估算的 WACC 为 12%，据此，资本成本=150 140.1（万美元）×12%=180 168（万美元）

从销售收入 288 800 万美元中减去经营成本（包括销售成本、一般费用和管理成本等）44 781

万美元，得年度经营收益（息税前收入）为 244 019 万美元。扣除所得税后得 NOPAT 为 162 875 万美元。

这样算得：EVA = 162 875 − 180 168 = −17 311（万美元），即 H 公司 EVA 价值绩效是亏损的。

资料来源：戴维·杨、斯蒂芬·奥伯恩，《EVA 与价值管理》，社会科学文献出版社 2002 年中译本，第 34 ~ 40 页。

10.2　作业成本法

作业成本法（Activity-Based Costing，ABC）是将生产一种产品所发生的所有作业分配到产品成本中的一种成本计算方法，它较传统的成本计算方法更为精细，成本数据更为准确，有利于正确的决策，且计算机技术、网络技术的快速发展，能够低成本获得硬软件平台，能够自动快捷方便地获取企业内部生产、销售、财务等集成的数据信息，这使得企业实施作业成本法、提高精细化管理有了广阔的发展空间。

10.2.1　作业成本法的提出

作业成本法，最早可以追溯到 20 世纪杰出的会计大师、美国人埃里克·科勒（Eric Kohler）教授。科勒教授在 1952 年编著的《会计师词典》中，首次提出了作业、作业账户、作业会计等概念。1971 年，乔治·斯托布斯（George Staubus）教授在《作业成本计算和投入产出会计》中对“作业”、“成本”、“作业会计”、“作业投入产出系统”等概念做了全面、系统的讨论。这是理论上研究作业会计的第一部宝贵著作。但是，当时作业成本法却未能在理论界和实业界引起足够的重视。

20 世纪 80 年代后期，随着 MRP、CAD、CAM、MIS 的广泛应用，以及 MRPII、FMS 和 CIMS 的兴起，使得美国实业界普遍感到产品成本处处与现实脱节，成本扭曲普遍存在，且扭曲程度令人吃惊。美国芝加哥大学的青年学者库伯（Robin Cooper）和哈佛大学教授卡普兰注意到了这种情况，在对美国公司调查研究之后，他们发展了斯托布斯的思想，于 1988 年提出了以作业为基础的成本计算，即作业成本法。作业成本法在过去 10 年中受到了广泛的关注，新型的咨询公司已经扩展了作业成本法的应用范围并研发出相应的软件。

10.2.2　作业成本法的特点

（1）对成本概念的影响——将价值链贯穿于成本管理，而传统的成本概念只局限于产品的生产过程。ABC 的核心是产品消耗作业、作业消耗资源。作业成本法认为，产品的价值实现比成本形成更重要，因此，它实行按成本管理要求的全程成本概念，将成本视野向前延伸到产品的研究与开发成本、设计成本、生产成本，并向后延伸到营销成本、配送成本和顾客服务成本。作业成本法把企业生产经营过程描述为一个为满足顾客需要而设计的一系列作业的集合，作业推移的过程也是价值在企业内部逐步累积转移，直至最后形成转移给顾客的总价值（最终产品成本）的过程。作业成本法将价值链贯穿于成本管理过程始终，强调消除不增加价值的作业，对可增加价值的作业，在不影响产品质量的前提下选用最低成本，这是价值工程在成本会计中的应用和深化。

（2）对间接费用的重新界定——有助于考核企业的管理效益，弥补传统成本法的不足。传统成本法只包括与生产产品直接或间接有关的费用，但用于管理和组织全厂生产、销售产品及筹集生产资金的支出作为期间费用。而作业成本法强调的是费用支出的合理有效，不论其是否与生产直接或间接有关。在这种情况下，期间费用归集的是所有不合理的、无效的支出。这种成本和期间费用的重新界定，有助于考核企业的管理效益，完善成本的概念。

（3）对动因的影响——成本动因的多元化，使间接成本的分配更加准确，从而提高了成本信息的质量水平。传统成本计算方法关注产品成本结果本身，成本计算对象是企业生产的各种产品，产量被看做是产品成本的唯一动因。传统方法把过多的间接制造成本分配给高产出的产品，而把过少的成本分配给低产出水平的产品。但作业成本法着眼于成本发生的原因，即成本动因，它是依据资源耗费的因果关系进行成本分析，先按作业对资源的耗费情况将资源分配给对象，分配基础不再局限于传统成本制度中的财务变量，集财务变量与非财务变量为一体，并且特别强调非财务变量（例如产品零部件的数量、质量检测时间等）的过程，这就体现了分配基础的多元化。

（4）对生产管理和质量管理方式的改进——有助于提高工作效率和收益。传统的成本质量管理一般都将工作重点放在半成品和完工产品的质量检测上，出现问题及时修补或剔除。而作业成本法下的生产管理系统一般为适时生产系统（just-in-time production system），是由后向前拉一种逆推式的生产系统，企业的生产程序环环相扣，衔接非常紧密，这提高了工作效率和收益，也使得企业减少了存货带来的费用。

10.2.3 作业成本法的基本原理

作业成本法是以作业为中心，通过对作业及作业成本的确认、计量，最终计算产品成本的新型成本管理方法，它把企业成本计算深入到作业层次，对所有作业活动追踪并动态反映，为企业决策提供相对准确的成本信息。

作业成本法的基本原理是：产品（成本对象）消耗作业，作业消耗资源，生产导致作业发生，作业导致成本发生（如图 10－2 所示）。作业成本法的理论基础是成本动因理论，这种理论认为费用的分配应着眼于费用的生成原因，把费用的分配与导致这些费用产生的原因联系起来，按照费用发生的原因分配。

作业成本法把作业分为四个层次：单元作业、批别作业、产品作业、支持作业。其中，单元

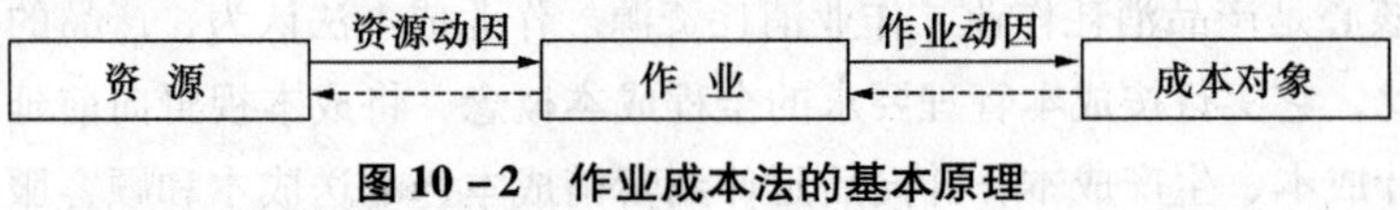

图 10－2 作业成本法的基本原理

层次作业是与产品的产量成正比的，批别作业的成本与产品的生产批数成正比，产品作业的成本与生产产品的品种数量成正比，支持作业与产品生产无直接关系。显然，不同层次的作业具有不同的成本动因。按照传统成本的处理方法：对批别作业和产品作业的成本按产品产量分配，这必然导致产品成本计算的扭曲。在多品种小批量的生产模式下，这种扭曲尤为严重。

作业成本核算的运行需要先确定资源、作业、成本对象以及资源动因和作业动因，并根据实际的消耗关系建立资源向作业的分配和作业向产品的分配。资源就是各项费用，来自企业总分类账户，成本对象通常是各种产品，作业根据企业的实际情况确定。作业成本采用两阶段分配实现成本计算，即资源成本按资源动因分配到各个作业，归集到作业的成本按作业动因分配各产品。

以下是传统成本的计算结果和作业成本计算结果（如表 10－1、表 10－2 所示），通过计算结果来对比分析作业成本与传统成本的优劣。

表 10－1　　传统成本计算结果　　单位：万元

	产　品 x	产　品 y	产　品 z
直接材料	500 000	1 800 000	80 000
直接人工	580 000	1 600 000	160 000
制造费用	990 000	2 640 000	264 000
合　计	2 070 000	6 040 000	504 000
产　量	10 000	20 000	4 000
单位成本	207	302	126

表 10－2　　作业成本计算结果　　单位：万元

	产　品 x	产　品 y	产　品 z
直接材料	500 000	1 800 000	80 000
直接人工	580 000	1 600 000	160 000
装　配	282 000	705 000	225 600
材料采购	12 000	48 000	140 000
物料处理	42 000	180 000	378 000
启动准备	200	8 000	2 000
质量控制	84 200	168 400	168 400
产品包装	10 000	75 000	165 000
工程处理	175 000	315 000	210 000
管　理	129 000	34 4000	34 400
合　计	1 814 400	5 236 200	1 563 400
产　量	10 000	20 000	4 000
单位成本	181.44	261.81	390.85

从表10－1和表10－2中可以看出，传统成本与作业成本法的产品成本出现较大差异，尤其是产品z。其原因在于产品z的产量小，但是其消耗的各种作业数量并未相应减少，因而消耗的间接资源多，导致实际的成本较高。应用作业成本信息，可以对材料采购、产品包装以及质量控制等作业的成本进行分析，这种成本信息对管理的帮助是显而易见的。作业的认定通常按各个部门或者生产小组划分，其提供的成本信息有助于责任考核，明确成本究竟是怎样发生的，便于采取有针对性地行动，进行成本控制。

根据表10－1和表10－2的计算结果不难发现，传统成本与企业生产无关，作业成本与企业生产联系紧密。作业成本核算体系的设计要充分考虑企业实施作业成本的目的，其作业的认定是对生产过程进行分析后得出的，并结合生产过程确定成本动因，在生产过程分析的基础上建立成本核算体系，因此可以说作业成本法是按企业管理和控制的需要定制的成本核算方法，是个性化的成本核算方法。而传统成本则相反，它有固定的模式，虽然也有分批法、分步法和品种法等不同成本核算方法，但是并未考虑企业的实际需求和目的，企业必须选择一种成本核算方法。传统成本法是企业适应成本核算方法，而作业成本法是成本核算方法适应企业，两者有根本的不同。

10.2.4 作业成本法的实施步骤

作业成本法的实施一般包括以下几个步骤。

（1）设定作业成本法实施的目标、范围，组成实施小组。作业成本的实施必须目标明确，即决策者如何利用作业成本计算提供的信息。实施范围是作业成本实施的部门，作业成本可以在全企业实施，也可以在独立核算的部门实施。作业成本的实施主体必须明确。为实施作业成本，必须组建作业成本实施小组，小组由企业的领导牵头，包括企业的会计负责人以及相关的人员。在国外，作业成本实施时，一般由企业内部的人员和外部的专业咨询人员组成专门实施小组，外部专业的咨询人员具有作业成本的实施经验，使得实施可以借鉴其他实施成功与失败的经验。

（2）了解企业的运作流程，收集相关信息。这一环节的目的是详细了解企业的经营过程，理清企业的成本流动过程、导致成本发生的因素、各个部门对成本的责任，便于设计作业及责任控制体系。

（3）建立企业的作业成本核算模型。在对企业的运作进行充分了解与分析的基础上，设计企业的作业成本核算模型。作业成本核算模型包括五大要素：资源、作业、成本对象、成本动因、分配路径，另外还有会计期间和组织结构两个辅助要素。其中，分配路径把这些独立的分配对象和成本动因关联起来，把分散的作业成本要素组成完整的作业成本核算模型。作业成本核算模型要确定的主要内容有：企业资源、作业和成本对象的确定及其分类，与各个组织层次的关系，各个计算对象的责任主体，资源作业分配的成本动因，资源到作业的分配关系，作业到作业产品的分配关系建立。

（4）选择/开发作业成本实施工具系统。作业成本法能够提供比传统成本丰富的信息，这是因为它是建立在大量的计算上的。作业成本的实施离不开软件工具的支持，软件工具有助于完成复杂的核算任务，有助于对信息进行分析。作业成本软件系统提供了作业成本核算体系构造工具，可以帮助建立和管理作业成本核算体系，并完成作业成本核算。

(5) 作业成本运行。在建立作业成本核算体系的基础上，输入具体的数据，运行作业成本法。

(6) 分析解释作业成本运行结果。对作业成本的计算结果进行分析与解释，如成本偏高的原因，成本构成的变化等。

(7) 采取行动。针对成本核算反映的问题采取行动，如提高作业效率，考核组织和员工，改变作业的执行方式，消除无价值的作业等。

企业是一个变化的实体，在作业成本正常运行后，还需要对作业成本核算模型进行维护，以使其能够反应企业的发展变化。伴随企业的运行，作业成本的运行、解释和行动形成一个循环的过程。

10.2.5 作业成本法的贡献与不足

作业成本法既是一套成本核算系统，又是一套成本管理系统，较之传统的标准成本法，它有很多优点，当然，也存在一些不足之处。

1. 作业成本法的贡献

(1) 能够提供更精确的成本信息。作业成本法，将成本分配的重点放在间接成本上，不再使用单一的分配标准，而是采用多元分配基准，从成本对象与资源消耗的因果关系着手，根据资源动因将间接费用分配到作业，再按作业动因将作业计入成本对象，解决了传统成本计算方法扭曲成本信息的问题，从而为信息使用者提供更精确的成本信息。

(2) 有助于控制成本。采用作业成本法，将作业、作业中心、顾客和市场纳入了成本核算的范围，形成了以作业为核心的成本核算对象体系。通过对作业成本的确认、计量，尽可能消除“不增加价值的作业”，改进“可增加价值的作业”，以更好地控制成本，促进企业战略目标的实现。

(3) 有助于管理者进行决策。作业成本法提供了更真实、更丰富的作业驱动成本的计量信息，有助于管理者做出更好的产品设计决策，以及改进产品定价决策，并为是否停产老产品、引进新产品和指导销售提供准确的信息，使管理者较容易利用相关成本进行经营决策。

(4) 能够提高产品的竞争力。我国传统的成本管理模式只注重商品投产后与生产过程相关的成本管理，忽视了投产前商品开发与设计的成本管理。这已愈来愈难适应当代社会经济发展的需要，极大地阻碍了企业商品市场竞争能力的提高。作业成本法则能很好地适应现代企业在激烈的市场竞争中的发展需要，从一开始就特别重视商品设计，研究开发质量成本管理，力求按照技术与经济相统一的原则，科学合理地配置相对有限的企业资源，不断改进商品设计、工艺设计以及企业价值链的构成，减少浪费，降低资源的消耗水平，从而提高企业产品的市场竞争力。

(5) 便于企业绩效考核。在作业成本观念下，按作业设立责任中心，使用更为合理的分配基础，将更易于区分责任。通过各作业层所提供的有价值的成本信息，能明确增值作业与非增值作业、高效作业与低效作业，以评价个人或作业中心的责任履行情况。

2. 作业成本法的不足之处

(1) 作业的区分存在困难。企业的生产经营活动复杂多样，各项活动相互联系、相互依存，并非所有的作业都界限清晰、责任分明，所以在作业的区分上存在困难。

（2）成本动因的确认存在困难。作业成本法要求以作业中心为基础来设置责任中心，选取合适的成本动因，按成本库进行归集，然而在实际中，哪种因素与成本变动完全相关或相关性较大并非清晰可辨，即要找到一般间接费用的成本动因或一个合理的成本分配基础并不那么容易。如果选择的动因过少，成本数据不准确，如果选择过多，由此增加的实施成本会大于实施作业成本法产生的效益。

（3）成本动因的选择具有主观性。作业成本法在确认资源和作业以及为资源库和作业库、选择最佳的成本动因等方面，并不总是客观的和可验证的，难免具有主观性和一定程度的武断性，这为管理者操纵成本提供了可能，也降低了公司间报告结果的可比性，与现行会计准则的要求有一定的差距。

（4）没有合并对同类生产能力的计量。作业所消耗的各种资源具有不同的计量单位，将成本归集到作业时难以反映资源消耗的数量，只能将被耗用资源的价值（金额）归集到作业中。因此，运用作业成本法既无法看出资源的利用效果，也不能反映各种生产能力之间的差异。

（5）工作量大，代价昂贵。作业成本法将企业在生产经营中发生的全部资源耗费逐项分配到作业中，形成作业成本库，再将作业成本库的成本按作业动因分配到最终产品，这使得核算工作十分繁琐。而且企业要想在激烈的竞争中求胜，就要不断进行技术革新及产品结构的调整，这样就要重新进行作业划分，也就增加了采用作业成本法的耗费。

10.3 6σ管理法

10.3.1 6σ管理的起源与发展

西格玛σ（Sigma），在统计学上是指“标准差”，6σ意为“6倍标准差”，在质量上表示每百万个产品的缺陷率（Part Per Million，PPM）少于3.4。这些缺陷或失误包括产品本身以及产品生产的流程、包装、运输、交货期、系统故障等。由此可见，6σ管理不仅指产品质量，而是一整套系统的管理方法。6σ管理法的理论和实践源于20世纪80年代末的一场由美国摩托罗拉公司的有识之士发起的拯救公司命运的改革创新举动，摩托罗拉公司将6σ首次应用于生产制造过程的质量管理，用于改进传呼机、移动电话和其他产品的质量。将6σ方法应用于生产制造过程的质量管理后，摩托罗拉在5.6σ水平（百万分之二十的失误率）时，节省的费用高达110亿美元，其全世界的生产力翻了三番。随着摩托罗拉公司的管理实践取得愈来愈多的丰硕成果，6σ方法开始受到企业家和学者们的广泛关注。

6σ是美国人在全面质量管理基础上“创新”的产物。它是进行（Σ,）的测量及树立的目标，通过数据收集、研究分布规律，利用正态分布分析它可能产生的缺陷，并持续地跟踪和比较客户的需求，同时达到实际完美的质量程度。它首先考虑1.5倍的漂移，这样落在6σ外的概率3.4PPM，即一百万次出差错的机会中，只有3.4次发生的可能，其实质就是不要做错，建立做任何事就要成功的理念。作为一种降低缺陷的方法，它在实践中得到了不断的充实和发展。6σ不再仅仅是一种质量改进的方法，而发展成为可以使企业保持持续改进、增强综合领导能力、不断提高顾客满意度及经营业绩并带来巨大利润的一整套管理理论和系统方法。

20世纪60年代，管理理论中出现了“行为科学”学派，它主张充分发挥人的主观能动性，强调人在管理中的作用。随着市场竞争，尤其是国际市场竞争的加剧，运用“系统工程”理念，从整体入手加强全员、全过程、全企业质量管理，确保生产的产品使用安全、可靠，已经成为企业发展的必然选择。1961年，约瑟夫·朱兰（Joseph M. Juran）、唐纳德·费根堡（Donald S. Feigenbaum）提出了全面质量管理（Total Quality Management，TQM）的概念。他们提出，为了生产具有合理成本和较高质量的产品，以适应市场的要求，只注意个别部门的活动是不够的，需要对覆盖所有职能部门的质量活动进行策划。费根堡在《全面质量管理》一书中指出：“全面质量管理是为了能够在最经济的水平上并考虑到充分满足顾客需求的条件下进行市场研究、设计、生产和服务，把企业各部门的研制质量、维持质量和提高质量的活动构成一体的有效体系。”为此，许多国际企业的成功经验证明，全面质量管理是一种使企业获得核心竞争力的管理策略。约瑟夫·朱兰则在《质量控制手册》中把质量定义为：①“质量”意味着能够满足顾客的需要从而使顾客满意的那些产品特征；②“质量”意味着免于不良——没有那些需要重复（返工）或会导致现场失效、顾客不满、顾客投诉等的差错。朱兰认为，在质量管理活动中频繁应用的三个过程是：质量策划、质量控制、质量改进，即著名的朱兰质量管理三部曲。

朱兰、费根堡的TQM理论被许多日本企业所接受，这些企业归纳了全面质量控制（Total Quality Control，TQC）的管理方法和统计技术，特别是“因果图”、“流程图”、“直方图”、“检查表”、“散布图”、“排列图”、“控制图”等被普遍用于质量控制和质量改进。

1979年，美国质量管理专家克劳斯比（Philip Crosby）确立了“第一次就把事情做对”和“零缺陷”的理论。“零缺陷”的四项基本原则是：明确需求、做好预防、一次做对、科学衡量。

20世纪80年代，摩托罗拉公司推出4点计划：全球竞争力、参与管理、质量改进、摩托罗拉培训和教育中心；推广10倍品质改善，并于1984年设立摩托罗拉生产学院，后来更名为摩托罗拉管理学院。不过，摩托罗拉还是缺少一种共同的尺度来分享和比较改进，直到摩托罗拉通讯部门高级工程师兼科学家比尔·史密斯（Bill Smith）于1985年首次给当时的首席执行官鲍勃·高尔文（Bob. Galvin）提出“6σ”概念，1987年摩托罗拉通信业务部的George Fisher首先创立6σ改进计划。经过几年的努力，在鲍勃·高尔文的大力支持下，6σ在全国范围内得到了广泛施行和推广，摩托罗拉因此也成为美国波多里奇国家质量奖的首位获得者。后来，摩托罗拉又提出了“新6σ”方法，即一种由沟通、培训、领导艺术、团队合作、度量和以顾客为中心等价值观驱动的变革方法，旨在提高企业竞争力和变革企业文化。

传统的6σ被广泛地运用于改善产品的质量，尤其使用于生产制造业，是以降低缺陷和减少变异为核心的。而新6σ是一个领导力管理程序，是关于业务改进的方法，它解决了管理人员所面临的两难问题：一方面要通过快速地业务改进项目达到短期的财务目标；另一方面还要在关键人才和核心流程方面为未来的发展积蓄能力。

在6σ管理的发展过程中，真正把6σ管理变成管理文化并付诸实践、从而使6σ声名远扬的是CEO韦尔奇领导下的通用电气公司。1996年，韦尔奇将6σ列为公司最紧要战略管理举措，在公司全面推行6σ的流程改进，这为通用电气带来了巨大经济效益，从而使6σ从质量管理方法跃升为一流企业追求卓越的重要标志和目标。继摩托罗拉、德州仪器、原联合信号、通用电气等之后，6σ管理战略首先在世界500强的制造型企业陆续开始实施，包括著名的电子电气企业柯达、西门子、诺基亚等。20世纪90年代后期，一直在质量领域领先全球的日本企业包括索尼、东芝等，都由全面质量控制转变为全面质量管理，纷纷加入实施6σ的行列。韩国的三星、LG也在其内部实施了6σ全面质量管理。

6σ作为全面质量管理的延伸和发展，其管理方法和理念与绩效管理的结合代表了绩效管理的一个新趋势，同时也有力推进6σ的有效管理。

10.3.2 6σ管理的基本思想和原理

西格玛（σ）是数理统计中的基本名词，表示正态分布的标准差，反映数据的离散程度或分布大小，其计算公式如下：

$$\sigma = \sqrt{\frac{\sum_{i=1}^{n}(X_i - \mu)^2}{N}}$$

其中，X_i 为个体观测值；μ 为总体平均值；N 为总体容量。

在6σ管理中，σ不仅仅是单纯的标准差的含义，而是被赋予了更新的内容——成为一种过程质量的衡量标准，通常使用σ水平，Z 作为满足顾客要求程度的业绩度量。在这种度量中，需要把每个测量值相对于顾客要求的偏离程度考虑进来。Z 有多种表达形式，最简单的一种是用测量数据的标准差σ与顾客要求的上限（USL）和下限（LSL）的关系来表达，其公式为：

$$Cp = \frac{USL - LSL}{6\sigma}$$

式中，Cp 为流程能力指数；USL 为质量特性的规格上限；LSL 为质量特性的规格下限；σ为标准差。

Cp 值越大，即 Z 值越大，σ水平越高，说明过程满足质量要求的能力就越强；Cp 越小，即 Z 值越小，σ水平越低，则说明过程满足质量要求的能力越差。3σ水平时可计算出不合格品率，只有0.27%。20世纪后期随着科学技术尤其是电子技术的迅猛发展和市场竞争的日趋激烈，人们对质量的要求已经不满足于3σ水平，6σ水平才代表着质量完美无缺。因为当过程输出的均值（分布中心）与标准要求值（规格中心）相等时，6σ水平的不合格品率为0.00000018%或0.0018PPM。在分布中心与规格中心重合情况下，6σ水平与3σ水平对比如图10－3和图10－4所示。

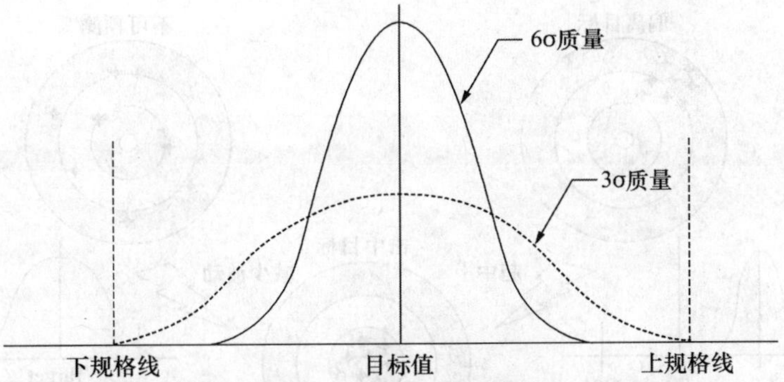

图 10－3　6σ 水平与 3σ 水平的连续型数据对比示意图

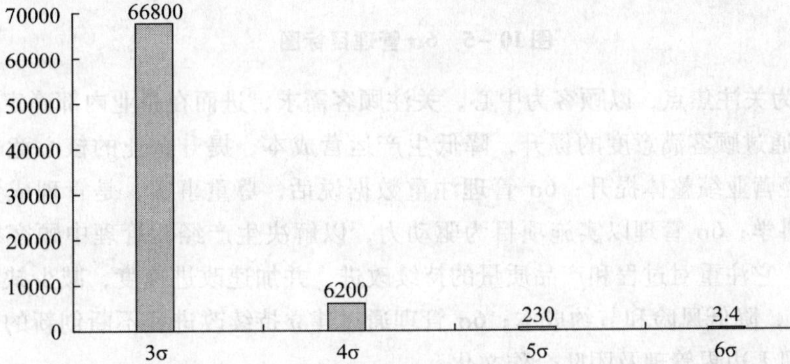

图 10－4　6σ 水平与 3σ 水平的离散型数据对比示意图

6σ 管理是一项以顾客为中心、以数据为基础，以追求零缺陷率为目标的管理理念，其核心是通过一套以统计科学为依据的数据分析、测量问题、分析原因、改进优化和控制效果，使企业的运作能力达到最大化。6σ 管理法作为一种绩效管理理念、战略框架和系统方法，其核心思想可以概括为以下三点：

- 关注顾客价值，由外及内，满足需要；
- 聚焦流程控制，追求完美，容忍失败；
- 提倡积极主动，强调责任，崇尚合作。

6σ 管理方法的基本目标是建立并实施以测量为依据的战略，通过实施 6σ 改善项目，改善制程，减少变异。6σ 管理的目标可用图 10－5 来表示。6σ 管理的目标需要通过两套 6σ 系统方法来完成：DMAIC 和 DMADV。6σDMAIC 过程（D－定义、M－测量、A－分析、I－改善和 C－控制）主要针对不能满足要求的过程，对其进行突破性改善。6σDMADV 过程（D－定义、M－测量、A－分析、D－设计和 V－验证）主要针对新产品和过程的开发，使得新产品和过程的绩效达到 6σ 的水平。

6σ 管理不仅是一种管理理念，也是一种通过业务流程优化达到管理目标的有效管理方法，更是一套改善经营业绩的管理体系。它能将理念变成行动，将目标变成现实。6σ 管理是以"顾

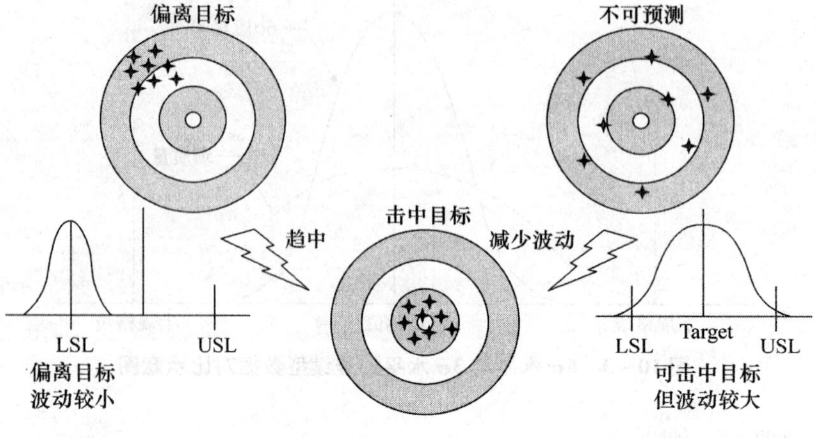

图 10－5　6σ 管理目标图

客”和“过程”为关注焦点，以顾客为中心，关注顾客需求，进而在企业内部确定管理项目及管理重心；6σ 管理通过顾客满意度的提升，降低生产运营成本，提升企业的核心竞争力和管理成熟度，促进企业经营业绩整体提升；6σ 管理注重数据说话，尊重事实，是管理成为真正意义上基于数据的一种科学；6σ 管理以实施项目为驱动力，以解决生产经营管理中顾客核心关注的重要而复杂的难题；它注重对过程和产品质量的持续改进，并加速改进速度，减少缺陷，挖掘生产中的“隐藏工厂”，降低风险和节约成本；6σ 管理通过建立持续改进和不断创新的企业文化，消除沟通壁垒，实现无边界管理及团队合作文化。

10.3.3　6σ 管理的实施程序

6σ 管理的实施过程可概括为以下五个步骤。

1. 辨别核心流程和关键顾客

一个企业的核心流程是创造顾客价值最为重要的作业环节，也直接关系着顾客的满意程度。核心流程是承担向外部顾客直接提供价值的业务序列，如顾客维系流程、订货管理流程、装货配送流程、顾客服务流程、新产品或服务开发流程及成交收款流程等。不同的企业，其核心流程各不相同，实施 6σ 管理首先必须识别出企业的核心流程，回答下列问题，有助于确定核心流程：

（1）企业通过哪些主要活动向顾客提供产品和服务？

（2）怎样确切地对这些流程进行界定或命名？

（3）用于评价这些流程绩效或性能的主要输出结果是什么？

在确定核心流程、界定业务流程的关键输出时，应尽可能避免将太多的项目和工作成果纳入“输出物”栏目下，以免掩盖主要内容，抓不住工作重点。

在辨别核心流程的同时，还要识别关键顾客。对于关键顾客，并不一定是企业外部顾客，对于某一流程来说，其关键顾客可能是下一个流程，如企业产品开发流程的关键顾客就是企业的生产流程。

在确定核心流程、识别关键顾客之后，可将核心流程的主要活动绘制成流程图，这样可使整个流程一目了然。

2. 定义顾客需求

6σ 管理实施的第二个环节是定义顾客需求。它主要包括收集顾客数据，制定顾客反馈战略；制定顾客需求的绩效指标以及对顾客需求进行排序等。

(1) 收集顾客数据，制定顾客反馈战略。清晰地了解顾客的需求是成功实施 6σ 管理的基础，即使是内部的辅助部门，也应清楚了解自己的顾客需求，比如人力资源部就必须清楚了解其内部顾客——企业员工的需求状况。要做到清楚了解顾客的需求，关键是要收集顾客数据，建立顾客反馈系统。将顾客反馈系统视为一个持续进行的活动，看做是长期应优先处理的事情或中心工作；要听取不同顾客的反映，不能以偏概全，产生片面看法；除市场调查、访谈、正式化的投诉系统等常规的顾客反馈方法之外，应积极采用新的顾客反馈方法，如顾客评分卡、数据库分析、顾客审计等；要及时掌握顾客需求的发展变化趋势，对于已经收集到的顾客需求信息，要进行深入的总结和分析，并传达给相应的高层管理者。

(2) 制定顾客需求的绩效指标及需求说明。顾客的需求包括产品需求、服务需求或是两者的综合。对不同的需求，应分别制订绩效指标，如在包装食品订货流程中，服务需求主要包括界面友好的订货程序、装运完成后的预通知服务、顾客收货后满意程度监测等，产品需求主要包括按照时间要求发货、采用规定的运输工具运输、确保产品完整等。一份顾客需求说明，就是对某一流程中产品和服务绩效标准简洁而全面的描述。

(3) 分析顾客需求并对其进行排序。要对顾客需求做深入分析，确认哪些是顾客的基本需求，哪些是顾客的可变需求，哪些又是顾客的潜在需求。对于顾客的基本需求，必须予以满足，否则顾客不会产生满意感；而对于顾客在可变需求上做得越好，顾客的评价等级就越高；至于顾客的潜在需求，如果产品或服务的某些特征超出了顾客的期望值，则顾客会处于喜出望外的状态。

3. 针对顾客需求评估当前行为绩效

针对顾客需求，规划并评估员工的行为及绩效状态，或通过识别公司业务流程的优势和劣势，开展误差评估活动并识别改进机会。无论是连续性的绩效变量，还是离散性绩效变量，评估工作都要将评估对象放在一个可观察的事件或行为上，对其前因、后果、偶发或频发以及持续过程进行客观的评价或度量。

根据企业资源状况，可对所有的核心流程进行绩效评估，也可从某一个或几个核心流程入手开展绩效评估活动。评估的步骤主要包括：①选择评估指标。选择的依据和标准主要有两条：一是这些评估指标具有可得性，数据可以取得；二是这些评估指标是有价值的，是顾客所关心的；②对评估指标进行可操作性界定，以免产生误解；③确定评估指标的资料来源；④准备并收集资料，对于通过抽样调查来进行绩效评估的，需要事先制订好样本抽取方案；⑤实施绩效评估，并检测评估结果的准确性，并确认其是否具有价值；⑥通过对评估结果所反映出来的误差，如次品率、次品成本等进行数量和原因方面的分析，识别可能的改进机会。

4. 辨别优先次序，实施流程改进

6σ 管理是一个需要付出长期而艰苦努力的动态过程。对需要改进的流程，必须进行区分，找到高潜力的改进机会，优先对其实施改进。如果企业不确定优先次序，多方面出手就可能造成精力分散，影响 6σ 管理的实施效果。业务流程改进遵循五步循环改进法，即 DMAIC 模式。

（1）定义（Define）。定义阶段主要是明确问题、目标和流程，编制 6σ 管理项目章程。这一阶段需要回答以下问题：应该重点关注哪些问题或机会？应该达到什么结果？何时达到这一结果？正在调查的是什么流程？它主要服务和影响哪些顾客？

（2）测量（Measure）。测量阶段主要是分析问题的焦点，借助关键数据缩小问题的范围，找到导致问题产生的关键原因，明确问题的核心所在。

（3）分析（Analyze）。通过采用逻辑分析法、观察法、访谈法等，对已评估出来的导致问题产生的原因进行进一步分析，确认它们之间是否存在因果关系，确认并选择造成当前绩效与目标绩效差别的关键原因。

（4）改进（Improve）。拟订几个可供选择的改进方案，通过讨论并多方面征求意见，从中挑选出最理想的改进方案。付诸实施。实施 6σ 改进，可以是对原有流程进行局部的改进；在原有流程问题较多或惰性较大的情况下，也可以重新进行流程再设计，推出新的业务流程。

（5）控制（Control）。在改进过程中，根据改进方案中预先确定的控制标准，及时解决出现的各种问题，使改进过程不至于偏离预先确定的轨道。修订激励目标和方针政策，建立健全绩效管理制度及其激励机制，使改进后的流程有效发挥功能，并能够长期稳定和规范化运作。

5. 扩展、整合 6σ 管理系统

当某一 6σ 管理改进方案实现了减少缺陷的目标之后，如何巩固并扩大这一胜利成果就变得至关重要了，这就需要对 6σ 管理系统进行扩展和整合。扩展、整合 6σ 管理系统，需要高层领导为 6σ 管理解决方案建立强有力的支持系统，建立流程危机应对预案，落实流程管理责任制，具体内容包括以下几点。

（1）提供连续的评估以支持改进。在企业内广泛宣传推广 6σ 管理改进方案，以取得企业管理层和员工的广泛认同，减少进一步改进的阻力；将改进方案落实到通俗易懂的文本资料上，以便于执行；实行连续的评估，让企业管理层和员工从评估结果中获得鼓舞和信心；任何改进方案都可能存在着进一步改进之处，对可能出现的问题，应提前制订应对策略，并做好进一步改进的准备。

（2）定义流程负责人及其相应的管理责任。采用 6σ 管理法，就意味着打破了原有部门职能的交叉障碍。为确保各个业务流程的高效、畅通，有必要指定流程负责人，并明确其管理责任，这些管理职责包括：维持流程文件记录、评估和监控流程绩效、确认流程可能存在的问题和机遇、启动和支持新的流程改进方案等。

（3）实施闭环管理，不断向 6σ 绩效水平推进。6σ 改进是一个反复提高的过程，五步循环改进法（DMAIC）在实践过程中也需要反复使用，形成一个良性发展的闭环系统，不断提高品质管理水平，减少缺陷率。事实上，从部分核心环节开始实施的6σ管理，也有一个由点到面逐步推开改进成果、扩大改进范围的过程。

10.3.4 6σ管理法在我国的应用

随着经济全球化的深入发展，为推进我国企业的质量管理水平，增强我国企业在全球竞争中的竞争力，中国质量协会六西格玛管理推进工作委员会于2002年9月16日宣告成立，其主要宗旨是“宣传六西格玛管理理念，推广六西格玛管理方法和工具，引导我国企业实施六西格玛管理战略，不断改进企业的经营绩效，提升我国企业的竞争力。”在我国，目前国内一些知名企业如联想、海尔、TCL、中兴、美的、宝钢等在21世纪初就率先开始实施六西格玛管理，并取得了初步成效。如海尔集团从2002年开始探索6σ管理在企业中的应用，2004年首先在海尔洗衣机试点，并于2005年10月在集团内部全面推广，从2004~2008年，六西格玛管理在海尔的应用已经带来了1.5亿元的财务绩效，顾客满意度由95%提高到99.5%，供应商质量水平提升到5.5，海尔产品整体质量水平从原来4.5提升到5.3。尽管一些企业在推行6σ管理方面取得了初步成效，但总体上，6σ管理在中国的应用还处于起步阶段，还有不少企业高层管理者对6σ存在认识上的偏差，一些企业在推广6σ的过程中缺乏对六西格玛的专业培训和咨询，错误地认为六西格玛就是统计方法在企业中的应用；有些企业则机械地模仿，缺乏科学合理的项目实施规划，没有建立6σ持续改进的质量文化；还有些企业由于基础管理相对薄弱，基础数据不完善，从而导致推广6σ难以达到预期结果。

2010年4月，在南京召开的全国质量技术奖励大会暨第8届全国六西格玛大会，就目前我国应用6σ过程中遇到的瓶颈与突破、创新与发展等热点问题进行了深入探讨和交流，吸引了全国近600多名知名质量专家和工商企业界领袖参加。与会者分别从高层领导支持、管理模式整合、系统规划、基础构建、项目管理、激励体系建设、企业文化等不同角度，对6σ在我国的应用现状进行了深入讨论，许多与会专家认为，如今在6σ逐步融入中国本土企业文化的关键时刻，正是中国企业寻求创新，并在此基础上力求突破的关键时期。相信随着我国企业内部需求的不断显现、企业高层对6σ管理作用认识的日趋深入，以及6σ管理人才的增加、本土化的6σ管理理论的探索和发展，6σ管理必将成为中国企业追求卓越、走向世界的重要战略和管理哲学。

【阅读案例10-2】 上海国际机场公司推行6σ管理的实践

为了保证实现在2010年建成国际航空枢纽港的战略目标，上海国际机场股份有限公司（以下简称国际机场公司）近年来致力于推进卓越绩效管理模式。2004年初，全公司开展了六西格玛管理，通过7个月的努力，在降低机场服务产品的缺陷、优化服务流程、提升运营绩效等方面均取得了可喜的成效，为国内外机场服务业的管理创新首开先河。在2004年度的全国质量管理奖评审中该公司脱颖而出，夺得奖牌。

1. 建立金字塔式推进机制

为了确保六西格玛管理的正常开展，国际机场公司首先从机制上予以保证，建立金字塔式的推进机制：由公司高层领导担任倡导者，负责决策和导向；各分公司主管担任推进者，负责本单位六西格玛项目的开发、监督并给予各方面支持；企业发展部负责全公司的横向推进和协调；以本部门或跨部门的优秀员工组成的六西格玛团队具体负责实施项目并完成预定目标。

2. 教育先行，打好推行基础

推进六西格玛管理的过程是一个变革创新的过程，在起步阶段必然会遇到各种思想障碍，比如，“按照ISO9000建立了公司的质量管理体系的要求，做好已经不错了”，“六西格玛就是使用统计方法，只需要少数人去计算就可以了”，“服务业搞六西格玛难，机场搞六西格玛就更难”，等等。因此，公司领导在推行六西格玛管理前，就与上海朱兰质量研究院合作，为公司中、高层领导进行了导入六西格玛的管理理念、模式与创新特点的先期培训。同时挑选优秀员工接受系统的知识培训，掌握六西格玛改进的工具与方法，从观念上、技能上为实施六西格玛管理项目提供保证。

3. 首批六西格玛项目取的成功

作为服务性企业，既要满足顾客的需求，又必须关注自身的经营，在推行六西格玛管理项目中，各分公司围绕“减少服务缺陷，提高旅客满意度”和“降低运营成本，提高经济效益”两大主题，结合自身特点拟定项目。根据“定义明确、可以测量、范围可控、目标可达、时间适中”的原则（即SMART原则），采用上下结合的方式反复讨论，最终确立了公司首批六西格玛项目，并由倡导者正式授权。在推进过程中，公司领导始终关注项目的进展情况，并通过企发部进行沟通、协调与支持；各分公司项目团队积极参与，发扬忘我的工作精神，不断克服各种困难，保证了项目的进度和质量。

安检护卫分公司以“缩短安检等候时间”为目标的改进项目，体现了服务旅客的理念。安检是旅客登机的必经程序，也是涉及旅客满意度的重要活动，项目团队通过周详、细致的现场测量，结合数据统计与流程分析，确定了影响旅客安检通关速度的三个主要原因，采取针对性改进措施后，使90%的旅客安检时间平均从5.3分钟缩短为2.5分钟，达到了国际民航组织IATA建议的要求（≤3分钟）。现场秩序得到明显改善，显著减少了旅客的抱怨。

通讯分公司负责机场数千台仪器设备的运营和维护。近年来，随着旅客流量的不断上升，仪器设备的工作负荷加大，故障率持续上升，由此而延长了旅客的等待时间，尤其在高峰时段，矛盾更加突出。对此，通讯分公司分别建立了“降低离港系统设备故障率”和“提高通讯系统故障修复及时率”两个六西格玛项目，经过团队成员的共同努力，平均故障率降低了24.8%，故障修复的及时率由94%提高到97%，进一步加强了设备的预防性维护和状态检测制度。

资料来源：张君，《减少服务缺陷 提高旅客满意度——上海国际机场公司推行六西格玛管理的实践》，《上海质量》，2005（2）。

10.4　基于企业社会责任的绩效战略

10.4.1　企业社会责任的内涵

企业的社会责任（Corporate Social Responsibility，CSR）最早于 1924 年由美国学者欧利文·谢尔顿（Oliver Sheldon）在其著作《The Philosophy of Management》中提出，欧利文·谢尔顿主要从社会道德伦理层面强调了企业承担的社会角色，认为企业对自身利益的获取要以不损害公众利益和周围环境为前提，这样才能确保企业利益的增加有助于社会总体福利的扩大。

1953 年，美国学者霍华德·R·鲍恩（Howard R. Bowen）出版了《企业家的社会责任》一书，这本书被认为是第一本有关企业社会责任的专著，标志着现代企业社会责任研究的开端，霍华德·R·鲍恩也因此被誉为现代"企业社会责任之父"。他认为，企业社会责任包含企业人按照社会普遍认可的社会目标和价值观来追求相应的政策，做出相应的决策或遵循相应的行动标准。对于"企业的社会责任"认识，在经济学领域历来存在着两类极端的观点，一类是新古典自由主义理论，比如密尔顿·弗里德曼等人的观点，他们认为企业的唯一责任就是在约束环境下追求自身利润最大化，企业的社会责任就是增加利润；而另一类的典型代表是利益相关者理论，主张企业要对所有利益相关者负责，其生存和发展要依赖企业利益相关者在广泛的"社会空间"展开的相互作用。

美国管理学者斯蒂芬·P·罗宾斯认为，企业社会责任是一种工商企业追求有利于社会的长远目标的义务，而不是法律和经济所要求的义务：它要求工商企业决定什么是对的，什么是错的，从而找出基本的道德真理。管理学大师彼得·德鲁克则指出，企业首要的社会责任是经济责任，但利润不是企业的目的，而只是一个限制因素，满足社会需要才是企业永恒的目的，利润只不过是企业实现社会责任的回报。

著名学者阿尔奇·卡罗尔（Archie B. Carroll）则将企业社会责任定义为企业对社会所承担的经济、法律、道德和慈善责任总和。他认为，一个具有社会责任感的企业应该在提供社会所需要产品和服务方面做到以下四点：第一，能得利（经济责任）；第二，遵纪守法；第三，遵循合乎道德要求的行为准则；第四是对企业运作与其中的社区福利做出积极贡献（慈善责任）。按照阿尔奇·卡罗尔的解释，企业的基本经济责任是"获得利润"，这是其存在的最根本理由。"遵守法律"是企业的第二个社会责任。经济和法律责任都是基本的社会责任，即必须履行的责任。"企业道德"、"成为良好的企业公民——慈善"则是高层次的责任。

由此可见，企业社会责任是企业在创造利润、对股东利益负责的同时，还要承担对员工、消费者、社区和环境等方面的社会责任；企业不仅要承担法律、行政等方面的强制义务，还需承担道德、慈善方面的自愿行为。企业作为社会的一分子，应该对社会发展做出自己的贡献，并履行相应的服务社会、贡献社会的责任。在经济全球化背景下，企业社会责任的本质就是企业对其自身经济行为的道德约束，它既是企业的宗旨和经营理念，又是企业用来约束生产经营行为的一套管理和评估体系。

10.4.2 企业社会责任的内容

随着经济的发展和社会的变迁，很多企业已经意识到企业社会责任在企业战略中的意义，即企业要实现可持续发展，长治久安，应当自觉地将对社会、环境以及利益相关者的责任融入企业经营活动中。

企业社会责任的具体内容，大致可以分为以下几个方面。

（1）企业对员工的责任。员工是企业最可宝贵的财富。强调企业对员工的责任，旨在超越以往企业只是把赚取利润作为唯一目标这样的传统理念，更强调以人为本，注重在生产过程中对人的价值的关注，注重生产过程中人的健康、安全和应该享有的权益。企业对员工的责任主要体现在：①不歧视员工；②定期或不定期培训员工；③营造一个良好的工作环境；④善待员工的其他举措，如推行民主管理，提高员工的物质待遇，关注员工的身心健康等。

（2）企业对顾客的责任。在市场经济条件下，顾客就是上帝，忠诚的顾客数量以及顾客的忠诚程度，往往决定着企业的成败得失。企业对顾客的责任主要体现在：①提供安全的产品；②提供正确的产品；③提供售后服务；④提供必要的指导；⑤赋予顾客自主选择的权利。

（3）企业对投资者的责任。企业首先要为投资者带来有吸引力的投资报酬。只想从投资者手中获取资金，却不愿或无力给投资者以合理报酬的企业，是对投资者极不负责的企业，这种企业注定被投资者抛弃。企业对投资者的责任主要体现在：①提高投资收益率；②提高市场占有率；③股票升值。

（4）企业对政府、社区的责任。企业对政府、社区的责任主要表现在：①执行国家的法令、法规；②照章纳税；③提供就业机会；④通过适当的方式把利润中的一部分回报给所在社区；⑤资助文化、教育、体育事业；⑥关注社会弱势群体，热心公益事业。

（5）企业对其他利益相关者的责任。企业对其他利益相关者的责任主要表现在：①在偿还期内偿还债权人的债务，维护债权人利益；②维护中小竞争者的正当利益；③和供应商、分销商、零售商公平交易。

（6）企业对环境的责任。企业既受环境的影响，又影响着环境。从自身的生存和发展角度看，企业有承担保护环境和生态的责任。企业对环境的责任主要体现在：①企业要在保护环境方面发挥主导作用；②企业要以“绿色产品”为研究和开发的主要对象；③企业要治理环境。

10.4.3 企业社会责任运动与社会责任认证标准（SA8000）

1. 企业社会责任运动

企业社会责任运动是一种强调企业为其所处社会中的利益相关者群体承担更多责任的国际社

会思潮，它是20世纪80年代以来经济全球化发展的产物。全球化加剧了国际市场的竞争态势，在促进各民族国家跨文化沟通的同时，也激化了原来潜伏在企业利益相关者之间的各种社会矛盾、利益冲突和贸易摩擦。在全球化经济发展中，经过长期的互动博弈，国际货币基金组织、世界银行、世界贸易组织等有关货物贸易、服务贸易和知识产品保护等相关协定和规则已得到广泛认同，并成为国际惯例；与此同时，有关"社会条款"，特别是国际劳工标准方面的"全球协议"以及有关可持续发展的"绿色贸易条约"，却成为国际社会长期争论不休的焦点问题。于是，在政府谈判相持的情况下，要求跨国公司承担更多社会责任的呼声越来越高，企业社会责任运动就是在这样一种时代背景下兴起并迅速蔓延开的。

企业社会责任运动可大致概括为以下五个主要阶段。

第一阶段是劳动者权益保护运动阶段。主要表现为劳动者为维护其权益所开展的工人运动，工人运动在经过18世纪的高潮后，于20世纪取得了明显成就并继续向纵深方向推进。在这期间，随着劳动者维权意识的逐步提高以及因企业规模的扩大而引起劳动者愈加集中，劳动者反抗资本家的斗争也更具组织性。劳动者纷纷建立和加入工会，举行声势浩大的罢工或示威游行，保护自己的正当权益。在劳资争议中，劳动者的着眼点由一度放在眼前和局部经济利益上逐渐转向重视长远与整体利益的保障上，工资、工时、就业保障、组织工会的权利、社会保险及福利待遇、职业安全与保健、集体谈判、职工参与等成为近几十年来工人运动关注的重要事项。在政府的协调下，目前，西方国家从总体上实现了由工业专制向工业民主的过渡，大企业也一改单纯的高压政策而采取"胡萝卜加大棒"式的策略，调整劳资关系，从而使劳动者的境况有了很大改善，这些都与20世纪劳动者有组织的维权运动是分不开的。

第二阶段是自然资源和环境保护运动阶段。自然资源和环境保护运动源于19世纪大企业、大资本家对自然资源肆无忌惮地掠夺以及由此造成的严重后果，这引起了当时一些科学家和开明人士的高度重视，他们向当局提出建议，要求国家切实保护自然资源和生态环境。在民众的推动下，西方发达资本主义国家也先后出台了一批早期的自然资源和环境保护法规。尽管如此，资源锐减和环境恶化长时间并未真正成为人们普遍关注的热点问题，直到20世纪，具有广泛民众基础的自然资源和环境保护运动才频繁涌现。美国第一次大规模的自然资源和环境保护运动出现在西奥多·罗斯福执政期间，罗斯福极力主张通过国家干预保护自然资源和生态环境。在美国民众的大力支持和呼应下，罗斯福政府最终通过并推行了包括把重要自然资源收归国有，组建由政治家、科学家和企业家共同参与的全国自然资源保护委员会，建立自然保护区和森林防护制度等在内的若干重大资源和环境保护措施。然而，美国的这次自然资源和环境保护运动主要是由当权者自上而下策动的，因而缺乏坚实的民众基础。而发生于20世纪60～70年代的新环境保护主义运动（New Conservation Movement）则是主要由民众推动的自然资源和环境保护的自觉行动，比如1970年4月22日第一个世界地球日当天，在美国就有1500所大学、1万多所中学、1000多万中小学生以及大量环保主义者、工商界开明人士和政府官员近2000多万人参加了示威游行，抗议大企业忽视环境保护的行径。新环境保护主义运动促使各种各样的民间或半民间的环保组织纷纷出现或得到发展，这些组织对后来美国和西方资本主义国家自然资源和环境保护运动的持续开展以及相应立法步伐的加快起到了积极的推动作用。

第三阶段是消费者权益保护运动阶段。美国是消费者运动的发源地，1891 年世界上第一个旨在保护消费者权益的消费者组织——“纽约消费者协会”宣告成立，1898 年美国消费者联盟（Consumer Federation Of America）成立。20 世纪上半叶，在消费者组织的领导下，消费者首先在与其关系最大、问题最多的食品和药品领域掀起了以争取洁净食品和安全药品为目标的斗争。20 世纪 60 年代以后，消费者运动涉及的领域进一步拓展，延伸到汽车等耐用消费品，并进而触及公私机构对消费者受损事件的受理态度、服务质量、环境损害、消费者自我保护意识的培养、垄断定价等众多方面。消费者运动的蓬勃开展，也引起了政府的高度重视，有关消费者权益保护的立法也日臻丰富和完善。除美国外，其他西方国家的消费者运动发展势头也非常迅速，各种消费者组织纷纷成立，如德国于 1953 年成立消费者同盟，英国于 1957 年成立消费者协会，日本于 1966 年成立消费者协会等，这些民间或官方消费者组织的成立有力地推动了消费者权益保护运动的发展。

第四阶段是企业主动承担社会责任运动阶段。20 世纪以来，随着企业实践的发展，企业应在利润目标之外承担社会责任的主张得到了企业界日益广泛的认同，许多知名的大型企业的管理者都在企业的年度报告或其他场合明确表示支持企业社会责任。比如科罗拉多燃料与钢铁公司曾公开宣布，企业的目的就是解决社会问题；美国钢铁公司和国际收割机公司董事伯金斯（George W. Perkins）早在 1908 年即提出：“公司愈是大型化，则它对全社会的责任就愈重；”著名企业家洛克菲勒（John D. Rockefeller）也认为：随着时代的发展，公司不能再一味地保守私人利益，以使某些个人得以积聚财富而不顾那些参与财富形成过程的人的福利、健康与快乐，相反，我们应当接受现代的观点，将产业作为社会服务的一种形式，唯利是图只会引起对抗和招致麻烦。在这些开明企业家的倡导下，许多企业通过不同的方式，投身于社会改良运动。在英国，为了促使企业致力于公益事业的发展，英国企业界还发起成立了相应的自律性组织，如百分数俱乐部（Per Cent Club）、社区企业联盟（Business in the Community）、志愿者中心（the Volunteer Centre）、慈善援助基金会（Charities Aid Foundation）、英国艺术援助协会（the Association for British Sponsorship of the Art）等。这些团体形成于企业社会责任运动中，同时又对企业社会责任运动的进一步开展起到了推波助澜的作用。

第五阶段是国际联合推动企业社会责任运动阶段。20 世纪上半叶，企业社会责任运动大多都是各国呈现的现象，且主要致力于本国一些具体矛盾的解决。但在 20 世纪中后期，随着企业引发的社会问题日渐突出，尤其是全球贫富悬殊的进一步拉大，以及跨国公司对世界影响力的与日俱增，企业社会责任运动也逐步发展成为一股势不可挡的国际潮流；它所关注的问题也更具广泛性和全局性，除传统的劳动者和消费者权益保障、生态环境和自然资源保护等项目外，诸如维护人权、消除贫穷、遏制腐败、创造社会公平、缩小工业化国家与发展中国家之间劳工标准和工资待遇上的差异等，都被认为与塑造企业的适当角色紧密相关。在世界知名社会活动家和国际组织的推动下，企业社会责任运动的国际合作日益增强。

2. 社会责任认证标准（SA8000）

目前，许多组织都制定了相应的社会责任守则，一些国际性组织如美国社会责任国际（Social Accountability International，SAI）、公平员工协会（FLI）、英国的道德贸易行动（ETI）、国际玩具协会（ICTI）等，还制定、审核和认证了一系列生产守则和社会责任标准，其中，以美国社会责任国际于2001年12月修订发布的一套社会责任认证标准（Social Accoutability 8000，SA8000）最为著名、影响最为广泛，是全球第一个由第三方认证的社会责任标准。SA8000的社会责任标准内容涉及童工、强迫性劳动、健康与安全、结社自由及集体谈判权利、歧视、惩戒性措施、工作时间、报酬、管理系统等九个方面，主要源于《国际劳工组织公约》、《世界人权宣言》和《联合国儿童权利公约》。这套标准给出了对企业进行独立审核的定义和核心要素，确认审核评判的基本原则，并做出了关于企业社会责任的规定。从事SA8000认证的机构，须向SAI提出申请，再通过审核并获得授权后方能开展相关认证工作。SA8000认证证书的有效期为3年，认证机构每6个月或每年进行一次监督审查，每3年进行一次全面审查，以延长证书的有效期。

对于一个对社会负责任的企业而言，实施SA8000认证，可以赢得公众的信赖，提升企业的形象及声誉，从而获得市场优势。同时，对人性化工作标准的清晰承诺，也有助于企业吸引更多的高素质人才，员工的忠诚度及工作效率也因此能得到提高。

【管理拾穗10-1】 SA8000企业社会责任9项要求

1. 童工（child labor）。公司不应使用和支持使用童工，应与其他人员或利益团体采取必要的措施确保儿童和应受当地义务教育的青少年的教育，无论工作地点内外，公司不得将儿童或青少年个人置于危险、不安全、不健康的环境中。

2. 强迫性劳动（forced labor）。公司不得使用或支持使用强迫性劳动，也不得要求员工在受雇起始时交纳“押金”或寄存身份证件。

3. 健康与安全（health and safety）。公司出于对普遍行业危险和任何具体危险的了解，应提供一个安全、健康的工作环境，并应采取必要的措施，在可能条件下最大限度地降低工作环境中的危害性隐患。应保证所有员工经常接受健康与安全培训，公司应给所有员工提供良好的休息环境，在可能情况下为员工提供储藏食品的卫生设施。

4. 结社自由及集体谈判权利（freedom of association and to collective bargaining）。公司应尊重所有员工自由组建和参与工会以及集体谈判之权利；在结社自由和集体谈判权利受法律限制时，公司应协助所有员工通过类似渠道获得独立、自由结社以及谈判的权利。

5. 歧视（discrimination）。在涉及聘用、报酬、培训机会、升迁、解职或退休等事项上，公司不得从事或支持基于种族、社会等级、国籍、宗教、身体残疾、性别、性取向、工会会员、政治归属或年龄之上的歧视；公司不得干涉员工行使尊奉信仰和风俗的权利以及满足涉及种族、社会阶层、国籍、宗教、残疾、性别、性取向、工会会员、政治从属需要的权利；公司不得允许强迫性、虐待性或剥削性的性侵扰行为，包括姿势、语言和身体的接触。

6. 惩戒性措施（disciplinary practices）。公司不得从事或支持体罚、精神或肉体胁迫以及语言侮辱。

7. 工作时间（working hours）。正常的周工作时间应依循法律规定，但无论如何不得经常超过48小时。员工在每七天周期中，至少应有一天休息时间。所有超时工作应付额外报酬，在任何情况下，每个雇员每周加班不得超过12个小时，所有加班必须是自愿性质的。

8. 报酬（remuneration）。公司应保证在一标准工作周内所付工资，至少达到法定或行业最低工资标准，并满足员工基本需要，提供一些可随意支配的收入。公司应保证不因惩戒目的而扣减工资，并应保证定期向员工清楚详细地列明工资及待遇构成；公司还应保证工资、待遇与所有适用法律完全相符。工资、待遇应采用现金或支票，以方便员工的形式支付。公司应保证不采取纯劳务性质的合约安排或虚假的学徒工制度，以规避涉及劳动和社会保障条例的适用法律所规定的对员工应尽义务。

9. 管理系统（management systems）。高层管理阶层应制定公司社会责任和劳动条件的政策，以确保该政策对公众公开，要对此进行定期审核，公司应指定一高层管理代表，无论其职责，来确保公司达到本标准要求。公司应协助非管理类人员选出自己的代表，以就与本标准相关事项增进与高层管理阶层沟通，建立并维持适当的程序，使供应商或分包商满足本标准要求。

资料来源：SA8000，The Definitive Guide to the New Social Standard，Deborah Leipziger，FINANCIAL TIMES Prentice Hall，2001。

10.4.4 企业社会责任的评价

企业社会责任是指企业在创造利润、对股东利益负责的同时，还要承担对员工、消费者、社区和环境等方面的社会责任，是企业作为社会的一分子应该对社会发展做出的贡献，并履行相应的服务社会、贡献社会的责任。目前，在美国已有30个州相继在公司法中加入公司的社会责任内容，日本和德国也对公司法做了部分修改，以突出对相关利益者的责任。

企业的利益可以进行目标量化，企业社会责任也同样可以进行量化评价，用指标体系进行评估。社会责任指标体系是指企业为反映和衡量企业整体、内部组织和员工个人管理对利益相关方和自然环境的影响的效果和效率而设置的指标的集合，是企业加强社会责任管理和考核，强化社会责任沟通，提升履行社会责任业绩的重要工具。企业社会责任指标体系的设计，总体思路可参照SA8000，按照平衡计分卡为拓展思路，以经济责任为基础、以法律责任为前提、以社会责任为导向、以绩效评价为动力来进行。社会责任指标体系一般具有以下特点。

第一，目的性。任何指标体系的设计都是围绕一定目的、为了一定社会经济需要服务的。建立社会责任指标体系是为了在企业内部全面推进企业社会责任，提高企业社会责任管理的规范化、科学化水平，落实企业社会责任战略，提高企业社会责任管理能力，促进企业实现可持续发展。

第二，理论性。指标体系的设计，都是以一定理论观点做指导的。企业社会责任指标体系是建立在企业社会责任的"三重底线"思想、"金字塔"思想、利益相关者理论等社会责任理论基础上。由于企业社会责任是一种有限责任，企业针对不同利益相关方承担的责任之和，构成了企业社会责任的范围的观点为指导建立起来的。

第三，科学性。指标体系的设计，应该符合客观实际，符合已被实践证明了的科学理论。企业社会责任指标体系以企业目前正在使用的经济、环境、社会方面的指标为主体，反映企业在盈利能力、保障员工权益、安全生产、诚信经营、保护环境、社区建设等方面的绩效，这些指标应该是经过多年的实践证明是可以反映企业的实际经营状况的。

第四，系统性。指标的设计，应该使选用的所有指标形成一个具有层次性和内在联系的指标系统。企业社会责任指标体系围绕企业的主要利益相关方，应由多层指标构成，比如按照指标的重要性程度可分为基本类指标、扩展类指标和特选类指标；按照指标的性质可分为定性指标和定量指标；按照指标反映的管理行为可分为制度类指标、过程类指标和绩效类指标。同一层次指标之间和各层次指标组之间，都具有内在联系，共同形成一个有机的指标系统。

10.4.5 基于企业社会责任的战略绩效评价

越来越多的研究和实践表明，从企业长期发展来看，企业承担社会责任既可以提升企业社会形象，又可以优化与利益相关者之间的关系，进而提高企业的竞争力，并最终提升企业的长期绩效。Freeman（1991）认为，长期条件下，较好的企业社会业绩符合商业法规的要求，并使企业业绩与社会责任呈正相关关系。Sandra A. Waddock 和 Samuel B. Graves（1997）提出公司显性成本（如债务利息等）和隐性成本（如产品质量成本、环境成本等）概念，认为公司不从事社会责任活动会造成隐性成本提高，产生更多显性成本，从而丧失优势。由此可见，履行社会责任对企业绩效具有积极的影响。随着经济全球化进程的加快，社会责任将成为企业发展战略的重要组成部分。基于企业社会责任的战略绩效评价将成为企业绩效管理的新趋势。

基于社会责任的企业战略绩效评价理论基础在于共生理论。共生（symbiosis）在生物学的本意是不同的生物生活在一起，随着各学科发展及相互渗透，共生理论扩展到经济领域。随着竞争的加剧，企业的共生问题成为一个研究热点。企业是人与人的一种权威共生的生存结构，从事专门的经济生产和交换，其运行机制的核心是命令机制，以权威命令来指导人的行动，以命令和计划来配置资源。企业应处理好内部员工之间、与投资者、与政府及社会各界、与客户的共生关系。企业共生网络是包括企业、政府、股东、经理、消费者、雇员在内的一种全方位、多层次的共生网络，所以市场竞争由企业间的竞争转化为企业共生网络之间的竞争。

基于共生理论的企业战略绩效评价体系引入了社会绩效的概念，并将社会责任绩效和经营绩效、财务绩效共同作为企业绩效评价的三大方面。企业是社会的企业，企业的社会绩效评价体系从某种意义上看就是考查企业和社会相互作用的指标体系。在企业财务绩效、经营绩效和社会责任绩效中，对于社会责任的绩效评价是共生理论指导下的企业战略绩效评价体系的核心内容之一。

事实上，企业社会责任的本质是在经济全球化的背景下，企业对其自身经济行为的道德约束，它既是企业的宗旨和经营理念，又是企业用来约束其内部包括供应商生产经营行为的一套管理和评估体系。企业社会责任强调企业对消费者、对环境的社会价值，注重企业对社会的贡献。企业的社会责任超越了以往企业只对股东（所有者、投资人）负责的范畴，强调对包括雇员（职工）、客户（消费者）、债权人（供应商）社区、政府等在内的所有利益相关者的社会责任。因此，企业的社会责任是以社会为本位，以企业经济利润目标与社会利益目标的和谐、互动与统一为目的，使两者在相互约束和相互促进过程中，实现各自的最大化目标的动态均衡。

企业主动地承担社会责任，既能促进社会的可持续发展，又能为企业经济效益、社会效益等产生积极的影响。企业经营的目的是盈利，但只有注重社会责任的企业，才能在长远的发展中树立起自身的品牌；只有给予社会最优质的产品，社会才会对企业回报及认同。在这样的良性循环下，企业自身才是最终的受益者。在我国现阶段，大部分企业还没有自觉形成这种意识，企业仍处于以赢利为目的的初级阶段，造成我国企业社会责任意识滞后。

【阅读案例10－3】 壳牌的可持续发展基因

对于壳牌这样一家传统能源公司，企业社会责任的最大意义在于为企业的发展创造良好的外部环境。“树人”是壳牌在中国的一项重要的运营策略，其宗旨在于培养本地员工，从而促进公司的发展。这一本来针对内部员工的理念，随着壳牌在中国的不断成长，已经延伸到了壳牌中国的企业社会责任（Corporate Social Responsibility，CSR）实践中，壳牌通过在教育领域的长期投入，向社会倡导可持续发展的理念。

1. 传播理念

“作为一家能源企业的员工，我认为我们需要了解各种能源知识，也需要通过走进农村来了解社会，了解我们的邻居，尽己所能，承担企业社会责任。”这段话出自壳牌职员范梅清在参加完壳牌大学生能源与新农村社会调研项目（以下简称“壳牌大学生农村能源调研”）后所撰写的实践心得。

自2004年推出至今，“壳牌大学生农村能源调研”项目已连续举办了7届。目前，壳牌中国每年在北京、上海等地的高校招募了20支队伍，资助他们前往农村，调研当地能源的使用情况。同时，壳牌中国也在公司内部招募志愿者，以普通队员的身份加入调研队伍，与大学生一同完成调研工作。

2010年的活动主题聚焦于中国农村的沼气社会化服务体系。在短短9天时间里，范梅清和5名来自西安交通大学的学生先后前往陕西省西安市户县祖庵镇的13个村，考察了12个沼气服务站，走访了200余户农家。最终，他们的研究成果——《陕西省户县祖庵镇村级沼气服务站建设情况调研报告》获得了2010年“壳牌大学生农村能源调研”项目的第二名。

“现在许多大学生对于中国的实际情况不是很了解，我们的初衷是希望学生到基层去，用自己的眼睛去了解社会究竟是怎么一回事。”壳牌中国公共事务部社会业绩经理毕蕾说，“我们希望通过学生的报告间接地推动农村的改善，但我们最终的落脚点还是在学生身上，还是在‘树人’这一点上。”

在壳牌中国的CSR实践中，教育项目是最为核心的内容，因为在壳牌看来，唯有通过教育，才能真正帮助公民树立环保的理念，才能实现这个社会的可持续发展。

除了“壳牌大学生农村能源调研”项目之外，壳牌还开展了许多其他项目。比如针对大学生的“壳牌汽车环保马拉松比赛”以及专门针对青少年的“美境行动”。壳牌中国甚至开发了一套宣扬环保理念的教材，在国内的中小学中推广。

“美境行动”始于1996年，活动鼓励中小学生设计和实施力所能及的环保方案。十几年来，活动从广州扩展至北京、上海等全国十几个城市，参加人数也超过了百万。

“‘美境行动’10周年的时候，很多参加第一届活动的孩子已经走向了工作岗位，他们回来的时候，已经成了非常坚定的环保者，有人甚至还用着我们当年给他的环保袋。”回忆“美境行动”多年来的发展，壳牌中国公共事务部董事刘小卫感慨地说。

2. 能力落地

对于CSR，壳牌有着自己的理解。“在壳牌内部，我们一般不叫CSR，我们叫可持续发展，我们认为可持续发展理念的内涵比CSR更广一些。”毕蕾介绍道。在壳牌的可持续发展理念中，社会是至关重要的一环，壳牌把企业对于社会的贡献称为社会投资。“在中国，我们根据自己的特长、行业的特点以及中国的热点问题将社会投资分成了两大部分：一部分是教育；还有一部分是能力建设。”刘小卫说。

如果说壳牌对于教育的关注是在间接促进社会和环境的可持续发展的话，那么能力建设所起到的作用就是直接的。“新经济中国”项目是壳牌能力建设中的核心内容，项目定位于中国绿色中小企业的投资促进和能力建设，帮助绿色中小企业在可持续发展领域获得融资机会。

北京蓝洁士科技发展有限公司（简称蓝洁士）就是在“新经济中国”项目扶持下发展起来的一家企业。蓝洁士从事生态环保厕所技术的开发及产品推广，目前该公司已经发展成为国内环保厕所行业的领军企业，其主打产品免水可冲洗厕所在2008年北京奥运会和2009年的国庆60周年大庆期间被广泛应用。

2003年以来，已有400余家绿色中小企业参与了“新经济中国”项目的能力建设和融资对接活动，60多家企业得到了重点培育，15家企业获得了不同形式融资，融资总额超过了10亿元人民币。

“这两年变化挺大的。以前风投对于这些企业不感兴趣，但从前年开始，项目年会来了好多风投的人，有的就牵上线了。”毕蕾得意地说。

壳牌的能力建设还不局限于此。2008 年汶川地震后，壳牌与中国扶贫基金会合作，在受灾较为严重的四川什邡、德阳和绵竹地区推出了小额信贷业务，为当地百姓的灾后重建以及恢复生产提供资金援助。

从关注教育到推动绿色中小企业的发展，再到对于灾区的小额信贷，壳牌中国树立了健康良好的企业形象。

3. 好形象促进企业转型

近年来，随着全球气候变化，环境议题日益成为公众关注的焦点。在这样的大背景下，塑造良好的企业形象对于传统的能源企业显得十分重要。在毕蕾看来，壳牌社会投资的目的并不在于能够给公司带来直接收益，而是在帮助壳牌成为一个优秀的企业公民，为壳牌赢得一些好口碑。“你跟周围的社区和环境相处好的话，有利于公司的长远发展。”毕蕾说道。

不能否认的是，在未来相当长的一段时间内，传统能源在人类生活中仍将扮演着不可替代的角色。据刘小卫介绍，即便到 2050 年，可再生资源占到一次能源的比例也只能达到 30%，人类 70% 的能源需求依然要靠传统能源来满足。在现阶段停止传统化石能源使用的想法并不现实，也缺乏可操作性。

壳牌在 CSR 实践中推广可持续发展的理念，为壳牌自身业务的转型创造了良好的外部舆论环境；同时外部环境也促进了企业的转型。事实上，壳牌一直在寻求公司发展与环境保护之间的平衡点，用刘小卫的话说就是“人们需要全部的能源解决方案”。

壳牌短期内的目标是，以更加清洁的方式利用传统的化石能源。具体来说，壳牌正在加大对天然气业务的投入，因为天然气是传统化石能源中最为清洁的。“使用天然气发电要比使用煤炭发电清洁 50%，效率更高，也符合中国当前节能减排的目标。”刘小卫介绍，到 2012 年，壳牌生产的化石能源中，天然气将超过石油，占据主要份额。

“综合来看，从能源的生产到最后的消费，在这过程中的每一个点上，我们每一个人都是有责任的。从能源企业的角度讲，我们寻找更清洁的能源，或者通过更好的技术、更成熟的商业模式，更加有效地利用能源。”在刘小卫看来，在节能减排的道路上，传统能源企业有着义不容辞的责任，但是仅靠能源企业本身还远远不够，需要全社会的力量共同努力。

2010 年 2 月，壳牌与全球最大的制糖和乙醇商 Cosan 签订合作协议，双方整合旗下资源，共同组建一个价值 120 亿美元的乙醇和燃料合资企业。这也意味着壳牌向清洁能源领域迈出了重要一步。

作为一家负责任的传统能源企业，壳牌应该有着怎样的社会担当？“一方面，在运营过程中我们会尽量减少对环境和社会的影响；另一方面，我们要把自身对于能源的见地通过社会投资分享给更多的人。”刘小卫坚定地说。

资料来源：中国人力资源开发网。

10.5　高绩效工作系统

10.5.1　高绩效工作系统的提出背景

高绩效工作系统的提出源于美国新联合汽车公司的成功案例。20 世纪 80 年代初，美国三大汽车公司——福特、克莱斯勒和通用汽车公司都出现了巨大亏损，而日本汽车公司在美国和世界市场的占有率却不断提高。1985 年，美国通用与日本丰田汽车公司在因效率低下而被美国通用关闭的弗雷蒙特工厂原址组建了一家合资公司——新联合汽车制造有限公司。该合资公司 85% 的员工来自老厂，公司使用原有设备，工会也仍由汽车工人联合会所控制。

员工、设备、地点都没有改变，生产率和质量却远远超过了原来通用公司管理时的状况。1986 年，通用汽车公司员工 Krafcik 进入麻省理工（MIT）学习，开始对新联合汽车公司进行研究，他选择了四个工厂（通用原弗雷蒙特工厂、通用佛莱明汉姆工厂、新联合汽车工厂、丰田在日本的总装厂）进行生产率和质量的数据统计。结果表明，新联合汽车工厂组装一辆汽车的劳动时间比原弗雷蒙特和通用佛莱明汉姆这两家工厂少 59% 以上，然而日本丰田并未向新联合汽车工厂输入先进的技术。

新联合汽车公司的案例激起 MIT 研究人员的浓厚兴趣。1989 年，他们对全世界 62 家汽车总装厂进行研究，将 62 个工厂的生产系统划分为相互对照的两种生产系统：一种是采用防范、监督和控制等措施确保质量的传统生产系统；另一种是注重团队合作、员工参与以解决生产问题的精益生产系统。研究表明，精益生产系统在产品质量和生产率上明显高于传统生产系统。这两个生产系统的巨大差异产生于对员工管理方式的不同，主要表现在员工培训的强度、团队的利用程度、缩小员工地位差异以及权变业绩工资制等人力资源管理方法的采用与否。

20 世纪 80 年代中期以来，随着技术的进步和全球化趋势的加强，无形资产和智力资本在现代经济中的作用不断增强。这一时期，有关人力资源管理实践对组织结果影响的研究引起学者们的广泛关注，并产生了一批代表性的研究成果。比如 Arthur（1992）对美国钢铁行业中的 30 个企业的生产流水线的研究表明，诸如激励奖金、工作安全、为员工提供知识和技能的培训、沟通，以及信息共享等人力资源管理实践，是预测生产率的最重要指标。Arthur（1994）的另一项对美国 54 家小型钢铁厂的调查发现，人力资源管理的政策与实践最终可分为“控制”和“承诺”两种类型，控制型系统是指通过要求员工遵守企业的管理制度、规则以及依据，可以测量的产出来奖励员工的方法来达到降低成本或者提高效率的目的。承诺型系统是指通过强化员工与企业之间的情感联系来达到员工的自主行为与企业目标高度一致的目的。与采用控制型系统的公司相比，采用承诺型系统的公司表现出较高的生产率、较低的废品率和离职率。

随着人们对人力资源管理实践的关注，越来越多的学者和企业家开始加入到探寻人力资源管理的最佳实践或“理想模式”当中，高绩效工作系统的概念正是在这一背景下提出的。

10.5.2 高绩效工作系统的含义

1. 什么是高绩效工作系统

高绩效工作系统（High Performance Work Systems，HPWS），也被称为高承诺工作系统、柔性工作系统、高绩效系统、高参与系统或最佳人力资源实践等，它是指公司内部高度一致、能够确保人力资源服务于企业战略目标的系统政策和活动。政策是指能够表述出来、但不一定在实际中达成的东西；而实践则是落实在行动中的东西。理论与实践的整合如果能够实现，或者有助于实现组织目标，那么就可称之为“最佳实践活动”或“高绩效工作系统”。

高绩效工作系统是组织重要的战略工具，是开发和保持核心竞争力的手段，它包括一系列人力资源活动的组合。高绩效工作系统的关键是系统，局部工作的高绩效不是高绩效工作系统，除非组织目标之间和要素之间相互加强、互为联盟，并获得协调发展。高绩效工作系统包括战略、观念、使命和目标、信念和价值、管理措施、组织结构、工作程序、人力资源体系以及技术支持系统等。高绩效工作系统的形式可以各不相同，但其实质都蕴含着员工是组织最根本的竞争性资产的观点。

2. 高绩效工作系统的特征

高绩效工作系统是以员工高参与为原则，强调通过组织系统的有效整合，最大化员工的知识、技能、主动性，赋予员工改进组织工作程序的权力、鼓励员工解决实际问题、突出团队自我管理和协作能力，从而提高企业的竞争优势。因此，高绩效的工作系统往往具有以下特征。

（1）目标导向特征。高绩效的系统与高绩效的企业战略是密不可分的。由于员工的高参与和自我发展的特点，高绩效工作系统的目标与绩效的对接，使员工有了价值发挥最大化的标杆。

（2）系统运作特征。高绩效工作系统突出以人的价值实现为核心，形成企业物资资本、互补性资本（包括组织资本、文化资本和社会资本）相互匹配的支撑平台，为企业员工提供能力施展的空间。

（3）能力发展特征。为了快速应对外部环境变化，企业员工也需要快速适应。高绩效工作系统形成的多培训、更新的业务技能挑战、创造性地解决问题、协调处理各种人际关系等能力提升环境，为企业员工贡献价值的发挥提供了有效保障。

（4）激励与约束特征。为了保证个人目标与企业目标的一致性，高绩效工作系统通过薪酬、福利、职业发展、企业承诺的激励与绩效目标的约束等手段体现报酬分配的公平性和差异性，使员工增加对企业的依赖度和信任感。

（5）团队协作特征。高生产效率与良好的生产协作是紧密相关的。高绩效工作系统采取的扁平化管理层级、持续改进的工作流程、自我管理团队与弹性制造等方式减少了层级差异，增加了员工能动性参与，形成团队凝聚绩效的效应。

（6）信息共享特征。高绩效工作系统的员工信息的获取是多通道的。及时获取同业市场信息、组织发展方向、市场竞争策略、组织重大变革、财务状况和经营绩效，达到员工及时把握和理解企业发展方向，实现推进企业目标的目的。

10.5.3 高绩效工作系统的构成

对高绩效工作系统的研究显示，在高绩效工作系统应该由哪些人力资源实践组成的问题上，不同的研究得出的结论不尽相同。Becker & Huselid（1998）把高绩效工作系统看做是通过培养有才能的和对组织承诺的员工队伍来提高企业绩效的一组人力资源实践；而 Appelbaum、Bailey 和 Berg（2000）则认为高绩效工作系统中的人力资源实践应该能够改善员工能力、员工动机和员工的参与机会这三个要素；Huselid（1995）认为内部晋升是一种高绩效工作系统的措施，但 Arthur（1994）认为内部晋升不是一种高绩效工作系统的措施。

Jeffrey Pfeffer（1994）广泛地阅读流行的学术文献，与各种行业的公司人员谈话，提出能提高一个公司的竞争优势的 16 种人力资源管理实践，包括雇佣安全、重视招聘、富有竞争力的薪酬、奖励津贴、共享信息、员工参与、员工持股、工作团队、技能开发、一员多能、上下平等、减少薪差、内部晋升、长期规划、及时评价、系统哲学。之后他在《人力资源方程式：以人为本创造利润》一书中，把上述 16 项筛选为 7 项，即雇佣安全、选拔式招聘、自主管理团队和分散化决策、基于业绩的高工资体系、强化培训、缩小管理级别之间的差距、信息共享。而 Delaney（1996）则确定了与 Pfeffer 略有不同的 7 项最佳人力资源实践：内部就业机会、正规培训、系统评价方法、利益共享、就业安全、申诉机制和工作定义。尽管学者们对高绩效工作系统中的人力资源实践构成还没有形成统一的认识，但是大部分学者认为，严格的招聘和甄选程序、广泛的开发及培训活动、员工参与和授权、基于绩效的奖酬体系是高绩效人力资源管理系统的重要组成部分。

【管理拾穗 10-2】 三个和尚有水喝——高绩效管理五步法

三个和尚没水喝，怎么办？三个和尚利用星期天的时间在一起开会，商讨如何解决庙里喝水的问题。最后大家发现，其实解决庙里喝水的问题是一件并不复杂的事情，只是以前没有认真去思考和沟通而已。小和尚说：“我看得发明一种新的挑水设备才行，有三条扁担，这样一桶水由我们三个人一起来挑。”大家马上对小和尚幼稚的想法提出了批评，大和尚说：“师弟啊，你真是没脑，你算过没有，要研究这么一个新玩意儿，得花多少银两啊！我们庙里付得起吗？再说了，这样挑水，行吗？”小和尚挠了挠头，对自己的提议感觉不好意思，傻笑了几声。二和尚发言了：“要不再买两套新水桶和扁担吧，一人一套，我们三个人每天同时去挑水，怎么样？”大和尚说：“二师兄啊，你这个想法也不怎么样，不一样要花很多银两吗？你知道我们现在的财务状况并不好，哪有银两买新水桶啊！再说了，有必要买这么多水桶吗？”……

大家讨论得非常激烈，这时候大和尚开始进行总结性发言了，他说："在我们之间制订一个挑水的工作计划怎么样？按顺序轮流挑水，一人负责一天。"大家对这个不花银两而且对自己没什么坏处的想法很有兴趣，纷纷发表意见。经过一天的讨论，最后大家达成了一致意见，大和尚高兴地说："困扰我们这么多年的喝水问题终于解决了，真是太令人高兴了，今天我请大家吃麦当劳。"几天后，小和尚和二和尚按照大和尚的想法拿出了解决喝水问题的整体解决方案，方案得到了大家的一致认可。

现将方案部分内容摘录如下：

1. 小和尚负责制订每个月的挑水轮班计划。

2. 二和尚负责统计每个人每个月的挑水数量。

3. 大和尚负责考核工作，按挑水的数量给付银子，多挑的多给，少挑的少给，不挑的不给。

资料来源：冉斌，《三个和尚有水喝：高绩效管理五步法》，中国经济出版社，2004 年版。

10.5.4 高绩效工作系统的设计

战略人力资源管理理论认为，高绩效工作系统的实施能够让企业的人力资源管理实践对企业的竞争优势做出直接贡献，从而带来企业的高绩效。但管理实践一定要适应于企业文化，即使是西方最佳的人力资源管理实践也不能照搬照套，必须选择一些符合本土文化或者本企业文化的管理实践实施，而不可"东施效颦"。在进行高绩效工作系统的设计时，通常应遵循以下原则。

（1）高绩效工作系统的设计应着重于企业的顾客，这里的顾客既包括企业内部顾客，也包括企业外部顾客。

（2）团队作为企业高绩效工作系统设计的基本单元，是整个组织建立授权机制和自我管理的核心。围绕企业整体工作系统而设立的各级团队，应有明确的目标和任务界限，并在各自的工作范围内最大限度地自主工作。

（3）信息取得与信息共享。团队只有在获得充分信息条件下才能做出有效的决策，这也是有效实施授权的前提。

（4）社会和信息系统的一体化。高绩效工作系统的设计扩大了组织对人力资源和技术体系的整体需求，也促进了二者的整合。

（5）员工技能的多样化。建立团队成员的工作轮换制度，使员工技能尽可能的多样化，从而大大增加组织的灵活性和应变能力。

（6）建立有利于授权的整体组织管理结构。

（7）建立支持授权的各项具体人力资源管理措施，如选拔机制、以团队为基础的奖励计划等。

（8）强化组织的纠错和更新能力。在团队自我检测和纠错能力不断增强的基础上形成组织的迅速更新能力，使企业更具动态的灵活应变能力。

【阅读案例 10 - 4】　施乐公司的高绩效工作系统

施乐公司（Xerox）是较早成功实施高绩效工作系统的美国大公司之一。早在 20 世纪 80 年代初，施乐公司在面对一些日本公司的挑战而逐渐丧失复印机市场的主导地位时，开始了一项旨在通过提高质量而夺回市场的运动，整个项目历时 5 年，耗资 1.25 亿美元，耗时 400 万个工作小时。经过这项以“质量取胜”的运动，施乐公司获得了 1989 年全美最高质量奖——马可姆·波多里奇国家质量奖（Malcolm Baldrige National Quality Award）。同时，25 名高层管理人员总结质量政策的两方面要求时提出：①顾客必须被满足；②改善质量是每一个员工的责任。

进入 20 世纪 90 年代，施乐公司 CEO 的更迭没有影响团队的继续壮大，相反，团队日益扩大的授权活动促进了公司进一步在其全球服务系统中实施高绩效工作系统。施乐公司的全球服务系统雇佣了约 25000 人，是仅次于制造系统的第二大部分。全球服务系统的领袖们意识到，如果能将决策权转移到离顾客更近的“顾客接触点”上，将会大大提高公司的生产率。由于在质量为先导的运动中，服务部门的员工对“团队”这一概念已有所了解，因此后来的向团队授权的运动进展很快。随着团队授权活动的演进，公司逐渐认识到，要使团队更有效地发挥作用，还需要来自公司其他方面的共同改变。比如员工抱怨说，他们虽然以团队形式工作，而评估和报酬的机制是建立在以个人为基础而非以团队整体为基础之上的。同时，团队成员还常常很难获得决策所需的信息。这一切促使施乐公司开始考虑做出公司整体的改变，即形成真正的高绩效工作系统。

在施乐公司看来，高绩效工作系统就是一种通过加强员工、工作信息和技术之间的配合以提高组织整体业绩（如顾客满意度、生产率等）的组织设计系统。围绕授权的团队工作，高绩效工作系统强调：①以顾客为中心；②明确的组织目标和任务；③有利于授权的工作环境；④持续的全面过程管理；⑤易取得的信息⑥丰富化的工作；⑦灵活和适应性的组织体系。

在施乐公司推广高绩效工作系统的过程中，人们逐渐意识到沟通、培训、评估和支持系统在整个体系中的重要作用。为此，施乐公司建立了管理信息系统，向全公司范围内各个层次的团队及时输送必要的、更新了的信息，同时公司改革了原有的薪酬体系，建立了以团队为基础的奖励计划，并通过共同的目标和激励将团队成员紧密地联系在一起。

高绩效工作系统成功实施的结果在施乐公司随处可见：服务部门在不断超越新的业绩指标。调查显示，顾客满意度增加了 4 ~ 10 个百分点，而每个百分点代表了数百万美元的业务量。另外，员工满意度也增加了近 10 个百分点。施乐公司成功实施的高绩效工作系统，虽然不能复制或照搬到我国企业的管理实践中，但其成功实践的思路和方法措施对于我国企业提高人力资源管理水平，增强企业竞争优势仍具有现实的借鉴意义。

资料来源：根据 http：//www. gctmba. com/和 http：//www. mbalib. com 资料整理。

要点总结

● 经济增加值（Economic Value Added，EVA）是指企业税后净经营利润减去投入的全部资本（主要包括计息债务资本和股东投入的资本）成本后的余额。EVA 的计算公式为：EVA = 税后净经营利润（NOPAT）－资本成本 = 投资资本 ×（投资资本回报率－加权平均资本成本）。

● 作业成本法（Activity-Based Costing，ABC）是将生产一种产品所发生的所有作业分配到产品成本中的一种成本计算方法，它是一种以作业为中心，通过对作业及作业成本的确认、计量，最终计算产品成本的新型成本管理方法。它把企业成本计算深入到作业层次，对所有作业活动追踪并动态反映，为企业决策提供相对准确的成本信息。作业成本法的基本原理是：产品（成本对象）消耗作业，作业消耗资源，生产导致作业发生，作业导致成本发生。

● 6σ 管理是一项以顾客为中心、以数据为基础、以追求零缺陷率为目标的管理理念，其核心是通过一套以统计科学为依据的数据分析、测量问题、分析原因、改进优化和控制效果，使企业的运作能力达到最大化。

● 企业的社会责任（Corporate Social Responsibility，CSR）是企业在创造利润、对股东利益负责的同时，还要承担对员工、消费者、社区和环境等方面的社会责任；企业不仅要承担法律、行政等方面的强制义务，还需承担道德、慈善方面的自愿行为。在经济全球化背景下，企业社会责任的本质就是企业对其自身经济行为的道德约束，它既是企业的宗旨和经营理念，又是企业用来约束生产经营行为的一套管理和评估体系。

● SA8000（Social Accoutability 8000）是由美国社会责任国际（SAI）于 2001 年 12 月修订发布的一套社会责任认证标准，其内容涉及童工、强迫性劳动、健康与安全、结社自由及集体谈判权利、歧视、惩戒性措施、工作时间、报酬、管理系统等九个方面，主要源于国际劳工组织公约、世界人权宣言和联合国儿童权利公约。

● 社会责任绩效是指立足于企业承担的社会责任，从企业履行社会责任现状出发，对企业的社会效应进行综合评价。企业是社会的企业，企业的社会绩效评价体系从某种意义上看就是考查企业和社会相互作用的指标体系。

● 高绩效工作系统（High Performance Work Systems，HPWS），也被称为高承诺工作系统、柔性工作系统、高绩效系统、高参与系统或最佳人力资源实践等，它是指公司内部高度一致、能够确保人力资源服务于企业战略目标的系统政策和活动。高绩效的工作系统通常具有目标导向、系统运作、能力发展、激励与约束、团队协作、信息共享等特征。

思考题

1. 什么是 EVA 绩效评价？它有什么特征？
2. 简述作业成本法（ABC）的基本原理及运算步骤。
3. 简述 6σ 管理的基本思想、原理及实施过程。

4. 什么是企业的社会责任？它包括哪些内容？
5. 企业社会责任运动经历了怎样的发展阶段？试分析推动企业社会责任运动发展的动因。
6. 简述企业推行社会责任认证标准（SA8000）认证的价值和意义。
7. 结合我国企业绩效管理的实践，谈谈如何构建基于企业社会责任的战略绩效评价体系？
8. 什么是高绩效工作系统？它具有哪些特征？
9. 结合实际谈谈如何有效地设计高绩效工作系统？

讨论题

阅读下列故事材料，讨论分析材料中所反映的各类现象之间的关系以及对现实企业和组织绩效管理的启示。

猎狗和兔子的故事

1. 目标

一只猎狗将兔子赶出了窝，并一直追赶它，追了很久仍没有捉到。牧羊人看到此种情景，讥笑猎狗说："你们两个之间小的反而跑得快得多。"

猎狗回答说："你不知道我们两个的跑是完全不同的！我仅仅为了一顿饭而跑，它却是为了性命而跑呀！"

2. 动力

这话被猎人听到了，猎人想：猎狗说的对啊，那我要想得到更多的猎物，得想个好法子。于是，猎人又买来几只猎狗，凡是能够在打猎中捉到兔子的，就可以得到几根骨头，捉不到的就没有饭吃。这一招果然有用，猎狗们纷纷去努力追兔子，因为谁都不愿意看着别人有骨头吃，而自己没的吃。就这样过了一段时间，问题又出现了：大兔子很难捉到，小兔子好捉，但捉到大兔子得到的奖赏和捉到小兔子得到的骨头差不多。猎狗们发现了这个窍门，专门去捉小兔子。猎人问猎狗：最近你们捉的兔子越来越小了，为什么？猎狗们说：反正没有什么大的区别，为什么费那么大的劲去捉那些大的呢？

3. 长期的骨头

猎人经过思考，决定不将分得骨头的数量与是否捉到兔子挂钩，而是采用每过一段时间，就统计一次猎狗捉到兔子的总重量，按照重量来评价猎狗，再决定一段时间内的待遇。于是猎狗们捉到兔子的数量和重量都增加了，猎人很开心。

但是过了一段时间，猎人发现，猎狗们捉兔子的数量又少了，而且越有经验的猎狗，捉兔子的数量下降得就越利害。于是猎人又去问猎狗，猎狗说："主人，我们把最好的时间都奉献给了您，但是我们随着时间的推移会老，当我们捉不到兔子的时候，您还会给我们骨头吃吗？"

4. 骨头与肉兼而有之

猎人做了论功行赏的决定，分析与汇总了所有猎狗捉到兔子的数量与重量，规定如果捉到的兔子超过了一定的数量后，即使捉不到兔子，每顿饭也可以得到一定数量的骨头。猎狗们都很高兴，大家都努力去达到猎人规定的数量。一段时间过后，终于有一些猎狗达到了猎人规定的数量，这时，其中有一只猎狗说："我们这么努力，只得到几根骨头。而我们捉的猎物远远超过了这几根骨头。我们为什么不能给自己捉兔子呢?"于是，有些猎狗离开了猎人，自己捉兔子去了。

5. 只有永远的利益，没有永远的朋友

猎人意识到猎狗正在流失，并且那些流失的猎狗像野狗一般和自己的猎狗抢兔子。

情况变得越来越糟，猎人不得已引诱了一条野狗，问它到底野狗比猎狗强在哪里。野狗说："猎狗吃的是骨头，吐出来的是肉啊!"接着又道："也不是所有的野狗都顿顿有肉吃，大部分野狗最后骨头都没的舔！不然也不至于被你诱惑。"于是猎人进行了改革，使得每只猎狗除基本骨头外，还可获得其所猎兔肉总量的n%，而且随着服务时间加长，贡献变大，该比例还可递增，并有权分享猎人总兔肉的m%。就这样，猎狗们与猎人一起努力，将野狗们逼得叫苦连天，纷纷强烈要求重归猎狗队伍。

日子一天一天地过去，冬天到了，兔子越来越少，猎人们的收成也一天不如一天。而那些服务时间长的老猎狗们老得不能捉到兔子，但仍然在无忧无虑地享受着那些它们自以为应得的大份食物。终于有一天，猎人再也不能忍受，把它们扫地出门，因为猎人更需要身强力壮的猎狗……

6. Birth of MicroBone Co.

被扫地出门的老猎狗们得了一笔不菲的赔偿金，于是他们成立了MicroBone公司。他们采用连锁加盟的方式招募野狗，向野狗们传授猎兔的技巧，并从猎得的兔子中抽取一部分作为管理费。当赔偿金几乎全部用于广告后，他们终于有了足够多的野狗加盟。公司开始赢利。一年后，他们收购了猎人的家当。

7. Development of MicroBone Co.

MicroBone公司许诺给加盟的野狗得到公司n%的股份。这实在是太有诱惑力了。这些自认为是怀才不遇的野狗们都以为找到了知音：终于做公司的主人了，不用再忍受猎人们呼来唤去的不快，不用再为捉到足够多的兔子而累死累活，也不用眼巴巴地乞求猎人多给两跟骨头而扮得楚楚可怜。这一切对这些野狗来说，比多吃两根骨头更加受用。

于是野狗们拖家带口地加入了MicroBone，一些在猎人门下的年轻猎狗也开始蠢蠢欲动，甚至很多自以为聪明实际愚蠢的猎人也想加入。好多同类型的公司像雨后春笋般地成立了，BoneEase，Bone. com，ChinaBone …… 一时间，森林里热闹起来。

8. F4 的诞生

猎人凭借出售公司的钱走上了老猎狗走过的路，最后千辛万苦要与MicroBone公司谈判的时候，老猎狗出人意料地顺利答应了猎人，把MicroBone公司卖给了猎人。老猎狗们从此不再经营公司，转而开始写自转《老猎狗的一生》，又写《如何成为出色的猎狗》、《如何从一只普通猎狗成为一只管理层的猎狗》、《猎狗成功秘诀》、《成功猎狗500条》、《穷猎狗，富猎狗》，并且将老猎狗的故事搬上屏幕，取名《猎狗花园》，四只老猎狗成了家喻户晓的明星F4. 收版权费，没有风险，利润更高 ……

资料来源：中国人力资源开发网（http：//www. chinahrd. net）

案例分析

华硕公司的企业社会责任

华硕是全球领先的3C 解决方案提供商，致力于为个人和企业用户提供最具创新价值的产品及应用方案。2007 ~2009 年连续三年跻身《财富》500 强，成为最年轻的世界500 强企业之一；1998 ~2009 年连续12 年被美国《商业周刊》列为全球IT 百强企业，更被亚洲《华尔街日报》评为品质与服务第一名。

科技的华硕——创立20 年间，依靠强大的科研制造行销实力，华硕多条产品线名列世界第一。在过去一整年全世界所售的台式电脑中，每三台就有一台使用华硕主板；2007 年华硕推出全球首创超便携电脑易PC，开创超便携电脑新时代。随后推出的E 家族系列产品更是凸显了华硕在数字新时代的世界级领导地位。

人文的华硕——华硕的经营理念是：培育、珍惜、关怀员工，让华硕人尽情地发挥最高潜力；坚守诚信、勤俭、崇本、务实的正道；无止境地追求世界第一的品质、速度、服务、创新、成本；跻身世界级的高科技领导群，对人类社会环境真正做出贡献。

公益的华硕——立足产品设计，华硕在电磁辐射、人体工学、节能、电气安全性、资源回收以及有害物控制等诸多领域也取得了显著成就。在巨资设立的六座国际级电磁波实验室中的严苛要求下，华硕是全球第一家获得TCO99 环保认证的笔记本电脑厂商，也是中国笔记本电脑厂商中第一个通过欧盟ROHS 环保认证的企业。

在5.12 四川特大地震灾害中，华硕集团累计为灾区捐款1700 余万元，援建四川省东北镇华硕抗震救灾希望小学，为四川省都江堰新建小学捐赠142 台电脑设备。2007 年至今，华硕在全国相对落后的三、四级县市捐赠300 所爱心电脑图书馆，捐赠图书60 万册，电脑设备数百台。2009 年，华硕携手中国科协，投入价值5000 万元的科普书籍和电脑设备，计划用5 年的时间，建立1000 个科普图书室，帮助推动科普信息化进程。

越过产品本身，华硕从巨额援助东南亚海啸灾区、四川汶川地震、赞助“大河之旅——环保中国·2005 黄河万里行”、“蓝天爱心计划”等公益活动，到积极助力“7 +2”、“玄奘之路”等国人探险科考活动，到关注“魔豆宝宝”、西部贫困学子等弱势群体，再到作为企业志愿者助力奥运，发起“绿色珠峰”环保行动并在珠峰大本营建立华硕IT 服务区为珠峰火炬传递提供IT 技术支持和产品解决方案，其对于改善民生环境的用心审视与真诚扶助从未间断过。

【问题】

1. 华硕是如何履行其社会责任的?

2. 企业履行社会责任是否与企业绩效相矛盾，请分析说明。

资料来源：广州日报大洋网 http：//www. dayoo. com. 2009 -12 -09。

第11章 公共部门绩效管理

绩效评估、公共项目评估以及政府生产力运动的方式在大规模政治变革中传播，在最具革命性的根基中发展，已经成长为公共管理领域的巨株仙人掌：高大、坚韧、多刺以及耐渴。

——尼古拉斯·亨利（Nicholas Henry）

本章学习目标

- 理解公共部门的含义及其特点
- 掌握我国公务员制度及其考核标准
- 理解公共部门绩效的内涵
- 理解并掌握公共部门绩效评价的含义、作用、意义及难点
- 理解公共部门绩效管理的含义及其与企业绩效管理的差异
- 掌握公共部门绩效目标的特点及制定过程
- 理解公共部门绩效管理的整体运作过程
- 熟悉公共部门绩效评价的常用方法
- 了解我国公共部门绩效管理的具体实践模式
- 学会把握公共部门绩效管理的发展趋势

在社会生活中，公共部门是相对于私营部门而存在的，公共部门是一个国家中承担提供公共产品和公共服务责任的组织体系。公共部门的特殊性和任务特点决定了公共部门的管理与私营部门的管理既有共同之处，又有明显的差异。随着现代社会的发展和进步，公共部门对效率、效益的追求和财政压力、人员激励、新技术的应用等因素，都促使公共部门不断向私营部门学习。创建高绩效组织的绩效管理思想和方法，对提高公共部门绩效和服务水平具有越来越重要的意义。尽管公共部门引入绩效管理还存在一些障碍和异议，但绩效管理对公共部门绩效和服务水平的提高已是毋庸置疑的事实。

11.1 公共部门绩效

11.1.1 公共部门的含义及其特点

1. 公共部门的含义

社会经济主体分为公共部门（public sector）和私营部门（private sector）。公共部门也叫公共组织机构，国外学者基本上是围绕着组织的行为与目的来区分各类社会组织并以此作为界定公共部门的逻辑起点的，即把组织的行为是否具有强制性和组织的目的是否具有政治性与公益性作为区分各类组织的根本标准。澳大利亚莫纳什大学教授欧文·E·休斯在《公共管理导论》一书中认为，公共部门是以生产公共产品和提供公共服务为目标的非营利机构，包括政府、学校、医院等部门。在我国，公共部门是指建立在合法的权威基础上的，具有强制性、非盈利性，负责向社会大众提供公共产品与公共服务、实施公共管理活动，以实现公共利益和社会大众的福祉的各种机构和组织。最典型的公共部门是政府部门，他们是以公共权力为基础，具有明显的强制性，依法管理社会公共事务，其目的是谋求社会的公共利益，对社会和公众负责，不以营利为根本目的，不偏私于任何集团的私利。

公共部门的构成十分复杂，其涉及的范围和数量是随着社会发展的不同时期国家管理社会经济事务的职能范围、所用管理手段与方式的变化而变化的。例如，在传统意义上，人们一般将拥有公共权力，执行着制定国家法律、管理社会公共事务与裁决各种纠纷等职能的部门视为公共部门。在一个国家中，公共部门主要包括国家立法机关、国家行政机关、国家检察机构等构成国家政权的组织体系。

从 20 世纪 30 年代开始，行政组织作为公共部门主体角色的作用变得越来越明显。第二次世界大战后，随着各国行政权的进一步扩大，政府管理经济与社会各方面事务的方式也发生了重大变化。政府由传统的“守夜人”和社会生活的仲裁者，直接进入了人们社会生活的各方面。政府直接投资办企业，建立众多国有企业，提供公共产品；直接开办公立学校、公立医院等各类公益服务机构，为公众提供公共服务。同时，政府还通过契约外包和分包等途径，使越来越多的私营部门不断地介入到公共服务中来。另外，第三部门的迅速兴起也使得公共部门和私营部门的界限变得越来越模糊了。由此可见，公共部门是一个庞大的组织体系，由内部运营方式并不相同的组织构成，这决定了在公共部门中针对不同类型的公共组织，绩效管理的模式和形态也是多样性的。

2. 公共部门的特点

（1）公共部门是非营利性的。公共部门的主要职责是为社会大众服务，实现公共利益，不具有盈利性，这一点与企业有明显区别。但非营利性是公共组织最基本的特点，非营利性不等于福利性，因此，公共部门可以采取市场化运作。在许多国家中，除政府外，许多公共组织为了实现自身的良性循环，都采用市场化运作与管理，或是将市场化运作和非市场化运作相结合。市场化运作表明了其投入要素价值或成本的补偿方式，并不意味着以营利为目的，而是以最大限度地满足社会经济发展的需要作为最终目标。

（2）公共部门以管理社会公共事务、维护和实现公共利益为基本职责。社会公共事务是相对于私人事务而言的，是指涉及全体社会公众整体的生活质量和共同利益的一系列活动，其具体内容包括社会问题、公共项目和公共财产与资源。公共利益就是一定范围内的所有社会成员利益的共同部分。因此，公共利益不是单个社会成员或者单个组织的特定利益，而是全体社会成员的共同利益。公共利益的构成在价值上具有多元综合性，具体体现为公共产品、公共服务、公共安全、公共秩序、公正、民主等。这些价值是保证社会成员进行正常有序的生活的基础。能不能有效地为社会提供所需的公共产品、公共服务、公共安全、公共秩序以及公正、民主的政治经济环境，是公共组织存在和发展的依据，也是其存在和发展的合法性基础。

（3）公共部门通过行使公共权力来管理公共事务。公共权力是用于处理公共事务的权力，是公共组织实施自身职能的前提条件。公共权力是因社会的共同需要而产生的，是全体社会成员共同意志的集中表现，对全体社会成员具有普遍的约束力。其基本目的在于维持、调整或发展整个社会生活的基本秩序，为公共利益服务。公共权力属于公众而非某个人，有着比“私权”更广泛的约束力、强制力和管辖范围。

（4）公共部门的活动必须依法进行并受到高度监督。公共部门尽管代表着社会公众的共同利益，但它的产生和运行方式不能超越于国家法律之上。各类公共组织的产生必须依据社会公共生活的实际需要，按照国家有关法律法规所规定的原则和程序依法审批和设置。在运行方式上，公共组织必须依法规范自己的管理行为，自觉地贯彻和执行有关公共事务方面的法律法规，在法律法规所规定的范围内自觉履行对公共事务的管理职责。公共部门在行使公共权力时必须接受来自舆论或公众的批评和监督，其所作所为必须是公开的、透明的。同时，公共部门也要接受来自于立法和司法部门以及各利益团体的监督。

（5）公共部门具有政治权威性和强制性。公共部门依据公共权力来从事社会公共事务的管理。公共部门虽然是公共产品和公共服务的提供者，但同时也是公共权力的执行者，这就决定了公共部门的组织行为具有强制性和权威性的特点，这种强制性和权威性在维护既定的政治关系和社会秩序过程中起着不可替代的作用。公共部门作为行使公共权力的主体，必然代表着统治阶级的意向，所制定的公共政策皆具有政治的意义。凡是在其职权范围以内的事务，公共部门皆有管辖权，任何一个被管理者都必须无条件地接受和服从，若有违法乱纪的行为发生，公共组织便可依法予以处分。

（6）公共部门的目标不易计量及责任的多元化。公共部门的目标就是谋求公共利益，但公共利益大多是不易计量的，它表现为公众对公共产品的多层次、多样化、整体性的利益需求。公共部门之间存在利益的多样化要求，同时公众的利益也具有多样性，公共部门在理性地实现公众的利益时，必须考虑到利益的多元化和合理性，以便更好地实现大众的利益和组织自身的利益。公共部门不仅目标模糊、不易量化，而且民众的期望也很多，这就要求公共部门必须承担包括政治责任、工作责任、法律责任、道义责任在内的所有公共责任。

11.1.2　公务员及公务员制度

1. 公务员的定义及分类

"公务员"一词最早是从英文"civilservant 或 civilservice"翻译而来的，原意是"文职服务员"。根据我国公务员法的定义，公务员是指依法履行公职、纳入国家行政编制、由国家财政负担工资福利的工作人员。公务员作为政府的人格化身，其绩效水平决定着政府管理国家经济、社会和政治事务的有效性，构建科学、有效的公务员绩效管理体系具有十分重要的理论与现实意义。

（1）根据职务和职责不同分类。根据公务员的职务和职责不同可把公务员分为领导职务的公务员和非领导职务的公务员。领导职务的公务员是指在各级各类机关中，具有组织、管理、决策、指挥职能的公务员；而非领导职务的公务员在各级各类机关中不具有组织、管理、决策、指挥职能的公务员。

（2）根据职位的性质、特点和管理需要不同分类。根据公务员职位的性质、特点和管理需要不同可分为综合管理类公务员、专业技术类公务员、行政执法类公务员和其他类公务员。综合管理类公务员是指在机关中履行规划、咨询、决策、组织、指挥、协调、监督等综合管理以及内部管理职责的公务员。专业技术类公务员则是指在机关中承担专业技术职责，为实施公共管理提供直接的技术支持和保障的公务员，如公安机关中的法医，海关的商品归类、原产地管理专家等。专业技术类公务员的职位具有纯技术性的特点，他们在自己的专业岗位上，只对专业技术业务本身负责，并不直接参与管理，不具备决策权和执法权。行政执法类公务员是指在工商、税务、质检、环保等履行社会管理与市场监管职能的行政执法部门的基层单位的公务员，行政执法类公务员主要履行行政监管、行政处罚、行政强制、行政稽查等现场执法职责。与综合管理类公务员不同，行政执法类公务员只有对法律的执行权，而无解释权，出现纠纷时也不具备裁定权。其他类公务员是指国家根据实际需要在综合管理类、专业技术类和行政执法类公务员以外单独设立的特殊职务类别的公务员。

（3）根据公务员产生的方式不同分类。根据公务员产生的方式不同可把公务员分为选任制公务员、委任制公务员、聘任制公务员和考任制公务员。选任制公务员是指根据民意选举的方式而产生的公务员；我国公务员中的各级人民政府的组成人员，都是由各级人民代表大会及其常委会选举产生或决定任命的，因而也是选任制公务员。委任制公务员是指由任免机关在其任免权限范围内，直接确定并委派某人担任一定职务而产生的公务员；我国公务员中的非政府组成人员主要是委任制的公务员。聘任制公务员是指机关根据工作需要，经省级以上公务员主管部门批准，对不涉及国家秘密的专业性较强的职位和辅助性职位，按照平等自愿、协商一致的原则以合同的方式聘用而产生的公务员。考任制的公务员则是指有任免权的机关通过公开考试和考核的方法，择优录用而产生的公务员。

（4）根据公务员的政治性质及任期不同分类。根据公务员的政治性质和任期差异可把公务员分为政务类公务员和业务类公务员。政务类公务员，又称政务官，一般是指由选举产生或政治任命，具有严格的任期，与内阁共进退的公务员。在我国，政务类公务员主要包括职业党务工作者、政府组成人员、政治任命人员和特别职公务员。而业务类公务员，又称事务官或文官，一般是指通过公开竞争考试，择优录用，无过失则长期任职，不与内阁共进退的公务员。主要包括行政管理类公务员、专业技术类公务员、行政执法类公务员和后勤保障类公务员。

2. 我国的公务员制度考核

我国公务员制度的前身是旧的干部人事制度。1993 年 8 月，《国家公务员暂行条例》的颁布，标志着中国公务员制度的正式建立。1994 年 3 月，人事部发布了《国家公务员考核暂行规定》，至此，我国公务员绩效考核制度的基本框架宣告建立。而 2006 年 1 月正式颁布的《公务员法》和 2007 年 1 月中共中央组织部和人事部共同印发的《公务员考核规定（试行）》进一步明确规定，对公务员的考核，以公务员的职位职责和所承担的工作任务为基本依据，全面考核德、能、勤、绩、廉，重点考核工作实绩，我国公务员绩效考核制度得到了进一步完善。

我国国家公务员制度的基本内容在《国家公务员暂行条例》有 18 章 88 条，规定了 10 种制度：职位分类制度、录用制度、考核制度、任免制度、职务升降制度、奖惩制度、培训制度、交流制度、回避制度、申述控告制度。

根据《公务员考核规定（试行）》（2007）的规定，对公务员的考核，以公务员的职位职责和所承担的工作任务为基本依据，全面考核德、能、勤、绩、廉，重点考核工作实绩。各级政府组织在实施过程中，对这五个内容进行了不同程度的项目分解，通常把“德”分解为政治思想与道德品质两个方面，政治思想又细化为对国家大政方针的基本态度和对事物的基本认识两大指标，道德品质细化为职业道德和社会公德两大指标，强调对“德”的考核是我国政绩考核的一大特色。“能”主要分解为政策理论水平、组织实施能力、表达能力、分析能力、创新能力；“勤”主要分解为公务员的出勤情况和努力工作的情况；“绩”主要分解为公务员在履行职责中所完成的工作数量、质量、效率和贡献：“廉”则考察在廉洁自律等方面的表现。

公务员考核采取三种措施，一是领导考核和群众考核相结合；二是平时考核与定期考核相结合；三是定性考核与定量考核相结合。

公务员考核标准是确定公务员考核等次的具体参照条件。我国公务员制度规定的考核等次主要包括优秀、称职、基本称职和不称职四个等次。这四个考核等次的确定标准是：

优秀：①思想政治素质高；②精通业务，工作能力强；③工作责任心强，勤勉尽责，工作作风好；④工作实绩突出；⑤清正廉洁。

称职：①思想政治素质较高；②熟悉业务，工作能力较强；③工作责任心强，工作积极，工作作风较好；④能够完成本职工作；⑤廉洁自律。

基本称职：①思想政治素质一般；②履行职责的工作能力较弱；③工作责任心一般，或工作作风方面存在明显不足；④能基本完成本职工作，但完成工作的数量不足、质量和效率不高，或在工作中有较大失误；⑤能基本做到廉洁自律，但某些方面存在不足。

不称职：①思想政治素质较差；②业务素质和工作能力不能适应工作要求；③工作责任心或工作作风差；④不能完成工作任务，或在工作中因严重失误、失职造成重大损失或者恶劣社会影响；⑤存在不廉洁问题，且情形较为严重。

我国的国家公务员年度考核严格坚持标准，符合实际，被确定为优秀等次的人数，一般都掌握在本机关参加年度考核的公务员总人数的 15% 以内，最多不超过 20%。

11.1.3 公共部门绩效的含义及其界定

公共部门绩效可以定义为公共部门在积极履行公共责任的过程中，在讲求内部管理与外部效应、数量与质量、经济因素与政治伦理因素、刚性规范与柔性机制相统一的基础上，获得的公共产出最大化。

随着社会的发展，近年来无论是从事公共部门绩效管理研究的理论界，还是开展绩效评估的实践界，都已逐渐意识到公共部门绩效中社会责任与回应成为评价中不可忽视的一项工作。这样，公共部门绩效可从以下五个层面进行评价。

（1）经济层面。资金投入是任何组织开展活动的基础，公共部门也不例外。在评价公共部门绩效时，首先要解决的问题就是“该组织在既定的时间内，投入的成本是多少？是否按照法定的程序进行投入?”经济层面关注的是绩效管理中的“投入”方面，以及如何做到最经济投入。而且，作为公共组织尤其政府部门来说，经济层面还包含着其支出或投入是否按照法定的程序进行。

（2）效率层面。效率是单位时间内所完成的工作量，即投入与产出之比。效率标准要回答的问题是“公共部门在既定时间内，预算投入究竟产生了什么样的结果”。效率与投入成反比，而与产出成正比，效率关心的是如何在可供利用资源的条件下提供更多、更好的服务。公共部门的效率包含两个方面的内容：一是生产效率，即生产和提供公共产品或服务的平均成本；二是配置效率，即公共组织所提供的公共产品或服务是否满足了利害关系人（即其利益与公共产品的生产和提供有关系的个人和群体）的不同的偏好，也就是公共组织所提供的公共产品或服务的项目中，如国防、社会治安、文化、教育、卫生、社会福利、环保等，其预算比例及投资的先后是否符合公众的偏好顺序，即公众的需求顺序和需求水平。

（3）效能层面。它就是通常所说的效果。以效率作为衡量标准，仅适用于那些可以量化的或货币化的公共产品或服务，而许多公共服务性质上很难界定，更难量化。在此情况下，效果便成为衡量公共服务的一个重要标准。效果关心的问题是“情况是否得到改善”，通常是指公共服务实现目标的程度，如福利状况的改变程度、使用者满意程度、政策目标的成就程度等。因此，效果通常以产出与结果之间的关系加以衡量。就公共部门而言，主要是指管理活动的产出是否满足了社会公众的需要，以及这种产出对既定目标的实现做出了多大贡献。效果可以分为两类：一类为现状的改变程度，如国民健康状态、水质的净化程度、道路的耐用程度等；另一类为行为的改变幅度，如以犯罪行为的改善幅度来衡量刑事政策的效果，用接受辅导的病情改善状况来衡量社会工作的效果等。

（4）公平层面。传统的公共行政与管理重视效率、效果，而不大关心公平问题。自新公共行政以来，公平问题日益受到重视，并成为衡量公共部门绩效的重要指标。公平层面关心的主要问题是“接受服务的团体或个人是否都受到公平的待遇，需要特别照顾的弱势群体是否能够享受到更多的服务”。需要指出的是，公平指标在市场机制下较难进行界定，同时，公平的内涵是与政治和社会制度密切相连的，不同的社会制度和政治制度下，公平具有不完全相同的内涵和指向。公共行政学者弗里德里克森（H. G. Friderickson）在所提出的社会公平的复合理论中把社会公平分为单纯的个人公平、部分化的公平（segmented equity）、集团性的公平（block equality）、机会公平和世代间的公平。

（5）责任与回应层面。责任层面强调的是公共部门在决策和执行过程中对公众的要求做出积极的承诺，而不是以追求公共部门自身需要满足为目的。回应是指公共部门在公共管理过程中对公众的需求和所提出的问题做出积极敏感的反应和回复过程。公共部门的回应是一个公共管理过程，在这一过程中制定公共服务政策必须符合公众的利益，关注公众，更重要的是公共部门要能够及时获取公众对公共部门所提供服务的意见、建议和批评，以及公众的最新需求，对这些意见和需求做出积极的反应，并做出令公众满意的答复，按公众的意愿解决问题。

11.1.4 公共部门绩效评价

1. 公共部门绩效评价的含义

公共部门绩效评价，又称公共部门绩效考核或绩效评估，它是指对广义的政府组织、非营利组织（第三部门）以及公共企业（第四部门）等特定的社会组织在积极履行公共责任的过程中，在讲求内部管理与外部效应、数量与质量、经济因素与伦理政治因素、刚性规范与柔性机制相统一的基础上，获得的公共产出进行的评审界定。

公共部门绩效评价的理论和实践研究开始于第二次世界大战前后，盛行于二十世纪七八十年代的英美等国。二十世纪七八十年代以来，由于传统的官僚政治体制不注重效果，使得政府面临着严重的财政危机、管理危机和公众信任危机，为了解决这些危机，政府部门开始引入管理私营部门的管理哲学及管理方法，利用企业家精神来重塑政府。20 世纪 90 年代，在新公共管理思潮下，迫于选民的压力，为激活政府行为、提升效能、降低成本，绩效评价在政府部门受到了极大的重视和青睐，逐渐成为考评政府的有效手段，甚至决定选票的流向。作为一种管理工具，经过近半个世纪的探索，政府绩效评价理论日臻完善，技术方法也相当成熟。

2. 公共部门绩效评价的作用和意义

公共部门绩效评价的重要意义，主要表现在以下三个方面。

（1）绩效评价是现代管理理念实施的前提和保证。现代政府是以结果为本的、讲究效果的政府。政府活动的目的是产出令人满意的结果，政府管理的重点应该由“投入”转向“产出”和“结果”。现代管理要取得效果，就必须对结果进行科学的量度。同时，现代公共管理要求行政组织能够主动、灵活、低成本地对外界情况的变化以及不同的利益需求做出富有成效的反应，这就离不开对组织绩效的评价。

（2）绩效评价促进市场模式的发展。传统行政管理模式的基础是政府对公共服务的垄断，现代管理模式则取消公共服务供给的垄断，强调市场机制和个人选择。科学的绩效评价对公共管理市场模式的作用在于：帮助高层决策者根据实际绩效水平选择理想的公共服务提供者；帮助决策者对合同实施情况进行严密的监督和控制；提供各个公共服务机构绩效方面的信息，引导公众做出正确的选择，从而实现消费者主权和“公众主权”；在公共行政组织内部形成浓厚的竞争氛围，增强成本意识，提高服务质量和工作绩效。

（3）绩效评价是分权化改革的技术保证。传统行政模式的主要特征之一是权力高度集中，依靠繁琐的规章制度建立等级分明的集权结构。这种结构将行政组织划分为许多层级条块，成员只认同自己所属的基层组织，跨组织之间的交流极其困难，使得行政组织不能对新情况及时做出反应。同时，过分集权和死板的规章制度压抑人的积极性和首创精神，最终导致绩效低下。现代行政管理的新范式则是“分权的政府：从等级制到参与和协作”。政府内部的分权化改革实现了上下级关系由直接隶属关系到契约关系的转变，上级对下级的控制由着眼于工作过程到着眼于工作结果的转变。对于分权化以后的机构，主管部门不再直接指导和干涉它们的日常工作，其主要责任只是确立目标并对绩效进行有效的监控，具体来说就是配置资源，主要是拨款，建立工作要求、结果及产出方面的具体指标，设计具体程序和测定方法，监测和评价各独立单位的工作。由此可见，绩效评价是分权化改革的迫切要求，也是分权化改革得以顺利实施的技术保证。

3. 公共部门绩效评价的难点

绩效评价既是绩效管理十分重要的环节，也是难度较大的项目。法国行政学家夏尔·德巴什认为，公共部门的总体利益性质、公共部门的垄断权、免费服务和公共部门费用混淆不清是公共部门绩效评价困难的基本原因。这种观点实际上是将公共部门与企业进行比较后得出的结论。公共部门绩效评价与企业绩效评估比较，有很大的不同。

第一，公共部门的管理目标复杂。相比之下，企业管理突出的是经济目标，利润率、市场占有率、单位成本是管理的核心内容。显然，公共部门的管理目标要复杂得多，有时候，社会目标、无形目标和长远目标更具有根本意义。

第二，公共部门的产品形态特殊。企业生产的产品在形态上有两个特征：一是可见性，大部分的企业产品是看得见摸得着的实体；二是终端性，企业产品哪怕是一个配件，也具有独立价值。企业产品在形态上的可见性和终端性，为企业绩效评估提供了比较的平台。公共部门提供的产品主要是服务性质的，相当部分的产品是无形的，而且单个部门提供的产品在整个公共服务过程中往往只是一种中间状态，不大具有可比性。如精心策划开一场行政会议，深入基层做一个调查研究，在绩效上没什么直接体现。公共部门的这种产品形态，使得其绩效评价变得很困难。

第三，公共部门的产品标准多维。公共部门的产品不只是一个技术问题，不同的产品有不同的标准，即使同一个产品，还涉及政治、文化和社会等诸多因素。加上来自不同领域的评估主体，有不同的评估视角，有特定的主观感受，这些都是评价困难的原因所在。

第四，公共部门的价格机制缺乏。市场价格是企业绩效的评估机制，凡是在市场上卖出好价钱的，企业就是有绩效的，企业就能够盈利。公共部门所需的服务成本，已通过税收的形式预先向社会作强制性扣除，公共部门的服务产品，相当部分没有价格显示机制，即使一些收费性的项目，也是在没有精确计算成本的情况下运作的。因此公共服务缺乏市场交易机制，公共产品缺乏价格检验机制，公共部门提供产品的数量、品质，消费者对于公共服务的偏好和估价等都缺乏信息反馈机制。公共服务特殊的交易机制，使得难以对公共部门的工作状况、工作质量做出评价。

第五，公共部门的生产要素独特。任何一个组织的生产过程，都需要人、财、物等要素的结合，公共部门也不例外。公共部门在为公众提供公共产品和公共服务过程中，也需要物的要素，电子政府对物的要求带有时代特征，但相比之下，人的要素在公共产品和公共服务中更具主流，政府部门中的公职人员虽然大都经过统一考试和选拔获得职务，具有比较相近的素质水平。但是，对人的评估显然要比对物的评估困难得多，因为人的主观性、动态性使得对人的评价很难完全标准化。

11.2 公共部门绩效管理

11.2.1 公共部门绩效管理及其目标

1. 公共部门绩效管理的含义

公共部门绩效管理（public Sector performance management）是以提高公共部门组织绩效和个人绩效目标，通过绩效评价和绩效追踪来激励组织中的个人发挥创造性、提高服务质量的管理过程。公共部门绩效管理包含以下三层意思。

（1）强调绩效管理是公共管理者的主要职责。作为公共部门，原则上必须对公众负责，如资源是否得到了有效利用、公民的满意程度如何等。无论是组织还是个人，都需要进行绩效普及和管理。这是对公众负责的要求，也是公共部门赢得更多支持的基础。对公共部门的个人和组织进行绩效管理是公共管理者的主要职责。传统的公共部门管理把公共管理者界定为对社会公共事务进行管理、管制的角色，而忽视了公共管理者作为管理者也有提高个人和组织绩效的职责。

（2）强调公共部门的高效率。公共部门绩效管理充分强调公共部门产出的高效率。公共部门的产出主要是公共服务，传统的成本—收益分析不适用于公共部门评价，导致公共部门的评价一直处于无效状态。绩效管理是一种注重结果的管理，将个人绩效和组织绩效整合在一起，使整个公共组织处于高激励、高效率的状态。通过绩效管理全方位的监测、控制和管理，公共部门才能够不断改进个人和整体绩效。

（3）强调公共部门服务的高质量。公共部门引入企业组织的绩效管理并不是完整的，但在提高效率和服务质量方面进行了充分的借鉴和利用。绩效管理本身源于市场经济竞争环境的变化，这与公共部门降低成本、提高产出的目的有着相似之处。所不同的是公共部门提高产出效率的压力没有企业组织大。当然，公共部门也处于一定的市场竞争环境中，随着公共部门服务内容的扩张和资源压力的增大，提高服务质量和产出水平也成为其刻不容缓的大事。绩效管理注重顾客需求的理念为公共部门服务行政的改革创造了条件。

2. 公共部门绩效管理与企业组织绩效管理的差异

来源于企业组织的绩效管理为现阶段存在诸多问题的公共部门提供了一系列可供借鉴操作的管理工具，但公共部门和企业组织毕竟存在重大差异，公共部门绩效管理有别于以利润为导向的企业绩效管理，具有自身的特殊性。公共部门的服务对象是社会公众，其产出大都是无形的公共服务，并且不以盈利为目的，而企业组织的服务对象是企业产品和服务所面对的顾客，以盈利为直接目的。两类不同性质的组织决定了公共部门绩效管理与企业组织绩效管理也会有本质的差异（如表 11－1 所示）。

表 11－1　　公共部门绩效管理与企业组织绩效管理的差异因素比较

	公共部门绩效管理	企业组织绩效管理
环境因素	公众态度、期望、社会稳定	激烈的市场竞争、顾客需求
实施目的	非盈利、社会认同	盈利
理　　念	官僚思想	人本思想、服务
功能差异	加强管理	绩效意识、服务质量、社会责任

资料来源：胡税根著，《公共部门绩效管理：迎接效能革命的挑战》，浙江大学出版社 2005 年版，第 24～26 页。

（1）环境不同。现代社会的竞争急剧攀升，企业就需要在更节省成本、更有效产出、更大限度开发人力和创新等方面赢得核心竞争力。因此，企业组织绩效管理是在市场环境中产生的，同时又以满足市场需求的程度来衡量绩效管理实施的有效性。因此，企业组织绩效管理与组织系统外界的竞争环境息息相关，直接反映了市场的需求，其绩效也正是在市场压力下不断提高。公共部门实施绩效管理的外部环境因素中市场因素作用相对较弱。公共部门在现代社会发展中也面临着节约资源、有效利用资源的问题，而对公共部门来说，其承担的责任决定了公共部门更重要的是要在资源使用问题上对公众负责。公众的态度是公共部门实施绩效管理的重要环境因素。没有公众的支持，公共部门也将失去存在的合理性。公共部门长期的存在和发展表明，作为一个组织管理机构，公共部门存在许多管理问题，如机构臃肿、人浮于事、效率低下等。市场经济对高效率的要求和公众对公共部门期望的提升都影响到公共部门作为非盈利机构的效能改革。

（2）目的不同。企业组织实施绩效管理，主要出于在激烈的市场竞争环境中生存的需要，其主要目的在于通过绩效检测和跟踪，激励个人围绕组织目标发挥积极性和创造性，主动挖掘顾客需要，以顾客需要满足的程度来衡量个人绩效目标实现的程度，进而提高企业的绩效水平和服务质量。公共部门实施绩效管理的主要目的在于提供公共产品和公共服务，不以盈利为目的，缺乏市场竞争性。公共部门自身的权威性使其在资源占有和使用上拥有先天优势，即使不通过市场竞争，公共部门也能凭借先天优势持续生存发展下去。

（3）理念不同。企业组织绩效管理以人本思想实践为基础，把组织绩效的提高建立在个人潜力开发的基础上，注重个人绩效的提高和顾客需求的满足。支撑企业组织绩效管理的理念主要体现为市场竞争对企业全面发展的要求急剧提高，从经济效益竞争转变到人力资源的竞争、企业信誉的竞争和顾客的竞争。公共部门绩效管理的实施理念与企业组织有着根本区别。对公共部门“恶”的假设以及“经济人”假设的存在，使限制公共部门的权力长期以来成为研究的重点。因此，公共部门缺乏对自身绩效目标的认识，也没有开发人、利用人、创造人的积极性。公共部门工作人员长期被官僚化，等级观念严重，直接影响到公共部门绩效管理的实施。

（4）功能不同。企业组织实施绩效管理的功能包括提高企业组织和员工个人的绩效意识、提升服务质量以及增加企业的社会责任感。这些功能既是绩效管理本身所赋予组织的作用，也是企业组织市场竞争生存的需要。企业实践绩效管理，一要全面提升员工的个人绩效，二要提高企业满足顾客需要的水平，三要开发员工潜力以维持企业的创新能力。绩效管理在公共部门直接体现为一种为公共部门管理服务的职能，是公共部门加强管理的手段。随着现代社会竞争因素的增长和公民意识的增强，公共部门面临的合法性危机也急剧增加。绩效管理作为技术管理的手段，直接为公共部门管理服务。通过有效、合理的管理，提高公共部门的服务水平，以此来加强公共部门的组织管理和社会认同。

3. 公共部门的绩效目标

（1）公共部门绩效管理的目标。目标是组织存在的价值基础，是组织使命、宗旨和战略的体现。一个合适的目标对公共部门的绩效管理起着内在的导向和规范作用。公共部门的绩效目标是指公共部门适应所处社会环境的需要，依照共有的价值观念，根据国家或政府所赋予的使命和任务，经由构成人员的共同参与及朝一致方向努力所追求的各种成就和最后结果。它是公共部门各阶层人员一定时期内的行动指南。公共部门的性质决定了其所要达到的目标与工商企业组织的目标有本质区别。公共部门的目标主要是以较高的效率来为社会提供高质量的公共服务。

（2）公共部门绩效目标的特征。

①公共部门实施绩效目的是为了追求社会正义与公平。公共部门提供的一般是公共产品或准公共产品，具有“公共性”，它比较强调社会的公共利益，不太强调投入产出等利润指标，目的是追求社会正义与公平。

②公共部门的绩效目标必须以政治责任心为前提。公共部门及其成员必须对公众负责，对立

法机构和上级机关负责，对社会公平、正义和长远发展负责。它们受传统官僚伦理的制约，其绩效目标不能违背官员的职业“责任”或职业道德，必须以宪法的精神、社会公共利益为出发点，履行自己的行政职能。这种目标的责任实质上体现为一种“公仆的责任”。

③公共部门的绩效目标较难衡量。公共部门受到外部政治势力、社会因素影响，往往难以制定清晰、明确的目标，而且公共部门所提供的“产品”一般是无形的公共服务，其“价格”即公共服务的定价有较大的争议，其绩效目标不易确定，所以很难直接制定定量的目标来评价。

④公共部门的绩效目标比较复杂，且关联性强。公共部门的绩效目标可能只是其上级单位目标体系的一部分，如某市民政局的目标仅是该市人民政府制定的全市整体发展目标的一小部分。任何一个公共部门的目标都要与政府其他关联部门、与上级对口业务部门之间的目标协调一致，还要考虑到目标的社会影响。因为公共部门的目标不仅关注本身工作效率的提高、成本的节约，更要关注其为社会所提供服务的效果。因此，行政组织目标系统结构的复杂性和差异性，决定了它要同时考虑许多政策目标，如公平目标和效率目标、发展目标和稳定目标等等。

⑤公共部门的绩效目标是多元的。由于公共部门提供服务的全方位性和复杂性，公共目标往往是多元的，公共部门目标之间存在着潜在的价值冲突。比如工业部门追求生产产值的提高，可能与环保部门净化环境的目标相冲突；城建部门大兴土木，可能与节水节电部门产生冲突；农业部门鼓励农民种植烟草，可能与卫生部门保障公民健康的目标相冲突；等等。公共部门的绩效目标多元化使得公共组织目标之间的协调显得更为必要。

（3）公共部门绩效目标的制定。由于公共部门的公共性本质，其目标的确定须依赖于环境对它的要求，以及为应对环境的挑战而对公共部门自身提出的要求。通常这些外在要求大致可分为法律政策的要求、上级的要求、服务对象或社会群众的要求、前期目标的完成情况和公共部门的现状等 5 个基本要素。除此之外，特定时期的社会、政治、经济、文化及人口等环境因素的变化也会对公共部门目标的制定产生影响，制定目标时也需充分考虑。

公共部门绩效目标的制定一般按照以下步骤进行。

①进行相关的准备工作。准备阶段的任务是建立一个情报或信息的基础，组织的管理人员在此基础上制定目标。在这个阶段，上级宣布自己的方针和总体目标，明确对下级的相关要求，这是下级制定本单位目标的前提。需要指出的是，上级提出的方针、目标，应当与下级做好充分的沟通，让下级能够正确理解组织整体目标并对此目标获得认同，使下级感觉到上级的方针、目标是切实可行的，从而提高下级参与计划的责任感和积极性。一个稳定的协作机制的建立是制定部门目标的重要基础。

②初步拟定绩效目标。在进行充分的准备工作后，公共部门应该开始目标的拟定工作。从拟定目标的一开始，就应注意使所拟定的目标符合“SMART”原则。在实践中，拟定目标很重要的一点是寻找并确定关键目标因素，在此基础上确定初步目标。确定关键目标因素，其重点在于将工作重心从投入和活动转移到目标和结果上来。确定关键目标的意义是帮助管理人员将有限的资源用于最重要的事务，并努力从中获取最大收益。接下来，要将所确定的关键目标因素由主题转

变成为一项项具体可衡量的目标。例如，将“群众满意”具体为“群众投诉率不超过3%”等。在目标拟定过程中，不同层级政府所关注的目标重点也有所不同。

③初拟目标的充分讨论与修订。目标草案拟定以后，管理人员要征求上级意见，并与下级、同事进行民主协商，在此基础上进行必要的修订。所制定的目标不仅要包括所辖单位应该达到的绩效，也应当列明需要哪些相关单位的协助，以及本部门能为其他部门提供的协助。下级部门、兄弟部门可以对此目标提出质疑。讨论的重点除了目标本身外，也要考虑到目标与上级、同级其他部门的契合问题。经过充分的讨论后，本部门内上下级、同级部门在目标管理中的相互关系得以明确。在制定目标阶段，就把该明确、该协调、该修正的问题予以解决，有利于今后目标管理工作的顺畅进行。

④列出目标实施过程中可能遇到的问题和障碍，并找出相应的解决办法。目标拟定后，应该对组织内外部环境（合作伙伴、服务对象等）进行分析，结合自身的人力、财力、物力状况，根据以往的工作经验，详细地设想在目标实施过程中会出现的困难、阻碍、冲突等问题，并书面列明；对列出的各种问题进行深入分析，找出各种解决办法，预定应变机制。经过这样的过程，组织管理人员对目标实施过程就会有一个宏观的把握，从而做到对各种突发事件处乱不惊，稳妥处理。

⑤对可能出现的问题进行详细分析后，着手制定目标实施计划。目标实施计划就是如何达到目标的具体办法，它提供了实现目标的行动时间表，同时也为目标的实施提供了监督和控制的基础。制定目标计划的程序通常有四步：一是清楚地说明目标；二是确定完成目标的手段，以供选择；三是权衡并从中选出较好的手段；四是为选出的手段制定明细计划。其中，第四步是关键。为保证制定出的计划更具有合理性，通常应对其内容进行检查。例如，拟定的计划是否有把握实现目标；是否所有可行的方案都做了鉴定；是否已得出明确的时间进度表……另外，制定的实施计划应以结果为中心，做到内容简明扼要，同时要有时间限度等。

11.2.2 公共部门绩效管理的过程

公共部门绩效管理的过程与企业组织的绩效管理过程一样，主要由绩效计划、绩效实施与管理、绩效考核与评价、绩效反馈和绩效结果运用等部分构成。整个公共部门绩效管理是一个周期的过程，从一个周期的开始到该周期的结束和新一周期的开始，绩效管理在持续发展过程中推进组织绩效改进和组织变革创新。从这个意义上说，绩效管理不是应急措施，而是从组织长远发展的角度持续进行的一项改革措施。

公共部门绩效管理的整体运作过程如图 11－1 所示。

1. 公共部门绩效管理的目标系统

绩效管理的首要程序就是要确定绩效目标。目标决定了组织实施绩效管理的有效性，尤其对公共部门来说，确定具体的目标、形成目标体系，对公共部门各项管理改革都具有指导性意义。公共部门绩效管理的首要条件就是确定公共部门的目标和目标体系，从而为公共部门绩效管理上

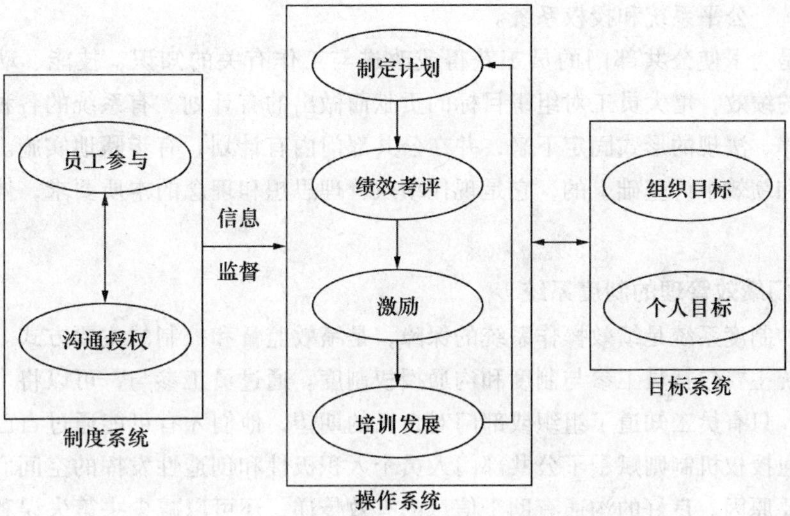

图 11－1　公共部门绩效管理的整体运作过程图

资料来源：胡税根主编，《公共部门绩效管理：迎接效能革命的挑战》，浙江大学出版社 2005 年版，第 182 页。

升到战略管理高度做充分的准备。

根据公共部门目标的层次性，公共部门的目标体系主要包括宏观、中观和微观三个层面的目标。宏观层面的目标，是对整个政府为满足社会和民众的需求所履行的职能的绩效管理，具体体现为政治的民主与稳定、经济的健康与发展、生活水平的提高与改善、社会的公正与平等、精神文明的提高等方面；中观层面的目标，是对政府各分支部门即特定的政府机构，如何履行其被授权的职能及服务的质量等方面的管理；微观层面的目标则是对政府工作人员工作业绩、贡献的测评与管理。上述三个层面的绩效管理目标共同构成了公共部门绩效管理目标体系。

2. 公共部门绩效管理的操作系统

公共部门绩效管理的操作系统主要包括制定计划、绩效评价、激励和培训开发四个环节。

公共部门绩效计划的制定过程就是公共绩效合同形成的过程。公共绩效合同既是公共部门绩效评价的基础，也是公共部门管理的一种重要工具，比如政府采购合同、公共服务出租合同。对政府采购实行合同管理，既有加强政府部门公共支出管理、提高公共资金利用效率的效用，又可以借此贯彻政府的经济社会政策。而政府选择公共服务合同出租，则是因为它在很大程度上代表着公共部门改革浪潮的市场化、社会化和分权化趋势。

绩效评价环节则是根据绩效计划确定的目标和内容对公共部门在积极履行公共责任过程中的公共产出和服务进行的评审界定，这一环节是公共部门绩效管理操作系统的核心和关键所在。

激励是激发和鼓励人朝着所期望的目标采取行动的过程，主要是指激发人员的工作积极性。公共部门的绩效激励是指运用各种手段或方式，促使、期望和诱导公共部门及其成员履行法定职能、实现既定目标并提高绩效的过程。公共部门激励机制的构成主要包括人—事匹配系统、目标系统、奖惩系统、公平系统和授权系统。

培训发展是为了使公共部门的员工获得或改进与工作有关的知识、技能、动机、态度和行为，提高员工的绩效，增大员工对组织目标的贡献而做出的有计划、有系统的各种努力。这些努力通常通过法律、法规的形式固定下来，并在公共部门内有计划、有步骤地实施。培训发展是建立在绩效反馈和绩效申诉基础上的，它是现代绩效管理思想和理念的本质要求，体现绩效管理的开发目的。

3. 公共部门绩效管理的制度系统

绩效管理的制度系统是绩效操作系统的保障，是绩效监督和控制的主要方式。公共部门的绩效管理制度系统主要包括员工参与制度和沟通授权制度。通过员工参与，可以将个人目标与组织目标结合起来，只有员工知道了组织或部门对自己的期望，他们才有可能通过自己的努力达到期望的目标。沟通授权机制则赋予了公共部门人员个人积极性和创造性发挥的空间。沟通不畅是执行力不强的重要原因。良好的沟通有助于信息的有效传递，还可以减少决策失误和部门间发生误解、矛盾的可能性，提高人员士气，改善人际关系。有效授权则对领导、员工及组织三方都有利。对于领导层，授权可以让他们有更多的时间进行管理创新与改进；对于员工，授权可以让他们学习新的技能，有更多的发展机会；对于组织，则可以增进其整体效能。

11.2.3 公共部门绩效评价的方法

公共部门引入绩效管理，实施绩效评价，不仅需要借鉴企业绩效评估的理念，更需掌握绩效评价的具体操作方法，以便减少绩效评价实施的阻力，并有助于公共部门绩效评价向着科学化、规范化的方向发展。

1. 平衡计分卡法

平衡计分卡（BSC）的内容在第4章已经做了较为详细的介绍。在此只介绍其在公共部门中的应用。

平衡计分卡法应用于公共部门的绩效评价，将极大地促进公共部门组织的学习和发展。一方面，平衡计分卡明确了组织的战略和使命，规范了组织内部运行机制，建立了科学的绩效评价的层面和指标，并将这几个方面有效结合，因而，使用这一新型管理模式本身就是一个学习的过程。另一方面，平衡计分卡是目标管理和过程管理的结合体，它的各项层面之间形成了一种循环的反馈系统，组织内部无论是管理层还是基层员工，都可以对照每一层级的目标，检验自身的工作绩效，随时学习和改进自身行为，保证公共部门各项战略目标的顺利实现。

2. 顾客满意度法

“顾客”，从企业的角度讲，就是接受产品的个人或者群体；从公共部门角度讲，它是管理和服务的对象，即社会公众和企业。所谓顾客满意度，是指顾客感受到的服务质量达到其期望值的程度。它包括：了解顾客的需求，并能迅速、准确地回应服务对象的需要；充分具备提供服务所需的知识与技能；热心接受顾客的要求；服务态度谦虚、有礼；能够倾听顾客的不同意见；公共部门及其工作人员（包括志愿者）值得信赖；能够尊重顾客的隐私；被服务对象有畅通的投诉渠道；等等。使用顾客满意度法评价公共部门绩效，其评价流程一般分为四个步骤：①成立绩效评价小组进行顾客分析；②确定顾客满意度指标和指标权重；③绩效评价小组进行绩效评价；④评价结果反馈与改进。

顾客满意度法使“顾客”成为评估主体，部门则成为评估客体，完全打破了传统由部门的上级进行评估的模式，是一种自下而上的评价模式。同时，满意度评价指标也完全由“顾客”的意愿而定，其鲜明的“顾客满意”导向，贯穿于方法的整个实施过程。

3. 360 度绩效评价法

360 度绩效评价法是一种多角度进行的比较全面的绩效评价方法，也称全方位评价法或全面评价法。公共部门的 360 度绩效评价与企业组织相比，主要体现为评价主体多元化。评价主体主要包括自我评价、中介组织评价、综合评估组织评价和社会评价（如图 11－2）。通过全面系统的评价，不仅了解了社会公众对公共部门绩效的评价，也能在自我评价的基础上形成正确、客观的认识，既体现出公共部门公共服务、社会参与的性质，同时避免了绩效管理过程中绩效评价结果带来的不正当竞争。

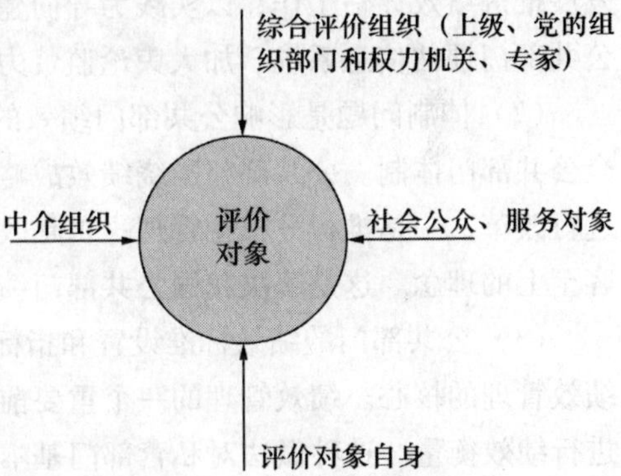

图 11－2　360 度绩效评价

4. 其他绩效评价法

绩效评价除了绩效指标与评估主体之外，其中重要的内容就是对绩效结果进行分析和评价，以便形成简单明了的结论，使公务人员和管理者都能一目了然，并能直接将这些结果加以利用。对绩效结果的分析评价方法主要包括以下三大类。

（1）员工与员工之间的比较。员工与员工之间的比较是对绩效评估结果进行的横向比较，这种做法对激励员工努力工作、改进绩效具有一定的意义。这种比较方法主要有两两比较法、排序比较法、强迫分配法等。

（2）员工与工作标准之间的比较。员工与工作标准相比较属于一种纵向比较，其结果更具客观性和公正性。通常，员工与工作标准相比较的方法有考核清单法、量表评价法、关键事件法、行为差别测定法、评语法等。

（3）员工与目标之间的比较。员工与目标之间的比较就是通常所说的目标管理法，即通过主管人员和下属共同参与制定双方同意的目标，使组织的目标得到确定和满足。这些目标是详细的、可测量的、受时间控制的，而且结合在一个行动计划中。在以双方确定的客观绩效标准为中心的绩效测评期间，每一进步的取得和目标的实现是可以测量和监控的。目标管理是一种严格按照组织既定的目标进行管理的方法，其评价重点主要集中于结果而非行为和过程。

综上所述，绩效评估方法具有多样性，从绩效指标设定、评估主体确定到绩效结果分析，存在许多较为科学的方法。公共部门对这些绩效评估方法，可根据本部门的实际情况加以灵活应用。

11.2.4 公共部门绩效管理的难点

公共部门的服务对象是社会公众，其产出大都是无形的公共服务，并且不以盈利为目的，这些特点使得公共部门的绩效管理，特别是绩效衡量变得复杂和困难。

具体而言，公共部门的绩效管理难点主要表现在以下几个方面。

（1）绩效评价面临着主体单一、缺乏独立性、广泛性和评价信息不对称等困难。有专家提出，应立足于地方公共部门绩效评估实践，因地制宜地使用通用指标，设计指标权重，使评估对象认可评估结果并正确有效地应用评估结果。如从制度层面构建多元绩效评估体系；以学科研究发展推进绩效评估工作；以实践为导向建立强有力的制度保障、建立和完善绩效评估机构、建立公共部门评估信息系统、加大舆论监督力度等。

（2）体制问题是影响公共部门绩效的关键因素。政府管理行为有效性的发挥，有待进一步健全公共部门体制。公共部门围绕绩效战略，不断推进绩效管理改革，就必须从以下几方面对制度进行改革：一是推行分权化管理；二是改革责任机制；三是注重以结果为本的管理；四是确立顾客至上的理念。这是解决我国公共部门绩效管理的体制性障碍的主要途径。

（3）公共部门的绩效标准设置和指标系统的构建困难。绩效标准的设置和指标体系的构建是绩效管理的核心。绩效管理的一个重要前提就是必须将所有绩效指标以量化的方式呈现，再据此进行绩效衡量。这种做法对私营部门基本上不构成问题，因为私营部门的服务是可以出售，并且可以以金钱价值衡量。但公共部门面临着如何将公共服务量化的问题：要精确算出“投入/产出”比并不容易，即使绩效可以量化，以量化形式表现公共部门的绩效是否适宜，也是值得商榷的。

（4）提高效率、降低成本仍是公共部门管理的根本价值尺度。公共部门绩效管理如果不能有效地减低公共部门的运作成本，就会遭遇失败。运用现代科技实现电子政务，可以增加行政透明度，从而降低行政成本，提高管理效率，优化服务产出。但电子政务的推行，也面临着职能范围的冲突、人员管理素质更新、软件开发与管理成本、政治体制本身的制约和政治决策非透明化等现实问题的挑战。因此，全面分析和正确认识电子政务与公共部门运作成本的关系及电子政务本身的价值取向问题，是推行电子政务的首要问题。

（5）公共部门缺乏支持绩效管理过程所需要的充足和完备的信息系统。目前公共部门的绩效管理系统尚不完善，首先是信息收集困难且成本大，而信息的不充分、不完备又无法正确反映组织的实际绩效；其次是信息沟通障碍，公共部门特别是政府部门是最大的信息垄断者，其掌握的信息并不会如实地告知社会公众，这种信息的牵制性往往使得公众的意愿不能及时、准确、畅通地表达，政府也不能及时而充分地了解公众的意愿。因此，建立健全公共组织绩效管理信息系统成为当务之急。这要求尽快构建起有效的政府活动状况和公众意愿信息反馈的渠道，保障信息在不同层面和不同系统的顺畅流动和获取。同时，提高信息透明度，使公共部门保持与公民社会的充分沟通，这对改进公共部门绩效是极为重要的。

11.2.5　我国公共部门绩效评价的现状及完善

1. 我国公共部门绩效评价存在的问题

由于我国公共部门绩效评价仍处在行政管理改革的社会转型期，因此具有转型期的过渡特点，无论是理论还是实践研究，都还处在起步和探索阶段。从我国公共部门绩效评价的实践来看，地方部门在上级部门的号召下，实行公共部门绩效评价，虽然取得了一定的成绩，如珠海、南京的“万民评政府”活动、甘肃省的“第三方评价政府绩效”等，然而很多下级部门在进行公共部门绩效评价时，为了提升业绩，不顾公众利益，弄虚作假，加上我国公共部门在公共产品供给领域的垄断优势，使得我国公共部门绩效评价仍存在很多问题。

（1）评价主体单一。目前，我国公共部门绩效评价主体比较单一，主要局限于公共部门内部的评估，缺乏公民参与，评价过程封闭，缺乏监督。“万民评政府”由于公民的信息不对称，无法进行公正的评价，而且公共部门出于自身利益的考虑，在收集和处理数据时都存在作假现象，甘肃省的“第三方评价政府”也只是表明一种趋势，并不足以说明我国公共部门绩效评价已经多元化。

（2）评价的指标体系不够规范。目前，我国公共部门绩效评价还没有建立科学的评价指标体系，主要还是常用的指标，即德、能、勤、绩、廉五方面，其下分设二级指标，这些指标过于模糊，很难具体量化。一些公共部门在进行绩效评估时，绩效评估指标过于片面，将 GDP 作为指标体系的核心指标，缺乏深入研究，导致公共部门将经济业绩等同为政绩，为追求经济增长而不计成本地盲目投入、编造评价数据等，致使评价结果缺乏科学性和实质性。

（3）绩效评价缺乏立法支撑。我国公共部门绩效评价尚处于初级阶段，自发性、随意性较强，没有专门的法律约束，无法得到普遍的重视和认可，使得绩效评价难以建立长期的有效机制。很多评价活动是为公共部门量身定做，评价的内容设计和评估构建缺乏相应的立法保障，评价结果没有客观的衡量标准，同时由于公共部门的工作人员未能清醒地认识到绩效评价的实质，为应付上级检查，在实践中往往出现形式主义，致使绩效评价难以得出全面、科学的反馈结果。

（4）公共部门绩效评价的技术困境。由于政府提供的许多公共产品无法测量和计算，部分评估内容难以量化，使得公共部门的绩效评价很难深入研究，很多研究结论也只是理论成果，缺乏实践性的指导意义。

2. 完善我国公共部门的绩效评价

针对目前我国公共部门绩效评价存在的问题，笔者认为可以从以下几个方面完善。

（1）建立多元化的公共部门绩效评价机制。我国公共部门绩效评价的评价主体多元化是保证绩效评价公正、客观的前提条件，多元化评价可以使公共部门绩效评价更加全面，防止评价出现片面化，这就要求评价主体不能只局限于公共部门自身，要从根本上解决“谁评价”的问题。在实践多元评价时，要切实引入下级评价，并且适时的加入第三方评价，以公众为本进行绩效评价活动。

（2）构建合理的绩效评价指标体系。首先明确公共部门的职能，根据各部门的职能范围确立对应的绩效评价指标；其次合理设定绩效评价的指标体系，在一般性指标的基础上考虑到不同部门的工作特点，突出指标体系的灵活性，设计具有专业性、特殊性的指标。同时，在进行绩效测评时，对于无法量化的评估内容，要根据评价的目标，结合评价部门的实际情况进行定性分析，将定量和定性相结合，相互弥补测评中的不足，以期达到全面、客观的评价结果。

（3）推进公共部门绩效评价的制度化、法制化。要克服我国公共部门绩效评价的形式化、随意性以及盲目性，就要制定一套完善的绩效评价管理法规，规范

公共部门绩效评价的相关流程和规则，使公共部门绩效评价做到有法可依、有章可循，全面推动我国公共部门绩效评价的实施，使其进入正常发展的轨道。

（4）加强绩效评价的结果运用。根据绩效评价的结果，优化公共部门的预算安排，提高预算编制的合理化、科学化；将评价结果与人事制度安排相结合，强化绩效评价的激励作用；同时，以绩效评价的结果为指导进行公共部门的自我完善，通过绩效评价结果的运用，不断提高公共部门的服务质量，实现公共部门资源的有效配置。

【阅读案例11－1】　武汉联合麦肯锡改革政府部门绩效管理模式

建造于20世纪40年代的一座老式公馆，静静地矗立在武汉江汉北路，武汉市民族宗教事务委员会（简称民委）在这里办公。

“往年的考核采取投票制，一个单位一票，民委由于工作性质特殊，与其他单位交往较少，过去从来没有评上过先进单位。采用新的绩效管理办法后，今年我们第一次当上了先进。”6月7日下午，武汉市民委办公室一位姓孙的工作人员脸上写着笑意。

与此同时，压在这家单位身上的每年数百万元的招商引资指标，也在去年被摘掉了。

给这个昔日的冷门单位带来改变的，是武汉在全市108家市直单位（区政府）中推行的新的绩效考核体系。这一体系是由国际咨询机构麦肯锡参与制定的。

在新考核体系下，和武汉市民委一样，市环保局、司法局等20余家单位——这些在旧的考核体系下很难被评上先进的单位——今年也赢得了“先进”的荣誉，显示了自己作为政府公共服务机构的真正价值所在。

2005年，武汉市委书记提出，要借助国内外先进的咨询公司，对全市市直单位进行绩效管理的改革。之后，国际著名咨询机构麦肯锡进入武汉市政府的视野。根据双方签订的服务协议，2005年9月至11月，麦肯锡派出一个三人小组来到武汉，着手新考核方案的设计。

麦肯锡将武汉市108家市直单位划分为行政区域类、经济发展管理类、社会管理与公共服务类、综合管理与支持服务类来进行评估，从中选出了市民委、汉阳区、武汉经济开发区、长江日报集团等14家单位作为改革试点。在接下来的3个月里，麦肯锡的工作人员与试点单位就指标的设定反复协商，最终制订出针对每个单位实际的绩效管理方案。紧接着，拷贝麦肯锡

模式，武汉市对全市108家市直单位制订了目标管理方案。2006年4月，新的绩效管理办法正式启用。

麦肯锡方案的核心思想是“一个体系，两个引入，三个衔接”。“一个体系”就是针对政府职能转变，建立一个科学、客观可操作的分类绩效考核体系；“两个引入”是指引入独立的、权威的绩效管理机构，引入第三方评估；“三个衔接”是指条块和部门间职能发生重叠的绩效考核指标相衔接、单位考核结果和领导升迁惩罚相衔接、年终考核与日常监督相衔接。

改革前的考核体系，考核指标分七个板块，每个再细化成若干个指标，但不量化，而是分成达标或者不达标。现在的考核方案简化为三个板块：经济发展、服务型政府建设、和谐社会构建，每个板块再细化成若干个指标，并进行百分比的量化。“指标少而精，突出职能要求”是麦肯锡方案最大的亮点。武汉市目标管理办公室主任袁朝告诉记者，改革后全市108家市直单位的考核指标已经从过去的3700多项减少到1053项。

不过，由于实际情况，后来的实施方案和麦肯锡的设计方案还是有一定出入。比如“引入独立的、权威的绩效管理机构，引入第三方评估”原本是麦肯锡方案的核心所在，但这两点并没有达到麦肯锡的设计要求。关于引入独立的、权威的绩效管理机构，目前武汉市的绩效管理工作分别由市委办公厅下属的督察室和市发改委下属的目标管理办公室具体组织。“这两个单位自身还不够权威和独立，不能超脱于任何单位，甚至在单位内部，要考核自己的上级。因此第一个‘引入’基本上难以做到。”武汉市政府一名官员解释。至于第三方评估，麦肯锡曾经考虑过引进“零点”之类的调查公司，但在现行体制下，暂时还难以操作。虽然有人对麦肯锡的方案并不太认同，认为华丽有余而实用不足，但它的专业性和权威性，仍然成为武汉市政府推行绩效管理的一把利器。

在试点过程中，麦肯锡曾经和多家单位发生争执。据称，麦肯锡在试点时比较强硬，对于一些指标，试点对象认为太高了。而麦肯锡根据调查，认为目标虽说定得有点高，试点单位只要“跳起来摘桃子”，仍然可以完成，遂予以坚持。而从年底完成情况看，各试点单位基本上全面实现了绩效考核任务。

武汉市相关人士表示，麦肯锡参与制订的新方案实施一年，在实际工作中存在着某些与当地工作不适应的地方，今年将进行部分的调整。袁朝透露，2007年不再全面考核GDP，因为老百姓感觉不到GDP和他们有什么关系。以前是几十个部门一起背GDP，现在是发改委一家来背。而原属于发改委重点工作的固定资产投资，今年亦不再分解考核。现在更多的是关注投资结构的改善。

在现有体制下，对政府部门绩效管理方案的制订还需要很长时间的摸索，但绩效管理在国内已经渐成趋势。改革的核心就是在法律框架内，保证区域经济发展和群众生活两个方面利益的最大化。

资料来源：根据《21世纪经济报道》（2007-06-09）资料整理。

11.3 公共部门绩效管理模式及发展趋势

11.3.1 西方国家公共部门绩效管理的实践探索

20 世纪 70 年代末，随着英美等发达国家新公共管理运动和政府再造运动的兴起，长久以来占统治地位的官僚制行政模式开始受到质疑和挑战。随着新公共管理运动的兴起，西方各国进入了绩效评估全面发展的新时期，绩效管理的理论、方法和实践也日益丰富和发展，下面主要以英国、美国为例，对西方国家绩效管理的实践进行简要的梳理。

1. 英国公共部门绩效管理实践探索

虽然英国政府的绩效评估相对较晚，但却有后来居上之势。在 20 世纪 70 年代末，英国政府面临严重的财政危机、管理危机和信任危机，撒切尔夫人上台后，针对内部管理中的效率低下和浪费严重的现象，极力主张引进私营部门的管理哲学和方法来改善政府管理，绩效评估作为一种提高政府绩效的有效工具，成为撒切尔政府克服官僚主义、提高行政效率的重要举措。80 年代以后，撒切尔政府及其后的梅杰政府、布莱尔政府为了提高行政效率、改进政府绩效，相继推行了一系列行政改革来推广和普及绩效评估，极大地丰富了绩效评估和管理的理论和实践。关于英国 20 世纪 70 年代末之后的政府绩效管理改革实践的主要内容及其特点，如表 11－2所示。

表 11－2　英国政府绩效管理改革实践的内容及特点

改革举措	改革内容提要	绩效评估（管理）的特点
1979 年，雷纳评审	由雷纳勋爵担任效率顾问，成立效率小组，对中央政府部门的运作状况进行调查、研究、审视和评价，以提高公共行政组织的经济和效率水平	1. 以解决问题为导向的经验式调查 2. 绩效评估目标关注传统的经济和效率目标 3. 评审小组成员主要来自政府高级公务员，还包括学术界和咨询专家 4. 任命执行主管，并对改革负责
1980 年，部长管理信息系统	部长管理系统是融合目标管理、绩效评估等现代管理方法而设计的信息收集和处理系统	一种有效的绩效管理的工具：借助于此工具，部长能够及时掌握部门各种信息，并与各下属部门和人员进行沟通，对其绩效进行监控、指导，并使之改进

续表

改革举措	改革内容提要	绩效评估（管理）的特点
1982 年，财政部颁发《财务管理新方案》	财政管理新方案是部长管理信息系统的扩展、延伸和系统化，主要包括高层管理信息系统、目标陈述、绩效评估、分权和权力下放四方面内容	1. 绩效管理的侧重点依然是经济和效率，注重成本控制 2. 对经济的追求采取投入定额法而不是根据合理需求确定投入水平 3. 绩效管理注重内部控制机制，忽视外部效益最大化
1988 年，“下一步”行动方案（又称《伊布斯报告》）	该方案主要是由伊布斯领导的效率小组进行全面调查而形成的一个政府管理改革方案，方案由引言、政府内部管理问题、改进原则、具体建议和行动计划五部分组成	1. 开始关注外部公众需求，要求根据外部公众需求改进政府工作 2. 开始引入公众监督，并以《执行机构评论》的形式定期向公众公布绩效情况 3. 设立执行机构，负责政策执行和提供服务 4. 将绩效评估作为核心部分，用来监督、协调和控制执行机构
1991 年，公民宪章运动	为公共服务机构制定宪章，改变服务提供者居于主导地位的状况，为服务对象提供审视公共服务的机会。面向公众的承诺一般包括服务内容、服务标准、服务程序和时限、违诺责任等	1. 绩效评估的目标由经济和效率向质量、效益和顾客满意度转移 2. 引入外部评估主体，注重顾客满意度的提高 3. 推行面向公众的绩效承诺制，接受公众监督和批评
1991 年，《为质量而竞争》白皮书	市场检验是为质量而竞争运动的标志。是对内部和外部承担者进行比较以检验资金的价值的过程	1. 通过引入竞争机制增加了政府部门绩效提升的压力和动力 2. 强调公共服务的效率、资金的价值和顾客导向
1999 年，《现代化政府白皮书》	提出要在 10 年内打造一个更加侧重结果导向、顾客导向、合作与有效的信息时代政府。	1. 强调通过合作提升绩效，避免过度竞争 2. 在公共输出方面，强调高质量和高回应 3. 对公务员系统进行改革，提高公务员动力 4. 注重信息技术开发，强化内部与外部沟通

2. 美国公共部门绩效管理实践探索

纵观世界各国，美国政府绩效评估和管理具有代表性。美国绩效评估起步较早，在 20 世纪的不同时期里，美国政府对绩效评估和管理的理论、方法和实践进行了长期的努力和探索。对于美国绩效评估的历史演变，中外学者根据不同角度对其进行了不同的划分，影响较大的有美国行政学家吉特·波科特（Geert Bouckaert）的四阶段论，以及美国行政学家尼古拉斯·亨利（Nicholas Henry）的五阶段论。我国学者朱立言教授则在总结和批判二人分类方法的基础上，根据公共行政理论的历史演变和不同时期美国政府绩效评估的主要特点，把美国绩效评估的历史划分为三个阶段，即萌芽时期（1900～1940 年），绩效预算时期（1940～1980 年），全面发展时期（1980～2000 年）。对于美国政府绩效管理实践的探索，我们将主要以朱立言教授的三阶段论为基础，对美国政府绩效评估和管理的实践进行简要的梳理。美国 20 世纪以来的政府绩效管理改革实践的内容及其特点如表 11－3 所示。

表 11－3　美国政府绩效管理改革实践的内容及特点

时　期	绩效评估和管理的实践	绩效评估（管理）的特点
1900～1940 萌芽时期	1906 年，成立纽约市政研究院，第一次把以效率为核心的绩效评估技术引用到纽约市教育和警察等部门 1928 年，成立了全国市政标准委员会，发展了政府服务效率的测量方法 1937 年，罗斯福政府成立总统行政管理委员会（又称布朗委员会），并发布了一份报告，这是联邦政府开始关注政府绩效评估问题的一个有力明证	1. 效率至上，效率问题被视为开启政府所有问题的一把万能钥匙 2. 绩效评估的理念和技术开始出现 3. 绩效评估的重点是行政投入、行政过程、行政产出和部门效率问题，而不是结果和绩效目标的实现等问题 4. 绩效评估发端于地方政府，而后是联邦政府
1940～1980 绩效预算 时期	1947～1964 年，绩效预算模式（由第一届胡佛委员会提出），改革的重心从注重投入（即行政支出和雇员工资等）转向产出 1965～1971 年，规划—项目—预算模式，不仅考虑投入和产出，而且考虑效果和备选方案 1972～1977 年，目标管理预算模式，把联邦政府的绩效目标与部门的绩效目标、预算和责任结合起来 1977～1980 年，零基预算模式，是各机构资源的一种配置，这种配置和分配是根据各机构的定期重新评估其所负责的全部项目，并提出各机构每一个项目继续或中断的理由，据此来进行分配的	1. 通过预算手段，把行政目标、行政计划和行政活动与预算资源的分配联系起来，以控制预算支出的方式达到提高政府效率的目的 2. 绩效预算改革的范围主要限于联邦政府这一层次 3. 关注的焦点是投入/产出、行政过程、经济和效率，而不是行政活动的效益和结果

续表

<table>
<tr><th colspan="2">时　期</th><th>绩效评估和管理的实践</th><th>绩效评估（管理）的特点</th></tr>
<tr><td rowspan="3">1980至今全面发展时期</td><td>里根政府</td><td>1982 年的“改革 88”，提出使政府像公司一样运营
1984 年，格雷斯委员会针对联邦政府的 784 个不同方面提供了 2478 条建议
里根政府时期，民营化成为提高政府绩效的一条新途径，同时还发起了全面质量管理运动</td><td rowspan="3">1. 绩效管理的价值理念由效率转向结果、效益、质量、公平性和顾客满意度等
2. 受新公共管理运动的影响，在政府部门中引入竞争机制，推行民营化，强调顾客至上，关注公共服务的质量和有效性，放松管制，强化结果责任
3. 绩效管理逐步制度化，健全的法律制度是绩效评估取得成功的重要保证和前提
4. 建立起了层级式绩效评估体系
5. 建立了比较规范的绩效指标体系
6. 评估主体进一步多元化，顾客、学术团体等大量参与政府绩效评估
7. 绩效评估已经逐渐发展成为比较全面的绩效管理制度，其中，绩效评估只是绩效管理的一个环节</td></tr>
<tr><td>克林顿政府</td><td>1993 年，颁布了《政府绩效和结果法案》，它是美国历史上首部关于政府绩效改革的立法，同年公布的《国家绩效评估报告》（又称戈尔报告）是对公共服务结果和效果的测量，力求创造一个“少花钱多办事的政府”
1996 年，锡拉丘兹大学坎贝尔研究所启动了为期 6 年的政府绩效工程项目
1998 年，国会通过了高等教育修正案，建立了第一个以绩效为基础的组织
1999 年，联邦政府发起了针对 30 个顾客服务机构所进行的公民满意的年度调查</td></tr>
<tr><td>小布什政府</td><td>小布什政府通过项目等级评估工具（PART）和总统管理议程（PMA）建立起项目绩效评估和跨部门绩效评估</td></tr>
</table>

除英、美之外，政府绩效管理在其他国家也得到广泛的应用。比如荷兰新市政管理法要求对地方当局的工作绩效进行评估，以提高效率和服务质量。澳大利亚的公共组织绩效管理成为政府行政改革的一个重要组成部分，并且与具体的改 革计划和措施融为一体，如财务管理改进计划、项目管理和预算改革、国有企业的民营化改革等。设立绩效目标和制定绩效管理方案已成为每个政府机构工作计划的一个部分。根据经济合作与发展组织（Organization for Economic Co-operation and Development，OECD）的统计，公共组织绩效管理在丹麦、芬兰、挪威、新西兰、加拿大等国都得到广泛应用。鉴于各国政府对绩效管理的迷恋，西方学者甚至惊呼“绩效管理国”正在取代“行政国家”。

【管理拾穗】　新绩效预算

绩效预算理念萌芽于 1907 年纽约市政研究局提供的《改进管理控制计划》的报告中，该报告强调通过对已批准项目的管理，提高资源使用效率。20 世纪 40 年代，美国的“重组政府”

运动方兴未艾，借此契机，第一届胡佛委员会在1949年的报告中，完整地定义了绩效预算，从而定下了绩效预算改革的基调，此后，政府预算的“绩效、效率”观念开始深入人心。遗憾的是，绩效预算推行的成效并不尽如人意，政府行政绩效大幅提高的情形并未出现。因此，从20世纪60年代中期开始，绩效预算销声匿迹，代之而起的是计划项目预算（PPBS）、零基预算（ZBB）等。

20世纪90年代，在继承以往预算改革的一些有价值成分并进行新的探索的基础上，以美国、澳大利亚和新西兰为代表的OECD国家纷纷推行了以绩效为基础的“新绩效预算”（new performance budgeting），其核心是主张政府预算必须与政府的中长期战略计划相结合，强调以政府职能的整体目标为导向，用绩效目标作为约束手段，以绩效责任换管理自由，在强调高层机构对支出总量进行控制的同时，将自由使用预算资金的权力赋予了中、低层管理者，在预算制度中实现了政策（目标和结果）与管理（产出和激励）的有机融合。从OECD成员国推行新绩效预算的实践来看，新绩效预算在有效地促进政府改革，以及有效地制止财政资金浪费、实现财政收支平衡等方面的效果是相当明显的。

绩效预算改革虽然历经反复，甚至遭遇过失败，但实践证明，绩效预算所倡导的“效率、绩效”理念符合预算制度改革发展的趋势和方向，对世界范围内的预算改革都具有普遍的借鉴意义。

资料来源：詹国彬，《公共部门新绩效预算制度的兴起、发展与评价》，《上海综合经济》，2004（12）。

3. 英美等国政府绩效管理的借鉴意义

（1）创新政府管理理念。西方各国政府注意与“顾客”的关系，在绩效管理过程中提出了“顾客至上、消费者导向”的理念。这种理念所体现的精神——以公众价值作为政策措施的重要基础、把公众需要放在政府工作的首位等很具有借鉴意义。中国是社会主义国家，政府确立并落实“顾客至上 ”、“人民的利益高于一切”的指导思想，全心全意为人民服务是职责所在。问题在于现在许多公共部门甚至搞不清他们的“顾客”，只是例行公事地提供服务。就中国政府公共管理的整体价值理念而言，现代市场经济与民主政治所要求的服务行政还未形成。在这种情况下，引入西方政府绩效管理的理念就更具针对性。政府管理理念的创新是政府管理体制、管理行为、管理方法和管理技术的前提和条件。当前中国政府急需树立三种管理理念。

第一，服务理念。政府是为公共利益而存在的，必须为促进社会的发展和进步服务，为公众日益增长的物质文化需要服务。在一定的框架内，必须对政府管理进行新的诠释，把为企业、为社会、为公民服务作为政府管理的主要职责和基本理念。这一理念要求政府的所有法律、法规和行为都必须贯彻服务精神和准则。也就是说，政府的服务理念要求政府一方面扩大服务职能的数量，提升服务的品质，另一方面即使在行使统治和管理职能时，也要始终贯彻服务精神。只有这样，才能既降低统治和管理的成本，又树立政府的良好形象。

第二，责任理念。政府如何根据相关规则和要求，实施有效的管理，切实履行职责，是迫切需要解决的现实课题。总体上说，当前政府管理缺少的不是权力，而是责任，其突出表现为滥用权力、机构膨胀、官僚主义和效率低下等，究其根源，主要在于政府与社会关系模式上“政府本位”的价值取向。要改变这一传统模式，确立起以“社会本位”为基本价值取向的现代模式，必须呼唤和强化责任意识，使政府成为责任政府。各级政府及其工作人员在行使行政权力管理公共事务时，必须承担相应的公共责任，即除了必须负政治责任、道德责任、行政责任外，还应当对公民和社会负公仆责任和法律责任。

第三，效能理念。效能是政府管理的意义和根本所在。确立效能理念，既是解决当前各级政府效率普遍低下的客观要求，也是应对加入 WTO 挑战的现实需要。WTO 的一系列原则都是为了消除妨碍全球贸易自由化的障碍，提高全球市场的运作效能。与此相适应，政府的运作也应当是高效能的。否则，一个低效能政府不仅会影响其自身的投入产出比，而且还会带来市场的低效。

（2）创立政府绩效管理机制。政府把“服务质量”作为考虑绩效问题的基础，重视管理和服务的效果，注重绩效评估目标和标准的设立，通过建立一套政府绩效的监督体系和评估机制，为政府管理的有效性奠定基础。目前我国政府管理存在不少问题：注重组织活动的数量和规模，忽视其实际效果；注重投入，不注重产出；组织控制着眼于过程而不是结果，导致按命令行事的心态；评价工作人员不是按业绩和对组织目标的贡献，而是看是否能够严格遵守规则。这些导致了政府管理效率、效益、质量低下和政府成本大幅度提高。因此，应该借鉴西方政府绩效管理重视结果、重视成本效益核算的做法，制定政府组织绩效标准和指标体系，用以测量政府在实现既定目标时所取得的绩效，实施持续性的绩效管理。

（3）建立科学的公务员考核评价体系。政府的绩效最终取决于每位工作人员的绩效。西方政府很注重对工作人员的评价。我国各级政府都在积极探索一套新型的公务员考核办法，如加强平时考核 、强化年终考核。但从实践看，还存在不少缺陷，如测评打分还不精细，指标分解过粗，测评的主观性较强等。对公务员的考核，要根据德、能、勤、绩全面考核的要求，根据不同的岗位、不同的职责、不同的任务设计相应的考核指标，科学地确立指标的权数。在各项指标中，要加大绩效的权重，突出业绩导向。对绩效的评估，不仅要考虑绩效的数量和质量，而且要考虑完成工作的时间和水平。在此基础上，建立健全激励约束机制，将激励约束落实到个人发展、业务成就、收入报酬等各方面。

（4）完善政府信息交流与沟通机制。政府绩效管理意味着各种信息在政府、社会公众之间的交流与沟通，而不仅仅是在政府公共部门之间的交流和沟通。在政府公共部门之间、政府公共部门与社会公众之间进行的信息交流与沟通主要包括：政府公共部门内部各种信息的传递与沟通；政府公共部门向社会公众传递的各类信息，如政府机构的组成、职能、办事规程、政策与法规、服务种类及质量、重大决策过程等；社会公众向政府公共部门传递与反馈的信息，如对服务种类和服务质量的要求、对服务的满意程度、对公共服务与资源的选择等。没有完善的信息交流与沟通机制，也就没有政府绩效管理与评估。绩效管理有赖于获取的信息，良好的绩效管理需要一个完善的信息系统。

我国信息化程度比较低，因此，在实现向服务政府、责任政府、效能政府转变的过程中，还应当把管理模式的转换与运用先进的科学技术有机地结合起来，运用信息技术的手段和方式把先进的管理理念表现出来，构筑数字化政府，走向在线服务。这也是透明度原则提出的要求。数字化政府的核心是政府通过网络去处理属于其管辖范围内的公共事务和传递公共服务。社会公众通过网络能迅速了解政府机构的组成、职能、办事规程，各项政策法规和政府服务项目等信息，并在网上表达自己的意志和提出对公共服务的要求、实现权利和履行义务；政府通过网络公布服务信息，直接获得社会公众对服务种类与服务质量的要求与反馈信息，管理公共事务和传递公共服务。

11.3.2 我国公共部门绩效管理的探索和实践

1. 我国政府绩效管理的理论和实践探索

与西方发达国家相比，我国政府绩效评估的引入相对较晚，绩效评估改革的动力和背景也截然不同。西方国家政府绩效评估工具的引入，很大程度上是希望通过绩效评估和管理，改善政府绩效，从而缓和公众对政府的不信任，保证政府的声誉，以获得政治连任。西方国家由于实行多党制，加之公众的民主意识较强，所以政府改革的动力相对较大。对于我国而言，社会主义国家成立不久，经济落后，民众文化素质较低，公众的民主意识相对较弱，我国绩效评估改革主要是政府内部自发的、自上而下的改革，外部公众压力相对较弱。但是改革开放后，随着学者对西方绩效改革经验的引入和介绍，我国在绩效评估和管理的理论和实践方面逐步积累了一定的成果。

在理论研究方面，20世纪80年代中期到90年代初，政府绩效评估的研究集中表现为对政府行政效率的研究，而且研究多是通论性和介绍性的，研究成果的针对性、系统性、全面性比较差，研究者或是对西方发达国家政府绩效评估的理论成果与实践经验进行介绍，或者就政府绩效评估的一些概念性、内涵性的问题进行总结与概括，还尚未提出政府绩效评估中国化、本土化的宏观思路与具体对策。到20世纪90年代末，特别是2000年以后，随着研究条件的日益改善，以及研究者对于政府绩效评估问题认识的加深，政府绩效评估研究逐步从初期的通论介绍性研究转向本土化的专题研究，力求寻找并创造有利于政府绩效评估在中国扎根、延续、发展的因素和条件。

在实践探索方面，按照是否有固定的评估模式和是否定期进行等标准，我国政府开展公共部门绩效评估可以分为三个阶段。

（1）20世纪80年代初到90年代初。这一阶段是我国对公共部门进行评估探索的起步阶段，特点是粗放型的部门考评。当时，组织绩效还没有成为政府部门的行政理念，对部门进行考评的目的经常是与当时的某项主要工作任务挂钩，没有固定的评估模式与评估指标，评估时间具有很大的随意性，往往与其他评估如干部考评混合在一起。80年代常见的大检查、大评比、专项调查等，就是这一阶段评估的主要形式。

（2）20世纪90年代初到90年代中后期。这一阶段是我国公共部门评估以各种形式探索发展的阶段，其中包括普适性的政府机关绩效评估，也包括许多具体行业的组织绩效评估。

（3）20 世纪 90 年代末至今。这一阶段，绩效评估作为一种有效的管理工具，已经为大多数政府部门所接受，一些部门和地方政府开始探索绩效评估体系的建构，其特征是采用系统的绩效评估指标体系对特定的评估对象进行定期评估。一些地方也开始出现一些由外部评估主体对政府工作绩效进行评估的尝试。

总结我国公共部门绩效评估的实践，大致可分为普适性的政府绩效评估、专项绩效评估和行业绩效评估三种类型。这三种类型的绩效评估特点及具体示例如表 11－4 所示。

表 11－4　　我国公共部门绩效评估实践的三种类型

类　型	特　点	具体例子
普适性的政府绩效评估	1. 绩效评估作为特定管理机制中的一个环节，随着这种管理机制的普及而普遍应用于各种公共组织和部门 2. 主要在政府内部进行，目的是通过目标责任制等手段追求传统行政模式下行政效率的提高 3. 存在着对上不对下、对内不对外的责任缺位现象	· 目标责任制 · 社会服务承诺制 · 效能监察 · 效能建设 · 干部实绩考核
专项绩效评估	1. 针对某一项专项活动或政府工作的某一方面进行评估 2. 主要强调了外部评估，目的是通过社会调查、满意度评价等方法提高公众对政府工作的满意度 3. 存在着顾客资源识别、满意度评价是否适用于所有党政机关、是否能够表征所有被评估对象的绩效	· 万人评议政府活动（沈阳、南京、杭州、珠海） · 北京市国家机关网站政府公开检查评议 · 深圳的"企业评政府"
行业绩效评估	1. 将评估应用于具体行业，由政府主管部门设立评估指标，并组织对所辖的行业进行定期评估 2. 具有自上而下的单向性特征	· 教育部为各级各类学校设立的绩效评估体系 · 卫生部为医院设立的绩效评估体系

2. 我国公共部门绩效管理的具体实践模式

我国政府的绩效评估虽然处于探索阶段，但是各级地方政府结合绩效评估和管理的相关理论和各地实际，积极探索各种绩效评估和管理模式，取得了一定的成绩。2009 年由桑助来编著的《中国政府绩效评估报告》出版，这是我国第一本中国政府绩效评估报告，该《报告》总结了近年来我国地方政府开展绩效评估的典型经验，列举了国内地方政府实施的六大绩效管理模式，分别是整体推进型绩效评估模式——青岛市目标绩效管理体系、战略导向型绩效评估模式——江苏邳州市绩效督查考评、目标责任型政府绩效评估模式——贵州省直机关目标绩效管理、问绩于民型政府绩效评估模式——上海市杨浦区机关目标管理评估系统、三位一体式绩效评估模式——江苏省南通市综合绩效考评、干部实绩型政府绩效评估模式——河南洛阳市干部实绩考核评价体系。另外，国内学者如胡宁生教授以我国绩效评估探索的历史演变为线索，列举了如目标责任制、效能监察、效能建设、社会承诺服务制、万人评议政府、政府绩效评估等具体模式。下面主要对烟台、青岛、珠海、厦门、甘肃等地实行的具有鲜明特色的绩效评估（管理）的模式进行简要地分析和梳理。

（1）烟台模式——社会服务承诺制。1994 年 6 月，烟台市政府借鉴英国公民宪章运动和香港公共服务承诺制的经验，率先在烟台市建委实施社会承诺制，随后逐渐扩展到其他部门，这是我国各级地方政府中率先关注公众满意度的绩效管理实践。社会承诺制主要通过向市民公开政府办事内容、办事标准、办事程序、确定办事时限，设立监督机制和举报电话，明确赔偿标准，未实现承诺的责任单位和责任人要按照规定给当事人以赔偿。其核心是在社会服务范围内向社会公开承诺，接受公众监督和评估，根本目的是提高政府服务质量和水平。

社会服务承诺制的实施，促进了政府绩效评估理念的转变，绩效评估由向内部、向上级领导负责，转变为向公众负责，把过去的部门权力转变为义务，真正树立为人民服务的意识和公仆意识，改变政府官员的官本位思想；同时也促使绩效评估价值理念由传统的效率观向质量观转变，注重服务质量和顾客满意度的提高。另外，由于其重视了评估结果的运用和反馈，从而避免了绩效评估流于形式的局面，真正发挥绩效评估和管理的作用。通过实施社会服务承诺制，烟台市政府的服务质量、办事效率、行业服务风气和公众满意度得到了明显提高。

（2）青岛模式——目标绩效管理体系。自 1999 年起，青岛市委、市政府从战略被管理的高度开展督查考核工作，创造性地把督查工作和目标绩效管理相结合、考绩和评人相结合，形成了青岛模式。青岛模式主要吸收了德鲁克的目标管理思想和企业的战略管理理念，不仅注重绩效考核，而且注重绩效目标的设计，以及绩效过程的跟踪、控制和监督，乃至绩效结果的应用和反馈。

青岛模式的特点有：①注重绩效管理目标的制定，强调、注重战略管理和科学的决策机制；②注重目标分解和层层落实，明确责任部门、责任领导和责任人；③组建专门的委员会对各单位工作中的重点工作目标进展情况进行全程跟踪和督查，及时进行绩效纠错和改进；④将绩效考核结果与干部奖惩和升迁直接挂钩，强化政府工作人员绩效提升的动力。总体来说，青岛模式设立了一套科学的绩效管理体系，但该模式属于内部评估，评估的主体主要是政府相关机构，考核主体相对单一，主要适用于政府部门和公务员评价，外部公众无法接触和了解相关岗位职责和人员进行评价。

（3）珠海模式——万人评议政府。1999 年 10 月，珠海市启动“万人评议政府”活动，用无记名的方式对被评测单位做出满意和不满意的评价。同时，沈阳、南京、杭州等地也实施了同样的绩效评议活动。

万人评议政府最大的特点是引入了公众的评估和监督，这使得评价重心由政府本位向公民取向转变，评价原则向“服务原则”和“公民满意度原则”转变；评价主要采用定性指标，把公众的切实感受作为衡量政府绩效的尺度。另外，万人评议活动的参与人数相对较多，公众参与度相对较高。

但是，由于万人评议活动的发起者是政府，虽然评价主体是公众，但是可能存在公众参与积极性不高的问题，特别是当评价主体通过抽样来进行选取的时候，被动性就更为明显，因此公民参与评议政府的成功实施很大程度上要依靠公众民主意识的提高，以及评估制度的常态化和规范化。另外，公众是否能够获得充足的绩效信息，是评议活动能否成功进行的重要基础，如果公众没有充分的绩效信息，其绩效评估的结果显然不能科学地反映政府相关部门的绩效。

（4）厦门思明模式——创建绩效型政府。厦门市思明区政府于 2001 年开始探索公共部门绩效评估，在全国率先建构了一套完整的公共部门绩效评估指标体系，首次开发了一套公共部门绩效评估的系统软件，并于 2002 年运用该指标体系和系统软件对思明区计生局、民政局、建设局、司法局和厦港街道办事处等 5 个单位进行了绩效评估。2003 年，厦门市思明区因在政府绩效评估方面的探索，获得中国地方政府创新奖。

思明模式属于较为成熟的内部评价，本质是以提高政府能力为中心的自我评价模式。其特点有：①绩效评价由任务式变为战略式，绩效评价主要服务于绩效政府这一战略目标的实现；②创新政府绩效评价指标体系，明确考评对象的绩效指标，建构一个由“维度——基本指标——修正指标”组成的多维指标模型，绩效指标尽可能量化；③专家学者的参与。2001 年 11 月，思明区人民政府成立“公共部门绩效评估”项目领导小组，委托厦门大学法学院卓越教授组建“公共部门绩效评估”课题组，负责项目的可行性论证，实地开展项目调研，构建绩效评估模式，保证了绩效评估体系构建和组织实施的科学性；④运用网络技术、计算机技术和管理信息系统技术，开发绩效评估的软件，提高绩效评估的效率。

由于思明模式属于政府自我评价的内部模式，可能存在政府主导的色彩，评价结果可能和公众、企业以及其他团体的感受存在差距。

（5）甘肃模式——第三方评议模式。2004 年底至 2005 年初，兰州大学中国地方政府绩效评价中心受甘肃省人民政府的委托，对全省所辖 14 个市（州）政府和省政府 39 个职能部门的绩效进行了评价，并于 2005 年 3 月 9 日向社会公布了评价结果，发布了《甘肃省非公有制企业评价政府绩效结果报告》。这一举措被媒体称为“兰州试验”，它开创了第三方评价政府绩效的先河，形成了中国地方政府绩效评价的“甘肃模式”。

甘肃模式属于外部评价，评价主体主要是非公有制企业，评价组织实施主要由第三方学术团体（兰州大学中国地方政府绩效评价中心）负责实施，评价结果向社会公布，接受公众监督。

甘肃模式的优点有：委托学术团体进行绩效评价的组织和实施，保证了绩效评估指标体系的科学性和合理性；委托第三方组织进行绩效评价的组织和实施，有利于绩效评价组织实施的顺利进行和绩效评价结果的公正性；评价主体的外部取向和针对性，有利于政府执政理念的转变，从而重视公众的需求和社会满意度的提高。总之，甘肃的绩效评价模式不是简单的对组织绩效的评价，而是通过治理评价来改善政府的制度创新能力、治理能力、对社会的反馈能力。

甘肃模式的独立性、公正性、科学性虽然较强，但由于评价主体和评价组织者不属于政府，所以获得绩效信息的难度相对较大。因此，如何保证绩效信息的可获得性，以及绩效评价主体和评价组织者的权威性是需要探索和解决的问题。

【阅读案例11-2】 甘肃模式——第三方政府绩效评价的实践

1. “甘肃模式”的设计思路

绩效评价作为一种工具，具有很强的导向性。甘肃省政府评价市（州）政府和省属职能部门绩效的初衷是促进非公有制经济的快速发展。而对非公有制经济发展软硬环境的营造与优化，首先取决于政府创新——从理念到手段和方法的全面创新，而创新的必要条件是政府职能的转变。基于以上考虑，兰州大学中国地方政府绩效评价中心（以下简称兰大评价中心）确定了对甘肃省地方政府和省直部门的绩效评价内容框架，一是把“经济调节、市场监管、社会管理、公共服务”作为基本的评价目标取向，并设定为一级指标；二是对政府的整体绩效和基于满意度的评价，以体现第三方评价的特有优势和基本价值追求。具体从三个方面把握。

(1) 对政府整体行为和行政结果的评价，政府职责范围内该履行的职责是否履行？是怎样履行的，做得怎么样？

(2) 对政府整体形象的评价，“群众满意不满意，答应不答应，是衡量政府工作的标准”。通过公民根据其对政府整体行为和主要工作的评价，反映政府与公民沟通情况以及公民对政府提供公共产品和服务的满意程度。

(3) 选择省内非公有制企业，对甘肃省各级政府在2004年初为营造发展环境、促进非公有制经济发展方面做出的承诺进行具体评价，以满意度衡量，如一站式办公、限时办结等，以强化企业对政府工作的感知，有利于评价时客观把握。

2. 评价指标体系的设计

评价指标体系是绩效评价方案的核心和关键，反映了绩效评价的基本价值取向。具体而言，甘肃模式评价指标体系的设计原则包括：①有限目标与整体行为有机结合的原则；②战略导向与结果导向相统一的原则；③基于“顾客满意”的原则；④公开透明原则；⑤一般职能与业务职能相分离的原则。

甘肃模式中的评价指标体系是按市（州）政府和省政府所属职能部门两类评价对象以及企业、上级政府、专家三类评价主体分别设计，共设计了四套指标体系和两套调查问卷。每套指标体系均由一、二、三级指标构成。市（州）政府绩效评价指标体系的一级指标由“职能履行、依法行政、管理效率、廉政勤政、政府创新”等5个评价指标构成。二级指标是对一级指标的细化和拓展，具体包括“经济运行、投资环境、市场监管、公共服务、行政许可、行政审批、行政监督、组织效率、服务效率、廉政建设、工作作风、观念创新、制度创新、管理创新”等14个指标。企业、上级政府、专家评价市（州）政府绩效的一、二级指标完全相同。三级指标针对企业、上级政府、专家三类评价主体分别设计。其中，企业评价市（州）政府绩效采用调查问卷，根据二级指标的边界共设计了50题。专家评价市（州）政府绩效三级指标包括经济增长、财政收支状况、就业状况等30个指标。上级政府评价市（州）政府绩效三级指标包括 GDP、财政收入（大口径）、财政支出、金融各机构存款、人均 GDP 等 23 个指标。

省属职能部门绩效评价指标体系的一级指标由“职能发挥与政策水平、依法行政、政风与公务员素质、服务质量”等 4 个评价指标构成。二级指标包括“职能发挥、政策水平、行政许可、行政审批、行政监督、部门风气、公务员素质、服务效率、服务水平”等 9 个指标。企业、上级政府、专家评价省属职能部门绩效的一、二级指标完全相同。三级指标针对企业、上级政府、专家三类评价主体分别设计。其中，企业评价省属职能部门政府绩效采用调查问卷，根据二级指标的边界共设计了 40 题。专家评价省属职能部门绩效三级指标包括职责调整到位情况、目标管理责任制实施状况、首问负责制、行政不作为等 27 个指标。上级政府评价省属职能部门绩效三级指标包括履行社会管理职能、履行公共服务职能、履行应急管理职能等 30 个指标。

3. 评价方法的选择

甘肃模式采用综合评分法、德尔菲法、问卷调查法、访谈法、文献法和综合分析法等多种方法。绩效评价以综合评分法作为基本评价模型，从具体的指标开始，逐项分层，加权计算，最后汇总得出结果。市州政府绩效评价计算公式与省政府职能部门绩效评价相同。

（1）市（州）政府绩效评价

其计算公式为：

$$GP = GP_1 \cdot W_i + GP_2 \cdot W_i + GP_3 \cdot W_i$$

其中，GP 代表市（州）政府绩效总得分，GP_1 为企业评价市（州）政府绩效得分，GP_2 为上级政府评价市（州）政府绩效得分，GP_3 为专家评价市（州）政府绩效得分，W_i 为权重系数，满足 $\sum W_i = 1$。省属部门绩效计算公式与此相同，只是评价主体扩展至全省范围。

（2）单个评价主体评价市（州）政府绩效

其计算公式为：

$$GPu = \sum_{i=1}^{n} \left(\sum_{j=1}^{m} PijWij \right) \cdot Wi$$

其中，GP_u 表示某一评价主体评价市（州）政府绩效得分，n 为该评价主体评价市（州）政府绩效指标体系的要素个数，m 表示指标体系第 i 个构成要素的指标个数，P_{ij} 为第 i 个构成要素的第 j 项指标的得分，W_{ij} 为第 i 个构成要素的第 j 个指标在其中的权重。省直部门绩效计算公式与此相同，只是评价主体扩展至全省范围。

权重的确定采用修正的德尔菲法。评价中心根据甘肃省地方政府绩效评价的目标与指导思想，借鉴相关研究对权重的分析和确定方法，先行确定一套权重集，对各具体指标的重要性进行标度，再提交有关专家进行德尔菲法调查，对原来的权重集进行调整，最终确定地方政府绩效评价综合得分计算时所用的权重集，以权重矩阵予以表示。

（3）评价结果衡量标准

甘肃模式对甘肃省市（州）政府和省直部门绩效评价采用了两方面衡量标准：一是市（州）

政府及省政府职能部门绩效运用综合绩效指数来衡量，由高到低分为5、4、3、2、1五个等级，3为中值，3以上为好，3以下为差。2004~2005年度评级中，非公有制企业占60%的权重，省政府评议组占20%的权重，专家委员会占20%的权重。二是对甘肃省政府2004年确定的“首问责任制”等五件事八项重点工作做专项调查，以非公有制企业的满意率来衡量。每项指标用“非常满意”、“满意”、“一般”、“不满意”、“很不满意”五个等级来测度，非公有制企业的满意率由“非常满意”和“满意”2个测度因子测算得出。在2005~2006年度的评价中，为了更明确地体现民意，把上级政府与专家委员会合并为专家评价委员会，且有关方面的官员以专家和个人身份参与评价。评价主体由原来的三个变为两个，而专家和企业的权重分别调整为30%和70%。

4. 评价组织模式

(1) 评价组织机构

为了有条不紊地推进甘肃省企业评议政府部门活动，甘肃省政府成立了由一位副省长任组长，省政府秘书长和省经济委员会主任任副组长的企业评议政府部门活动领导小组，负责评价活动的领导与协调，并组织专家对评价方案进行论证。评议活动领导小组下设办公室，负责评议活动的上下、内外日常协调工作。而整个评议活动的实施均由兰大评价中心课题组完成，包括绩效评价方案的制定及优化，指标体系的设计与选择，调查问卷的设计、印制、发放、回收，评价数据和信息的处理，评价结果的发布等。

(2) 评价组织实施程序

①选择评价主体。“甘肃模式”评价主体是从每个市（州）政府按照产值和纳税从大到小遴选出500家企业，在500家企业中再随机抽取300家企业作为评价主体。从甘肃省各大高等院校、科研机构、社团组织等中对省情熟悉并长期关注各市（州）经济社会发展的专家学者中遴选出12名专家，组成专家评价委员会。

②举办评前培训。在每次组织开展评价活动之前，兰大评价中心都要委派专人对参与组织实施评价活动的人员进行专门培训，从有关政府绩效评价理论到评价方案、操作规程，进行系统、全面地讲解，模拟操作演示，做到参与者应知应会。

③发放和回收调查问卷。在每次开展评价活动之前，兰大评价中心要选派5个督察小组分赴甘肃省14个市（州），按照事先随机抽取的企业评价主体组织企业，现场发放调查问卷，当场填写和回收，保证了评价信息的真实性和较高的回收率。2005年企业评议政府部门活动共发放调查问卷15 750份，回收有效问卷10 261份，平均回收问卷有效率为65.15%。其中，市（州）政府评议共发放调查问卷4 050份，收回有效问卷3 168份，问卷有效率达78.2%。省直部门评议共发放调查问卷11 700份，回收有效问卷7 093份，问卷有效率为60.62%。除有13个部门的评价问卷因未达到统计的信度和效度要求而未纳入评价序列外，其余评价对象的评价均为有效。

④召开企业和专家座谈会。在每次回收调查问卷和专家评分表之后，即组织召开企业和专家座谈会，倾听他们的意见和建议。企业家和专家反映的问题作为市（州）政府和省属职能部门综合绩效评价结果的调整因素和补充事项，成为评价报告的重要内容。

⑤处理评价信息和数据。2004～2005年度、2005～2006年度甘肃省政府绩效评价分别发放调查问卷15 750份和10 600份；收回调查问卷10 261份和9 214份。兰大评价中心抽调了60多名研究生分两组（一组录入，一组核对），三班对倒，轮流作业，运用现代评价系统工具处理信息，得出结果。

⑥撰写评价报告，公布评价结果。通过认真分析处理后的评价信息，翻阅调查问卷中企业反映的主观性问题，并结合召开企业和专家座谈会反映的集中性、普遍性问题，形成评价报告，报甘肃省政府绩效评价领导小组审核。2004～2005年度的评价结果报告通过新闻发布会及甘肃主要报纸、电台、电视台、省政府政报和政府网站等主要媒体面向全社会发布。

⑦及时反馈评价结果。兰大评价中心在形成甘肃省市（州）政府及省属职能部门综合绩效评价报告的同时，对每个被评单位的综合绩效水平、每个一、二级指标得分情况、企业集中反映的主要问题分别进行反馈。2005～2006年的评价结果报告中还针对分析结果和企业反映的具体问题向政府及部门提出整改意见和建议，帮助被评单位不断提升绩效水平。

5. 评价结果分析

2004～2005年度甘肃省企业评议市（州）政府和省属职能部门结果为：市（州）政府综合绩效指数平均得分为3.677714；省政府所属部门综合绩效指数平均得分为3.637。总体上看，均获得了中等以上的评价（分别占到满分的73.55428%和72.74%）。根据统计分析，市（州）政府综合绩效指数和省属职能部门综合绩效指数两组数据的方差分别为：0.0108816和0.0131873，极差分别为0.349和0.489；偏度分别为0.387，－0.453，峰度分别为－0.162，0.063，基本上在平均数附近呈近似正态分布，离散程度不高。这说明，一方面，本次绩效评价采用的数据是有效的，可以反映政府绩效的真实状况；另一方面，各市（州）政府和省政府所属部门绩效的相差不是很显著。2005年市（州）政府落实省政府重点工作非公有制企业平均满意率为62.41%，甘肃省政府所属部门落实省政府重点工作非公有制企业平均满意率为59.2%。2005～2006年度甘肃省企业评议市（州）政府和省属职能部门结果为：市（州）政府综合绩效指数平均得分为3.9436，较上年度提高0.2656个百分点；省属职能部门综合绩效指数平均得分为3.8743，较上年度提高0.2343个百分点。市（州）政府落实省政府重点工作非公有制企业平均满意率为56.03%，较2005年下降了6.38个百分点；甘肃省政府所属部门落实省政府重点工作非公有制企业平均满意率为64.02%，较2005年上升了4.82个百分点。

2006年评议企业代表普遍认为，由过去“门难进、脸难看、事难办”的现象已转变为“门好进、脸好看、事难办”局面，服务态度有较明显的好转，但服务质量和服务效率的问题依然存在，有待进一步的改善。对生态环境治理、执法部门对企业的检查过于频繁、行政信息公开程度不够、办事效率不高等老问题依然突出。另外，从部分市（州）政府的评价结果分析中知道，随着外部发展环境的改善，企业的参与意识和法治意识增强，其期望值也在上升，从而对政府工作及绩效水平提出了新的挑战。

6. 对“甘肃模式”评价效果的初步评价

甘肃省自2004年推开对市（州）政府和省属政府部门绩效评价活动以来，便受到包括媒体、学术团体等社会各界的广泛关注。据不完全统计，在2004年8月至2006年9月期间，全国上千家媒体对甘肃省政府绩效评价工作做出了报道和评论，包括《人民日报》、《解放日报》、《中国青年报》、《21世纪经济导报》、《南方周末》、《香港大公报》以及人民网、CCTV网等。媒体界普遍认为，兰州试验，开了我国第三方评价政府绩效的先河，意义十分重大。在2005年“两会”期间，《瞭望·东方周刊》、《中国新闻周刊》也做了深度报道和评论。

中国行政管理学会报送国务院办公厅《关于报送政府绩效评价研究成果的报告》后，时任国务委员兼国务院秘书长华建敏同志做了重要批示，其中提到了甘肃模式并做了重要肯定，将该研究报告批转中编办、监察部、人事部、法制办、国研室、发改委、财政部、商务部、工商总局、审计署阅研。中国行政管理学会对“甘肃模式”也给予了肯定性评价，该会认为兰大评价中心对甘肃省政府所辖市（州）政府和省属部门的绩效评价工作，“对政府部门绩效管理进行了理论探索和实践创新，使得甘肃省这方面的工作走在了全国的前列，为中国政府部门绩效评价积累了宝贵经验”。

资料来源：根据包国宪等发表于2010年第4期《行政论坛》的文章“第三方政府绩效评价的实践探索与理论研究”及兰州大学中国地方政府绩效评价中心相关资料整理。

11.3.3 公共部门绩效管理的发展趋势

1. 绩效评估的价值理念由效率取向向结果取向转变

公共价值理念的转变是推动绩效评估理念转变的根本原因。传统行政模式下，推崇效率至上的价值观，20世纪80年代后，“3E”即经济（economy）、效率（efficiency）、效益（effectiveness），曾被西方学者认为是绩效的“新正统学说”，随着新公共行政、新公共管理运动的发展，公平、质量、责任和回应性等理念开始成为绩效评估的关注范畴，这使得传统的以效率为导向的绩效观逐步向以结果为导向的绩效观发展，注重公民的满意度和社会影响。

效率是传统的行政管理的核心命题，是政府如何管好自身的内部机制，新的绩效评估的理念一方面关注政府内部的管理机制，同时更要关注政府与社会、公民的关系，要以社会、公民的满意度作为最终标准。传统的效率观讲求投入与产出的比率关系，具有明显的速度、经济等数量特征，新的绩效观不仅关注数量指标，而且更加重视质量品位，要求政府提升服务水平，保证服务质量，在“好”字上下工夫。另外，传统的效率观不大关心公平问题，自新公共行政以来，公平问题日渐受到重视，公共性是政府的本质特征，这就要求政府不仅关心效率问题，同时更要关注公平问题。总之，从发展趋势来看，绩效越来越成为一个包括“3E”、质量、公平、责任、回应性等在内的综合性的要素结构，是一个讲求内部管理机制与外部效应、数量与质量、经济因素与伦理政治因素、刚性规范与柔性机制相统一的范畴。

2. 绩效评估主体由单一主体向多元化发展

政府绩效评估主体可以分为内部评估主体体系和外部评估体系两大类。内部评估主体体系，是指政府机关自身作为评估主体所构成的评估主体体系，主要包括政府机关内部的自我评估和专门评估两部分。外部评估主体体系是指政府机关以外的评估主体所构成的评估主体体系，包括政党评估、国家权力机关评估和社会评估等。

传统上，政府的评估主要局限于内部评估，内部评估由于获得的绩效信息相对容易和精确，因此成为政府内部管理和控制的一个良好机制，但是由于内部评估的封闭性，容易忽视外部公众的需求，形成唯上不唯下、唯内不唯外的官僚作风，偏离政府公共服务的价值取向。而外部评估由于把公众的需求和满意作为衡量政府绩效的重要标准，更能显示政府的公共性取向，符合民主政府的执政理念。从各国行政改革的实践来看，外部公众的需求和满意度日益成为政府关注的目标。

3. 绩效管理逐步法制化和规范化

政府绩效评估法制化和制度化是国外政府绩效评估领域出现的重要趋势之一，美国、英国、澳大利亚和日本等国家都制定了相应的法律和法规，保障、规范和促进本国政府绩效评估活动的健康发展。

绩效立法是开展政府绩效评估的前提和基础，在这一基础上，改善政府绩效评估现状，树立公民取向的绩效观，使绩效管理机构在政府中具有相应的地位，享有调查、评估有关政府活动的权利，不受任何行政、公共组织或个人的干扰；也使评估结论能够得到有效传递和反馈，切实用于改进政府公共管理；使评估活动能引起公众的关注，有充分的可信度和透明度。而且，颁布绩效管理工作的制度和规范，对公共管理过程哪些项目应该进行评估、开展什么形式的评估、评估应注意的事项等问题，做出详细规定，也使评估工作有法可依，有规可循，把绩效管理纳入一个正常发展的轨道。另一方面，绩效评估机构的建立和健全，也是政府绩效评估越来越走上制度化的一个重要表现。

4. 绩效评估信息的网络化和电子化

绩效评估信息是绩效评价的基础，如何方便快捷地获得绩效信息是绩效管理的重要步骤，随着计算机技术、网络技术和管理信息系统技术的发展，各国政府也纷纷将电子技术引入政府，建立数字化政府，以实现绩效信息的快速获得和利用。

5. 绩效评价逐渐向绩效管理发展

绩效评估向绩效管理转变是当前企业绩效评估理念的一个重要转变，绩效管理是一个完整的体系，绩效评估仅仅是其中的一个环节。与绩效评估相比，绩效管理更加注重管理者的责任，强调过程控制，主张管理者和员工的持续沟通，以不断改进工作绩效。随着绩效管理理念的兴起，政府绩效评估也面临向绩效管理转变的趋势。

要点总结

● 公共部门是以生产公共产品和提供公共服务为目标的非营利机构，包括政府、学校、医院等部门。在我国，公共部门是指建立在合法的权威基础上的，具有强制性、非盈利性的负责向社会大众提供公共产品、公共服务、实施公共管理活动，以实现公共利益和社会大众的福祉的各种机构和组织，最典型的公共部门是政府部门。

● 公务员就是现代社会中接受人民委托，管理公共事务的人。根据我国公务员法的定义，公务员是指依法履行公职、纳入国家行政编制、由国家财政负担工资福利的工作人员。

● 公共部门绩效可以定义为公共部门在积极履行公共责任的过程中，在讲求内部管理与外部效应、数量与质量、经济因素与政治伦理因素、刚性规范与柔性机制相统一的基础上，获得的公共产出最大化。

● 公共部门绩效评价，又称公共部门绩效考核或绩效评估，它是指对广义的政府组织、非营利组织（第三部门）以及公共企业（第四部门）等特定的社会组织在积极履行公共责任的过程中，在讲求内部管理与外部效应、数量与质量、经济因素与伦理政治因素、刚性规范与柔性机制相统一的基础上，获得的公共产出进行的评审界定。公共部门绩效可从经济层面、效率层面、效能层面、公平层面、责任与回应层面等五个层面进行评价。

● 公共部门绩效管理是以提高公共部门组织绩效和个人绩效目标，通过绩效评价和绩效追踪来激励组织中的个人发挥创造性、提高服务质量的管理过程。

● 公共部门的绩效目标是指公共部门适应所处社会环境的需要，依照共有的价值观念，根据国家或政府所赋予的使命和任务，经由构成人员的共同参与及朝一致方向努力所追求的各种成就和最后结果，它是公共部门各阶层人员一定时期内的行动指南。

● 公共部门绩效管理的发展趋势主要表现在：①绩效评估的价值理念由效率取向向结果取向转变；②绩效评估主体由单一主体向多元化发展；③绩效管理逐步法制化和规范化；④绩效评估信息的网络化和电子化；⑤绩效评价逐渐向绩效管理发展。

思考题

1. 什么是公共部门？它有哪些显著的特点？

2. 我国公务员制度的内容有哪些？

3. 如何理解公共部门绩效的内涵？
4. 公共部门绩效评价有何作用和意义？公共部门绩效评价有哪些难点？
5. 公共部门绩效管理与企业组织绩效管理有什么差异？
6. 怎样制定公共部门的绩效目标？
7. 公共部门绩效管理的整体运作过程包括哪些内容？
8. 公共部门绩效评价的常用方法有哪些？
9. 谈谈我国公共部门绩效管理的几种具体实践模式及其特点。
10. 怎样把握公共部门绩效管理的发展趋势？

案例分析

实例1

某区政府委托某大学教授对该区政府实施政府绩效管理与绩效评估进行理论研究。《××区政府绩效管理体系研究报告》是该项研究取得的最终成果。根据该研究报告“引言”中的叙述，研究报告“从战略整体阐述了区政府绩效管理体系的框架，共分为三部分：第一章从绩效管理与政府流程的关系角度出发，阐述了如何在流程优化的基础上解决政府绩效管理存在的问题，并详细介绍政府流程再造的理论与方法；第二章主要介绍了区政府对外业务流程优化过程；第三章是报告的核心部分，根据区政府绩效管理的现状及条件，借鉴西方国家政府绩效管理的成功经验，以业务流程再造（BPR）思想为指导，设计了基于业务流程优化的政府绩效管理体系”，该区政府绩效管理流程图如图11－3所示。

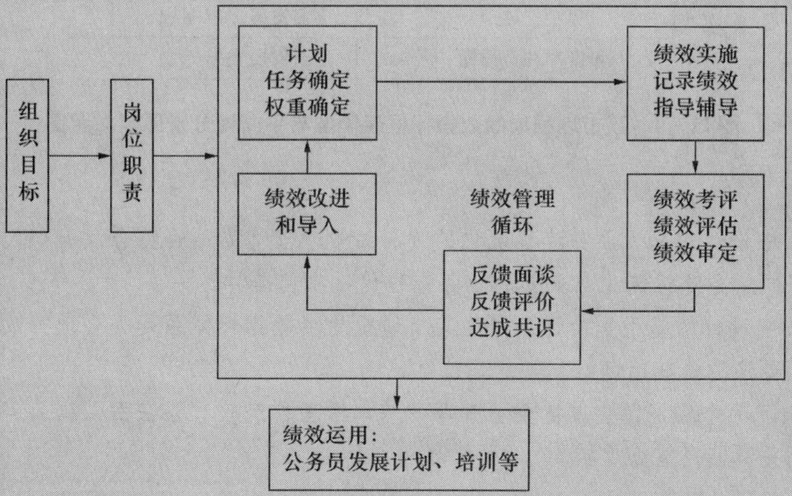

图11－3　某区政府绩效管理流程图

实例2

某市地方税务局在绩效管理方面，经过探索和实践确定了绩效指标框架模型与平衡计分卡原型对照，如图11－4所示。平衡计分卡（Balanced Scorecard）是通过建立财务绩效指标、客户指标、内部业务流程指标和学习与成长绩效指标，对企业的经营绩效和竞争状况进行综合、全面、系统评价的分析方法。把企业管理的基本原理、经验和方法引入到政府公共管理之中，是当代新公共管理理论的重要特点和当代西方国家政府改革的重要指导。平衡计分卡以企业的战略为基础，并将各种评估指标整合为一个有机的整体，注重综合评价，注重考核指标的量化等评估方法，是政府绩效评估可以借鉴的。但是，平衡计分卡包含的4个角度是否完全适合于政府公共管理的目标、价值、业务性质及其流程？政府绩效评估是否就可以像企业绩效评估那样从财务指标、客户指标、内部业务流程指标、学习与成长指标4个角度来进行呢？这些问题值得我们商榷。

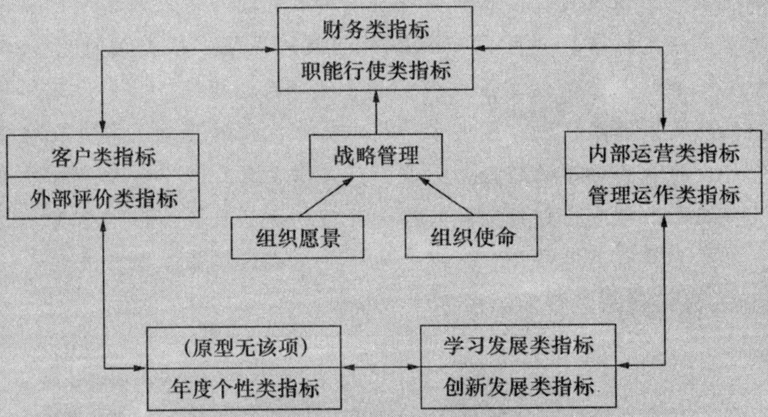

图11－4　某市地税局绩效指标框架模型与平衡计分卡原型对照图

【问题】

1. 实例1中设计的基于业务流程优化的政府绩效管理体系是否符合政府部门的绩效管理实际？政府部门的业务流程优化与企业的业务流程优化有何差异？

2. 实例2中设计的基于平衡计分卡的某市地税局绩效指标体系是否合理？政府绩效管理引入平衡计分卡要注意哪些问题？

3. 结合上述两个实例，谈谈把企业管理的基本原理、经验和方法引入到政府公共管理之中时，应注意的关键问题有哪些？

附 录 一

企业基层人员绩效考核制度范本

制度名称：某企业基层人员绩效考核制度　受控状态：＿＿＿＿　编号：＿＿＿＿
执行部门：＿＿＿＿＿＿＿＿　监督部门：＿＿＿＿　考证部门：＿＿＿＿

第1章　总　　则

第1条　目的

通过对员工的工作业绩、工作能力及工作态度进行客观、公正的评价，促使员工不断改善工作绩效，提高自身能力，从而提高企业的整体运行效率。

第2条　适用对象

本制度适用于从事非领导岗位的基层员工，但考评期内累计不到岗超过三个月（包括请假与其他原因缺岗）的员工不参与年度考核。

第3条　考核原则

（1）公平公开原则。人事考评标准、考评程序和考评责任都应当有明确的规定且对企业内部全体员工公开。

（2）定期化与制度化。绩效考核既对员工工作情况的过去和现在考察，也对他们未来工作行为进行预测。将员工绩效考核定期化、制度化，有助于全面了解员工潜能，及时发现组织中的问题，从而促进企业的发展。

（3）定量化与定性化相结合。班组长考核指标分为定性化与定量化两种，并分别赋予不同的权重。

（4）沟通与反馈。考核评价结束后，人力资源部或各部门负责人应及时与被考核者进行沟通，将考评结果告知被考核者。

第4条　考核实施部门

人力资源部门组织并指导员工的考核实施工作，按照企业要求，各部门负责人对员工进行评估。

第2章　绩效考核内容

第5条　工作成绩。主要考核员工实际完成的工作成果，包括工作质量、工作数量、工作效益等。不同的工作岗位，其考核的重点是有所不同的。开发类重点考评项目进度与质量，营销类重点考评销售额及市场潜力，事务类则重点考评日常工作的数量和质量等。

第6条　工作能力。根据本人实际完成的工作成果及各方面的综合素质来评价本人的工作技能、水平，如专业知识掌握程度、业务能力、创新能力等。

第7条　工作态度。主要是对员工平时的工作表现予以评价，包括协调性、主动性、责任感等。

第3章　绩效考核实施

第8条　考核频率

根据企业经营的需要，将对基层员工的考核分为月度考核、季度考核、年度考核三种。

（1）根据岗位的需要，分别对员工实施月度考核或季度考核，其实施时间分别是下一个月的×～×日、下一个季度的×～×日。

（2）所有员工都应接受企业对其实施的年度考核，考核实施时间一般为下一年度的×～×日。

第9条　设定考核指标及评价标准

根据前期制订的绩效计划及职位说明书等文件，分别制定各岗位的考核指标、评价标准及考核项的分值等内容。

第10条　考核实施

（1）考核者依据制定的考核指标和评价标准，对被考核者的工作业绩、工作能力、工作态度等方面进行评估，并根据考核结果确定其表现等级。

（2）绩效考核者要熟悉绩效考核流程及考核制度，熟练使用相关考核工具，做到与被考核者及时沟通与反馈，客观公正的完成考评工作。

第11条　其他说明

（1）有下列事迹之一者，根据其事由、动机、影响程度报请升级、记大功、记功、嘉奖、晋级及奖励，并记入考绩记录。

①对本企业业务或技术上有特殊贡献，并经采用而获显著绩效者。

②遇有特殊危急事故，冒险抢救，保全本企业重大利益者。

③对有危害本企业产品或设备的意图，能防患于未然，并妥为防护消灭，因而避免损害者。

（2）有下列行为之一者，视其情节轻重程度，报请免职、记大过、记过、申诫、降级等处罚，并记入考绩记录。

①行为不检、屡教不改或破坏纪律情节重大者。

②遇特殊危急事变，畏难逃避或救护丢失时，导致本企业或公众蒙受重大损害者。

③对可预见的灾害疏于觉察或临时急救措施失当，导致本企业遭受不必要的损害者。

④觉察到对本企业的重大危害，因徇私不顾或隐匿不报，因而贻误时机致本企业遭受损害者。

第4章　绩效考核面谈

第12条　绩效面谈应由被考核者的直接上级与被考核者单独进行，人力资源部工作人员根据需要可选择地参与。

第13条　如果被考核者认为考核结果不公正，与考核者沟通无效，并确有证据证明的情况下可以启动考核结果申诉程序。考核结果申诉一般有两个途径：一是越级向考核者上级反映情况；二是通过人力资源部反映。人力资源部在接到员工考核申诉后的×个工作日内给予解决。

第5章　考核结果划分

第14条　根据员工的考核结果，将其划分为如下表所示的5个等级。

考核结果等级划分

等　级	考核得分	说　明
A—优秀	90～100	各项工作完成出色，成绩显著
B—良	80～89	积极主动地完成各项工作，并取得较好的成效
C—好	70～79	能较好地履行工作职责，完成本职工作
D—合格	60～69	能完成本职工作
E—待改进	60分以下	不能完成本职工作或工作表现较差

第6章　考核用途

第15条　了解员工对组织的业绩贡献。

第16条　为员工的薪酬决策提供依据。

第17条　了解员工和部门对培训的需求。

第18条　为员工的晋升、降职、轮岗等提供依据。

第7章　附　　则

第19条　本制度由企业人力资源部制定报总经理审批后实施，修改时亦同。

第20条　本制度自××××年××月××日起执行。

编制日期：__________　审核日期：__________　批准日期：__________
修改标记：__________　修改处数：__________　修改日期：__________

附 录 二

企业中高层人员绩效考核制度范本

制度名称：<u>某企业中高层人员绩效考核制度</u>　受控状态：________　编　　号：________
执行部门：____________________　监督部门：________　考证部门：________

第 1 章　总　　则

第 1 条　目的

为全面客观地考核企业中高层管理人员的绩效，提高企业的管理水平，全面贯彻落实企业的战略及经营目标，特制定本制度。

第 2 条　适用对象

部门经理及以上人员，但总裁、总经理、副总经理等人员不包括在内。

第 2 章　考核实施主体

此次绩效考核工作由总经理负责统一领导，人力资源部组织其具体实施工作，相关人员给予配合和支持。在考核工作中其各自的职责如下所示。

第 3 条　企业高层人员职责

（1）审核企业的绩效考核实施办法；

（2）对下属的工作绩效与工作能力进行考核；

（3）审定企业各部门经理年度考核结果；

（4）对考核工作中的重大事项进行协调。

第 4 条　各部门经理职责

对工作联系密切的相关职能部门经理进行部分内容的考核。

第 5 条　人力资源部职责

（1）制定企业绩效考核实施制度；

（2）对相关人员绩效考核工作进行指导、协调；

（3）汇总绩效考核结果；

（4）对考核对象的工作任务完成情况、考勤情况等进行考核。

第3章 考核实施

第6条 考核频率

（1）对部门经理的考核，根据实际工作的需要，分为季度考核、半年度考核、年度考核三种。

（2）各职能总监以半年为考核期，即在1～6月、7～12月分两次进行考核。

第7条 考核内容

（1）对高层管理人员的考核：

①财务指标，是指企业年度经营计划确定的当年度通过改善活动实施而需达到的各类量化的财务指标，如销售收入、利润、财务费用、制造费用等。

②客户满意度指标，主要包括客户满意度、客户投诉率、客户投诉解决率等。

③管理改进指标，是指企业年度经营计划确定的当年度企业及分解到各职能部门、个人的管理改善活动及其应达到的阶段性成果指标。

④学习发展类指标。企业高层管理人员需制定每个考核期内对下属员工的培训活动计划，及需达成的阶段目标，以此作为当期的考核指标。

⑤管理要项指标，是反映企业内部管理状况的指标，主要由完成的时间进度及是否达到预期效果来进行评价。

（2）对中层领导人员考核：

对中层管理人员的考核，主要采取360度考核法。

①上级考核（占45%），主要对其工作绩效与工作能力进行评定。

②同级互评（占30%），主要对其合作性、服务性等方面进行考核。

③下属考评（占20%），主要对其管理方面做出评价，如培养下属的能力、领导能力等方面。

④自我评估（占5%），主要采取述职报告的形式进行。

第4章 考核结果划分

根据员工的考核结果，将其划分为如下表所示的四个等级。

考核等级划分

等　级	考核得分	说　明
A—优	90～100	理解并贯彻企业的有关方针和决策，工作尽职尽责，能带领本部门出色地完成企业下达的各项工作任务和经营指标

续表

等　级	考核得分	说　明
B—好	70 ~ 89	能理解并贯彻企业的有关方针和决策，工作积极努力，熟悉业务；有一定的领导和组织协调能力，部门工作得力，员工较为团结、融洽，基本能完成企业下达的工作任务和经营指标
C——一般	60 ~ 69	仅能完成工作任务和经营指标，但领导和组织协调能力不强，开拓进取精神不够，不能充分调动部门员工的积极性
D—不称职	60 分以下	不能完成企业规定的工作任务、经营指标，对企业发展目标和方针政策理解贯彻不力，领导和组织协调能力较差，部门员工安排不当，部门工作不力

第 5 章　绩效考核结果运用

第 8 条　绩效考评结果应与其他人力资源管理制度联系起来。绩效评估结果主要运用于股权激励、薪资调整、职位调整、能力提升计划等方面。

第 6 章　附则

第 9 条　本制度由企业人力资源部制定，报总经理审批后实施，修改时亦同。

第 10 条　本制度自××××年××月××日起执行。

编制日期：____________　审核日期：____________

审核部门：____________　修改日期：____________

附录三

某公司绩效考核管理方案

绩效考核管理系统的建立是以工作目标考核为主、兼顾管理能力与行为态度考核，实施绩效目标过程指导、绩效改进、绩效沟通和绩效诊断分析的绩效管理体系，目标的制订与公司整体目标相结合，对员工的技能和业绩表现进行科学评价，与薪酬紧密挂钩，使薪酬作为绩效管理的调节杠杆，通过薪酬体现员工的绩效并引导员工不断提高绩效，使员工绩效与薪酬、职务晋升、调整紧密结合，为员工的晋升和发展提供了公平竞争的机会，使绩效管理真正成为人力资源发展的保证。

目的：

(1) 帮助直线经理成为绩效管理专家，提高他们的绩效管理技能和执行力。

(2) 能有效改善企业管理流程，增进竞争力。

(3) 激发员工潜力，提高工作效率，塑造企业绩效文化。

绩效考核管理委员会：

主席：×××

委员：×××

考核范围：副总经理、大区经理、各管理中心（部门）经理、副经理、经理助理、直营店人员。

绩效考核指标的设计：

(1) 能力考核指标，即员工具有这方面绩效的能力，这种能力到了何种程度。

(2) 态度考核指标，即员工在创造绩效的过程中，所表现出来的主动性、责任感强度等。

(3) 业绩考核指标，即员工在创造绩效的过程中，所表现出来能力的实际效果。

注：此考核系统以上述三项考核指标为基础展开，在确定考核结果时应平衡三者辨证关系，使考核结果公平公正。

考核方式：

我们采取直线管理考核方式以完成对本部、总经办及管理中心（职能部门）、员工三个层次的考核。为充分发挥绩效考核效应，建立沟通评估机制，我们通过月度计划执行考核、季度述职考核、年度综合业绩考核三种方式围绕计划、执行、评估、反馈四个环节进行。

一、月度计划执行考核管理

第一步、计划制定

月度计划制定应遵循SMART原则（计划事项应细化到具体内容，目标应是可衡量的、可证明的确存在的，应确定达成目标的时间）及责任到人，以方便个人绩效的考核。月度计划制定包括两个项目，是事务性计划制定和任务业绩指标制定。

1. 计划内容应包括如下：

A. 事务性计划中事项内容：

①市场开发计划：包括计划月内加盟商发展情况；广告投放宣传计划；对准加盟商支持（协助店址选择、新店装修、开业促销与宣传等）。

②计划月内直营店管理情况：包括目标营业额及提高方法；门店促销计划；门店管理改进提高措施。

③加盟市场维护计划：包括市场管理及巡店计划；加盟商培训开会沟通计划；市场信息及竞争对手调查收集。

④员工队伍管理及培训计划：包括人员培训计划；新进人员补充拓展培训计划；加盟商员工培训。

⑤财务、库管计划。

⑥权益金收缴情况。

⑦其他。

B. 任务业绩指标，是指所在单位通过努力可以达到的、能量化的经营任务指标，其作为重要的考核参数。

2. 责任人

责任人是指计划事项的主要实施执行人，对计划完成情况负主要责任，其作为对下属考核的主要依据。

3. 完成时间

在计划制定时应写明完成时间，以便公司本部对计划实施完成情况及时掌控并对责任人进行考核。

注意：完成时间不能统一写到月底，应阶梯式分解到各天。

4. 资源支持

资源支持是指需要上级领导及公司职能部门协调配合的资源。支援协助单位应积极配合各管理中心高质量完成拟订的计划。

5. 完成情况反馈情况

完成情况反馈应在计划完成后根据实际完成情况如实填写，并分析。

6. 权重（和为130%）

是衡量每一计划事项的重要程度。是计算绩效工资的主要依据。

所有完成事项所获的权重和是整月绩效的综合体现，同样也是计算绩效工资的主要依据。

7. 备注

如遇特殊情况导致计划未达成目标，在备注栏说明。

各管理中心（部门）应在每月28日将下月计划上报公司本部，批准后按计划实施。

首先制订本部绩效计划。其次，制订各管理中心绩效计划，第三，制订员工绩效计划，各管理中心负责人指导本部员工依据计划工作重点，以任务的分解和岗位服务对象的需求来提取岗位关键业绩指标编制绩效计划，形成员工绩效计划，并签字确认。

第二步、组织执行，做完成情况评估

计划事项责任单位在完成时间结束后根据事项完成情况，做自我评估（在完成情况一览中填写）和直线上级评估，确认完成情况。

任务指标计划表在当月结束后依据财务数据，计算当月完成情况。直线管理本部根据完成情况结合考核指标权重计算绩效工资。

职能部门：

月度工资＝基本工资＋绩效工资×绩效系数（完成事项的权重总和）＋福利补贴

本部内各管理中心及加盟连锁事业部、市场督导部经理：

月度工资＝基本工资×事务性计划完成情况权重和＋绩效工资×任务指标完成情况权重和＋福利补贴

副经理（助理）＝基本工资＋绩效工资×绩效系数

其绩效系数由直属经理根据其在团队绩效中的贡献率来评定，但其绩效系数不能超过其所在团队绩效系数，须经汇报本部经理批准，经人力资源部备案。公平公正性由人力资源部监督，并解释说明。

第三步、进行绩效考核面谈沟通

直线上级领导应通过沟通和激励使员工将日常的工作与整个公司的发展方向和宏伟目标联系起来。除了目标设定外，更重要的是绩效辅导。应通过有效的沟通和系统的培训向被考核者讲授完成工作任务所必备的技能和经验，帮助其提高绩效能力，以维持被考核者持续的热情，同时或得持续的绩效改进。

第四步、建立绩效考核业绩档案

（1）通过绩效档案的建立帮助被考核者回顾绩效过程，提出有用的建议，提高其绩效能力。

（2）帮助管理者更加高效做好管理工作，熟悉每一个部署的表现，以便于有针对性地进行指导。

（3）为季度考核、年度考核提供原始依据，使整个考核过程更加公平公正。

（4）与员工工资、晋升、先进评比、培训等结合起来，充分起到激励先进和鞭策后进的作用。

绩效考核业绩档案包括：《月度计划执行反馈表》、《管理中心月份工作任务指标计划表》、《绩效考核面谈沟通记录表》等记录员工业绩的凭证，人力资源部备案。

二、季度或半年度考核管理

季度、年度考核评估采用公司考核评估和岗位述职考核相结合的方式。

1. 述职报告应遵循自述性、自评性、报告性。

（1）自述性指采用自述的方式向绩效管理委员会陈述在这一时期内履行职责的情况，计划完成情况和主要业绩等。

（2）自评性指依据岗位规范和职责目标，对自己这一时期内的德、能、勤、绩等方面的情况，作自我评估、自我鉴定。

（3）报告性指向绩效考核管理委员会报告自己和自己所带领的团队在这一时期内所存在的不足和下一时期努力改进的方向和主要工作计划。

通过述职人的报告，绩效考核委员会根据月度绩效业绩档案、述职报告评估做出综合绩效评估，确定出下一时期的主要工作方向。述职报告的评估同样采用与月度考核同样口径的权重衡量方式。

2. 公司季度考核评估，具体请按季度考核表执行。

以季度考核评估、述职评估绩效权重的平均值作为季度/半年考核依据。具体体现：

① 重均值在50%以下的做（免职）处理；

② 重均值在50%～70%之间的做职位降级处理；

③ 重均值在71%～80%之间的做工资降级处理；

④ 重均值在81%～110%之间的做不变；

⑤ 重均值在110%～130%之间的工资级别提高一个档次，并与职位晋升挂钩。

述职报告评估结果同样列入绩效业绩档案，累计到年度综合业绩评估。

三、年度综合业绩考核

年度绩效综合业绩考核是建立在月度计划执行考核、季度/半年述职考核基础上，通过年度述职、全年业绩任务完成情况、下年度发展规划方面的对被考核者做出综合评估。

参考文献

[1] [美] 查理德·A·斯旺森著. 绩效分析与改进. 北京：中国人民大学出版社，2010

[2] [美] 赫尔曼·阿吉斯著. 刘昕等译. 绩效管理. 北京：中国人民大学出版社，2008

[3] 方振邦，罗海元. 战略性绩效管理. 北京：中国人民大学出版社，2010

[4] 方振邦. 战略性绩效管理. 北京：中国人民大学出版社，2007

[5] 李宝元. 绩效管理：原理·方法·实践. 北京：机械工业出版社，2009

[6] 顾琴轩主编. 绩效管理. 上海：上海交通大学出版社，2006

[7] 朴愚，顾卫俊. 绩效管理体系的设计与实施. 北京：电子工业出版社，2006

[8] 李业昆. 绩效管理系统研究. 北京：华夏出版社，2007

[9] 付亚和，许玉林主编. 绩效管理（第2版）. 上海：复旦大学出版社，2008

[10] 付亚和，许玉林. 绩效考核与绩效管理. 北京：电子工业出版社，2003

[11] 冉斌. 目标与绩效管理. 深圳：海天出版社，2002

[12] 王怀明. 绩效管理. 济南：山东人民出版社，2004

[13] 林泽炎，王维. 执行绩效管理. 北京：中国发展出版社，2008

[14] 秦杨勇. 战略绩效管理. 北京：中国经济出版社，2009

[15] 张云德，田中禾主编. 现代企业绩效管理：策略与应用. 兰州：兰州大学出版社，2006

[16] 徐斌. 绩效管理. 北京：中国人民大学出版社，2007

[17] 赵曙明主编. 绩效管理与评估. 北京：高等教育出版社，2004

[18] 杜映梅. 绩效管理. 北京：对外经济贸易大学出版社，2003

[19] 林筠主编. 绩效管理. 西安：西安交通大学出版社，2006

[20] 马璐. 企业战略性绩效评价系统研究. 北京：经济管理出版社，2004

[21] 陈凌芹主编. 绩效管理. 北京：中国纺织出版社，2004

[22] 饶征，孙波主编. 以KPI为核心的绩效管理. 北京：中国人民大学出版社，2003

[23] 武欣. 绩效管理实务手册. 北京：机械工业出版社，2001

[24] 马璐. 企业战略性绩效评价系统研究. 北京：经济管理出版社，2004

[25] [英] 琼斯著. 李洪余等译. 绩效管理. 上海交通大学出版社，2003

[26] [英] 理查德·威廉姆斯著. 组织绩效管理. 北京：清华大学出版社，2002

[27] [美] 彼得·德鲁克等著．公司绩效测评．北京：中国人民大学出版社，1999
[28] 孙宗虎等．岗位绩效目标与考核实务手册．北京：人民邮电出版社，2009
[29] 经营管理知识丛书编写组．管理哲学—系统学．上海：上海交通大学出版，1985
[30] 刘桂林，颜世富，王伟杰主编．高级人力资源管理师．北京：中国劳动社会保障出版社，2006
[31] 孙耀君主编．西方管理学名著提要（第2版）．南昌：江西人民出版社，1995
[32] 皮尤等著．唐亮等译．组织管理学名家思想荟萃．北京：中国社会科学出版社，1986
[33] 杨砾．当代西方管理学．北京：世界知识出版社，1990
[34] 雷恩．管理思想的演变．北京：中国社会科学出版社，2000
[35] 余凯成，程文文，陈维政．人力资源管理．大连：大连理工大学出版社，2002
[36] [美] 加里·德斯勒著．人力资源管理（第6版）．北京：中国人民大学出版社，2004
[37] [美] 加里·德斯勒，曾湘泉主编．人力资源管理（第10版）．北京：中国人民大学出版，2007
[38] 张德主编．人力资源管理（第3版）．北京：清华大学出版，2007
[39] 赵曙明，(美) Mathis，R.，(美) Jackson，J. 著．人力资源管理（第11版）．北京：电子工业出版社，2008
[40] 王玺，王东旭，仇丽娜．最新职位分析与职位评价实务．北京：中国纺织出版社，2004
[41] 陈洪安编著《人力资源管理》[M] 上海：华东理工大学出版社，2009
[42] 张一驰，张正堂．人力资源管理教程．北京：北京大学出版社，2010
[43] [美] 詹姆斯·哈里顿等著．欧阳袖等译．标杆管理：瞄准并超越一流企业．北京：中信出版社，2003
[44] 麦迪．标杆管理及其最佳实践．北京：光明日报出版社，2003
[45] 冯婴主编．标杆管理．北京：中国纺织出版社，2004
[46] 孔杰等．标杆管理理论述评．东北财经大学学报，2004（2）
[47] 徐红琳．绩效管理的理论研究．西南民族大学学报（人文社科版），2005（2）
[48] 李垣，冯进路，谢恩．企业绩效评价体系的演进．预测，2003（3）
[49] 贾生华等．基于利益相关者共同参与的战略性环境管理．科学研究，2002（2）
[50] [美] 罗伯特·S·卡普兰，戴维·P·诺顿著．王丙飞等译．综合计分卡——一种革命性的评估和管理系统．北京：新华出版社，1998
[51] [美] 罗伯特·S·卡普兰，戴维·P·诺顿著．刘俊勇等译．平衡计分卡——化战略为行动．广州：广东经济出版社，2004
[52] [美] 罗伯特·S·卡普兰，戴维·P·诺顿著．刘俊勇译．战略地图——化无形资产为有形成果．广州：广东经济出版社，2005
[53] [美] 罗伯特·S·卡普兰，戴维·P·诺顿著．战略中心型组织——如何利用平衡计分卡使企业在新的商业环境中保持繁荣．北京：人民邮电出版社，2004
[54] [美] 罗伯特·S·卡普兰，戴维·P·诺顿著．组织协同——运用平衡计分卡创造企业合力．北京：商务印书馆，2006
[55] [美] 罗伯特·S·卡普兰，戴维·P·诺顿著．上海博意门咨询有限公司译．平衡计分卡战略实践．北京：中国人民大学出版社，2009
[56] 秦杨勇．平衡计分卡与绩效管理（第2版）．北京：中国经济出版社，2009
[57] [美] 罗伯特·S·卡普兰，戴维·P·诺顿著．综合记分卡——一种革命性的评估和管理工具．北京：新华出版社，2002
[58] [美] 罗伯特·S·卡普兰．自上而下打造战略地图．哈佛商业评论（中文版），2004（3）

[59] [美] 罗伯特·S·卡普兰．战略地图：将无形资产转化为有形产出．哈佛商业评论（中文版），2004（4）
[60] 刘静瑜．平衡计分卡在A公司绩效考核中的应用研究．华南理工大学硕士学位论文，2009
[61] 薛峰．平衡记分卡发展历程概述．内蒙古科技与经济，2009（2）
[62] [美] 彼得·德鲁克著．齐若兰译．管理的实践．北京：机械工业出版社，2009
[63] 德瓦尔著．汪开虎译．绩效管理魔力——世界知名企业如何创造可持续价值．上海：上海交通大学出版社，2002
[64] 王志宇．绩效魔方：绩效管理操作手册．北京：中国社会科学出版社，2003
[65] 罗伯特·巴克沃．绩效管理．北京：中国标准出版社，2000
[66] 许树柏主编．层次分析法．天津：天津大学出版社，1988
[67] 袁坤．哈佛模式：哈佛人力资源管理．北京：中国三峡出版社，2000
[68] [美] 彼得·德鲁克著．管理实践．上海：上海译文出版社，1999
[69] 李元元等．高等学校教师绩效评价指标研究．高等教育研究，2007（7）
[70] 李军．高校教师绩效管理体系的构建．高等教育研究，2007（1）
[71] 彭涛．员工绩效评价指标权重确定方法的改进及其应用．中国科技论文在线，2007（6）
[72] 吴向京．定义KPI—卓越绩效的基石（二）．中国电力企业管理，2010（1）
[73] [美] 杰瑞W. 吉雷，纳塔涅尔W. 鲍顿，万嫂燕译．绩效教练．北京：中国发展出版社，2004
[74] [美] 邓肯著．赵亚麟等译．伟大的管理思想．贵阳：贵州人民出版社，1999
[75] [美] 丹尼尔·A·雷恩．孔令济译．管理思想的演变．北京：中国社会科学出版社，1986
[76] [美] 尤金．麦克纳、尼克．比奇著．凡译．人力资源管理．北京：中信出版社，1998
[77] [美] 劳埃德·拜厄斯，莱斯利·鲁．李业昆等译．人力资源管理．北京：华夏出版社，2002
[78] 张德主编．人力资源管理（第3版）．北京：清华大学出版，2007
[79] 毛世英．"破窗效应"对企业管理的启示．人力资源，2008（13）
[80] 邵雨，朱宪．打造高绩效团队——经理人提升团队活力必备．北京：机械工业出版社，2010
[81] 余世维．打造高绩效团队．北京：北京大学出版社，2009
[82] 徐芳．团队绩效测评技术与实践．北京：中国人民大学出版社，2003
[83] 张体勤．知识团队的绩效管理．北京：科学出版社，2002
[84] 郝忠胜，李虹．人力资源主管绩效管理方法．北京：中国经济出版社，2003
[85] 陈春花，杨忠等．组织行为学．北京：机械工业出版社，2009
[86] 关培兰．组织行为学．北京：中国人民大学出版社，2008
[87] [美] 克劳士比著．杨钢等译．质量免费——确定质量的艺术．北京：中国人民大学出版社，2006
[88] 张纯．EVA业绩评价体系研究．北京：中国财政经济出版社，2003
[89] 黄卫伟，李春瑜．KVA管理模式．北京：经济管理出版社，2004
[90] 约尔·M·斯滕恩等．EVA挑战：实施经济增加值变革方案．上海：上海交通大学出版社，2002
[91] 张进、智王春，EVA与企业激励绩效考核［M］海口：南海出版社，2004
[92] [德] 马克思著《资本论》第一卷（中译本），［M］北京：人民出版社，1975
[93] [美] Al Ehrbar著《经济增加——如何为股东创造财富》，北京：中信出版社，2010
[94] [美] 戴维·杨、斯蒂芬·奥伯恩著《EVA与价值管理》（中译本）［M］北京：社会科学文献出版社，2002
[95] [英] 约尔·M·斯滕恩，约翰·S·希利，欧文·罗斯著．EVA挑战：实施经济增加值变革方案．上海：上海交通大学出版社，2002
[96] 冉斌．三个和尚有水喝：高绩效管理五步法．北京：中国经济出版社，2004

[97] 易庭源．企业成本学．武汉：湖北科学技术出版社，1998
[98] 陈良华．成本管理．北京：中信出版社，2001
[99] [美] 詹姆斯·W·马丁．韩星译．精益六西格玛与供应链管理．北京：中国物资出版社，2009
[100] 荣毅超，张璐．六西格玛管理理论及实践案例集．北京：科学出版社，2009
[101] [美] 乔杜里，郭仁松．朱健译．六西格玛的力量（修订版）．北京：电子工业出版社，2002
[102] 美国朱兰研究院．六西格玛基础教材（绿带读本）．北京：中国财政经济出版社，2002
[103] 王晓莉．从领导走向教练——教练技术在绩效辅导中的应用．中国人力资源开发，2008（5）
[104] 张卫枚．团队绩效管理体系构建及其在林业企业的应用．中南林业科技大学硕士论文，2006
[105] 赵日磊．绩效辅导．企业管理，2009（10）
[106] 张兆兰．绩效辅导：要让主管做主导．中国劳动，2008（8）
[107] 徐斌．教练技术的“五步引领”法．中国人力资源开发，2008（5）
[108] 徐芳．企业绩效改善驱动的人力资本投资研究．中国人民大学博士论文，2001
[109] 曾巴赫，道格拉斯·史密斯．团队准则．哈佛商业评论，1993，3－4月号
[110] 王春艳．知识型企业团队绩效管理研究．天津理工大学硕士论文，2009
[111] 李立，何红渠．在我国现行会计制度下如何计算EVA指标．湖南税务高等专科学校学报，2004（6）
[112] 孙伟．EVA在企业绩效评价方法中的应用研究．商业研究，2006（5）
[113] 况忠文．作业成本法的特点及其在我国的应用分析．中小企业管理与科技，2009（12）
[114] 李建丽．EVA会计利润、经济利润与剩余收益之关系分析．中国管理信息化，2006（7）
[115] 冯雪峰．高绩效工作系统促进JZ集团人力资本增值研究．电子科技大学工商管理硕士学位论文，2009
[116] 孙伟．EVA在企业绩效评价方法中的应用研究．商业研究，2006（5）
[117] 张锋．我国企业社会责任问题及对策探讨．中外企业家，2007（10）
[118] 王瑀，曾春媛．基于社会责任的企业绩效评价指标体系构建．现代商贸工业，2009（10）
[119] 曾利．EVA的含义与应用．会计之友，2008（8）
[120] 张君，减少服务缺陷 提高旅客满意度——上海国际机场公司推行六西格玛管理的实践．上海质量，2005（2）
[121] 张锋．我国企业社会责任问题及对策探讨．中外企业家，2007（10）
[122] 赵琼．关于企业社会责任的对话．经济日报，2004－2－14
[123] 刘春友．企业社会责任的新思考．上海师范大学学报（哲学社会科学版），2004（3）
[124] 姜秀珍，金思宇．嵌入企业社会责任的战略绩效评价模式构建．中国人力资源开发，2008（10）
[125] 曹海敏．基于社会责任的企业绩效评价问题研究．经济问题，2009（12）
[126] 李新娥，企业社会责任和社会绩效．北京：经济管理出版社，2010
[127] 徐飞．企业道德与社会责任．中国管理传播网，2010－03－05
[128] 王操红，邹湘湘．高绩效工作系统内涵及组成研究述评与展望．统计与决策，2009（9）
[129] 孙健敏．高绩效工作系统．新资本，2006（5）
[130] 胡宁生主编．公共部门绩效评估．上海：复旦大学出版社，2008
[131] 齐二石主编．公共绩效管理与方法．天津：天津大学出版社，2007
[132] 胡税根主编．公共部门绩效管理：迎接效能革命的挑战．杭州：浙江大学出版社，2005
[133] 卓越主编．政府绩效管理概论．北京：清华大学出版社，2007
[134] 范柏乃主编．政府绩效评估理论与实务．北京：人民出版社，2005
[135] 卓越主编．公共部门绩效评估．北京：中国人民大学出版社，2004

[136] 李德志主编．当代中国公共部门人力资源管理与开发．北京：科学出版社，2004
[137] 张强．美国政府绩效评估研究．北京：人民出版社，2009
[138] 包国宪，鲍静主编．政府绩效评价与行政管理体制改革．北京：中国社会科学出版社，2008
[139] 中国地方政府绩效评估体系研究课题组．中国政府绩效评估报告．北京：中共中央党校出版社，2009
[140] 陈振明主编．公务员制度．福州：福建人民出版社，2007
[141] 张泰峰，[美] Eric Reader. 公共部门绩效管理．郑州：郑州大学出版社，2004
[142] [美] 尼古拉斯·亨利．张昕等译．公共行政与公共事务．北京：中国人民大学出版社，2002
[143] [澳大利亚] 欧文·E·休斯．公共管理导论（第2版）．北京：中国人民大学出版社，2001
[144] [美] 詹姆斯·Q·威尔逊．美国官僚政治．北京：中国社会科学出版社，1995
[145] [英] 理查德·威廉姆斯著．蓝天星翻译公司译．组织绩效管理．北京：清华大学出版社，2002
[146] [英] 温森特·怀特．欧洲公共行政现代化：英国的个案分析．国家行政学院国际合作交流部，西方国家行政改革述评．北京：国家行政学院出版社，1998
[147] [美] 彼得·德鲁克．管理的实践．台湾：中天出版社，1998
[148] 孙柏瑛，祁光华主编．公共部门人力资源管理．北京：中国人民大学出版社，2010
[149] 孙柏瑛主编．公共部门人力资源开发与管理．北京：中国人民大学出版社，2006
[150] 李德志主编．当代中国公共部门人力资源管理与开发．北京：科学出版社，2004
[151] 罗辉，孙宗虎．人力资源管理操作全案．北京：人民邮电出版社，2008
[152] 卓越．公共部门绩效评估初探．中国行政管理，2004（2）
[153] 包国宪等．第三方政府绩效评价的实践探索与理论研究．行政论坛，2010（4）
[154] 包国宪，曹西安．我国地方政府绩效评价的回顾与模式分析．兰州大学学报（社科版），2007（1）
[155] 刘建国．政府部门绩效评估：中国的实践与反思．辽宁行政学院学报，2008（1）
[156] 张然．我国公共部门绩效评估的困境及对策分析．工会论坛，2008（9）
[157] 朱立言，张强．美国政府绩效评估的历史演变，湘潭大学学报，2005（1）
[158] 彭向刚．论我国服务型政府绩效评估的发展趋势．吉林大学学报（社科版），2008（2）
[159] 胡月星．西方国家政府绩效评估及其发展趋势．http：//www. ztnews. net
[160] D. Grote，The Complete Guide to Performance Appraisal. American Management Association，1996，p. 125.
[161] Simons R. Levers of Control：How Managers Use Innovative Control Systems to Drive Strategic Renewal fM. Boston：Harvard Business School Press，1995.
[162] T. T. Mitchell. Individual Paths to Achieving Mutual Goals. Healthcare Registration. 2008，(3)：6 –7
[163] D. U. Boston. Human Resource Champions：The Next Agenda for Adding Value and Delivering Results. Academy of Management. 1998，(1)：178 ~180
[164] Robert Kaplan & David Norton. The Balanced Scorecard：Measures that Drivid Performance. [J]，Harvard Business Review，J January-February，1992：71 –79
[165] Robert S · Kaplan & David P · Norton：Using the Balanced Scorecard As a Strategic Management System，. [J] Harvard Business Review，January-February，1996
[166] Robert Kaplan，David Norton，The Balanced Scorecard—Translating Strategy into Action [M] Boston：Harvard Business School Press，1996
[167] Robert Kaplan，David Norton. Using the Balanced Scorecard as a Strategy Management System [J]，Harvard Business Review，1996（1 –2）

[168] Robert Kaplan, David Norton. Transforming the Balanced Scorecard from Performance Measurement to Strategic Management [J], Accounting Horizon2001

[169] Robert Kaplan, David Norton. How strategy maps frame an organization's Objectives. Financial Executive. 2004

[170] Karen Unwin. High Performance from Teams (and other groups). Published by the ICFAI Universite Press, 2004.

[171] Susanne G. Scott and Walter O. Einster. Strategic performance appraisal in team-based organizations: one size does not fit all [J]. Academy of Management Executive, 2001 (5)

[172] Reilly, R. R., & McGourty, J. (1998). Performance appraisal in team settings. In J. W. Smither (Ed.), Performance appraisal: State of the art in practice (pp. 245 - 277). San Francisco: Jossey-Bass

[173] Davis and Mount. The Effectiveness of performance Appraisal Training, Personnel Psychology, 1999, (37): 439 - 452

[174] Freeman R. E. Ethical theory and business [M]. Englewood Cliffs, New Jersey: Prentice-Hall. 1994

[175] Dorg Grisaffe, Understanding and managing Linkages of Information Within Your Organization [M]. Walker Informational Global Network Member Training Indianapolis. Inc. 2000

[176] Fred Luthans: Introduction to Mangement: A Contingency Approach, McGraw-Hill Book Company, 1976

[177] J. Markowitz, "Four Methods of Job Analysis," Training and Development Journal, September 1981, p. 112.

[178] William Bridges, "The End of the Job," Fortune, September 19, 1994, p64

[179] Dessler, G., Human Resource Management, Prentice Hall International, Inc. 1997: 94

[180] Arthur, J. B. The link between business strategy and industrial relations systems in American a) Steel minimills [J]. Industrial and Labor Relations Review, 1992, 45 (3): 488 - 506

[181] Arihur, J. B. Effects of human resource systems on manufacturing performance and turnover [J]. Academy of Management Journal, 1994, 37 (3): 670 - 687

[182] Becker, B. &Gerhart, M. The impact of human resource management on organizational performance: Progress and prospects [J]. Academy of Management Journal, 1996, 39 (4): 779 - 801

[183] Becker, B. &Huselid, M. A. High performance work systems and firm performance: A synthesis of research and managerial implications [A]. In Ferris, Cx R. (ed.) Research in Personnel and Human Resource Management [C]. Greenwich, CT: JAI Press, 1998: 53 - 101

[184] Cleveland, J. N, & Murphy, R. E. (1989). Multiple uses of performance appraisal: Prevalence and correlates. Journal of Applied Psychology, 74, 130 - 135.

[185] Macbryde, J., & Mendibil, K. (2003). designing performance measurement systems for teams: Theory and practice. Mangagement DECISION, 41, 722 - 733

[186] Erez, a., lepine, J. A., & Elms, H. (2002). Effects of rotated leadership and peer evaluation on the functioning of effectiveness of self-managed teams: A quasi-experiment. Personnel Psychology, 55, 929 - 948.

[187] Marks, M. A., & Panzer, F. J. (2004). The influence of team monitoring on team processes and performance. Human performance, 17, 25 - 41.

[188] SA8000, The Definitive Guide to the New Social Standard, Deborah Leipziger, FINANCIAL TIMES Prentice Hall, 2001

[189] Christian M. Ellis and Anne M. Saunier. The Talent Management Handbook, 2004, p86

[190] Christian M. Ellis and Anne M. Saunier. The Talent Management Handbook, 2004, pp90 - 91.

[191] Schneier C E, Beatty R. W. Developing Behaviorally Anchored Rating Scales (BARS) Personnel Administrator, 1979 (8), P. 60